香港立法機關關於政制發展的辯論 第六卷

第三次政改

強世功　袁陽陽　編

2013

2016

責任編輯　蘇健偉
封面設計　吳丹娜　吳冠曼

書　　名　**香港立法機關關於政制發展的辯論（第六卷）**
　　　　　——第三次政改（2013—2016）
編　　者　強世功　袁陽陽
出　　版　三聯書店（香港）有限公司
　　　　　香港北角英皇道 499 號北角工業大廈 20 樓
　　　　　Joint Publishing (H.K.) Co., Ltd.
　　　　　20/F., North Point Industrial Building,
　　　　　499 King's Road, North Point, Hong Kong
香港發行　香港聯合書刊物流有限公司
　　　　　香港新界大埔汀麗路 36 號 3 字樓
印　　刷　美雅印刷製本有限公司
　　　　　香港九龍觀塘榮業街 6 號 4 樓 A 室
版　　次　2020 年 5 月香港第一版第一次印刷
規　　格　16 開（185 × 260mm）472 面
國際書號　ISBN 978-962-04-4644-3

前言

　　香港政制發展這個概念直接源於基本法規定，即行政長官及立法會全體議員的產生辦法按照香港的實際情況，循序漸進至最終由普選產生。雖然早在英國對香港實行殖民統治伊始，就有了關於修改立法局組成辦法的辯論，但直到 1980 年代中英談判啟動香港回歸祖國的歷程，香港政制發展才真正作為一種地方的特殊憲制安排進入到公眾視野中。從此，香港政制發展問題不僅成為香港關注的問題，也成為整個國家關注的重大課題。為了便於研究人員與普通讀者系統認識、瞭解及研究香港政制發展問題的歷史與現狀，我們曾經選編了《香港政制發展資料彙編》（香港三聯書店，2015 年版），系統收集了官方正式公布的有關權威資料，包括憲制法律的規定、政府報告、相關政府官員的發言等。然而，在港英政府、中國政府和香港特區推出有關法律、政策和報告的時候，香港社會對此進行了深入討論，其中香港立法機關（包括港英時期的立法局和特區政府的立法會）作為香港的代議機關，對香港政制發展問題進行了持續辯論。從這些辯論中，我們可以看出香港社會各界對香港政制發展的不同立場、觀點和理據。為此，我們選編《香港立法機關關於政制發展的辯論》，系統呈現 1980 年代以來香港立法機關關於政制發展的辯論的相關資料。

　　本書按照時間順序分專題進行編輯，其中香港回歸前編為三卷，回歸後編為三卷。第一卷集中在 1985 年至 1990 年關於港英代議政制改革和基本法起草中相關安排的辯論。第二卷集中在 1992 年至 1994 年圍繞彭定康改革方案展開的辯論。第三卷集中在 1994 年至 1997 年關於香港過渡期相關問題的辯論。第四卷集中在 2003 年至 2006 年關於香港回歸後第一次政改的辯論。第五卷集中在 2007 年至 2010 年關於香港回歸後第二次政改的辯論。第六卷集中在 2013 年至 2016 年關於香港回歸後第三次政改的辯論。本書的內容編排既考慮時間順序，又兼顧主題。在選編過程中，我們盡可能照顧到不同派別的議員的觀點，並摘要最能反

映其立場、觀點和理據的內容。為了便於讀者對每一卷的內容有全面的理解與把握，我們在每一卷開始處撰寫了導讀，扼要介紹在本卷所涵蓋的時間跨度與主題下，立法機關就相關問題的辯論主旨。由於時間跨度大，辯論內容繁雜，選編難免有錯漏不足之處，還望讀者指正，所有可能的錯誤由編者承擔責任。

本書的編輯獲全國人民代表大會常務委員會港澳基本法委員會的支持，香港敏華控股有限公司也給予特別支持，特此致謝。北京大學法學院易軍、楊坤和陳卓等同學先後協助收集相關資料，並承擔錄入、排版及校對工作，感謝他們的辛勞和付出。本書收錄的文獻來源於香港特別行政區立法會網站，已獲香港特別行政區立法會授權使用，在此一併致謝。

編者

2017 年 3 月

體例說明

一、材料來源

　　本書材料來自香港立法機關會議過程正式記錄，已獲香港特區立法會授權使用。該記錄逐字記載了會議過程內容。具體來看，首先，議員及官員在立法機關會議上的發言會被以其所用的語言進行編製，形成即場記錄本。其後，即場記錄本會被分別翻譯為中、英文版本。本書採用的是中文版本，節選其中有關政制發展的內容。本書絕大部分致辭均為節選，為避免繁瑣，每篇均不再注明「（節選）」字樣。

二、術語解釋

　　本書節選內容涉及立法機關在會期內處理的多種事務，為了方便讀者理解，特作出說明。具體如下：

（一）總督／行政長官施政報告

　　施政報告，是總督／行政長官在每個立法會期的首次會議席上的發言，概述各項管理香港的政府施政建議。自 1969 年起，這一安排成為常規慣例。香港回歸後亦被沿襲下來。施政報告通常在 10 月發表，但有的也被延遲至下年 1 月發表。

（二）致謝議案辯論

　　致謝議案辯論，是議員就施政報告提出的辯論，藉以感謝總督／行政長官發

表施政報告。1969 年，致謝議案辯論首次提出，自此成為慣例，延續至今。按照慣例，致謝議案辯論會在施政報告發表後兩周內進行。辯論環節的編排與該年度施政綱領的政策範疇互相對應。由於涵蓋範圍廣泛，通常需兩次以上會議，所以再次開會時被稱為恢復致謝議案辯論。

（三）發言或聲明

發言或聲明，是指總督／行政長官或者獲委派官員在立法機關會議上發言（除發表施政報告外）或發表聲明，通常旨在回應公眾關注的事件。1997 年之前，總督有時會在立法局會議內發言或發表聲明，或是指派一位獲委派官員代表政府發表聲明。在回歸後，行政長官亦採納這種做法。

（四）質詢

質詢，是指議員在立法機關會議上就政府的工作向政府提出質詢，促請政府就具體問題或事件及政府政策提供資料，或要求政府採取行動。早於 1873 年，議員便可在立法局會議上提出質詢。回歸後，這項權力一直沿用至今。質詢分為口頭質詢或書面質詢，由獲委派的官員以口頭或書面形式作答。質詢獲得答覆後，任何議員均可提出補充質詢，以求澄清該答覆。

（五）總督／行政長官答問會

總督／行政長官答問會，是指總督／行政長官酌情出席立法機關會議，答覆議員就政府的工作或特定事件提出的質詢。1992 年，總督答問會首次舉行，自始成為立法局會議的恆常安排。這一做法也為香港特區每位行政長官所採納，但答問會的舉行次數及時間，則有所不同。通常而言，在每個立法會會期，行政長官出席四次立法會會議，每次答問會為時約一個半小時。

（六）議案辯論

議案種類繁多，本書所涉及的議案辯論，是指議員或獲委派官員提出辯論以便就關乎公眾利益的問題發言。具體分為兩種：一是狹義的議案辯論，旨在對公眾關注的事項表達意見，或籲請政府採取某些行動。二是休會辯論，旨在討論

某項對公眾而言有迫切重要性的問題或提出任何有關公共利益的問題。按照歷史傳統，相關官員會列席這些辯論以回應議員的發言內容。這一做法一直沿用至回歸後。

（七）法案審議

法案審議，是指由政府官員或議員將新訂法例或現行法例的修訂建議提交立法機關審議，以制定成為法例。1888 年，根據《英皇制誥》修訂後的條文，總督制定法律的過程，不但須徵詢立法局的意見，更須獲得立法局的同意。回歸後，法案要獲通過，須經首讀、二讀及三讀的程序。首讀，是立法會秘書處在立法會會議席上宣讀法案的簡稱。二讀，是指提交有關法案的政府官員或議員動議法案予以二讀的議案，並發言解釋法案的目的。在動議議案後，有關的辯論通常會中止待續，以便把法案交付內務委員會詳加研究。隨後，在其後舉行的立法會會議席上恢復二讀辯論，立法會繼而就法案予以二讀的議案進行表決。若法案獲得二讀通過，立法會全體議員以全體委員會名義審議法案各條文，並在委員會同意下作出修正。隨後，法案不論是否有所修正，全體委員會回復為立法會，在負責法案的官員或議員動議該法案予以三讀並通過的議案後，立法會隨即就法案進行三讀的程序。

三、編寫說明

本書一級標題（即每場辯論的時間、性質、題目）的題目部分，我們盡量跟從立法機關會議過程正式記錄原文中的標題，但對於原文中某些過於簡單或表意不明確的標題，我們根據辯論內容（尤其是動議的議案或法案的內容）重新擬定。本書二級標題（即每場辯論中的個人發言），除一些必要的統一外，基本上維持原狀。比如，正式記錄在回歸前與回歸後存有一些體例差異，回歸後的二級標題中沒有「致辭」二字，我們保持原體例不變，因為我們相信這種記錄體例的差異是有意義的，體現了立法機關程序的嚴謹化和立法機關參與者觀念的變遷。

由於本書性質是原始資料彙編，所以我們採取「審慎修改」原則，非正誤問題、不礙文意的字詞與病句一般不改。對於一些確定的錯別字，我們用中括號將

正確的字置於其後，予以訂正，如漢〔漠〕不關心、撒〔撤〕銷、遺〔遺〕憾等。需要增刪的字詞，亦以中括號形式列明，如人大常委〔＋會〕、司法法〔法〕覆核。為使全文前後一貫，我們對本書中的異體字、繁簡轉換字等進行了統一，如裏（裡）、舉（舉）、腳（脚）等，這些不作為錯別字處理，直接在原文上予以修正。

數字、英文用法的統一與標點符號的修訂，因大部分不影響文意，亦直接在原文上修改。比如，正式記錄在回歸前後對數字的處理方式有所不同，回歸前多用漢字，回歸後多用阿拉伯數字，我們統一為盡量使用漢字（尤其是年月日及法律條文數），以保持整套書風格統一。一些大量重複出現的簡稱括註，如（「特區」）、（「全國人大常委會」）等，由於十分常見，對於理解內文意義不大，予以統一刪除。

本卷導讀

　　2007 年的人大決定一方面明確香港特別行政區可以在 2017 年普選行政長官，但另一方面明確要求普選行政長官須遵循基本法所確立的相關法律原則。在人大決定的基礎上，香港正式拉開了普選行政長官的序幕。隨着 2013 年特區政府啟動第三次政改，行政長官提名成為最具爭議的問題。在這一問題上，基本法第四十五條第二款規定「最終達至由一個有廣泛代表性的提名委員會按民主程序提名後普選產生的目標」，訂下了明確框架。但是，香港社會依然有不同聲音。各界的討論聚焦於兩個方面：一是究竟何謂提名的民主程序，二是能不能允許與中央政府對抗的人擔任行政長官。圍繞着這兩個問題，香港社會展開持久紛爭，反對派甚至發動長達七十九天的「佔中」運動，令香港陷入巨大撕裂，經濟、民生、文化、教育等議題也屢屢因政治分裂而無法達成共識。如果說第二次政改時反對派仍然存在溫和與激進的路線之爭，那麼到了這一時期，其內部嫌隙已經越來越小，幾乎所有的反對派都在向激進路線靠攏。

一、 關於提名的民主程序、行政長官人選條件的紛爭

　　2013 年 1 月 16 日，行政長官梁振英發表施政報告，表示政府會在適當時候就 2017 年行政長官選舉辦法以及 2016 年立法會的選舉辦法展開廣泛諮詢。2013 年 2 月 20 日，反對派議員湯家驊提出議案，促請特區政府盡快就落實「雙普選」展開廣泛諮詢，並在行政長官向全國人大常委會提交政改報告前，讓廣大市民有足夠時間討論報告的內容。

　　政府諮詢尚未開始，香港社會便已展開熱烈討論。其中，普選行政長官涉及的提名的民主程序問題備受矚目。反對派無視基本法關於「提名委員會」提名的規定，提出一系列不符合基本法的具體方案，例如「公民提名」、「政黨提名」或「三軌提名」等。按照這些方案，任何人只需獲得一些選民、政黨或部分提名

委員會委員的支持，即可獲得行政長官參選資格。這無疑事實上推翻了基本法第
四十五條規定的提名委員會的實質提名權。反對派不斷強調，其立場十分簡單，
便是將來的普選是一個沒有「篩選」的普選，令不同政見的人都可以參選。

在這一背景下，2013 年 3 月 24 日，全國人大法律工作委員會主任喬曉陽發
表講話，指出在提名的民主程序問題上，基本法第四十五條所規定的提名委員會
實際上是一個「機構」，由提名委員會提名本質上是一種「機構提名」，若解釋
為個人提名，則由於不屬「機構提名」而不符合基本法的規定。同時，喬曉陽指
出，「一國兩制」下行政長官最基本的條件，實質是能不能允許與中央政府對抗
的人擔任行政長官，這是行政長官普選問題的癥結所在，並表示中央一直強調
行政長官人選要符合愛國愛港、中央信任、港人擁護三個基本條件，其中愛國愛
港、中央信任這兩項標準，講得直白一點，就是不能接受與中央對抗的人擔任行
政長官。

對於中央的解釋，反對派並不接受。5 月中旬，支持「佔中」的反對派人士
提出由立法會議員何俊仁辭職從而引發公投的方案，後來又提出為免動用公帑可
改用全港電子投票。2013 年 5 月 29 日，反對派議員梁家傑提出議案，促請特區
政府不論各界如何詮釋提名的民主程序，在制訂 2017 年行政長官選舉方案時確保
提名權、參選權及投票權均普及而平等，不會透過提名委員會進行任何「篩選」
或「預選」。

圍繞提名的民主程序和行政長官人選條件，反對派和建制派展開了激烈辯
論。何秀蘭、何俊仁等反對派議員認為，國際人權公約所定義的普選是指普及和
平等的選舉，這一普及和平等的原則適用於參選、提名及投票的權利，據此普選
行政長官的提名程序一定要公平、公正，絕對不能有不合理的門檻，更不能透過
不民主的提名委員會進行「預選」；愛國愛港並非一個可以列入法例的客觀條件，
很容易成為「篩選」工具，用於阻止政治立場不同的人參選。對此，葉國謙、田
北辰等建制派議員認為，基本法第四十五條已經訂明行政長官由一個具有廣泛代
表性的提名委員會提名，不論如何演繹基本法，提名委員會必須存在；主權國家
要求地方首長不是一個要推翻國家體制的人也是合理的要求，即便是聯合國相關
人權委員會也在其《第二十五號一般意見書》第四條中容許國家對公民的參選權
提出合理限制。詳細內容請見 **2013 年 1 月 16 日、2013 年 2 月 20 日、2013 年 5**

月 29 日立法會會議過程正式記錄。

二、關於「真普選」和「假普選」的紛爭

2013 年 12 月 4 日，特區政府發表《二零一七年行政長官及二零一六年立法會產生辦法諮詢文件》，正式開展為期五個月的公眾諮詢。由政務司司長林鄭月娥、律政司司長袁國強以及政制及內地事務局局長譚志源組成的「政改三人組」，秉持謀求共識的精神開始進行政改宣傳，「有商有量，實現普選」更被用作諮詢文件的標題。2014 年 1 月 15 日，行政長官梁振英發表施政報告，表示政府將全面歸納及整理收集到的意見，依循政制發展「五步曲」開展工作。但是，在 2014 年 2 月 14 日的致謝議案辯論中，反對派議員卻攻擊政改諮詢是一場有預設立場的假諮詢。

事實上，整個諮詢期間，反對派經常把國際標準掛在口邊，以「篩選」來形容提名委員會提名機制，不斷攻擊 2017 年的普選只是一個扮文明的「假普選」，諮詢也被看作是有預設立場的「假諮詢」，是「無商無量，實現篩選」。一時間，「真普選」和「假普選」的口號再一次響徹香港，「國際標準論」成為反對派的口頭禪。另一方面，由反對派醞釀的「佔中」計劃也逐步推進。2014 年 5 月，何俊仁辭職，以引發公投。6 月 20 日至 6 月 29 日，「佔中」陣營委託香港大學民意研究計劃與香港理工大學社會政策研究中心發起所謂「全民電子投票」，又被稱作「佔中公投」。

面對嚴峻的政治形勢，中央迅速作出回應。2014 年 6 月 10 日，國務院新聞辦公室發表《「一國兩制」在香港特別行政區的實踐》白皮書，明確中央對香港擁有「全面管治權」，並重申愛國者為主體的「港人治港」。隨後的 2014 年 8 月 31 日，全國人大常委會《關於香港特別行政區行政長官普選問題和 2016 年立法會產生辦法的決定》（簡稱「八三一決定」）正式公布，為行政長官普選定下清晰的框架：「提名委員會的人數、構成和委員產生辦法按照第四任行政長官選舉委員會的人數、構成和委員產生辦法而規定」；「提名委員會按民主程序提名產生二至三名行政長官候選人」；「每名候選人須獲得提名委員會全體委員半數以上的支持」。這意味着，政制發展「五步曲」程序，已經走完前兩步。

在這一過程中，何俊仁、范國威、梁家傑等反對派議員不斷攻擊提名委員會

提名是「小圈子」提名，違背了國際人權公約，並主張唯有「公民提名」或「政黨提名」才是「真普選」。而林健鋒、吳亮星、葉國謙等建制派議員認為，世界上根本沒有明文標準的普選模式，反對派一直要求落實的「真普選」根本是一個偽命題、假命題，連國際人權公約都承認，不同的國家和地區有不同的選舉模式，各個地方的普選制度只能夠因應各自的實際情況展開和逐步加以完善。詳細內容請見 **2013 年 12 月 4 日、2014 年 1 月 15 日、2014 年 2 月 14 日**立法會會議過程正式記錄。

三、關於要求撤回全國人大常委會決定的紛爭

對於全國人大常委會的決定，反對派感到失望，並走向街頭抗爭。2014 年 9 月底，「佔中」運動正式爆發，反對派藉此向中央和特區政府施壓，要求撤回「八三一決定」，重啟政改諮詢。2014 年 11 月 12 日，反對派議員黃毓民提出議案，要求行政長官及問責官員「總辭」，由公務員維持特區政府的日常運作，並隨即組織「修憲港是會議」修改基本法，新憲法獲港人公投通過後，再舉行公民連署提名的行政長官及立法會「雙普選」，以體現「直接民主」，實現真正「港人治港」。2014 年 11 月 21 日，反對派議員湯家驊提出議案，促請政府盡快提出一個切實可行的政制改革方案。

「佔中」運動令特區政府原計劃於 2014 年 10 月展開的第二輪公眾諮詢被迫延後。2014 年 12 月中旬，持續七十九天的違法佔領行動結束，社會秩序大致回復正常。在這一背景下，特區政府於 2015 年 1 月 7 日發表《行政長官普選辦法諮詢文件》，就 2017 年行政長官普選辦法展開為期兩個月的第二輪公眾諮詢。當日，政務司司長林鄭月娥亦到立法會作出聲明，向廣大市民及各位議員介紹諮詢文件的內容。2015 年 1 月 14 日，行政長官梁振英發表施政報告，指出在過去一年多有關政制發展的討論中不少人對中央和香港特別行政區的關係以及對政制發展的憲制規定在認識上仍有偏差，強調香港政治體制要符合基本法和人大常委會的相關解釋及決定，並表示要警惕香港大學學生會官方刊物《學苑》以及「佔中」學生領袖鼓吹的「港獨」錯誤主張。

此時，受「佔中」運動影響，香港陷入兩極化撕裂之中，政治生態日益惡化。二十七位反對派議員多次公開表態，絕對不會「袋住先」，如果人大不撤回

決定，他們必定會否決政改方案。2015 年 2 月 4 日，反對派議員何秀蘭提出議案，促請行政長官提請中央政府，尋求全國人民代表大會撤銷全國人大常委會的決定，重新啟動政制改革，並表示立法會必定會否決受制於「八三一決定」的政改方案。2015 年 2 月 13 日，在致謝議案辯論中，反對派議員再次提出同樣要求，指責施政報告拒絕回應市民透過「佔中」運動提出的「真普選」要求。黃碧雲、梁耀忠、何秀蘭等反對派議員指出，必須撤回有關決定，香港才有路可走，特區政府與其把人大的框架白白推行一趟，不如及早重開「五步曲」，重新進行諮詢。但林健鋒、葉劉淑儀、謝偉銓等建制派議員則認為，反對派的要求無論在憲制層面上還是在政治實踐中，都是不可能和不切實際的。在「一國兩制」下，香港是國家的一個特別行政區，政制發展要根據基本法和全國人大常委會的相關解釋及決定，若否定特區政府的政改方案，下次政改的起點也同樣是「八三一決定」。詳細內容請見 **2014 年 11 月 12 日、2014 年 11 月 21 日、2014 年 11 月 26 日、2015 年 1 月 7 日、2015 年 1 月 14 日、2015 年 2 月 4 日、2015 年 2 月 5 日、2015 年 2 月 13 日立法會會議過程正式記錄。**

四、關於行政長官產生辦法修正案的紛爭

2015 年 3 月 7 日，第二輪公眾諮詢期結束。4 月 22 日，特區政府發表《行政長官普選辦法公眾諮詢報告及方案》，政務司司長林鄭月娥隨即到立法會介紹諮詢報告及方案的內容。2015 年 6 月 17 日，譚耀宗以 2017 年行政長官產生辦法方案小組委員會主席的身份向立法會提交報告。同一天，政制及內地事務局局長譚志源提出議案，動議立法會以全體議員三分之二多數通過《中華人民共和國香港特別行政區基本法附件一香港特別行政區行政長官的產生辦法修正案（草案）》。

該修正案對行政長官普選作出五條規定。第一，從 2017 年開始，行政長官由一個有廣泛代表性的提名委員會按民主程序提名後普選產生，由中央人民政府任命。第二，提名委員會委員共 1,200 人。第三，提名委員會各個界別的劃分，以及每個界別中何種組織可以產生提名委員會委員及其名額和產生辦法，由香港特別行政區根據民主、開放的原則制定選舉法加以規定。第四，不少於 120 名且不多於 240 名提名委員會委員可以聯合推薦產生一名行政長官參選人。每名委員只可推薦一人。提名委員會從上述獲推薦產生的參選人中，以無記名投票方式提

名產生二至三名行政長官候選人。提名委員會每名委員最少須投票支持兩名參選
人，最多可投票支持全部參選人。每名候選人均須獲得提名委員會全體委員半數
以上的支持。具體提名辦法由選舉法規定。第五，香港特別行政區依法登記的合
資格選民，從提名委員會提名的行政長官候選人中，以無記名投票方式選出一名
行政長官人選。具體選舉辦法由選舉法規定。

對此，立法會展開連續兩天激烈辯論。反對派議員認為這個方案是退步，
「袋了死得更慘」。建制派議員則認為，沒有一套符合全球各國的完美普選制度，
這次政改方案或許不完美，但與殖民地年代比較要民主得多，如果今天放棄這個
機會，會給香港造成重大損失。總體而言，雙方的爭議仍然可以歸納為提名的民
主程序和行政長官人選條件兩個方面。

關於提名的民主程序，梁家傑、何秀蘭、何俊仁等反對派議員認為，國際人
權公約第二十五條讓選民有真正的選擇，但這次政府方案沿用選舉委員會，以功
能界別為骨幹，將其變身為提名委員會，並且僭建了基本法第四十五條中沒有的
「機構提名」程序，須得到這個特權「小圈子」過半數同意，然後才交給選民確
認，這很不公平。葉劉淑儀、梁君彥、方剛等建制派議員則認為，香港不應參照
任何國家或地方的普選方式，而應在基本法的基礎上逐步發展出一套適合香港的
普選制度，即便是西方民主國家，每名市民也不一定享有普及而平等的提名權，
很多國家的提名門檻其實非常高。

關於行政長官人選條件，梁耀忠、李卓人、梁繼昌等反對派議員認為，國家
安全的考慮是常常存在的，一定要由「愛國愛港」的人擔任行政長官，其實是上
綱上線，是為了進行「篩選」。但葛珮帆、吳亮星、廖長江等建制派議員則認為，
香港的行政長官選舉方法當然與國家主權和國家安全有關，在地區行政長官人選
方面作出必要的維護國家安全限制，實屬合情合理，亦符合基本法第四十五條所
訂明的規定，而且全世界的首長選舉都如此，即便是在備受推崇的美國、英國等
國家，同樣要對不愛國、不愛政黨的人施加「篩選」的限制。以上辯論的詳細
內容請見 **2015 年 4 月 22 日、2015 年 6 月 17 日、2015 年 6 月 18 日**立法會會議
過程正式記錄。

五、政改方案否決後的紛爭

2015 年 6 月 18 日，政改方案遭到反對派議員「捆綁」否決，令 2017 年普選行政長官的機會落空。特區政府明確表態，本屆政府不會在任期內重啟政改工作，至於香港應在甚麼時候和具備甚麼客觀條件下，才再度在基本法和全國人大常委會的相關解釋和決定的基礎上開展有關政改的討論，值得社會各界汲取教訓經驗，作出反思。2016 年 2 月 8 日，激進分子以保護小販為由發動「旺角暴亂」，反對派趁勢將此次暴亂和政改問題聯繫在一起。香港社會有關政改問題的反思也籠罩在這一氛圍中。

2016 年 2 月 18 日和 2 月 19 日，立法會就行政長官梁振英在 1 月 13 日公布的施政報告展開致謝議案辯論，「旺角暴亂」的產生根源和應對舉措成為重要關注。單仲偕、梁國雄、范國威等反對派議員認為，此次暴亂源於 2014 年的「八三一決定」，只有落實真普選才能有效解決社會深層次矛盾。不過，葉國謙、陳健波、葛珮帆等建制派議員認為，「旺角暴亂」的真正起因絕不是政改問題，世界上有很多地方實行所謂普選，這些地方面對的問題比香港還要多，評價一個制度的好壞絕不能依據其他國家的價值標準；爭取民主沒有錯，但應該用和平理性的方法，反對派不惜採用「佔中」運動，要為此次政改失敗和暴亂的形成負上很大責任。詳細辯論請見 **2016 年 2 月 18 日**、**2016 年 2 月 19 日**立法會會議過程正式記錄。

目錄

2013 年 1 月 16 日
行政長官施政報告

政制發展

在政制發展方面，我們會按照基本法的規定和全國人大常委會的有關決定，推動落實普選目標。

政府會在適當時候，就二〇一七年行政長官選舉辦法，以及二〇一六年立法會的選舉辦法展開廣泛諮詢，並啟動憲制程序。我們期望社會各界及立法會不同黨派，都能以理性和務實的態度，從香港的整體及長遠利益出發，求同存異，達致〔至〕共識，推動香港向前發展民主。

2013 年 2 月 20 日
議案辯論：落實雙普選

湯家驊議員：

主席，普選是我參政的唯一理由，我當年希望二〇〇七—二〇〇八年度有普選，我可以回去當大律師，但二〇〇七—二〇〇八年度過去；我希望二〇一二年有普選，我可以回去當大律師，但二〇一二年又過去了。

主席，其實我決定參加第三次選舉，也是為了希望香港早日有普選。如果我沒有記錯，連同今次，我已經七次在立法會提出關乎普選或相近議題的議案，每一次都被否決，這是百分之一百的紀錄，我相信這個百分之一百的紀錄，今天仍然會保持。

主席，普選這個如此重要的議題，為何我現在站起來發言時，卻有超過三分之二的同事已失了蹤呢？主席，這已經說明了今天這項議案將會被否決的原因。主席，我不會要求點算人數的，因為我認為點算人數是沒有意思的……

……

主席，我在二〇〇四年參加立法會選舉，當時真的是雄心萬丈，我真的十分希望，而且有點幼稚地以為二〇〇七—二〇〇八年度便會有普選。主席，到二〇〇八年再選立法會議員時，我仍然有相當信心，我仍然希望即使二〇一二年無法爭取普選，也很快便會有普選。但是，主席，我必須在此承認，我今天站在這裏，我的信心隨着時間過去而越來越低落，也越來越缺乏。

主席，這並不是因為我年紀大了，而是因為事實上，我看到困難與日俱增。主席，為甚麼我這樣說呢？很多人都說，普選最大的障礙，便是香港的政治既得利益者、商界功能界別在取得政治權力後，他們難以放手。但是，我今天看到，對普選最大的障礙，其實是中央和香港缺乏互信，為何缺乏互信呢？中央認為香港有很多所謂的「港英餘孽」，以反共產黨為己任，如果讓香港有普選，難保他

們不會搞港獨、分離主義，結束一黨專政，所謂火燒後欄，怎能容許普選呢？香港人不信任中央，因為中央代表一個極權的政治體系，我們天天看報章，耳濡目染，差不多都看到內地發生的很多事情，是完全違反和否定香港人一貫認同的核心價值的，由這樣的一個政府決定我們有沒有普選，你叫香港人如何相信呢？

但是，不幸地，經過上一次政改，現在連民主派本身也缺乏互信，激進派覺得溫和派只會屈膝求和，出賣民主，信不過；溫和派覺得激進派用激進手段爭取，只會令中央態度更為強硬，普選變得更為遙遙無期。在回歸即將十六年的這段時間，我們真的十分失敗，不但無法消除我剛才所說的缺乏互信，更增添很多大家不可互信的基礎。所以，到了今屆這個緊要關頭，我反而覺得可能真的永遠無法爭取得到普選。

不過，主席，我是屬於樂天派的，我認為只要盡了自己的努力，當我看到其他人盡了他們的努力，而如果香港註定沒有真普選的話，我今天在這裏呼天搶地也是沒有意思的，人在做，天在看，我們盡了力，得不到結果，不是我們的過錯，歷史自有公論。

所以，主席，你看看我今天的議案用詞，可以說是非常中性的，既不像媽媽，又不像爸爸，是完全中性的，為甚麼呢？因為我只是希望提供一個平台，給有心為普選出力的人——無論他是建制派或民主派——一個機會，向香港人表達一下他對這方面的看法，所以這是非常中性的，我只是說「盡快展開諮詢」，只是說讓香港人討論而已。但是，昨天已經有建制派同事跟我說對不起，說議案是無法獲得通過的，因為他們不同意「盡快」，他們不同意討論，大家看看盧國偉議員的修正案，我稍後可以談談……對不起，是盧偉國議員，他的修正案正正把「盡快」一詞刪走、把「討論」一詞刪走，所以連一項最中性，既不像媽媽，又不像爸爸的議案，也無法在議會內獲得完整通過。

當然，那位建制派的朋友——我不會公布他的名字，因為他也算是我的朋友——說只要我支持盧偉國議員的修正案便可以，這樣他便會支持我。主席，我認為人始終要有底線，即使如何溫和，我也是有底線的，我的底線便是無法接受連這些最基本的要求也沒有的。

主席，我想說的第二點，就是關於今天的議案的焦點。其實，汲取了過去兩次政改的經驗，我為何覺得今次的政改需要多一點時間，以及需要在不同時段多

進行討論，我剛才也說過，最大的原因，就是我們之間的缺乏互信情況加劇了，而不是減少了，所以我們的困難增加了，而不是減少了。但是，其次，我回看過去，譬如說看到二〇〇四年，全國人民代表大會常務委員會第一次定下政改五部曲——不要問我為甚麼，主席，我真的不明白為甚麼，我相信你老人家也不明白為何會有五部曲，為何不是三部曲，為何不是二部曲，但你也可以說幸好不是七部曲或十部曲，話是可以這樣說的，但這五部曲真是令我難以明白。不過，既然人大常委會已作出這個決定，我只是一名小小的立法會議員，是無法推翻的，只能順應着它來走。

但是，主席，這五部曲有其吊詭之處，那便是特區政府在啟動五部曲之前會進行諮詢。過去兩次，有關諮詢也是在所謂極速的時限內完成。即使是就一些沒多大爭議性的民生議題進行諮詢，政府有時也會諮詢上六個月，但普選的議題，卻只是諮詢三個月，主席，這也不要緊，大家也知道諮詢的結果是甚麼，因為差不多自回歸以來，我們進行過無數次民調，我們也可看到香港人心向民主。但是，每一次諮詢得到的結果，特區政府也是視而不見，聽而不聞的。二〇〇五年的五部曲是一個很好的例子，當時曾蔭權先生向人大提交政改報告，他說雖然過半數市民的期望應該受到重視和予以考慮，但仍然認為不應在二〇〇七—二〇〇八年度落實普選，當然，有關建議立刻為人大常委會所接納。

主席，問題是當年政改第一部曲的報告是在二〇〇五年十月十九日提交人大常委會，而表決則在二〇〇五年十二月二十一日進行，換言之，在提交人大常委會到人大常委會批准報告、作出決定，然後到表決只是相差兩個月的時間。由於特首提出的政改報告和他的諮詢結果完全無關，或可以說是完全相違背，所以，縱使香港人對這個所謂第一部曲的第一部——政改報告——極為反感或不願意接受，也沒有機會公開討論，或作任何表達。當然，主席，在二〇〇五年投票前，曾有數十萬人上街遊行，但很可惜，當二〇〇三年有數十萬人上街遊行之後，現在政府已經變得麻木了，不論是五十萬人、三十萬人、二十萬人或十萬人，對他們來說也只是一個數字，是無動於衷的。

主席，到第二次政改，曾蔭權在二〇〇七年推出所謂的綠皮書並進行諮詢，但又是十分奇怪的，主席，正如我剛才所說，諮詢得到的結果，又是完全不跟從民間意願的，他最後提出一個差不多沒有人會接受的方案。最後，主席，他在

二〇〇九年十一月正式就五部曲的第一部 —— 提交報告 —— 展開政改方案的諮詢，主席，這跟二〇〇七年的不同，二〇〇七年的是一份綠皮書，二〇〇九年的則是政改方案。有關諮詢在二〇一〇年二月二十九日完成，他並在四月十四日提出了上次的政改方案。主席，這份政改方案跟諮詢得到的結果完全風馬牛不相及，他只是提出二〇〇五年政改方案的翻版，即是以五名區議員互選作為功能界別的新增議席，同時間增加五個直選議席。

主席，你會留意到，四月十四日提出這份報告時，其實正是「五區公投」進行得如火如荼的時間，主席，而我們最終要投票的，便是在六月二十三日，即是在五部曲的第一部之後，香港人同樣沒有機會公開討論第二次的政改方案，是否值得我們接受，這也是民主派在第二次政改之後，失去互信的其中一個原因。

所以，主席，如果我們今次想落實真正的普選，在程序上，我十分希望特區政府在展開第一步，提出一個確實方案之後，先徵詢香港市民的意見，然後才提交人大常委會。這樣，我們今次落實雙普選的機會可能會大一點。

湯家驊議員動議的議案如下：

「本會促請特區政府盡快就落實雙普選展開廣泛諮詢，以及在行政長官向全國人民代表大會常務委員會提交政改報告前，讓廣大市民有足夠時間討論報告的內容。」

（主席宣布就議案及五項修正案進行合併辯論）

盧偉國議員：

鑒於落實普選的時間表得來不易，我今天提出的修正案，是要促請特區政府按照基本法的規定及人大常委會的相關決定，務實和妥善地處理好這個問題。我比較失望的是，原議案的動議人湯家驊議員似乎沒有很留心我修正案的字眼，我其實是將他原議案中提及的「盡快」，以更具體的方式寫成為要求特區政府「預留充足時間進行廣泛諮詢，讓廣大市民有足夠時間討論諮詢文件的內容」，並沒有刪除「討論」這字眼，我認為湯家驊議員要細心閱讀我的修正案。

　　主席，我認為若要妥善落實雙普選，必須符合兩大原則，首先是「一國兩制」的原則。基本法第十二條規定，「香港特別行政區是中華人民共和國的一個享有高度自治權的地方行政區域，直轄於中央人民政府」；第一百五十八條又規定，該法的解釋權屬於人大常委會，這是從憲制層面，對「一國兩制」及對中央和香港特別行政區的關係作出的明確規定。在我們討論落實雙普選時，有意或無意忽略這些規定，都是不切實際的。

　　其次是「根據香港實際情況」及「循序漸進」的原則。基本法第四十五條規定，「行政長官的產生辦法根據香港特別行政區的實際情況和循序漸進的原則而規定，最終達至由一個有廣泛代表性的提名委員會按民主程序提名後普選產生的目標」；第六十八條亦明確規定，「立法會的產生辦法根據香港特別行政區的實際情況和循序漸進的原則而規定，最終達至全部議員由普選產生的目標」。這兩條是基本法附件一「香港特別行政區行政長官的產生辦法」、附件二「香港特別行政區立法會的產生辦法和表決程序」，以及人大常委會相關決定的主要法律依據。

　　主席，究竟甚麼是香港的實際情況呢？我認為最少有兩方面的考慮。其一，香港作為中國的一個地方行政區域，有關雙普選的最終方案，不但需要取得香港內部的最大共識，而且必須獲得中央政府的同意，以反映「一國兩制」在憲制上的客觀現實，以免出現重大的政治及憲制危機。其二，應該在現行體制的基礎上，確保繼續體現均衡參與，令社會各階層的利益和聲音都獲得適當的兼顧和表達。

　　至於基本法第六十八條所指的循序漸進，顯然是指香港應該朝着雙普選的終極目標，務實地一步一步向前邁進。根據人大常委會於二〇〇七年十二月二十九日通過的決定，雙普選是分兩步走的：二〇一七年香港特別行政區第五任行政長官的選舉，可以實行由普選產生的辦法；在行政長官經普選產生後，香港特別行政區立法會的選舉可以實行全部議員由普選產生的辦法。這一方面是就雙普選訂明了時間表，另一方面也道出具法律約束力的規定，以避免再有不必要的爭拗。顯然，立法會的普選要在行政長官由普選產生之後，因此二〇一六年立法會的選舉並不實行全部議員由普選產生的辦法。

　　主席，上述的人大常委會決定又清楚訂明，在實行行政長官普選及實行立法會全部議員普選前的適當時候，行政長官必須按照基本法的有關規定和人大常委

會對基本法附件一及附件二的相關解釋，分別就行政長官產生辦法和立法會產生辦法的修改問題，向人大常委會提出報告，並且由人大常委會確定。修改行政長官產生辦法和立法會產生辦法的法案及修正案，應該要由香港特區政府分別向立法會提出，經立法會全體議員三分之二多數通過，行政長官同意，報人大常委會批准。換言之，兩個產生辦法都要經過這五部曲，才算完成整個程序，並非任何一方可以單方面決定。

當然，基本法及人大常委會的有關規定，只是訂明一些基本原則，在實際的運作過程中，還有很多具體問題需要解決。以二〇一七年普選行政長官的辦法為例，提名委員會須如何組成，才算是具有廣泛代表性呢？提名應該採用甚麼方式，才能符合民主程序的要求呢？二〇一六年立法會的選舉，應該如何實現循序漸進和均衡參與，以便進一步邁向最終達致〔至〕全部議員由普選產生的目標呢？

主席，特首梁振英先生在二〇一三年施政報告第 195 段表示，政府會在適當時候，就二〇一七年行政長官選舉辦法，以及二〇一六年立法會的選舉辦法展開廣泛諮詢，並啟動憲制程序。那麼，何時是適當時候呢？相信政府當局會自行判斷。但是，鑑於問題複雜，我期待特區政府能夠預留足夠時間進行廣泛諮詢，讓廣大市民有足夠時間討論諮詢文件的內容；同時，我期待亦呼籲社會各界和立法會各黨派，本着理性包容和求同存異的原則，在整個過程中持着開放態度，致力凝聚社會共識，共同推動落實雙普選的目標。否則，如果大家互不相讓，甚至為爭拗而爭拗，便很有可能原地踏步，蹉跎歲月，令雙普選變得可望而不可及。當然，在行政長官向人大常委會提交的政改報告中，也必須如實和全面地反映廣大市民的意見。

主席，香港要順利落實雙普選，既有賴香港與中央之間建立良性互動和互信（有關互信的問題，湯家驊議員剛才也曾提出來），我們要嚴格按照基本法和人大常委會的相關決定辦事，亦有賴香港內部同心協力，爭取達致〔至〕最大的共識，更有賴相關法案和修正案獲得立法會全體議員三分之二的多數通過，行政長官同意，並且得到人大常委會批准。捨此之外，別無他途。

盧偉國議員動議的修正案如下：

「在『本會促請』之前加上『鑒於落實普選的時間表得來不易，』；在『特區政府』之後刪除『盡快就落實雙普選展開』，並以『按照《基本法》的規定和全國人民代表大會常務委員會的相關決定，就 2017 年普選行政長官和 2016 年立法會選舉的辦法預留充足時間進行』代替；在『廣泛諮詢，』之後加上『讓廣大市民有足夠時間討論諮詢文件的內容；』；及在緊接句號之前刪除『全國人民代表大會常務委員會提交政改報告前，讓廣大市民有足夠時間討論報告的內容』，並以『人大常委會提交的政改報告中，如實和全面反映廣大市民的意見；本會呼籲社會各界和各黨派本着理性包容、求同存異的態度，在過程中致力凝聚社會共識，共同推動落實雙普選的目標』代替。」

（編者注：此修正案在原始會議過程正式記錄中位於本議案所有議員及獲委任官員發言之後、湯家驊的答辯發言環節之前，並被單獨付諸表決。考慮到讀者方便及全書體例統一，特移到此處。）

（編者注：修正後的議案內容如下：

「鑒於落實普選的時間表得來不易，本會促請特區政府按照《基本法》的規定和全國人民代表大會常務委員會的相關決定，就 2017 年普選行政長官和 2016 年立法會選舉的辦法預留充足時間進行廣泛諮詢，讓廣大市民有足夠時間討論諮詢文件的內容；以及在行政長官向人大常委會提交的政改報告中，如實和全面反映廣大市民的意見；本會呼籲社會各界和各黨派本着理性包容、求同存異的態度，在過程中致力凝聚社會共識，共同推動落實雙普選的目標。」）

范國威議員：

我的修正案清楚寫明，希望於二〇一六年全面取消立法會功能界別議席，於二〇一七年以一人一票方式選出行政長官。為何要這樣做？因為我們希望香港日後的雙普選制度不會在定義上與國際經驗相距很遠，不希望看到像梁振英特首那一類語言「偽術」，進行有名無實的普選。主席，我不希望將來的行政長官選舉

設有高門檻或篩選機制，令香港人以為自己有真正的選舉權，但其實那是虛假的選舉權。如果只有葉劉淑儀、劉江華或劉夢熊可以參選特首，而其他人卻不可以參選，那並不是真正普選行政長官。如果只可以在曾鈺成、曾德成、曾蔭權之間作出選擇，也不是真正普選特首。我們認為，參選權、提名權和投票權均符合國際標準和準則，才算是雙普選。然而，回歸多年來，中央政府多次透過不同方法、人大釋法等，由三部曲變成五部曲，不斷拖延香港的民主進程，令香港人和不同的泛民主派議員要挖空心思，透過不同方法爭取落實民主制度，這是很可惜的。

　　……

　　主席，今天我們身處這局面，還因為二○一○年政改方案所引入的超級議席未能清楚地讓香港人放心。我們已有普選時間表，但沒有很清晰的普選路線圖。二○一○年的政改方案令泛民主派出現巨大的路線分歧，也出現了分裂，而我亦離開加入了超過十三年的政黨 —— 民主黨。然而，二○一○年的政改方案雖通過了，也增設了「超級議員」的議席，那又如何呢？我們有否看到香港的政制有長足發展呢？我們的議會和特首有否令香港人安心，定出清晰的路線圖，讓我們知道在某年某月某日，香港必然會有普選呢？很明顯，答案是否定的。

　　主席，近日，我們看到連當年有份推動普選聯，推動溫和民主派與中央談判、與中聯辦談判的學者，都不能再繼續忍受這種無了期的諮詢和拖延。溫文爾雅的學者戴耀廷也提出要透過直接行動（direct action），呼籲一萬人出來圍堵中環，爭取普選，或構造一種巨大的社會輿論壓力，希望特區政府和中央政府正視。主席，我們是否樂見圍堵中環的行動出現呢？香港社會能否承擔這種行動所帶來的壓力呢？在泛民主派中，當年有很多人曾盲目相信或錯信中央，以為透過談判便可落實雙普選或為香港的民主進程帶來長足發展，我相信他們都感到失望，現在要嚴肅思考是否參與這位學者提出圍堵中環的行動。

　　二○○三年，我們曾有五十萬人上街；二○○五年，我們曾以捆綁式投票在立法會否決政改方案；二○一○年，我們曾透過談判，希望取得突破；可是，我們得到甚麼呢？香港的民主進程繼續停滯不前。主席，我們不希望繼續因為香港的上層建築，一些掌控着政治特權的功能界別議員維持着其主子的經濟特權，令香港市民繼續受苦，無法有理想的生活水平。因此，我希望同事能支持原議案，我亦會支持劉慧卿議員、黃毓民議員和郭家麒議員的修正案。但是，對於盧偉國

議員剛才提出的修正案，我確實有很大保留。以香港人的豐富國際經驗、教育水平、人均收入和公民質素來說，中央政府和特區政府欠香港人一套良好的民主制度已久，為何還要繼續拖延下去？任何人在議會中投票阻延早日落實香港民主進程都是香港民主運動的罪人。

范國威議員動議的修正案如下：

「在『本會促請』之前加上『鑒於《基本法》第四十五條和第六十八條規定，香港特別行政區行政長官和立法會最終由普選產生，』；及在緊接句號之前加上『；政改報告的內容應包括：（一）於 2016 年全面取消立法會功能界別議席，讓全港市民以一人一票方式選出所有立法會議員；（二）就 2017 年行政長官選舉，採取低提名門檻，並讓全港市民以一人一票方式選出行政長官；及（三）確保政改方案符合聯合國《公民權利和政治權利國際公約》第二十五條所載「普及而平等」的原則，即香港市民均應有權利及機會，在公平、公正及公開的行政長官及立法會選舉中投票及被選』。」

（編者注：此修正案在原始會議過程正式記錄中位於本議案所有議員及獲委任官員發言之後、湯家驊的答辯發言環節之前，並被單獨付諸表決。考慮到讀者方便及全書體例統一，特移到此處。）

（編者注：修正後的議案內容如下：

「鑒於《基本法》第四十五條和第六十八條規定，香港特別行政區行政長官和立法會最終由普選產生，本會促請特區政府盡快就落實雙普選展開廣泛諮詢，以及在行政長官向全國人民代表大會常務委員會提交政改報告前，讓廣大市民有足夠時間討論報告的內容；政改報告的內容應包括：（一）於 2016 年全面取消立法會功能界別議席，讓全港市民以一人一票方式選出所有立法會議員；（二）就 2017 年行政長官選舉，採取低提名門檻，並讓全港市民以一人一票方式選出行政長官；及（三）確保政改方案符合聯合國《公民權利和政治權利國際公約》第二十五條所載『普及而平等』的原則，即香港市民均應有權利及機會，在公平、公正及公開的行政長官及立法會選舉中投票及被選。」）

劉慧卿議員：

特區有責任向國際社會作交代，解釋為甚麼在數年前在報告內說功能界別是一項過渡的方案，以及解釋何時才會取消。為甚麼現在又有人出來說功能界別跟普選並沒有抵觸？主席，我們說話是不能反口覆舌的。雖然中央政府說二○一七年會有普選，但很多市民卻憂心這件事不會落實。我在十四日跟數位立法會議員出席一個電視台的討論，當中有李慧琼議員、葉劉淑儀議員和方剛議員。當時，我們四人均異口同聲地說，香港市民對二○一七年的普選抱有高度期望。所以，屆時無論是基於任何原因而不能落實普選，我相信社會可能難以接受，也可能會有動蕩。

特區政府要知道這一點，也要告知中央，而中央亦要明白，香港市民等待了這麼多年，現在到了這個地步是大家都覺得不可以再拖延下去的。我不知道當局到日內瓦會說甚麼，而且他們也說即使香港有普選，也並非因為《公民權利和政治權利國際公約》——雖然香港已簽署這項公約，並就此作報——而是因為基本法。請當局告訴我，根據兩者來履行，其實又有何分別？

問題是，特區政府曾在國際社會上作出承諾，而中央政府亦對香港市民和國際社會作出承諾，便是二○一七年普選行政長官，然後普選立法會。主席，我希望貴黨能在這方面盡力而為，不要讓某些黨友說仍然不行，因為香港並沒有共識等。我希望大家也能公道一些，香港是否有百分之一百的共識？當然沒有，主席。即使是「阿媽是女人」這句說話，也不會有百分之一百的共識。可是，很多報告，即使是曾蔭權提交北京的報告，也說很多香港人也希望有普選。只要把一直以來的調查結果和從前的選舉結果拿出來，便可以看到支持普選的人佔多數，而且普選亦並非洪水猛獸。主席，希望你老人家和你的黨派能向北京解釋。

最近很多人也說，無論是外國人或本地人在看到我們的制度後，假如被問及全世界有哪一個城市或地方的選舉制度與我們的相像，他們的答案總是「沒有」。當然，某些極權地方也有這樣的制度，但這些地方現在卻流血不止，「打到七彩」，人民為此作出很大的犧牲。但是，其他地方要麼是有普選，要麼是沒有普選，不會弄致好像我們這樣的景況。所以，主席，我們非常希望局長和他的團隊回去告訴梁振英不要再拖延，大家也希望當局能盡快提交報告。

我今天提出的修正案是希望提出一些具體建議。如果范議員說二〇一六年普選，甚至明天便有普選，大家當然會立即贊成，不然的話，二〇一六年的立法會選舉也要讓大家知道是已向前多走了一步，到二〇二〇年便真的進行普選。所以，二〇一六年真的要取消功能界別議席及取消分組點票。至於二〇一七年普選，這是最重要的，我跟很多香港市民說，二〇一七年要有真正的選舉，讓不同政見的人也可以參選。

梁振英認為怎麼可以有那麼多人參選，但為甚麼不可以呢？可以進行兩輪投票，第一輪先篩出一批人，但假如第一輪投票中有人取得過半票數，那人便可當選，否則最高票數的兩名候選人便在第二輪投票再競選。請政府參考別人的經驗吧，不要設計任何東西了。主席，我留意到你的老友吳康民先生說一定要進行篩選，請你跟他談談，不要說出那麼多廢話。如果由梁振英甚至習近平說一定要進行篩選，那麼戴耀廷方案莫說有十萬人響應，一百萬人也有。

不過，可能實際的情況真的是要這樣推展。回看人類歷史，很多事情也一定要作出犧牲，要有很多人入獄，要有很多人流血和犧牲才能成功。屆時無論是戴耀廷或是甚麼人，還要看看有多少香港人願意作出犧牲來換取這些東西。我相信很多香港市民也看到台灣 —— 較遠的地方也不必多說了 —— 台灣曾作出很多犧牲才能換取到今天的情況，我們非常仰慕那些很勇敢的人。

如果北京和特區當局要迫市民走到這個地步，我相信很多市民，未必是全部市民，但有很多市民會覺得「放馬過來」吧。如果大家想這樣做，以香港的繁榮穩定一起來「賭一把」，那麼便盡量這樣做吧。

主席，我們希望當局能盡快進行諮詢，清楚告訴市民 —— 我們能跟其他人討論便最好 —— 如果二〇一六年沒有普選，便一次過立法交代清楚事情，說明該次選舉是怎樣做，下次選舉又會怎樣做，讓大家知道得清清楚楚。但是，有人卻喜歡年年月月也要爭拗，一直在紛爭和吵鬧，這是否那些人的選擇，對香港的發展又是否最有利呢？

劉慧卿議員動議的修正案如下：

「在『本會促請』之前加上『鑒於廣大市民渴望盡快落實雙普選，』；及在『廣

泛諮詢，』之後加上『內容應包括：（一）2016 年的立法會應減少功能界別議席，增加分區直選議席，取消分組點票；並不遲於 2020 年取消所有功能界別議席，以達致普及而平等的選舉目標；（二）2017 年的行政長官選舉，以一人一票直接選舉產生；提名候選人的程序須民主及公平；提名委員會不應篩選或預選候選人，亦不應利用提名門檻將不同政見人士摒諸門外；提名門檻不應高於現時八分之一提名委員的規定，候選人提名人數應設上限，以及開放提名機制，讓取得若干百分比，如 3% 登記選民提名的人士能被提名成為候選人；及（三）以「一次過立法、分期執行」的方式，訂定 2017 年行政長官選舉，以及 2016 年和 2020 年的立法會選舉方法，確保有關方法是符合國際人權公約普及而平等的定義；』。」

（編者注：此修正案在原始會議過程正式記錄中位於本議案所有議員及獲委任官員發言之後、湯家驊的答辯發言環節之前，並被單獨付諸表決。考慮到讀者方便及全書體例統一，特移到此處。）

（編者注：修正後的議案內容如下：

「鑒於廣大市民渴望盡快落實雙普選，本會促請特區政府盡快就落實雙普選展開廣泛諮詢，內容應包括：（一）2016 年的立法會應減少功能界別議席，增加分區直選議席，取消分組點票；並不遲於 2020 年取消所有功能界別議席，以達致普及而平等的選舉目標；（二）2017 年的行政長官選舉，以一人一票直接選舉產生；提名候選人的程序須民主及公平；提名委員會不應篩選或預選候選人，亦不應利用提名門檻將不同政見人士摒諸門外；提名門檻不應高於現時八分之一提名委員的規定，候選人提名人數應設上限，以及開放提名機制，讓取得若干百分比，如 3% 登記選民提名的人士能被提名成為候選人；及（三）以『一次過立法、分期執行』的方式，訂定 2017 年行政長官選舉，以及 2016 年和 2020 年的立法會選舉方法，確保有關方法是符合國際人權公約普及而平等的定義；以及在行政長官向全國人民代表大會常務委員會提交政改報告前，讓廣大市民有足夠時間討論報告的內容。」）

黃毓民議員：

主席，我在本年一月九日立法會會議上的發言 ——「彈劾只是手段，全民制憲才是目的」—— 已經清楚說明我的全民制憲訴求。在同一篇演說中，我亦已簡介三派古典社會契約論。今天，我想再深入探討社會契約論與香港歷史，特別是一九七〇年代末期至當代香港的關係，從而指出「全民制憲，重新立約」是香港人掙脫困局的出路。

如果對照一百五十多年的香港殖民地歷史和同期的中國歷史，除了「三年零八個月」的日治淪陷時代，其餘時間皆是香港華人的生活，明顯相對其他華人地區為佳。為甚麼呢？

英國殖民者與香港華籍居民，包括那些所謂「高等華人」，沒有正式立下任何形態的社會契約，但殖民地政府保持這種相對較佳的生活，特別是一九四九年後，與大陸的赤色恐怖及台灣的白色恐怖相比，香港的有限度自由已是人間樂土。這無形中已經構成一種所謂「官民默契」。

這種默契，比較接近霍布斯的《利維坦》。但是，殖民地官員不會「讀死書」，以為這種霍布斯式的「賣身契」—— 即民眾把自身的自由交予利維坦，一經立約，利維坦必然會保護民眾的基本利益，不會違約，所以民眾沒有革命的權利 —— 最能一勞永逸。原因是，如果管治失當，香港華人一樣會行使洛克《政府論》及盧梭《民約論》的革命權。

在一九六〇年代中葉，貧富懸殊及貪污腐敗到達臨界點，引發一九六六年反天星小輪加價事件及「六七暴動」。經過以後的短暫沉寂，踏入一九七〇年代，「中文運動」、「保釣運動」、「反貪污，捉葛柏」等社會運動蜂起。殖民地政府亦不得不改弦更張，港督麥理浩主政的改革，加強了香港人的歸屬感，形成了一種新的官民默契。

在一九四九年後，中共對香港「長期打算，充分利用」，不收回香港。在這種特殊環境下，大量難民南來避秦，無意中締造港人反共、抗共、厭共及疑共的性格。如果有人問，「香港本土運動的本質是甚麼呢？」，我會回答：「避秦者及其後代，經歷過去三十多年的政治巨變，意識到回歸十六年後的失敗，就是香港人的主體。」本土意識的本質，便是對共產黨的不信任，對一黨專政的深惡痛

絕。本土民主運動就是要高舉反共的大旗，誰投共，誰便是「賣港」。

及至一九七〇年代末至一九八〇年代初，香港前途問題浮面。鄧小平明白到主流香港人的反共本質、其時人心惶惶的氣氛。根據當時香港的民意調查，95%市民願意接受維持現狀。不過，那時代是中共建政以來最開明的時期，是胡耀邦出任總書記、趙紫陽出任總理的時代。他們對自身制度的不足及香港制度的優勢，尚有少許自知之明，於是提出「一國兩制」、「港人治港」、「高度自治」的保證，後來更制定中英聯合聲明以至基本法。凡此種種，也等於一種社會契約。

由一九九八年至二〇〇四年的三次立法會選舉，亦有按照基本法附件二的時間表，地區直選的議席漸次增加，選舉委員會的議席逐漸減少以至廢除，而一九九七年後原有的生活方式並無大變。當然，實際的情況是很多主流媒體已經自我審查，臨時立法會亦已還原惡法。不過，大部分香港人至此仍然是「事不關己，己不勞心」。對於一般民眾以至主流民主派而言，中共尚算信守契約，令後者對二〇〇七年及二〇〇八年雙普選這種空泛承諾，仍有期望。

在二〇〇三年後，情況出現巨大轉變。共產黨覺得香港人「養唔熟」，對嗎？特區政府在二〇〇五年提交政改方案，地區直選及功能界別議席的比例維持不變。當時泛民尚能保持團結，否決方案，提出要提供時間表、路線圖的訴求，但自己卻又不能提供一項逐步裁減功能界別議席的時間表、路線圖的反建議。時至今天，他們才提出在二〇一六年減少功能界別議席的修正案，真的是「時光倒流」。

二〇〇七年的全國人民代表大會常務委員會的決定，以及二〇〇四年的人大常委會釋法，已經違反基本法附件一及附件二，「老兄」！民主黨以甚麼基礎與中共談判呢？是二〇〇四年的人大常委會釋法和二〇〇七年的人大常委會決定，導致二〇一二年的政改方案落得如斯下場、湯家驊議員今天仍然要求政府展開諮詢。

地區直選及功能界別議席的比例繼續保持不變，各增加五席，民主派表示有進步。不過，這其實是一個萬惡的制度，一項邪惡的方案。否則，馮檢基議員也不會成為「零票議員」；他的功能界別是「廢」的。三名高票當選的地區直選議員成為超級區議會議席的功能界別議員。在分組表決中，他們手握的一票是「廢票」。恕我直言，他們跟中共沆瀣一氣，破壞基本法規定的循序漸進民主。

最近，戴耀廷提出的主張，很多人覺得不錯，我卻覺得「抽水」的成分居多。我跟戴耀廷教授的看法未必相同，但他這項建議鼓動風潮，造成時勢，是值得大家思考的。不過，我想指出的是，主流泛民議員在這個問題上修正自己的立場並無問題，只要他們今天站在人民的陣營，過去所作何事並無所謂，只要今天做對的事便行。如果他們今天對我提出全民制憲的主張表決棄權或反對，他們如何能稱得上為民主派呢？我想不到。如果他們認為我的主張違反基本法，那麼他們所提出減少功能界別議席又為基本法所同意嗎？這道理很簡單。

這是最壞的時代，因為近來的連串政治檢控及判決，反映出港共亂港已經進入大清算的瘋狂階段。不過，這也是最好的時代，因為覺醒的人增加，過時的民主運動模式，揚棄者漸眾。我會和人民力量及其他進步民主派繼續推動本土民權運動，爭取全民制憲，重新立約。

電影「甘地傳」有一幕講述甘地就印度的前途與英國人談判。主席，我想在此引述一段話，對港共政權、對要打倒港共政權的人、對要捍衛香港價值的人尤具啟發：「In the end, you will walk out, because 100,000 Englishmen simply cannot control 350 million Indians if those Indians refuse to co-operate. And, that is what we intend to achieve—peaceful, non-violent, non-cooperation—till you, yourselves, see the wisdom of leaving, Your Excellency.」（譯文：「到最後，你們總是要離開的，因為如果印度人拒絕合作，十萬名英國人根本無法控制三點五億名印度人。那正是我們意圖達成的目的 —— 以和平、非暴力和不合作的方式 —— 直到你們能夠作出明智決定，撤離印度，閣下。」）。

港共政權，請你有智慧地退出香港，讓香港人真正自治，全民制憲，修改基本法，由香港人自己決定，無須諮詢，無須人大常委會決定。

黃毓民議員動議的修正案如下：

「在緊接句號之前刪除『盡快就落實雙普選展開廣泛諮詢，以及在行政長官向全國人民代表大會常務委員會提交政改報告前，讓廣大市民有足夠時間討論報告的內容』，並以『舉行一個以民意代表和憲制專才為主的修憲會議研究修改《基本法》，建議以「一人一票」、「無提名篩選」的方式選舉行政長官及立法會議員，

然後由特區政府提案修改《基本法》的有關部分，並就修改建議進行公投；在公投通過後但雙普選未實行前，立法會議員總辭，行政長官亦請辭，由公務員維持特區政府的日常運作；待行政長官經一人一票普選產生、委任新的問責官員團隊後，須立即實現立法會普選』代替。」

（編者注：此修正案在原始會議過程正式記錄中位於本議案所有議員及獲委任官員發言之後、湯家驊的答辯發言環節之前，並被單獨付諸表決。考慮到讀者方便及全書體例統一，特移到此處。）

（編者注：修正後的議案內容如下：

「本會促請特區政府舉行一個以民意代表和憲制專才為主的修憲會議研究修改《基本法》，建議以『一人一票』、『無提名篩選』的方式選舉行政長官及立法會議員，然後由特區政府提案修改《基本法》的有關部分，並就修改建議進行公投；在公投通過後但雙普選未實行前，立法會議員總辭，行政長官亦請辭，由公務員維持特區政府的日常運作；待行政長官經一人一票普選產生、委任新的問責官員團隊後，須立即實現立法會普選。」）

郭家麒議員：

一九八四年，簽署中英聯合聲明的時候，我們原本以為中英聯合聲明已寫明，而基本法第四十五條和第六十八條亦有載述這些莊嚴和認真的決定。但是，我們看到今天，無論是中央政府或特區政府，都從來沒有意思就這方面邁出一步。今天我們看到的是，可以拖延的話，便盡量拖延。

大家都記得，在兩個月前，當我們的特首梁振英在立法會被問及政改的時候，他只是說了一句：「還有時間」。我們況且看一看，何謂「還有時間」。在二〇一六年、二〇一七年，我們便要面對新一屆的立法會選舉和第一次普選行政長官。現在是二〇一三年，如果這次施政報告仍隻字不提的話，即表示在二〇一三年會落空，二〇一四年才跟我們慢慢討論，政府可能想重演二〇〇五年和二〇一〇年時的技倆。

二〇〇五年十月十九日，香港政制發展專責小組發表了《香港政制發展第

五號報告書》，一份對普選完全沒有任何發展、沒有任何改善的報告書，要迫令當時的立法會在十二月二十一日進行投票，當時我也在席。這一次市民如何回應呢？在十二月四日，二十五萬名香港市民從維多利亞公園步行到當時的政府總部，他們用腳來告訴政府，對這份政改方案，他們不會收貨。十二月七日，遊行完結後，大多數（超過一半）市民認為應該否決當時的政改方案。

其實，香港市民已有多次這樣的經驗。我們回顧歷史，香港首次說普選或立法會議員全面直選（即當時的立法局）後，一九八八年，不可以直選；一九九一年，可以部分直選。當時台灣仍是「萬年國會」，在一九九二年才開始改選當時的立法委員會。到了今天，台灣是由人民一人一票選出總統和所有立委。

我們反觀香港，繼續停頓、繼續沒有寸進。我不知道如何形容這種感覺，除了憤怒外，沒有其他可以形容。所以，最近看到一些我們原本認為很和稀泥的學者，即一般市民都覺得這羣學者一定會容忍政府，現在差不多連最溫和的學者都站出來，要佔領中環。連一些被我們視為可以跟中方傾談，跟局長、中聯辦傾談的人都走出來說，這次他們一定不收貨。

市民是看到的，他們看到一些最大容忍力，最有誠意跟你們討論的人都不要傾談，想「反檯」。你是否要迫所有香港人「反檯」，要所有人走到中環，圍堵政府總部，這時才收手呢？這樣做是為了甚麼呢？為何一個政府會這麼害怕普選呢？

這不是胡編亂造的，這是一九八四年的中英聯合聲明中寫了，在基本法裏寫了的，要普選。現在反過來咬文嚼字，說普及而平等的選舉，可以有功能界別，爭拗普選也可以有功能界別，想「捉字蝨」、想在這裏想辦法，如何把這事繼續推遲。

所有特區政府的高層官員，都高薪厚祿。我記得每次辯論財政預算案的時候，都有人想把有關政制及內地事務局的撥款剔除，他們當然有他們的理由。他們說得很清楚的是，這政策局從來沒有做過任何事。

二○一三年，處於真空狀態，然後迫於在二○一四年、二○一五年，再一次弄出一些我們吞不下的政策方案，再一次撕裂社會，令社會繼續分化，再引多些人出來遊行、示威、集會，再令更多人對於中央政府、對於中聯辦、對於特區政府完全失去信任，這是否大家想看到的呢？

……

……我相信這一次的反彈會更加大，連最溫和、最想討論的人都拒絕再討論的時候，你是迫更多人走上一條不歸路，這又何苦呢？政府欠市民一個交代，無論中央政府、特區政府都要體現基本法所寫的二〇一七年、二〇二〇年全面普選。

郭家麒議員動議的修正案如下：

「在緊接句號之前加上『；有關內容應包括：（一）尊重民意：在啟動政改五部曲前，必須讓公眾及立法會有充足時間討論；政府應在 2013 年內，進行不少於 6 個月的公開諮詢；（二）就改革行政長官選舉辦法及立法會選舉辦法分別進行公眾諮詢，以便盡早對 2016 年立法會選舉作出安排；（三）全面取消立法會功能界別議席；（四）降低參選行政長官的提名門檻，讓市民以一人一票方式選出行政長官；及（五）確保立法會選舉辦法及行政長官選舉辦法，均符合聯合國《公民權利和政治權利國際公約》第二十五條所訂，即任何公民「不受無理限制，均應有權利及機會：在真正、定期之選舉中投票及被選。選舉權必須普及而平等……以保證選民意志之自由表現」』。」

（編者注：此修正案在原始會議過程正式記錄中位於本議案所有議員及獲委任官員發言之後、湯家驊的答辯發言環節之前，並被單獨付諸表決。考慮到讀者方便及全書體例統一，特移到此處。）

（編者注：修正後的議案內容如下：

「本會促請特區政府盡快就落實雙普選展開廣泛諮詢，以及在行政長官向全國人民代表大會常務委員會提交政改報告前，讓廣大市民有足夠時間討論報告的內容；有關內容應包括：（一）尊重民意：在啟動政改五部曲前，必須讓公眾及立法會有充足時間討論；政府應在 2013 年內，進行不少於 6 個月的公開諮詢；（二）就改革行政長官選舉辦法及立法會選舉辦法分別進行公眾諮詢，以便盡早對 2016 年立法會選舉作出安排；（三）全面取消立法會功能界別議席；（四）降低參選行政長官的提名門檻，讓市民以一人一票方式選出行政長官；及（五）確保

立法會選舉辦法及行政長官選舉辦法，均符合聯合國《公民權利和政治權利國際公約》第二十五條所訂，即任何公民『不受無理限制，均應有權利及機會：在真正、定期之選舉中投票及被選。選舉權必須普及而平等……以保證選民意志之自由表現』。」）

政制及內地事務局局長：

主席，按照基本法的規定，推動香港政制向前發展是特區政府和香港市民的共同意願。基本法第四十五條和第六十八條清楚訂明，香港特別行政區要按照實際情況和循序漸進的原則，最終達至行政長官和立法會全部議員由普選產生的目標。

全國人民代表大會常務委員會，作為國家最高權力機關，在二〇〇七年十二月作出決定，明確為香港訂出普選時間表：二〇一七年行政長官選舉可以實行由普選產生的辦法；在行政長官由普選產生以後，立法會選舉可以實行全部議員由普選產生的辦法。人大常委會的決定是莊嚴和具有法律效力的。

基本法及人大常委會的決定已經為香港的政制發展奠下了穩固的基礎。特區政府必定會按照基本法，以及人大常委會的決定，盡最大的努力，推動香港政制向普選的目標邁進。

就二〇一六年立法會，以及二〇一七年行政長官的產生辦法的制訂工作，行政長官已在施政報告中表明，特區政府會在適當時候啟動憲制程序，並會廣泛諮詢社會各界，包括立法會的意見。我們定會預留足夠時間讓社會就兩個產生辦法進行充分討論，以及完成相關法律程序。

張國柱議員：

一個現代社會的任何發展與改革，都應該以民意為依歸，這就是所謂「民為貴，社稷次之」的道理。一個社會，如果將發展與改革的解釋權，統統賦予威權式的政治領袖，「一言堂」決策在短時間可能有立竿見影的效果。但是，只要看看中國大陸這數十年來的發展就很清楚，在威權下，政府似乎很快就處理了一些

社會問題，決策過程中的一些爭論亦很快平息。但是，大家都知道，後果是得不償失的。例如，一九九〇年代，中央政府要大力發展經濟改革，一意孤行，不聽民間的反對聲音。到了今天，經濟是蓬勃，但貧富懸殊、環境污染、增長難以持續等已經清楚浮現。而且，發展至今，連嬰兒的一罐奶粉的質素也無法保證，還弄至全球恐慌。有學者已經警告，這樣的情況，極有可能令整個社會和民族，因當權者的錯誤決策，承擔不可挽救的後果。

民主、法治的特點，其實是較有效減低失誤的制度，以民主的方針來規劃社會，或會影響到規劃期的效率，但卻可以大大節省執行期的補救成本，而且同時鼓勵社會參與，能夠團結社會，使社會穩定而健康地發展。事實上，這是世界政治發展的潮流，亦是所有進步國家的特徵，政府不能昧於事實。

梁振英說現時距離二〇一七年還有時間，以四年時間來安排特首選舉的確很充裕。不過，多年來政府在政制安排上，已經令市民一次又一次地受騙，對政府的信心嚴重不足。大家一定記得，在二〇〇三年，社會要求二〇〇七年、二〇〇八年有雙普選，但最終不是由民意決定，而是由全國人民代表大會常務委員會在二〇〇四年釋法否決。二〇〇七年，曾蔭權說要「玩鋪勁」，最終又是空口說白話。普選行政長官由二〇〇七年延至二〇一二年，再延至二〇一七年，香港再一次失去黃金十年。香港市民因多次受騙，越來越懷疑政府背後的盤算。香港人如何放心梁振英政府所謂的距離二〇一七年還有時間呢？

我要求特首，馬上交代二〇一七年普選行政長官及二〇二〇年普選全體立法會議員的方案，以及諮詢公眾，讓市民有充分的討論。

陳家洛議員：

民主最重要的基本信念就是每個人都是生而平等，每個人的尊嚴、權利都受到制度上充分的保障。在選舉當中，當然是「一人一票」，並不是我們現在的「一人兩票」，有些功能界別只有百多個所謂的選民，而且選票並非個人選票，而是公司票、團體票。所謂「超級區議會」的議席涵蓋全港，但參選資格受到限制。從國際秩序、普世價值的角度來看，這樣的選舉辦法根本就是怪胎，需盡早改正，令我們真正做到政通人和。否則，被一個沒有誠信、認受性的特首所「騎劫」

的香港政府，很多公務員鬱鬱不得志，很多有能之士都不願意加入一個沒有公信力、認受性的政府。

最近，不同的民意調查都顯示，梁振英政府的民望接連下挫。由二〇一二年一月至六月的平均 53.4 分，跌至二〇一二年七月至十二月的 50 分，再跌至今年上半年的 48.9 分。自由黨的田北俊議員就批評過我們的特首梁振英，說他「無料到」。我同意。特別比較他的政綱與現在政府的施政報告和推出的一系列的政策時，我都發覺真是功課又做得不好，想問題又想得不是很清楚，還說一套，做另一套，雷聲大、雨點小。我很擔心，說雙普選，最後結果都可能會是這樣。但是，擔心還擔心，我們一定要繼續去爭取。

除了說他「無料到」之外，我相信這不單是個人的問題那麼簡單，主席，更是一個制度的問題。一個沒有認受性的制度無法承托一個沒有誠信的特首。香港市民要的是一個「貨真價實」的民主制度，不是好像現在連買的東西是真是假也不清楚。究竟買入的單位是真的可供自住的單位，還是一個旅館房間？究竟我們手上的奶粉是真還是假？為甚麼是袋裝，而不是罐裝？

我們看很多新聞就會發覺，香港這個自由市場裏，有那麼多奇怪的現象。所以，我們有合理的理由去擔心、懷疑，將來的普選是不是真正的普選；是不是沒有篩選的特首選舉，是不是低門檻的、很多人都可以參與、各黨派都可以自由發揮的真正的特首選舉；將來立法會是否沒有分組點票，亦沒有功能界別。這些就是香港市民所要求、所想看見的，亦是激進、溫和、主流的民主派共同的立場，共同的執着。這些執着正正可以讓我們看到，二〇一七年時交出的政改方案究竟是真還是假。真的固然好，但若是假的，正如最近有很多同事都樂於討論，我們便要採取更團結的集體行動，說服全香港市民，我們要的是真的普選。

莫乃光議員：

……全國人民代表大會常務委員會決定香港二〇一七年普選行政長官、二〇二〇年立法會的全部議員由普選產生，但我們不希望最終至二〇四七年便不了了之。

如果人大常委會的決定是一個可信的承諾而不只是一個「可能性」的話，我

們應已隱約看見目的地。既然如此，我們便不應在此時停步或原地轉圈，而更應加緊腳步，尋求民主而實際上可行的選舉辦法。

然而，特區政府告訴我們，民生和經濟是當務之急，在政制問題上則一直使出拖字訣，「嘆慢板」。今天湯家驊議員提出的議案正正是提醒政府不可再顧左右而言他。政府一方面集中所有精力處理被無限放大的土地和房屋供應問題的危機，另一方面則告訴市民，我們會有充足時間慢慢處理選舉辦法，是轉移視線。有人認為新一屆特區政府來不及處理民生和經濟問題，議員卻提出要盡快處理政改的問題，是拖累香港，是別有用心的。這完全是一種錯誤的陰謀論。香港市民要求落實真普選，以改變造成很多社會問題的不公平選舉和議會制度極度殷切。從二〇〇三年的七一大遊行以至二〇一〇年整個政改討論，市民的目標均鎖定於雙普選上。

毛孟靜議員：

很多人說香港何須普選，北京十分擔心我們「攪事」，最擔心的是北京對香港的管治變得失控。其實真的無須擔心，香港人是非常自制的。二〇〇三年五十萬人上街，一個玻璃瓶也沒有打破，香港人是最自制的社羣。

此外，有人說這樣不行，香港人如果太過享受一人一票的選舉，這種民主思維洶湧（spill over）至邊界的另一面，進入大陸，大陸便會「反」了。主席，香港之為特區，與中國大陸有很大的分別，之所以鄧小平推出「一國兩制」的概念來。如果這樣倒過來辯論，說如果香港很民主，便會危害大陸，這便非常可笑。

第三點，經常有人說香港不應有普選民主，還取笑他們認為的所謂民主派，英殖時代又不見你們爭取民主，跟隨英國人，哈巴狗般，是、是、是，「Yes Minister」，現時對着自己的宗主國卻不停吵鬧，說要民主、要普選。這些人完全不理解甚麼是歷史。英殖時代香港分明是英國殖民地，難道英國會替我們推行民主嗎？哪會有人對你這麼好，說明當時是殖民主義，我父母一代這樣下來，我們完全理解那種寄人籬下的生活，甚至可說是恥辱，由外族人統治。但是，現時香港人已「被承諾」有「高度自治」，問題是這「高度」是你的高度還是我的高度，那「自治」在你的口袋還是在我的口袋裏，甚麼都是你說的，你說是對便是對，

你說是錯便是錯，你說來到這點已很高便是很高，低一點便是很低，完全是你們說了便算。

主席，香港普選拖到現在的另一個問題，依我的理解 —— 是你令我得到啟蒙的 —— 便是在香港有太多香港華裔人士擁有外國國籍，而中央擔心究竟這些人的效忠之心（allegiance）在哪裏，以致不敢給予一人一票，一不小心，香港最大羣的外籍人士絕對不是菲律賓外傭，亦不是英國人或美國人，而是加拿大人，這是我的理解，拿着加拿大護照的香港永久居民，也是有永久居民身份證、是有投票權的，是否這樣呢？大家拿出來討論，若真的有這種疑慮，大家在整個社會泛論一下，我們一起廣泛地討論，你對我有何疑問，北京和香港之間，為何互相不信任？

梁繼昌議員：

功能界別的構思源於一九八四年提出的《代議政制綠皮書》，綠皮書建議的功能界別選舉，原意是希望當時的立法局內有一些來自不同專業的人士，利用他們的專業知識貢獻社會，在立法局討論各種民生問題時，能運用專業人士獨特的知識參與討論。

當年推出功能界別，只是屬於過渡措施，到了議會完全由直選產生便須廢除。前任律政司司長黃仁龍亦曾指出，特區政府於一九九九年向聯合國提交報告時，已表明功能界別只是屬於過渡的安排。

對於普選，很多人都有不同的解讀。但是，其實這個解讀是很清楚的，因為國際間早有普世的定義。而普選的定義是源自《公民權利和政治權利國際公約》第二十五條。簡單而言，該條文說明普選有兩個原則：（1）要有直接或經自由選擇的代表參與政事；（2）要有真正、定期的選舉，以及普及和平等的投票及被選權。我是說兩種權利，投票及被選權，所以功能界別是不符合這個定義的。

《公約》是就普選劃定普世定義的文件，而根據基本法第三十九條，《公約》適用於香港，亦已納入香港法律，即香港人權法案第二十一條，以保障所有香港市民的選舉權利。

當然，我知道在這個議會內，很多同事認為功能界別是有貢獻的。當然，我

也知道，很多功能界別的議員都是各個專業領域內的權威及專家。但是，我們所謂的貢獻，是指該議員個人的貢獻。這個制度，其實是充滿缺陷的 —— this is a totally crap system。

再者，亦有一些同事表示，立法會需要均衡參與。但事實上，立法會需要均衡參與，亦未必需要功能界別。政府在諮詢時，可以就不同議題找來不同的專家及學者發表意見，而從外地的例子，我們亦看到能夠如何透過不同的選舉機制來確保議會內有跨界別、不同人士的聲音，包括專業人士及工商界的聲音。以台灣的立委選舉為例，除了分區直選外，還有不分區的立委選舉制度。在這不分區的立委選舉制度下，各大黨派都會將不同學者、專業人士、工商界代表及弱勢社羣的代表納入競選名單，以爭取最多選民的支持，亦確保立委中有不同階層的聲音。這不就是均衡參與的體現嗎？

因此，要在立法會內反映各階層的意見，制度上是可以有其他可行的安排的，而功能界別並非唯一出路。事實上，功能界別在立法會的議席分布亦存在很大的問題。正如剛才劉慧卿議員所說，這個制度在世界上是獨一無二的。在現時的功能界別選舉制度下，有些界別的選民基礎竟然有百多萬名選民，但有些則只有數萬名，有些甚至數十名；有些人甚至可以千秋萬世，不用經過選舉，也可以進入立法會。這是一個很畸形的制度。

基本法早已訂明立法會全部議員最終將由普選產生。如果社會現時仍然花時間討論功能界別是否要改革，所謂的「中途方案」，我覺得只是浪費時間，亦會被人利用這個談論空間，把功能界別更合理化，令到二〇二〇年後，功能界別仍然存在。當然，我歡迎范國威議員的修正案，在二〇一六年透過直接選舉選出全部議員。但是，如果我們真是依照基本法的時間表，在二〇二〇年才透過直接選舉選出全部立法會議員，我則希望在二〇一六年能夠增加直選議員的比例，以及在二〇一六年取消分組點票，以消除這制度的不公平。

葉劉淑儀議員：

我認為，要達致〔至〕雙普選，主要有兩項困難。第一，是如何符合基本法第四十五條的規定，即「行政長官的產生辦法根據香港特別行政區的實際情況和

循序漸進的原則而規定，最終達至由一個有廣泛代表性的提名委員會按民主程序提名後普選產生的目標」。換言之，第一個難關，是如何制訂提名程序。第二個難關——正如梁繼昌議員剛才所說般——是如何處理功能界別議席。

我認為，第一項困難較易解決。不過，我想指出，我不認同同事把篩選描繪為負面而不可接受的事情。民主制度的精神之一便是篩選。很多西方國家，例如英國、美國、澳洲及新西蘭等，當有領袖出缺時，政黨中人或非政黨中人如想參選便要經過初選和篩選的程序。如是者，才能選出領袖。例如，法國的選舉更採用所謂的「runoff system」，即參選人要經過數輪表決作出篩選。經篩選後最終留下的人便能當選。

任何民主的選舉必須經過篩選。大家不應因為篩選而反對，大家是不可能反對篩選的。問題是，篩選的程序必須公平、公正及具透明度。我覺得各方應該朝着這目標努力。

至於功能界別議席方面，我聽到梁繼昌議員剛才的發言。我認為他也認同議會需要有不同聲音，以及有不同階層的代表，以達致〔至〕均衡參與。我已擔任議員五年，我覺得如果社會只有單一聲音——不准加價，凡事要由政府付鈔；要回購所有隧道，凡事也要免費；要回購領匯房地產投資信託基金的股份；只想花錢而不想如何賺錢；以及只看眼前的選票或利益，而不為香港的長遠發展而投資——是很危險的。議會的組成應反映社會組合，應該有不同階層或不同聲音的代表，亦應該有專業人士。因此，無論是商界代表或小市民的代表，也是需要的。

因此，在一九八〇年代初，英國人之所以提出功能界別的構思，是因為他們認清當時香港社會的發展需要，認為要在議會內納入數大商會——有賴工商界創造繁榮，香港才得以持續發展——及當時最重要的支柱產業（製造業、紡織業、漁農業）的代表。此安排符合我剛才所述的原則。

正如剛才多位同事指出，功能界別的問題在於有些功能界別的「選民」只以公司為單位，而有些界別的代表則是千秋萬世的。凡此種種情況，均令人感到不滿意。然而，無論如何，如果要解決如何達致〔至〕雙普選的問題，便要找辦法令議會的選舉辦法符合循序漸進、均衡參與及促進資本主義持續發展的原則，否則議會只會令香港亂上加亂，不符合香港人的福祉。

　　無論如何，我同意我們如果有機會選出下任特首，每人均應手持選票。雖然普選不是萬應靈丹 —— 當然，普選不是洪水猛獸，但亦不是萬應靈丹 —— 但如果可讓各人手執一票，有權選出下任特首，那麼，即使普選未必能解決所有棘手的問題，也一定可以加強市民對解決香港問題及對管治香港的參與度，以及加強他們負責任的態度。

李國麟議員：

　　最奇怪的是，特首只是在今次施政報告的第 195 段輕輕提及政府會在適當時間就二〇一七年行政長官選舉辦法，以及二〇一六年立法會選舉辦法展開廣泛諮詢，並啟動憲制程序。他只是表示會按照時間表進行，不會有任何變卦，希望可以做得到。但是，他卻連最基本的諮詢時間表也沒有提出，只是說會在適當的時候做工作，這是否再次反映特首的語言「偽術」？作為香港人，我便會問，其實二〇一六年會怎樣的呢？二〇一七年會怎樣的呢？二〇二〇年會怎樣的呢？這些是要討論的，而有關的討論十分複雜，不同議員也說得十分清楚。其實普選行政長官涉及十分複雜的程序，例如門檻應如何訂立呢？特首可否有政黨背景呢？提名委員會又怎樣組成呢？我想在座不同政黨，不論是建制派、泛民，甚至是外面不同團體也有不同的看法。這些是否應該要討論呢？再者，如果我們說二〇一六年取消功能界別，要取消多少個呢？是否因為某個界別有五萬多名選民，所以便要先取消，剩下那些只有十多個或數十個選民的界別呢？很多這類事項也要討論，但為何沒有討論，那麼奇怪呢？

　　其實，政府是否不想那麼早討論，先保留底牌，不讓大家看，到差不多時間，時間緊迫的時候才亮出底牌，以期迅速獲得通過，因為現時立法會不論甚麼事情也是一、二、三便通過了的。政府是否已有底牌，在時間緊迫下獲得通過了當然很好，若無法通過，也可以說跟政府無關，是立法會不通過。是不是這樣子呢？我們作為市民的，會十分擔心，如此重要的事項，為何不盡早提出諮詢，以及讓市民進行廣泛討論呢？這是前所未有的。

　　事實上，我們希望社會有充分的討論時間，市民知道諮詢期，可以就不同方案表達自己的觀點，例如我們的政治人才和政黨發展應怎樣處理呢？整個選舉

制度已有普選時間表，但在落實雙普選的同時，我們應如何考慮人才和軟件培訓呢？政黨和政府之間如何合作呢？香港是否會有執政黨呢？二〇二〇年雙普選之後，是否有執政黨執政呢？如果我們沒有執政黨，那麼每五年選一次特首，每五年可能便有不同的特首，政策便會完全不同，香港又如何發展呢？社會一般對於普選的觀點是怎樣的呢？這方面的討論似乎停滯不前，只是在會議廳爭論，但我相信外面七百萬名市民也十分希望表達自己的意見。

很多人說，香港人是否具有足夠質素實施普選呢？這只是一些擔憂而已，其實不論是市民或政府也好，他們有沒有盡責教育大家，又或是政府有否推行教育，教育市民何謂普選？政府也要瞭解一下，其實香港人對普選的認知，是否已經真正達到所須的水平，能夠行使一人一票，選出自己的特首，選出自己的立法會議員，為香港將來的願景做工作，令香港下一代生活得更好呢？這些是政府要做的事情。此外，不論是上一次區議會選舉或立法會選舉，都引發很多投訴，令廉政公署十分忙碌，警方也十分忙碌，要調查不同方面。在選舉廉潔方面，我們是否出現了問題呢？我們應否確保選舉能在廉潔、公平、公正、公開的環境下進行，令大家有信心不會出現黑金政治，不會出現買票呢？凡此種種，均是我們需要做的事情。

單仲偕議員：

我不太悲觀的原因，不是對梁振英政府有信心，我只是對民主潮流的大氣候有信心。其實，世界各地的民主進程都是浩浩蕩蕩，即使較保守的中東國家，經過「亞拉伯之春」浪潮後，不少國家都不斷民主化。中國亦對香港有所承諾，本來按照基本法應在二〇〇七年及二〇〇八年普選行政長官和立法會，但後來卻自打嘴巴將之拖延，一拖延便是十年之久，直至二〇一七年才普選行政長官，而立法會普選則可能在二〇二〇年落實，即普選行政長官後才全面普選立法會議員。

......

正如剛才葉劉淑儀議員所說，關鍵問題只有數個，就是有關提名門檻和有否篩選候選人的問題。葉劉淑儀議員說得很好，我同意篩選候選人在普選中是正常現象，問題在於誰篩選誰。如果說提名門檻很低，民主派或可提出兩三個名單，

而建制派則可提出兩三個名單，然後可能像法國總統選舉那樣進行兩輪投票，由市民篩選市民的選擇，這樣便皆大歡喜，沒有問題了。現在的問題在於怎樣凝聚這共識，我們要解決的技術問題有很多。

無論在立法會或施政報告中，行政長官梁振英很少甚至沒有談及這問題。雖然他在立法會答問大會上表示還有時間，但時間實際上越來越少。我們看見的情況是：要解決的問題很多，社會的共識很小，大家的分歧很大，特別以二〇一六年立法會選舉為然。我們今屆任期要處理兩項事情：一是二〇一七年的特首普選，二是二〇一六年的立法會選舉。

雖然時間上看來，二〇一六年的立法會選舉好像較為緊迫，但卻更難解決。所以，我們理應先處理二〇一七年的行政長官普選，然後便可處理二〇一六年和二〇二〇年的立法會選舉。其實，對很多民主派議員來說 —— 最低限度對我或民主黨而言 —— 二〇一六年立法會選舉的可塑性很大，最重要是達致〔至〕二〇二〇年一人一票普選立法會議員。我們有了那普選模式後，二〇一六年立法會如何選舉的問題其實不大，取消多幾個或少幾個議席的問題不大，最重要是二〇二〇年達致〔至〕全面普選。

所以，我們應接納劉慧卿議員的修正案，透過一次性立法，解決三個選舉的問題。如果不談二〇二〇年普選而只談二〇一六年的選舉方法，那是很困難的，因為我們不知二〇二〇年是否真的實現普選。如果二〇二〇年真的實現普選，二〇一六年就應如簡單加減法般，把現行三十五個功能界別議席最少減去一半，分兩屆全面取消功能界別，對嗎？這些就是社會需要討論和取得共識的問題。譚局長某次回應稱，二〇二〇年的立法會選舉辦法不是本屆政府的職責範圍，按政改五部曲行事也未必能落實。現在有那麼多複雜的事項，問題其實已迫在眉睫，特首還說要先解決民生問題。雖然民生問題是要解決，但當局其實可同步解決兩者的問題。雖然我們並不否定民生問題的重要性，但為何要將政改問題束之高閣而不展開討論呢？曾蔭權在二〇〇七年也成立策略發展委員會討論這問題，雖然後來談不成甚麼，但也踏出了第一步。

田北俊議員：

雖然政改有了時間表，但對於如何落實普選的路線圖，整體社會仍未有深入討論及達成共識。所以，如果政府可盡快展開有關的諮詢工作，讓市民大眾有較多時間研究、協商及凝聚共識，這絕對是一件好事。

不過，特首梁振英上月發表首份施政報告時，只表示政府會在適當時候 —— 新特首對很多事也說「在適當時候」—— 就二〇一七年行政長官選舉辦法及二〇一六年立法會選舉辦法展開廣泛諮詢，並啟動憲制程序。但是，他並無表明確實的諮詢日期，令很多人感到失望，覺得他言之無物。

目前，距離二〇一六年立法會選舉及二〇一七年行政長官選舉只有約三四年時間。如參考上次政改的經驗，現在差不多應展開公眾諮詢了。

謝偉銓議員：

近日，有關立法會的功能界別制度應否繼續存在及往後如何運作的問題，均備受社會及業界關注及討論。有人認為，應徹底取消所有功能界別議席，並以一人一票方式選出所有立法會議員，今天有議員同事提出了相關的修正案。不過，社會上亦有不少人要求繼續保留功能界別制度。至於制度下的功能界別議席將如何產生，他們認為可朝普選方向再作深入討論及研究。

過去，有不少專業人士向我說，包括我代表的建築、測量及都市規劃界別的專業朋友，他們希望立法會繼續保留功能界別議席，讓社會上不同業界的專業聲音和意見也能在議會上充分反映，體現均衡參與的原則。我亦發現社會上有些人只偏執地接納「一人一票」的選舉方式，堅決抗拒「均衡參與」的理念。究竟哪種選舉方式的政制發展才最符合香港整體利益呢？無論最終的決定如何，我覺得必須得到市民的支持。

主席，不同地方有不同的選舉制度，並各有特色。因此，不論哪種制度，它對本身國家或地區的經濟、民生及政治發展等都有深遠影響。香港的選舉制度，必須因應社會及經濟發展，並以香港長遠整體利益為依歸，而且經過充分諮詢，在如實反映廣大民意的原則下進行，並作出適度的調整。所以，我今天反對所有

未經充分討論和未獲廣大市民支持而就更改現行選舉制度提出的具體建議。

梁家傑議員：

主席，雙普選不是政治意識形態的追求。香港現時已經出現了一種情況，即無法透過一個公道、公平、授予公權的制度，令獲受公權者可以得到足夠的政治認受性，令其治港的願景，透過其政綱、選舉過程，在爭取到最多香港人的支持之後，得以貫徹落實。我們現時沒有一套這樣的制度，特首有權但在本會卻無票，本會的議員有票但卻無權。在這樣錯配的情況下，加上特首是由「小圈子選舉」產生，而產生的過程亦得不到香港人的認受，所以他真的是舉步維艱。此外，主席也知道，《行政長官選舉條例》要求當選的特首不得有任何政黨連繫，令他變為無兵的司令。

整個困局已經令很多人十分失望。我知道一些商界朋友對於香港今天的競爭力已達不能容忍的弱勢情況，是非常不滿的。我們可能亦聽到本會有代表商界的議員也曾提及，商界認為梁振英特首「無料到」，所以便不把他放在眼裏。因此，面對一個這樣的困局，我們怎樣突破它呢？這是一個大家都很着緊、希望能盡快解決的問題。解決問題，不外乎是引進一套比較公道、公平且為香港人接受、認受、賦予公權的制度，避免特首產生時，有關機制令其政治認受性欠奉；亦避免本會透過功能界別和分組點票，令多數要服從少數，擁有超過 50% 選票的泛民主派得不到本會過半的議席。這些問題令香港很多有關民生的問題得不到適時的解決，特首的施政舉步維艱，寸步難行。

很多同事剛才都提及，戴耀廷教授提出「佔領中環」，以公民抗命的方式爭取普選，以法達義，作為爭取普選的最後板斧。我亦公開表達，公民黨完全支持以這種方法爭取真正的雙普選。但是，目前來說，我覺得最急切需要做的，是爭取民主的朋友，要盡快作出沙盤推演，訂出新一波民主運動的行動綱領、組織和策略。當我們明確知道真普選真的無望，原來中央和特區政府真的無心推行真普選時，這便可以作為最後的板斧。我們希望很快便能邀約戴耀廷教授商討一下。

最後，主席，我想利用一分鐘時間，解釋一下為何公民黨不能支持黃毓民議員的修正案。我們覺得黃議員的建議牽涉到要全民制憲，亦牽涉到很多需要長

時間爭取社會各方共識的一些操作。在目前來說，就二〇一六年、二〇一七年的兩個選舉安排，我們需要拍板定案的時間已經不多。所以，在這樣的情況下，我們覺得，作為一種理想的做法，我們當然不會反對，但在目前的考慮和策略部署下，我剛才所說的爭取辦法才更為理想。

梁耀忠議員：

……多位同事皆提及，普選必須符合均衡參與的原則，我對此真的感到很奇怪。為何普選不符合均衡參與的原則呢？為何只有功能界別才符合均衡參與的原則呢？我真的不明白道理何在。

在上次的立法會選舉中，有不同階層的人士透過地區直選當選，例如田北俊議員和田北辰議員。此外，也有基層市民透過直選晉身立法會。如此，為何普選不符合均衡參與的原則呢？為何只有功能界別才符合均衡參與的原則呢？歸根究柢，是專業人士或專業階層不敢面對羣眾，或懶惰地與羣眾接觸，因此吃一些較容易獲取的午餐──我不稱為免費午餐──不肯付出努力和代價，捨難取易，希望保着自己的議席。這便是功能界別的特色。

我真的不明白，談到均衡參與，難道世界各地均沒有「均衡參與」的概念嗎？是否這樣呢？不是的。如果有某個界別的人士認為自己有責任貢獻社會，以及維護自己界別的權益，他便應該透過參與直選來表達意見。為何不可以循直選的途徑呢？為何一定要循功能界別的途徑呢？

在普選特首方面，我覺得剛才的討論主要圍繞篩選的問題。雖然我接受篩選，但我認為最重要的是篩選過程及篩選的具體做法。大家現時最感擔心的，是將來的選舉委員會會進行小圈子篩選。如是者，便不能達到公平公正的原則。

葉劉淑儀議員剛才表示，篩選的過程必須公平公正，但她卻遺留了另一項元素──民主。篩選過程必須公平公正和民主。如果篩選過程是公平公正和民主的，那麼我便認為有篩選也並無不可。不過，現時的做法卻並非如此。我們最擔心的是由一千八百人組成的選委會進行篩選，我們亦難以接受。

我亦很擔心門檻的問題。過去曾有人提出候選人數目不能多於四人，因為平均每名候選人要獲得四百五十個提名，這門檻便真的難以甚或是不可能達到

的。我們認為，情況不應如此，相反，市民大眾應有提名權，最後由選委會確認便可，而需要取得多少百分比登記選民的提名才能獲提名為候選人，則可以再行討論。

何秀蘭議員：

主席，數位議員所提出的修正案非常多姿多采，有部分修正案的內容可謂互相排斥。因此，我要在此就工黨的表決立場稍加解釋。

第一是盧偉國議員的修正案。他主要請大家求同存異，要理性溫和。「理性溫和」，當然無人會反對，但「求同存異」便有商榷的餘地。究竟我們應存甚麼「異」呢？究竟我們為何要「求同」呢？

假如大家所提出的方案均符合「普及而平等」及「真正民主選舉」的大原則，大家便可以討論應推行「比例代表制」還是「單議席單票制」等差異。最重要的原則，是不同的選舉方法均應該以「普及而平等」為大原則。但如果差異是保留功能界別，繼續把人分為九個等級，某些界別的選民數目很少，而某些界別的選民數目則眾多，那麼便違反「選舉須普及而平等」的原則，這種差異便不應存在。

《公民權利和政治權利國際公約》對「普選」作出定義，便是選舉須符合「普及而平等」的原則，並要求「一人一票」、每一票的影響力相若等。除此之外，《公約》的第二條更訂明，法律面前人人平等，《公約》所確認的權利不應該因為種族、財富、社會階層或背景而有所區分。

不過，香港的功能界別選舉便正正違反「人人平等」的概念。例如，在我們正在實行的新修訂制度下 —— 雖然有關制度已經修訂 —— 在功能界別增設的五個超級區議會議席由三百二十五萬名合資格選民選出，但保險業界的一個議席卻一百二十七票選出。差異如此巨大，有關選舉又怎麼能稱得上是平等呢？所以，我們表明我們不能夠贊成盧偉國議員這項求同存異的方案。

范國威議員在修正案中清楚提出在二〇一六年要進行全面直選的要求。我們當然贊成這項建議，但其實早於二〇一二年便應該進行全面直選。大家很清楚，很多修正案在這個議會皆不獲通過。剛才有議員表明會反對所有未經討論的建議。我們的取態卻剛好相反，會支持數項可能互相排斥的修正案。我們預計范國

威議員的修正案一定會被否決。

對於劉慧卿議員在修正案中提出「一次過立法、分期執行」的建議，我們會表決支持。因此，工黨其實並非鐵板一塊。不過，如果有關改變要分兩步落實的話，例如要改善功能界別，便要清清楚楚。不論是三十個還是三十五個功能界別議席，最簡單的做法，是二〇一六年取消一半，改為直選議席，並在二〇二〇年把另一半議席全面取消，改為直選議席，這樣便清晰易明，無花無假，讓大家進行討論。

劉慧卿議員在修正案中其實採納了工黨的看法，便是讓取得 3% 合資格登記選民提名的人士一定須為提名委員會接受為行政長官候選人。這是一種妥協，我們不介意有特權，小圈子提名數目多寡也無妨。不過，香港市民必須有渠道直接提名。要取得 3% 合資格登記選民的提名，其實相等於獲得十萬個有效提名，實非易事，但我們願意推行此安排。如果有這種渠道，我一個出來參選也行，因為如果可以贏的話，一個已經足夠。當然，大家亦可以推舉四五個人參選，攤分票數。所以，我贊成劉慧卿議員的修正案。

至於黃毓民議員的修正案，我們同樣贊成。他提出的「全民制憲」是理想的情況，而在我們現今的政制下，有眾多細節我們需要討論。為何我們要求盡早進行諮詢呢？原因是，究竟我們的政制應以美國總統制為基礎繼續發展，還是實行議會制，又或是實行其他國家的制度，即總統、總理、行政和國家元首分立的制度，是需要時間進行討論的。

世界各地所實施的制度值得我們參考，所以我們贊成全民討論憲制。不過，在技術層面上則可能會有沙石，因為只有在兩個前設成立的情況下才會出現全民制憲。第一，是革命。大家迫令政府進行討論，或是推翻現有政府，解散行政機關。如是者，全民制憲的情況才會出現。第二，是經過談判。

在經過談判方面，我在此想略提東歐捷克的天鵝絨革命。在一九八九年，有二十萬名市民在布拉格 Wenceslas Square 集會，歷時超過兩個星期。當時的蘇聯無暇理會捷克，而捷克當時的共產黨政府亦希望推行改革，因此組成制憲會議，讓各方參與討論，接着進行大選。眾所周知，大部分捷克共產黨官員及後成為現時的社會民主黨黨員，成為捷克的執政黨。

有見及此，大家無需害怕，共產黨亦無需害怕，因為共產黨只要肯接受人民

監察，透過民主政制尋求人民授權，其實是可以完善，亦可以贏出的。我最害怕的是共產黨搞「假民主」。

陳偉業議員：

（代理主席梁君彥議員代為主持會議）

……香港特別行政區的存在源於中英聯合聲明，當年中華人民共和國政府對香港人作出五十年不變及由香港人管治香港的承諾。但是，中英聯合聲明中「港人治港」的基本承諾已被中華人民共和國政府及中國共產黨一手摧毀和破壞。即使是失明的人，也看到香港已不是「港人治港」。梁振英上台已等同正式宣布由中國共產黨接管香港，還何來「港人治港」呢？既然中華人民共和國政府破壞中英聯合聲明、破壞及扭曲基本法，香港人便不應繼續尊重和接受基本法，更不應接受中華人民共和國香港特別行政區由港共政權管治。因此，繼續等待、期望、要求、奢望所謂的「689 政府」提出符合香港人意願的政改方案，便等於等待果陀一樣，只是繼續等待一個永不會出現的情況、一個永不會出現的現實。

香港人現時可以做的，便是把爭取政治權力的希望放在自己手中。如果繼續等待政府諮詢，你別奢望了。香港人要用自己的權力、行為和力量，迫使制訂出符合香港人的政治藍圖，實現全民制憲，全面公投，立即普選，等同「茉莉花革命」。

為何我要提及「革命」這詞，因為在中華人民共和國共產黨管治下的所謂中國仍然是個革命政府，在一國之下，落實一黨專政。在共產主義的理論模式下，共產黨一黨專政，仍然把國家社會視為革命期。既然共產黨是革命政黨，其他的人民亦可用同樣的手段，用革命的手段來推翻這個革命政黨。你看回共產宣言、列寧的著作及共產黨的理論基礎，當中已寫得很清楚。真正達致〔至〕共產主義的國家是不會有一黨專政的，共產黨應已不再存在，不會在憲章內確定一黨專政的模式。既然共產黨是一個革命性的政黨，在這個革命政黨的管治下，所有人民有權用革命的手段來推翻這個政黨。因此，我們要推動的即等同兩年前推動、全世界也在實踐的「茉莉花革命」，北非和中東已落實及實現「亞拉伯之春」。多個國家透過人民革命，推翻極裁政權，一黨專政便是極裁政權。

人民要用全民制憲的模式，香港人要站出來，癱瘓中環、癱瘓政府的管治、癱瘓經濟系統，令政府無法繼續正常運作，要成立制憲會議，然後用制憲會議所訂定的模式和時間表，落實全民普選、全民公投，以決定政改模式，繼而由人民選出特首或政治代表，以及所有議會代表，並立即一下子全面取消寄生蟲式的功能界別。現在是人民覺醒的時候，香港人如果不覺醒，只會在這種制度下繼續做奴隸，發你們的春秋大夢……

吳亮星議員：

代理主席，立法議會必須帶頭依法辦事。香港的政制發展，更必須遵循基本法的規定和全國人民代表大會常務委員會的相關決定，符合循序漸進原則，適合香港的實際情況，有利於香港的經濟發展，並要兼顧社會各階層的利益。根據人大常委會的相關決定，在二〇一七年，香港特別行政區第五任行政長官可以實行由普選產生的辦法，並在行政長官由普選產生以後，立法會的選舉亦可以實行全部議員由普選產生的辦法。按照此一決定及循序漸進原則，香港的政改有信心必可漸進，但卻不可能一步到位。二〇一六年立法會選舉按進度亦不可能一次過實行全面普選。因此，現階段不宜粗疏，卻適宜按部就班地討論二〇一七年普選行政長官和二〇一六年立法會選舉的辦法。

既然時間表已定，工作就宜穩不宜急，我們必須在社會創造足夠的相應配合條件，讓普選能順利舉行。由於歷史現實的原因，現階段港人對「一國兩制」的理解和對基本法的認識都未夠深入。我發覺在網上討論區，有市民留言質疑香港政制發展不屬國防或外交事宜，與中央政府無關。這足以證明市民並不清楚香港憲制的實際情況，確實需要預留足夠時間讓市民瞭解，真正明白政制發展對香港的長遠影響。

此外，政治人才及參政團體的培養亦需加強。香港一直是金融中心，在經濟發展方面，香港人民自然重商輕政，在政府的政策之下，社會人才投入政治的比例一向偏低，今後要成功推動政制發展，政治人才的培養和相關資源的投入決不可少，所以期望特區透過落實施政報告「推動地方行政的進一步發展」，吸引更多精英參與政治，協助政黨成熟發展和推動本土政策研究的措施，為迎接普選培

養更多政治人才。

此外，我們應正確看待普選，而不可迷信其萬能。我們必須防範普選所帶來的副作用，例如對偏重福利主義或民粹主義的拉動，西方社會可見不少例子，就是普選容易使政治人物為討好選民而忽略社會整體利益，令政府的政策過分傾斜，引致部分投資萎縮、外資撤走、精英流失等，又或財政不穩，也會最終影響香港的經濟發展。當然，一直有證明顯示，如果能保證香港不同階層及界別都有其代表，均衡參與政治，便可確保社會長期繁榮與穩定。

現時部分人將社會上出現種種不公，或不如意的遭遇簡單歸納或歸咎於沒有雙普選，無民主，同時，亦有人不同意有關說法，更不贊成立法會部分同事凡事均與政府對抗，並將理由歸咎於未有普選，結果令行政、立法關係更為緊張，只會對循序向前發展的政制，帶來更多困難與障礙。

郭榮鏗議員：

我們正身處一個連何時開始諮詢也不知道的情況，普選的路前路茫茫。既然如此，我們應利用這個機會回顧在這數十年來，香港人爭取民主多年，究竟我們得到甚麼經驗？從而嘗試摸索和理解我們應如何面對未來爭取民主的路。

香港人爭取民主的路始於一九八〇年代初。鄧小平領導人表示中國要收回香港，香港人對於被一個仍然專制和封閉的國家收回，仍然人心惶惶。因此，鄧小平提出「一個國家、兩種制度」、「港人治港」、「高度自治」的理念，嘗試爭取香港人對回歸的信心。

一九八四年六月二十二日，鄧小平接見香港工商界訪京團，對「一個國家、兩種制度」、「港人治港」、「高度自治」有這樣的說法：「香港人是能治理好香港的，要有這個自信心。香港過去的繁榮，主要是以中國人為主體的香港人幹出來的。中國人的智力不比外國人差，中國人不是低能的，不要總以為只有外國人才幹得好。要相信我們中國人自己是能幹得好的。所謂香港人沒有信心，這不是香港人的真正意見。」

回歸十五年，政制改革停滯不前，今天在議事廳又聽到一些建制派議員重蹈覆轍，再次以過去說過數百次的所謂理由來阻礙政制發展的前路。套用當年鄧小

平的說話，我想說，你不要以為香港人是低能的，我們要相信香港人能自己做得好。套用當年鄧小平的說話，「港人治港」、「高度自治」並不會像剛才吳亮星議員所說那般，指普選可能會弄垮香港經濟之類的說話，我們以前已聽過了。

在一九八四年簽署的中英聯合聲明，當中第三（四）條規定特區政府須由當地人組成，由行政長官取代港督領導香港人的政府。這亦說明應由香港人透過選舉產生特區政府，而中央人民政府只負責任命。在中英聯合聲明簽訂後，我們開始草擬基本法，而中英聯合聲明的原則亦具體地寫成基本法的法律，但我們必須看看當中的兩段插曲。

港英政府在一九八七年發表《代議政制發展檢討綠皮書》，諮詢市民對一九八八年在立法會引入直選議員的意見。當時大部分的民調、大部分香港市民均支持由直選產生的立法會議員，但是，港英政府竟然說大部分香港市民都反對「八八直選」。後來，港督彭定康離任後在其回憶錄中透露，其實當年港英政府刻意扭曲民意，然而，現時的特區政府又何嘗不是這樣做呢？

在一九九〇年頒布基本法時，第四十五條和第六十八條訂明行政長官和立法會將最終達至普選產生，但卻沒有具體說明時間表和普選辦法。看回基本法的第一稿，當中曾列明行政長官和立法會的具體產生辦法和細節。當時中方曾提出所謂「雙查方案」，這究竟是甚麼呢？原來這方案提出在回歸後，由香港人透過公投，自行決定是否最早在二〇一二年舉行雙普選。用公投來決定二〇一二年雙普選的問題，原來中央政府早在二十五年前已自行提出。但是，大家都看到，結果基本法只流於最終達至雙普選這種海市蜃樓式的願景。事實上，我們回歸民主的進程令人非常失望。

二〇〇四年，全國人民代表大會常務委員會自行釋法，否決了二〇〇七年、二〇〇八年雙普選；二〇〇五年，曾蔭權擲出區議會的爛方案；二〇〇七年，人大常委會正式宣告在二〇一二年不可能實行雙普選；二〇一〇年，曾蔭權「翻叮」二〇〇五年的爛方案；二〇一三年，即今年，梁振英連何時進行公眾諮詢也不願說，在施政報告中，只以短短數行字便所謂交代了這個問題，這顯示了：第一，梁振英連曾蔭權也不如；第二，梁振英根本不重視政改的問題。

代理主席，我回顧上述歷史，只希望讓大家看到，從一九八〇年代至如今二〇一三年，時代已進步了三十年，但香港政府、建制派議員和中央對民主的態度

仍是那麼保守，甚至指支持民主、爭取民主的人為敵我矛盾。

葉國謙議員：

……所謂循序漸進地推進香港的民主政制發展，邁向普選的目標，便是一屆接一屆的〔地〕進行討論及作出修改。

因此，民建聯認為不應把二〇一六年和二〇二〇年的立法會選舉捆綁一起落實。所謂欲速不達，尤其香港是一個利益訴求多元化的社會，獲得大多數港人支持，而社會上少數保守派人士亦願意接受的政改方案，需要大家共同努力和做工夫，並不是那麼容易。

民建聯認為，盧偉國議員提出，在現階段應按照基本法及人大常委會的相關決定，先集中討論二〇一六年立法會的選舉辦法及二〇一七年普選行政長官的選舉辦法，既符合人大常委會的決定，更符合香港的實際情況，對香港的政制發展更為有利。

不少議員對湯家驊議員的原議案表達了看法。原議案提出在向人大常委會提交修改選舉辦法的報告前，就報告內容進行全面諮詢，民建聯對這點並不認同。相關決定明確提到，每次修改行政長官選舉和立法會選舉的產生辦法，均須先由行政長官向人大常委會提交報告。儘管相關決定未有提到特首在提交報告前應進行甚麼工作，然而，大家都知道，香港如何修改重大政策，已有一貫及公開的程序和做法，當中必然包括廣泛的諮詢，讓市民充分討論，以及收集社會各界人士、各政團的不同意見，然後綜合撰寫成報告。因此，既然有關報告一定會進行諮詢，已包含全港市民的全面參與，並會反映大多數市民的意見，我實在不明白原議案為何要求在提交報告前，要把報告再交予公眾討論，這程序有違人大常委會「五部曲」的規定。因此，民建聯不接受湯家驊議員的原議案。

陳志全議員：

香港要落實雙普選，真的比生小孩子還要困難。最後會誕下甚麼，無論爸爸、媽媽、香港人、立法會議員也不知道，最可能的便是誕下怪胎，爸爸和媽媽

也辨認不到，或是不想相認。

既然說要盡快落實雙普選，所說的雙普選究竟是甚麼呢？我們現在說有了時間表，但可悲的是，甚麼是雙普選卻仍未說清楚。直至現在仍未有雙普選和普選的共識，功能界別應否取消還是以甚麼形式存在，又說未有共識。究竟甚麼是普及而平等的選舉？

我記得當年──不太久前的事，是二〇一〇年──有議員支持二〇一二年政改方案，我說的當然是民主派，有人大聲地說：「社民連和公民黨有變相公投，我們也可以有變相普選」。究竟「變相普選」是否香港人追求的「真普選」呢？原來他們所謂的「變相普選」是超級區議會功能界別，由十五位區議員提名一位候選人，只是開放投票權予全港三百萬選民，這是否香港人需要的普選呢？我記得當時很多支持民主的香港人均很憤怒，包括我。

我參政的一個主要原因，是在二〇一二年政改方案一役中，有民主派人士「轉軚」支持這個方案。他們不但背棄自己當年就二〇一二年雙普選所作承諾，亦對不起選民和令很多人失望，還有一個罪大惡極的地方，便是種下禍根，後患無窮。如果承認超級區議會功能界別這個控制提名權、參選權只是開放投票權的選舉，亦屬普及而平等的選舉的話，便等於一早留下了伏線讓功能界別千秋萬世。好像現時很多人也說，只要開放功能界別的投票權，已經是普及而平等的選舉：教育界找出三位教師讓全港市民投票，法律界又找出兩位律師讓全港市民投票，屆時這些都可以是普及而平等的選舉。由一人兩票可以變為一人三十一票，便沒有「小圈子選舉」了，這是「大圈子選舉」，那些支持了或他朝「轉軚」支持的議員，可以拉 banner、派傳單，說好極了，我們上次爭取到一人兩票，今次更爭取到一人三十一票。但是，這是否香港人爭取了十多二十年的真普選呢？

胡志偉議員：

有了時間表及路線圖，下一個問題便是普選的定義。不管大家相信與否，喬曉陽在二〇一〇年曾經說過，普選的定義是普及與平等的選舉，這也是一個國際標準。我亦記得，特區政府在多番回應市民大眾對於普選定義的查詢時均指出，特區政府及中央政府所用的普選定義，便是一個符合國際標準的普及與平等的

選舉。

如果有了定義、時間表及路線圖，今天的討論本來可以很簡單，便是應該盡快釐定政改方案的細節，確保路線圖、時間表及方法均符合普及與平等的普選的安排標準。但是，大家卻在討論如何尋找所謂的共識及均衡參與方法，又說要配合實際情況。這其實是指甚麼呢？

大家不要忘記，在回歸時，基本法規定二〇〇七年及二〇〇八年可以有行政長官普選及立法會普選。當時，整個社會甚至當天的自由黨及民建聯的政綱，都表明二〇〇七年及二〇〇八年進行雙普選。但最後，大家當然都知道，由於中央不批准，便把時間更改了。

大家今天時常說，在選舉時也會說，既然有了時間表及路線圖，大家便不用爭拗，我們一定會朝着民主普選的方向往前走。如果這個真的是事實，其實真是時間無多。今年是二〇一三年，在二〇一六年將會有一次選舉，到二〇二〇年有另一次立法會選舉。我們要符合普及而平等的原則，還要循序漸進，因為如果一次過更改，大家可能會認為不可行，並不是循序漸進。因此，更重要的一點是，今次的政改方案要清楚交代，究竟如何能夠在二〇二〇年（即稍後兩屆）完成循序漸進的步驟。

李卓人議員：

……政制本身不改革，整個社會根本便無從發展下去。

社會要發展便一定要有公平的制度，讓市民覺得值得支持。一旦有了這個制度，經濟、民生便都可以發展。可是，現在卻不是這樣。目前，香港是所謂物先腐而後蟲生。已經看見了那麼多條蟲，但大家還沒有看夠。甚麼是物先腐？那便是整個制度根本是腐爛的。我們的小圈子選舉制度，由八百人發展到一千二百人，這個腐爛的制度就出了董建華、曾蔭權和梁振英這三條大蟲。

我不知道大家有否看到一種現在很時興的說法，在 Facebook 上也有流傳，便是：一個懵，一個貪，一個騙。香港是一個這樣成熟的社會，為甚麼我們的特首，不是懵就是貪；不是貪就是騙？那是因為制度本身不善，長出了這些蟲，繼續潰爛香港整個社會。行政長官由小圈子選舉產生的這個制度，已經證明是很失

敗，令香港成為一個很不公平的社會，由特權階級壟斷了一切。如果大家還不汲取多年來的痛苦經歷和教訓，市民便不可透過民主政制疏解社會矛盾。

除了行政長官的選舉制度腐朽外，立法會的選舉制度亦然：功能界別和直選議席各佔一半，永遠沒有一個執政黨可以統一整個香港，讓大家朝一個方向走。行政長官的選舉制度不行，立法會又有功能界別。

今天，我又聽到功能界別的議員說均衡參與那些騙人的說話。甚麼均衡參與？為甚麼建築師可以當立法會議員，可以由小圈子選出來，但其他零售業的員工、「打工仔女」卻不可以選出代表他們的議員？如果是均衡參與，為甚麼功能界別的議員可以均衡參與，其他人則不可以？要有真正的均衡參與，唯一便是訂立民主制度，落實「一人一票」。如果沒有這個制度，根本就是假的均衡參與，只是特權參與。為甚麼專業人士、商界要有這個特權？大家讀了那麼多書，稱自己為專業人士，但卻連基本的平等意念也沒有，當甚麼專業人士？我真替他們感到羞愧。民主制度本身是確認人人生而平等，人人都是社會一份子，有權參與社會，如果連這個平等觀念都沒有，還當甚麼專業人士？

如果所代表的業界是這樣，我便真的很替香港的教育制度擔心，因為儘管大學畢業，具多年社會經驗，到頭來原來自己就是要享有特權。

功能界別基本是特權、利益，不是參與。為了自己的利益，佔據着位置，最後竟說是為了整體社會，說專業參與。大家不要忘記，銀行也是專業，銀行專業的參與最後是怎樣？發生了雷曼事件後，當時代表銀行業的立法會議員是甚麼態度？如果銀行真是那麼專業，代表業界的議員知道那些是害人的東西，一早便應該說出來，他為甚麼不說？不是因為他不知道，不是因為他不懂，最後說穿了是因為利益。

如果專業人士要參與，他們擁有大學學位，又有那麼廣的社會網絡和經驗，要當選是輕易而舉。很多專業人士現在都透過直選成為了立法會議員，不一定要霸佔功能界別的位置。所以，今天又說回那些東西，我是非常失望的。

何俊仁議員：

……但我必須在此強調，無論以甚麼方式進行諮詢，可作諮詢的空間其實不

多，因為二〇一七年便要普選行政長官，普選立法會則須在不遲於二〇二〇年實行，這是全國人民代表大會常務委員會的清晰決定，絕對不容反悔。

（主席恢復主持會議）

另一方面，根據基本法確認，國際人權公約所賦予的普選的定義，它必定是指普及和平等的選舉，而這項普及和平等的原則絕對適用於參選、提名及投票的權利。既然如此，普選特首的提名程序一定要公平、公正，絕對不能有不合理的門檻，造成篩選的效果，更不能透過不民主的提名委員會進行預選，以致沒有一個真正有意義的民主選舉。

由於功能界別選舉有提名限制，所以即使超級區議會這個界別的選民多達二百多萬人，但這並非普選，而是必須廢除的功能界別選舉，我們絕對不能容許它千秋萬世地存在，這是很清楚的一點。民主黨在二〇一〇年支持政改方案時已清楚表明，這是一項功能界別選舉，必須廢除，絕對不能千秋萬世地存在。

然而，我必須強調，日後的諮詢或任何與政府進行的談判，無論是與本地政府或中央政府的談判，甚至是公投或全民制憲，其目標也絕對不能違反上述原則。所以，我們必須緊記，有關的空間很少。要在二〇一七年普選行政長官，便要在本屆立法會就選舉方式作出決定，這是必須「攤牌」的問題，不能再作拖延。

我想在此重申，我們在二〇一〇年通過一項過渡性的政改方案時，很多人的其中一個考慮因素，便是不想製造任何藉口，予人要求撤回二〇一七年普選行政長官這項承諾的機會。

在這個將要「攤牌」的時刻，我在此向政府及全港市民清楚表明，我會全力爭取最低限度實現於二〇一七年普選行政長官的安排，這一點絕對不可能退讓。大家也知道，我們當中有很多人已等待行使這項民主權利多年，也有很多人曾參與爭取落實民主制度，投身社會運動廿多三十年。到了今天，我要告訴大家，為何我們這一批被視為不算很激進的人，最低限度我自己，會挺身支持戴耀廷教授提出的「佔領中環」行動綱領和概念。

這個概念竟由一位溫和理性，講求法治的大學法律教授提出，由此可見，它確實反映了社會上很多一向被視為相對平和的人士的心聲。我們很清楚知道，如果在是次「攤牌」中，北京方面竟然玩弄玄虛，出爾反爾，欺騙港人，弄一個假普選出來，相信很多人將不會接受。他們將不惜採取各種方法進行爭取，所說的

當然是和平理性的方法，因為最低限度，直至現時為止，我們仍認為應堅持採用這種方式。

公民抗命行動所引致的後果，大家也很清楚。我不想坐牢，也不想看到自己的律師牌照被剝奪，但北京方面若違背承諾，令二〇一七年普選落空，便沒有人再相信二〇二〇年會有普選。我認為我並無選擇，所以會準備參與這類公民抗命行動，不惜以坐牢及面對專業資格被解除，來表達我最憤怒的抗議。我相信不止我一人，而是會有很多人與我一起進行這行動。希望政府聽清楚，我現在是很冷靜而平和地告訴你，我會這樣做。

梁美芬議員：

在二〇〇六年九月二十二日，我們三位分別來自政治系、經濟系和法律系的學者，共同提出政改三部曲建議。當時提出的時間表和路線圖，是首先擴大功能界別選民的基數，接着由一人兩票進展至一人三票。記得當天有很多人取笑我們，認為這根本是天方夜譚，但只要靜心一想，我們這個一人多票的方案其實並非終極方案，只要能夠走到那一步，我十分相信下一步必定是全面直選。因為關鍵之處在於我們如何令現時要求進行全面普選的人士，感到以循序漸進方式進行普選是健康的發展，而非一步走到民粹主義，亦非一下子取消所有專業或商界代表。如果能稍為從這個角度着眼，便會明白直選這個結並不一定無法解開，為何不能夠條條大路通羅馬呢？

念大學的時候也讀過何秀煌教授寫的《零與一之間》，大家也很希望能盡快由零走到一，但若要一步到位，結果便會把那個玻璃瓶打破。我今天十分震驚也很難過，聽到戴耀廷這位我認識了二十多年的法律學者，竟呼籲大家故意犯法。我多次向他瞭解，想弄清楚我究竟有否誤解他的意思，結果經過昨天在 RTHK 英文台與他進行了差不多半小時的辯論後，我相信自己並無理解錯誤，他的確在呼籲別人故意犯法。

⋯⋯

我十分希望爭取民主的朋友不要犧牲香港的正常運作，而且必須尊重香港是一個多元化的社會。爭取民主是好事，但請不要令香港人對此望而生畏，不要走

火入魔。為何要呼籲他人犯法？為何不能在法律規定之下爭取民主？我們會盡量配合，因我本身也是從沒有參政經驗的學者走向直選，我們也希望能鼓勵更多商界和專業界別人士要對直選制度有信心。信心是很難爭取的，一旦癱瘓了經濟命脈和警隊，談判進展相信最少停滯五年，並不能達到你們夢想一步到位的民主。

張超雄議員：

當一個普世價值經歷三年又三年，三年又三年，最終只是被人欺騙、兜圈、遊花園；當我們看到社會的貧富懸殊越來越嚴重，民生越來越困苦，社會越來越不公義時；當我們看到整個管治階層與民間完全脫節，而民間要求在二十一世紀基本符合先進、開放、文明社會的必要條件 —— 民主，都不能達成時；當道理說盡，但管治階層的精英、掌權者毫無誠意時，大家該怎麼辦？

民間已遠遠超越這羣所謂的管治階層。我們的見識、提議和經驗，較現時的管治階層的見識……他們所掌握的權力和財富蒙蔽了他們的雙眼，該怎麼辦呢？如果和平、理性的社會運動也被視為激進，我想問 —— 今天我們站在這個議會，也是建基於過去多年來很多先烈和前輩的犧牲 —— 我們今天很尊重的國父激進嗎？毛澤東激進嗎？鄧小平激進嗎？當我們看到社會不公義，情況達致〔至〕不能容忍的時候，我們可以怎樣做？是否要繼續啞忍？是否維持社會秩序，一切均不變，既得利益者繼續掠奪，這樣才是適當？這落差已不能接受。

……

我們經歷如此多起伏，來來回回只是討論最簡單的普及而平等的選舉，到今天仍爭取不到。沒有普選，有甚麼惡果呢？看一看，董建華在任內搞出居屋短樁、人大常委會就居港權釋法三次、港大的民調風波 —— 大家記得嗎？路祥安 —— 數碼港、強制性公積金制度、高官問責制、就基本法第二十三條立法、維港巨星匯、否決二〇〇七年及二〇〇八年雙普選。而曾蔭權做了甚麼呢？他搞出地產霸權，貧富懸殊越來越惡化，人口政策胡亂來，歧視新移民，「雙非」失控。他任內派了一千八百多億元，可能有二千多億元，全都亂來。主席，我們還待何時？我發言支持所有盡快落實雙普選的議案和修正案。

馮檢基議員：

主席，我同意有些同事所說，現時的社會越來越矛盾，民主派與中央，甚至與建制派是互不信任。對的，這種情況出現了，而且較一年前、兩年前或十年前嚴重，但這是否等於我們不應該在二〇一七年有特首的真普選呢？我知道近日無論是歐洲、美國，特別是日本，均針對中國，對我們的國家造成很多威脅，特別是釣魚台事件。這種情況十分敏感，可能令中央政府擔心外國利用香港和民主派做一些顛覆內地的事，甚至如果民主派真的當選特首，利用特首的權位顛覆中國。這些擔心、這些對民主派、社會活躍份子的懷疑，能否成為我們不能或不應在二〇一七年普選特首的理據呢？

反之，民主派同樣擔心中央，同樣懷疑中央是否真的容讓香港有真民主，以及中央是否有心執行人大常委會有關二〇一七年的決定。第一，我覺得吳康民的講話某程度上反映了事實，即我們未必能夠在二〇一七年有真普選。第二，區議會和立法會選舉，我們看到中聯辦的介入、參與，而特首的選舉，更是出面介入、拉票，支持梁振英擔任特首。如果這些行為違背人大要在二〇一七年真普選特首的方向，而中央特派辦公室在香港做這樣的事情，中央知悉後又認同，這會否令民主派有足夠理據擔心、懷疑中央根本不會容許香港在二〇一七年有特首的真普選？

似乎雙方都有理據，既然互不信任，是否不應有真普選呢？是否二〇一七年有真普選，香港便會混亂呢？我嘗試分析一下情況。第一，據我的瞭解和認識，香港社會和一般市民是保守的，不容讓香港混亂，亦不會接受有人利用香港作為顛覆內地的基地。第二，香港的民生 —— 無論是食水、食物，甚至是現時的金融、地產 —— 與內地掛鈎。民生的問題不能分割，否則香港受的影響比內地大，而在二十年前，內地受的影響比香港大。所以，我估計經濟和民生問題不可分割。第三，香港人與內地人均是中國人，是中華民族，相生相連。如果對同一種族、血緣的人也沒有信心，又如何成為一個國家的人民呢？人民又怎樣相信執政黨管治我們，是因為我們是同族、同地、同國呢？

民主派最棒的是甚麼？是言論和民意寄託，而民意認為內地、執政政府處事太差劣，故此無法接受內地和香港特區執政政府的政策。但是，我們也有弱點，

這些弱點大家均知道，所以我說出來也無所謂。第一，基本上，民主派大部分都是「書生論政」；第二，民主派是鬆散的，黨派林立；第三，民主派資源不足。你害怕甚麼呢？要處理香港的問題，如果掌權的、掌兵的、掌糧水的都沒有胸襟走出第一步，讓香港成就人大常委會關於二〇一七年的決定，又怎能要被施壓的、被控制的、不容許有民主的民主派走出第一步呢？我們走過討論的年代，亦走過鬥爭的年代。我們同意，如果要有真普選，香港和中央都要同意，但第一步一定要中央先走，而我相信，中央如果對自己有信心，香港是可以有民主的。香港有民主，有甚麼大不了呢？香港有民主，可成為內地城市開放、民主化、提升透明度的示範單位，是內地城市可以參考和學習的地方。多謝主席。

葉建源議員：

主席，我認為 —— 不單是我認為，我相信很多人也認為，包括在座多位建制派議員也同樣認為 —— 民主普選是人民的基本權利，只有建立真正的民主制度，才能帶來政治和社會改革的契機，而香港已經具備實施全面普選的社會、文化和政治條件，因此香港應該盡快實施行政長官和立法會全面普及而平等的選舉。民意已經很清楚，中央政府和特區政府應該提出具體方案和步驟（即合理可行的時間表和路線圖），逐步邁向全面普選。

首先，是立法會的問題。二〇一六年的立法會選舉，必須盡量減少以至全面取消功能界別議席，取消分組點票，並且不遲於二〇二〇年取消所有功能界別議席，立法會所有議席的選舉的提名權、參選權及投票權均須符合國際公認的普及而平等的原則。其次，我們看行政機構。二〇一七年的行政長官選舉，提名門檻必須要低，程序必須民主及公平，並且是全港市民以一人一票的方式選出行政長官。我相信，如果我們能夠以「一次過立法、分期執行」的方式，來訂定二〇一七年行政長官選舉，以及二〇一六年和二〇二〇年的立法會選舉方式，確保有關方式能夠符合國際人權公約普及而平等的定義，我們將有可能長治久安。

主席，為了香港的有效管治、為了落實基本法「港人治港」的承諾、為了實現民主普選的理想，中央政府及特區政府實在有非常重要的角色，必須以「一次過立法」的方式制訂普選路線圖。我希望我們不需要一次又一次糾纏於政制的問

題上，我們每次的爭議，其實都帶來拖延及困擾。對於整個社會來說，製造了很多問題及煩惱。但是，如果能夠一次過解決問題，透過「一次過立法」的方式落實普選，我們便能夠從根本上解決政制的深層次矛盾，避免香港社會繼續就政制問題激烈爭拗，我們其實可以減少社會內耗，以及改善香港的整體管治。

謝偉俊議員：

主席，我絕對贊成當局「盡快」就政改「盡快諮詢」。但是，在展開諮詢前，我相信更重要的是，市民對此掌握基本認識。正如我們就如何判案詢問一些人的法律意見時，那些人也必須對法律有基本的認識和關注，這樣詢問才有意思。同樣道理，我們詢問一些人對政改的看法時，那些對象也必須對政治議題掌握基本認識，這樣諮詢才來得有意思。所以，與其要求盡快諮詢，我覺得不如解決更為迫切的問題，就是盡快由政府牽頭，聯同所有有心為香港前途出力的人，就香港市民對政治的基本認識方面下工夫。政府更應不遺餘力令廣泛的市民能真正認識何謂「一國兩制」及「政改」，待市民認識多些後才進行諮詢，這樣才有意思。我記得李國麟議員好像曾提及這點，亦有同事 —— 應該是廖長江議員 —— 指要進行有質素的諮詢才有意思，否則只會流於表面的詢問而已。

不幸地，香港多年來被一些我認為存有既定看法的傳媒所影響，加上有些議員及政治人士對事情的偏頗看法，令功能界別多年來被大肆渲染，若你隨便問一名市民，恐怕他未必知道功能界別代表甚麼。在耳濡目染下，他只會以為功能界別屬於小圈子選舉，有關議員只為求利益或免費午餐，於是將之等同洪水猛獸，要盡快除之而後快。事實上，究竟多少人能有時間和興趣真正理解功能界別的發源始末及背後理念呢？一個有理念的設計，與執行做得好不好是兩碼子事。香港最令人遺憾之處，便是功能界別徒有很好的設計，但執行上恐怕完全違背原意，這令功能界別的概念可謂蒙受很多不必要的誤解。此話何解？李卓人議員剛才在說甚麼功能界別只代表專業人士，請他不要忘記，功能界別實際也包括數位勞工界的議員，他們也無需經過直選而當選。如果功能界別執行得好的話，可真正令議會更具代表性的。如果我們只靠地區直選產生議員，即使把現有的地區直選議席倍增，也只會令議會出現兩名黃毓民議員、兩名「長毛」、兩名陳偉業議員而

已，這樣實際上有多大意思呢？這樣是否真的有助議會達致〔至〕廣泛的代表性
呢？這些問題均值得大家深究。

功能界別為人詬病的，是有未經選舉而當選的議席。事實上，在剛過去的選
舉中，有十六位功能界別議員無需經選舉而當選，這本身是一項控訴。真正健康
而具代表性的功能界別，不應有議員無需參選也能獲選，這是執行上的問題。這
麼多年來，政府在一九九七年回歸前有很多事情沒有做或進展緩慢，梁振英先生
曾擔任基本法諮詢委員會秘書長，他也難辭其咎。我們在很多事情上不思進取和
改變，這也是難辭其咎的。但是，我覺得功能界別本身值得先讓大家真正認識，
然後才就此決定香港未來的政制路向。

所以，我本質上不同意有些同事所說，認為應為政改設定諮詢框架。我們不
應尚未教育公眾，便立即把將來的發展方向鎖死。

主席，我同意你曾說的一番話，我們落實雙普選還有許多問題需要解決，
你在其中一個論壇上曾舉出十個問題需要處理，這些只是冰山一角的問題。梁家
傑議員發言提出那些「有權無票」、「有票無權」或政黨不可參選特首的問題，
全是我們要面對、解決和研究的問題。雖然普選不可一蹴而就，但現在政府連開
展工作的第一步也不踏出，連宣傳也不宣傳，連教育也不教育，更遑論諮詢，這
樣對香港是不義的。如果我們要邁向一個健康的民主路向，必須盡快就香港的前
途進行各方面的教育和諮詢工作，這樣香港才能真正發展有意義和具質素的健康
民主。

黃碧雲議員：

一些大家覺得是理性沉靜、說道理、會考慮大局的人，他們有朝一日也可
能認為要自我犧牲，不惜承擔犯法的代價也要促成普選。若我們面對不公義的政
制，當局作出的承諾沒有兌現，以假普選欺騙香港人時，這些情景是可以預期
的。但是，我們當然不會像梁美芬議員所說，隨意叫人犯法。我們已表示要爭取
政改的路線圖和時間表，並已等待多年，雖然現已訂有時間表，但希望政府盡快
展開政改的諮詢工作，讓人表述不同意見，然後確定路線圖。

可是，政府現在卻「嘆慢板」，採取拖延和拖杳的做法，這令人感到非常失

望。政府認為我們仍有很多時間，但今天大家也看到，議員對此的分歧很大。所以，就今天這項議題，我們支持湯家驊議員的議案，要求政府盡快提出政改路線圖。很多市民為了追尋普選夢，多次上街參與遊行，千辛萬苦才爭取了時間表回來。現在已有政改時間表，我們爭求的是路線圖。

劉慧卿議員提出的修正案，便是針對這路線圖。我們希望政府進行諮詢時，能就二〇一六年和二〇二〇年的立法會選舉，以及二〇一七年特首普選提出方案，讓公眾討論。我們支持一次過立法，因為此舉有兩個重大好處。第一，我們不想公眾和社會每隔數年便要為政改進行辯論，令社會再次被撕裂，令我們無法集中精神處理其他民生及經濟等事宜。

所以，其實在二〇一〇年的政改中，我們向特區政府和中央政府推動以一次性立法的方式，分期執行政改方案，一次過解決這項爭議問題，以免令社會在這問題上糾纏不休。一次過立法的第二個好處，便是訂有終極普選的藍圖，知道二〇二〇年最終的普選如何，使我們較易游〔遊〕說不同政見團體，接受二〇一六年的過渡方案。如果沒有二〇二〇年的普選願景，很多人會質疑二〇二〇年立法會能否達致〔至〕真正的普選，這樣更難取得共識和妥協。

我們正在說的民主，是能存在真正政治競爭的選擇。二〇一七年的特首普選，我們明白基本法第四十五條載述：「最終達至由一個有廣泛代表性的提名委員會按民主程序提名後普選產生的目標」。就二〇一七年的特首普選，我們認為最重要的關鍵，是提名權必須符合民主和平等的原則。提名權必須開放讓所有公眾參與，提名委員會是不能亦不應壟斷特首候選人的提名，以免社會上繼續有一羣政治特權份子。

所以，民主黨支持開放特首提名權，任何人如獲 1% 至 3% 的選民提名支持，提名委員會必須確認其候選人身份……

政制及內地事務局局長：

首先，基本法及全國人民代表大會常務委員會二〇〇七年通過的決定，已就香港邁向普選提供了清晰的方向和時間表。

基本法是香港特別行政區的憲制性文件，而人大常委會的決定，是嚴肅和

具有法律效力的決定。兩者的權威性是毋庸置疑的。在基本法的規定及人大常委會的決定的基礎上，特區政府會以最大的誠意，盡最大的努力，推動落實普選目標。

現屆政府會制訂二〇一六年立法會選舉和二〇一七年普選行政長官選舉的辦法。正如行政長官在施政報告中表明，特區政府會在適當時候啟動憲制程序，並會廣泛諮詢社會各界，包括立法會的意見。

原議案及議員發言時均要求，特區政府就這兩項選舉辦法盡快啟動程序，展開公眾諮詢。盧偉國議員的修正案建議預留充足時間，以進行廣泛諮詢。我完全理解議員的關注。特區政府就推進政制發展的工作，是不會有變卦或倒退的。正如行政長官早前所說，目前政府的當務之急是處理更迫切的民生問題，包括房屋、扶貧等市民高度關注的議題。但是，我們一定會預留足夠時間，讓社會就這兩個產生辦法進行充分討論，以及完成相關法律程序。

在進行公眾諮詢的時候，我們會以開放、兼聽、務實、進取的態度，聽取市民、社會各界，以及立法會不同黨派和議員對兩個選舉辦法的意見，並會將這些意見向中央政府全面和如實地反映。

此外，有議員提到一些關於二〇一六年立法會選舉及二〇一七年普選行政長官的具體意見。我要強調，就這兩項選舉，特區政府未有既定方案。我相信在進行公眾諮詢時，這些具體意見和其他意見都會在社會上得到仔細和充分的討論。

主席，基本法已為香港的政制發展勾劃了一幅清晰的藍圖，而人大常委會二〇〇七年的決定亦已明確訂明了普選時間表。現屆特區政府會嚴格按照基本法的規定，以及人大常委會的決定，處理好二〇一六年及二〇一七年兩個選舉辦法的制訂工作。

當然，根據基本法的要求，我們必須爭取到立法會三分之二大多數議員的支持，才有機會通過任何修改基本法附件一和附件二的法案。對此能否成事，社會上有人感到悲觀，亦有人覺得非常困難。但是，我認為我們不能使香港市民失望，只要在座各位議員不分黨派立場，能以香港的整體及長遠利益為重，與社會各界共同努力，求同存異，凝聚共識，按照基本法的規定及人大常委會的決定，共同推動政改，一定可以落實普選的目標。

2013 年 5 月 29 日
議案辯論:二〇一七年行政長官普選的民主程序

梁家傑議員:

就着特首選舉和二〇一六年的立法會選舉,梁振英政府現時原來完全沒有意思開展工作,連諮詢也不進行。主席閣下定必知道,根據人大常委會二〇〇七年的議決,政改五部曲是由特首向人大常委提交報告作為起點,但連提交報告的人也不打算構思怎樣擬備那份報告,或怎樣收集意見來擬備報告,那便不大值得恭喜了。

香港根本不能接受二〇一六年和二〇一七年的兩個選舉原地踏步,因為那只會令香港繼續沉淪,令特首繼續寸步難行,繼續出現現時不能管治的境況。主席,近年,香港社會嚴重撕裂,而且裂痕越來越深,民意趨向兩極化。如果香港的深層次矛盾再得不到疏解,本港的管治問題將會日趨嚴重,定必令政府更舉步維艱。

香港的深層次矛盾究竟是甚麼?國家領導人在接見香港特別行政區的特首時亦曾不時提及,例如,前總理溫家寶指出,深層次矛盾包括物價、住屋和貧困等,但卻未能說出這些問題的起源和解決方法。有人認為搞好民生便可以,是否有普選並無所謂。

不過,大家試想想,物價為甚麼不斷上升?以上年度為例,私人商業樓宇租金上升了 13%,與基層生活息息相關的領匯商場,跟二〇一一—二〇一二年度比較,平均呎租上升了 9.1%。租金瘋狂上升,物價又怎可不升?住屋方面,二手樓價在上年度上升了 24%,全球排名第一。貧窮問題方面,在二〇一二年,香港百萬富翁的人數創了十年新高,當中 32% 依靠賣樓致富,但與此同時,堅尼系數達到 0.537 的新高,創了四十年的高點。窮人無法炒賣樓宇,故此難以翻身。以上一切說明,香港人辛勤工作的成果,大部分用以供養大地產商,基層市民怎能不

與地產霸權產生深層次矛盾？

　　如果一小撮人控制了香港大部分資源，選舉制度又是遷就他們，包括小圈子的特首選舉，以及立法會功能界別和分組點票的配套，令他們能夠不斷強化他們損人利己的尋租行為，深層次矛盾便無法解決。梁振英其實知道這個問題存在，否則，在跟唐英年角逐特首時，他不會將自己描繪為霸權剋星、基層救星。可是，在當選後，他的競選承諾真的芳蹤渺渺，再難尋覓。

　　我認為當中有兩個原因。第一，現時，只有一千二百人有權投票選舉特首。基層沒有投票權，只要特首能欺騙一些基層市民，在進行民意調查時選擇梁振英的名字，他便可以過關，之後根本無需向這些人負責，因為他們根本不是他的選民。第二，特首欠缺認受性，他有權無票，難以針對剛才提及的深層次矛盾，推出一些惠民政策。

　　香港現時出現的情況，是經濟政策的議程與社會政策的議程不咬弦，而且不能同步發展。近期，包括主席閣下也討論到，回歸後的行政會議扮演了甚麼角色？這其實是針對了問題的核心。在殖民地時代，如果經濟政策的議程跟社會政策的議程未能同步，可以透過當時的總督及行政局解決問題。當時的行政局議員全都獨當一面，例如滙豐銀行大班、香港大學校長等，他們可以透過自己的一套方法，靈巧地喝止一些在經濟政策方面謀取暴利的商家，要他們保留一點良心；又或者如果涉及社會政策的議程，便可以藉興建公屋或增加吸納市民意見的渠道，例如透過地區的政務處和政務專員，令問題得以解決。不過，這套機制現已失效。

　　現在的香港已是有別於殖民地時代，其中最大的改變是，在經濟上，我們越益依賴內地，香港從內地輸入的，無論是人或物品也今非昔比，有別於殖民地時代。此外，香港亦要面對全球一體化，加上現時在五星紅旗飄揚下，香港人當然希望特區當家作主，不希望仍然是「二等公民」。難道真的要從英國殖民地變成中國殖民地嗎？這是一定不可以的。然而，整個政制卻無法追上香港向前發展的步伐，這便是最大的問題。

　　主席，我相信你可能看過「林肯」這套得獎無數的電影。電影中有以下這一幕，不知道主席是否記得。林肯總統解放黑奴之舉被人質疑時，我大概記得他回應說，他在競選連任的一年半前已經簽署了解放奴隸的宣言，他當時也覺得自己可能錯了，但他讓人民思考了一段時間，過了一年多，在他競選連任時，所有人

都投了他一票。

主席，這個例子正好印證了我剛才所說的，如果特首不能透過選舉過程令香港人對他的授權有充分信心，他是寸步難行的。林肯總統在連任後繼續推行修憲。由於他是以廢除奴隸制度的政綱連任，所以即使仍有爭議，他依然有「牙力」繼續做下去。我們便是要讓特首知道，這是他最缺乏的東西。他是否有「牙力」呢？當他面對一些霸權，當他看到一些可以惠及基層市民的社會政策時，哪怕是稅制、土地房屋規劃、醫療制度、教育制度，儘管會影響一些既得利益者，但他可以先發出一份政綱，跟不同立場和思考方式的人進行有意義、堅實的辯論。

在政綱碰撞後，透過一人一票選舉獲得香港人授權的特首便可以知道自己所立何地。即使那些霸權或既得利益的尋租者要質疑特首制訂的政策，特首也可以告訴他們，自己的政綱一早已寫好，便是要推行全民退休保障、十五年免費教育、研究如何改善公共醫療制度、研究如何規劃土地用途。如果有這種機制，特首便可以透過政綱和選舉期間的辯論，爭取到大多數香港人支持，着手解決社會上一些有爭議的事項。在這個基礎上，香港才可以向前邁進，否則，說要解決深層次矛盾只是空談。深層次矛盾仍然日夜陪伴着我們，沒有辦法解決。

主席，正因如此，我才提出今天這項議案辯論。無論各界如何詮釋「提名的民主程序」，我非常希望特區政府在制訂二〇一七年的行政長官選舉方案時，要確保提名權、參選權和投票權均是普及而平等，不會透過提名委員會進行任何「篩選」或「預選」。如果二〇一七年的特首選舉原地踏步，將會是香港的不幸，亦是不能接受的境況。……

梁家傑議員動議的議案如下：

「全國人民代表大會法律工作委員會主任委員喬曉陽於今年3月24日發表談話，表示對於香港特區普選行政長官，『需要共識的主要是提名的民主程序問題』；就此，本會促請特區政府，不論各界如何詮釋所謂『提名的民主程序』，在制訂2017年行政長官選舉方案時，須確保提名權、參選權及投票權均普及而平等，不會透過提名委員會進行任何『篩選』或『預選』。」

（主席宣布就議案及各項修正案進行合併辯論）

葉國謙議員：

……我提出有關的修正案，並在此表明反對梁家傑議員提出的原議案，以及黃毓民議員、何秀蘭議員及李卓人議員的修正案。因為上述原議案及修正案均忽視了基本法及人大常委會的憲制地位，甚至將普選特首的提名程序局限於適用「普及而平等」的一般國際標準，這是錯誤的做法。

民建聯認為西方的普選制度或國際標準可以參考，但本港政制發展及普選制度的適用原則及憲制基礎，卻必須建立於基本法及人大常委會的有關決定之上。從英國或歐洲法庭一些有關憲制的裁決中可以看到和知道，法庭也認同每一國家在履行國際公約的責任時，可根據其政治和歷史因素而有不同做法。可見本港的普選方案雖可參考國際公約，但普選法例及方案的最終法律依據，仍是基本法及人大常委會的有關決定。

另一方面，在討論普選行政長官的方案時，除法律依據外，當中涉及的問題如提名程序或提名權等，亦備受廣泛關注，而人大法律工作委員會主任委員喬曉陽先生最近的講話，已就相關問題作出非常清楚的解釋。基本法所訂的「提名委員會提名」，無論怎樣解釋，也不能解釋為提名委員會委員個人作出的提名，而按照喬先生所作解釋，提名委員會實際上是一個機構，因此由提名委員會提名行政長官候選人，便成為一種機構提名。按香港的說法，這是一個委員會的提名。由此可見，若將提名權解釋為屬於個人的提名，則無論是由市民或選民作出提名，由於不屬機構提名，所以都不符合基本法第四十五條所指，由提名委員會按民主程序提名的規定。

此外，我們亦要小心考慮一些建議，例如以一定數目選民的聯署提名取代「提名委員會提名」，這些建議實際上是以個人提名取代機構提名，均不符合基本法第四十五條及人大常委會的決定。另一方面，若將基本法規定的提名委員會提名權曲解為核實權，同樣亦有問題。這種做法無異於將提名委員會的提名權力，簡單化為一般的核實候選人資格及文件的工作，實在有違基本法由提名委員會擁有提名權的規定。

最後，我必須在此提出，喬曉陽先生於二○○七年向各界介紹及解釋人大常委會就本港政制發展和普選問題的決定時，概括了有關決定的五個「明確」，即

明確普選時間表、明確二〇一二年兩個選舉可以作出循序漸進的適當修改、明確
提出普選前要向人大提交報告、明確提名委員會可參照選舉委員會組成方式，以
及明確兩個選舉的產生辦法如未能修改，都繼續適用原有辦法。我們可看到在這
五個「明確」當中，並無提及選舉權原則的事宜，遑論規限特首選舉方案必須單
一地採用「普及而平等的原則」。故此，要求政府在制訂普選方案時，必須將人
大的決定演繹為符合「普及而平等的原則」，我認為這種理解和說法是不合理的
解釋，亦扭曲了人大常委會的決定。所以，我今天提出的修正案是希望讓各位清
楚知道，民建聯所提修正是希望能根據現時的基本法及人大常委會作出的有關決
定，作為訂定未來（特別是行政長官）選舉辦法的準則。

至於田北辰議員的修正案，民建聯表示支持。民建聯認同應給予各界充分時
間，就提名委員會的具體組成、提名的民主程序，以及特首候選人數目等有關問
題，進行更廣泛的討論和諮詢。我們亦認為特區政府於明年年初開展相關的政改
諮詢工作，是合適的做法。

葉國謙議員動議的修正案如下：

「在『全國人民代表大會』之前加上『就本港的政制發展問題，』；在『全國
人民代表大會』之後加上『（「全國人大」）』；及在緊接句號之前刪除『提名權、
參選權及投票權均普及而平等，不會透過提名委員會進行任何「篩選」或「預
選」』，並以『符合《基本法》及全國人大常務委員會對普選問題的有關決定』
代替。」

（編者注：此修正案在原始會議過程正式記錄中位於本議案所有議員及獲委
任官員發言之後、梁家傑的答辯發言之前，並被單獨付諸表決。考慮到讀者方便
及全書體例統一，特移到此處。）

（編者注：修正後的議案內容如下：

「就本港的政制發展問題，全國人民代表大會（『全國人大』）法律工作委員
會主任委員喬曉陽於今年 3 月 24 日發表談話，表示對於香港特區普選行政長官，
『需要共識的主要是提名的民主程序問題』；就此，本會促請特區政府，不論各界

如何詮釋所謂『提名的民主程序』，在制訂 2017 年行政長官選舉方案時，須確保符合《基本法》及全國人大常務委員會對普選問題的有關決定。」）

黃毓民議員：

此間對二〇一七年行政長官普選程序的爭議，其實涉及三個層面，其一是爭取普選的方法，其二是提名委員會代表性問題，其三就是所謂「與中央對抗的人不能當特首」的問題。這都牽涉我們對正當主權來源的理解。

第一，「佔領中環」發起人戴耀廷教授，二月二十三日有一篇題為「『佔領中環』行動的目標與時機」文章，指該行動「不是要挑戰中國共產黨領導下的中華人民共和國在香港的主權地位」，而是「希望北京政府履行在《基本法》及全國人大常委會在相關決定中作出了讓香港特區的行政長官及全體立法會議員由普選產生的承諾」。戴教授「釋出善意」，就是他基本上肯定了葉國謙議員剛才所說的話。人大常委會的決定他也肯定了，大家還有甚麼好說呢？但是，在他肯定人大常委會的決定之餘，便是要取得承諾而已，是不是？

但是，即使這些所謂釋出的善意，也被那些左報的政論批判，認為「佔領中環」是挑戰中共主權，與中共抗衡，即所謂對抗的行徑。正當的主權本來就源自人民，主權在民，這是政治學上的 ABC。這些我已說了很多次，是陳腔濫調，不過無人聽我說而已，主席，你也可能有留意。

......

第二，主權是不能出讓的，這是盧梭所說的，但在實際政治現實的運作中，這是有困難，這也是事實。但是，香港算是甚麼呢？所以我們看到近年香港的民主派，幾乎是百分之一百肯定中共在中國主權的合法性，你們從來不膽敢否定一黨專政的中國共產黨政權的合法性，更不膽敢否定中共等於中國，它擁有中國的主權。如果是這樣的話，不走出這個框框，不否定這個政權，又說甚麼民主呢？根本同樣是在他們所定的框架、基本法框架內（包括葉國謙議員所說的東西）兜兜轉轉，要求他們履行承諾，究竟搞甚麼呢？始終是無法搞的。究竟爭取普選的辦法，應是一種向權威抗議、請願的行為，還是一種自我充權、自我實現的行為？究竟向一個倚靠暴力、利益、血緣關係、金權勾結來維繫，而沒有合理主權

認受性的政府請願、抗議是甚麼意思？

......

就提名委員會的代表性問題，為甚麼非要提名委員會不可？從「主權在民」的思路出發，請問香港人甚麼時候動用了「創制權」，以提名委員會方式提名行政長官候選人？香港人可曾授權有關規定嗎？包括在制定基本法時，香港人有甚麼發言權呢？要不要以提名委員會方式來提名行政長官候選人，完全是香港的內部事務。不過說到這方面，你當然不會贊成，對嗎？

所謂提名委員會的問題多不勝數，我可以列舉數方面：

（一） 提名委員會可輕易改變政治取向，沒有法律規範其投票須合乎政綱；

（二） 由提名委員會產生到提名時間甚長，如果選民改變意向，亦無法左右提名委員；

（三） 如果特首候選人的提名期後於提名委員會產生，選民在投票給提名委員時，完全欠缺甚麼人會參選特首的必要資訊，根本便無從判斷；

（四） 提名委員會人數有限，容易受中共及財閥運用政治資源來操控提名意向；

（五） 即使是由一人一票選出提名委員會，它的組成仍有可能受界別劃分以至地區劃分操控，極有可能受行政當局左右，造成不公。

由此可見，所謂提名委員會只要符合普選原則，就不存在構成篩選的疑慮，只不過是欺人之談。

五月中，所謂「佔中聯盟」，曾經提出由立法會議員何俊仁辭職，引發公投，後來又說為免動用公帑，可改用全港電子投票。還有一種說法是，經全民投票得出的方案「不會太激進，與中央談判的機會非常高」。那麼，還搞來作甚？談判算了，對嗎？搞一個「佔中」幹嗎？談判算了。「佔中」就是犯法、公民抗命、癱瘓中環，導致要出動解放軍，引起國際注視，現在的所謂「死士」，並沒有打算坐牢，我們這些已被判坐牢的人有板給你看，我們也未把道德光環放在自己的頭上。

我最近提倡一個口號，其實亦是我一貫以來的政治主張，便是本土、民主、反共。就本土、民主、反共這三個環節，我會在日後作出詳細論述。如果不是本土、不是民主、不是反共，我告訴大家，普選不會有機會實現，你只能在基本法的框架內跟它兜圈子，然後在那裏耗費我們的時光。所以，我們提出的全民制憲，重新立約，我們這個立場至今仍沒有改變，由推動「五區公投」開始至今天也是一樣，共產黨不是一個合法的政權，它擁有香港的主權是不合法的。發言完畢。

黃毓民議員動議的修正案如下：

「在『本會』之前刪除『全國人民代表大會法律工作委員會主任委員喬曉陽於今年 3 月 24 日發表談話，表示對於香港特區普選行政長官，「需要共識的主要是提名的民主程序問題」；就此，』；在『特區政府』之後刪除『，不論各界如何詮釋所謂「提名的民主程序」，在』；在『投票權』之後刪除『均』，並以『都是』代替；在『平等，』之後加上『提名必須由公民或選民連署，』；及在緊接句號之前加上『，最後由一人一票選舉產生行政長官』。」

（編者注：此修正案在原始會議過程正式記錄中位於本議案所有議員及獲委任官員發言之後、梁家傑的答辯發言之前，並被單獨付諸表決。考慮到讀者方便及全書體例統一，特移到此處。）

（編者注：修正後的議案內容如下：

「本會促請特區政府制訂 2017 年行政長官選舉方案時，須確保提名權、參選權及投票權都是普及而平等，提名必須由公民或選民連署，不會透過提名委員會進行任何『篩選』或『預選』，最後由一人一票選舉產生行政長官。」）

田北辰議員：

我認為改革行政長官產生辦法有三大前提。我在修正案中已經提出了，現時再作一些表述。第一，我相信中央與大部分香港人，同樣希望香港可以在二〇

一七年落實普選行政長官，是不希望看到香港民主進程原地踏步。我是深信這一點的。第二，香港並非獨立政治實體，我們必須承認基本法的憲政地位及尊重過往中英雙方的談判結果，故此普選行政長官必須於「一國兩制」和基本法的框架下進行。第三，行政長官人選不能與中央對抗。我希望香港人不要就此過分演繹。在我多番溝通下，我感受到這項選舉特首的前提，其實就是「河水不犯井水」，國家與香港無疑是兩制，但我們卻不能對抗一國。國家現行的憲法言明，是由一黨執政，中央只是不能夠接受香港的特區首長推翻國家體制，與港人對李旺陽事件、「豆腐渣」工程，甚至是六四的看法無關。

我也曾經公開表示不滿意李旺陽事件的處理手法，但我不相信我會不符合上述參選特首的大前提。我認為，即使是泛民的光譜亦相當廣闊，並非每位泛民人士也絕對反對國家體制。所以，是不能一概而論的。至於所謂「愛國愛港」，則更是一種情感，基本上沒有任何尺能夠予以量度。說到底，特首選舉是提名委員會和香港市民的集體決定，我認為中央列出的大前提，並不是法律上的規定。但是，大家不要忘記，特首選舉最後是需要經過由中央任命這一程序，而我認為，到了由中央任命此階段時，上述條件將會是一個重要考慮。

我堅持的第二個大前提是，基本法第四十五條已經訂明行政長官需要由一個具有廣泛代表性的提名委員會提名，以及經過普選產生。不論如何演繹基本法，提名委員會亦必須存在，這便是政治現實。社會上有意見認為，只要獲得一定數目的選民提名，便可以獲得參選資格，但其實人數多並不一定代表有廣泛代表性。根據聯合國國際選舉協助隊伍的文件顯示，代表性的定義為能夠準確反映社會的組成，以平衡大多數及少數人之間的利益受到保障，避免出現大多數人的暴政。集中於某階層的提名，亦不符合均衡參與的準則，現實將可能造成勞工獨大。

我認為基本法與《公民權利和政治權利國際公約》在大原則上是沒有衝突的。提名權、參選權和投票權均須普及而平等，這其實已經包含在基本法第三十九條內。基本法已經為普選特首提供全面框架，所以，我們的討論，應該集中於深入研究如何令提名委員會具有廣泛代表性。不少議員與學者認為，普選行政長官必須符合國際標準，但何謂國際標準呢？有人認為選舉制度的設計需要符合國際公約，特別是《公約》第二十五條中提到的提名權、參選權和投票權，以及有關普及而平等和確保每名選民的票值相同的原則。

事實上，聯合國的相關人權委員會就《公約》的第二十五條作出了解釋，並在其《第二十五號一般意見書》的第四條中說明，容許國家對公民的參選權提出合理限制，例如參選人的年齡和出生地等。美國憲法也規定，總統候選人一定要在美國出生，或成為美國公民最少十四年，反映美國公民的參選權亦非絕對平等。

我再重申，國際公約容許國家對參選權提出合理限制。難道大家認為一個主權國家，要求它一個地方首長不是一個要推翻國家體制的人，是不合理的要求嗎？

現在讓我討論《公約》提及的選民票值。選民票值並非民主制度設計中的唯一考慮因素，必須同時兼顧宏觀和整體利益的平衡。舉例而言，美國的北達科他州（North Dakota）人口七十萬，而加州的人口是三千八百萬。但是，這兩個州在美國參議院同樣擁有兩席，每名選民的票值存在很大差距。反映當時設計制度的人認為，保障州與州之間的平衡，比票值的平等更重要。

事實上，國際公約是參照了美國憲法和法國人權宣言起草而成的，主要是為維護公民參與政治和國家事務的權利，設立框架，而不是一套設計民主制度的細緻執行指引。就第二十五條，《公約》不會就國家採用哪一種選舉制度作出限制，只是旨在確保制度和《公約》不會相違背。

現在讓我討論何謂廣泛代表性和均衡參與。如果我們根據二〇一二年特首選舉委員會的構成來制訂二〇一七年特首選舉的提名委員會，的確有部分界別已經不合時宜。例如漁農界有六十名選委，佔選委人數 5%，但這行業佔全港生產總值少於 1.4%，從業員選只佔勞動人口的 0.1%。所以，這個可以考慮調整。與此同時，金融服務界與金融界，僱用了二十三萬人，佔總體勞動人口 6%，和本地生產總值共 16%。但是，他們的選委人數只有三十六人，佔總數的 2%。所以，亦需要考慮向上調整。

至於選民基礎方面，漁農界有一百五十九名，金融服務界總共只有七百二十一人，而醫學界有一萬名選民。所以，我認為很多界別需要擴大選民人數。但是，在擴大選民基礎的時候，要考慮如何釐定選民資格。好像金融界，不可以全部在行業內工作的人都有資格。例如我認為沒有理由連銀行出納員都可以代表該界別，因為選民應該具有業內的專業知識。

所以，最後，我的修正案提到，應該盡快進行公眾諮詢。公眾諮詢能夠讓廣大市民有真正渠道表達意見，就上述我提出的各點來凝聚共識。同時，我們亦需要就如何改革各界別的組成，諮詢界別意見。

田北辰議員動議的修正案如下：

「在『全國人民代表大會』之後加上『（「全國人大」）』；在『普選行政長官，』之後刪除『「需要共識的主要是提名的民主程序問題」』，並以『中央政府有 3 個「堅定不移」的立場：於 2017 年落實普選行政長官、行政長官人選不能與中央對抗，以及普選必須符合《基本法》和全國人大常務委員會的決定』代替；在『特區政府』之後刪除『，不論各界如何詮釋所謂「提名的民主程序」，在』，並以『在這些前提下』代替；及在緊接句號之前刪除『時，須確保提名權、參選權及投票權均普及而平等，不會透過提名委員會進行任何「篩選」或「預選」』，並以『，並盡快啟動公眾諮詢，讓各界有充分時間就提名委員會的具體組成、提名的民主程序、行政長官候選人數目等有關問題進行廣泛討論和爭取達致共識』代替。」

（編者注：此修正案在原始會議過程正式記錄中位於本議案所有議員及獲委任官員發言之後、梁家傑的答辯發言之前，並被單獨付諸表決。考慮到讀者方便及全書體例統一，特移到此處。）

（編者注：修正後的議案內容如下：

「全國人民代表大會（『全國人大』）法律工作委員會主任委員喬曉陽於今年3 月 24 日發表談話，表示對於香港特區普選行政長官，中央政府有 3 個『堅定不移』的立場：於 2017 年落實普選行政長官、行政長官人選不能與中央對抗，以及普選必須符合《基本法》和全國人大常務委員會的決定；就此，本會促請特區政府在這些前提下制訂 2017 年行政長官選舉方案，並盡快啟動公眾諮詢，讓各界有充分時間就提名委員會的具體組成、提名的民主程序、行政長官候選人數目等有關問題進行廣泛討論和爭取達致共識。」）

何秀蘭議員：

　　越接近二○一七年，提名程序便越受到大家的關注。究竟所謂的提名程序當中會否有篩選、操控？最終能夠在候選人名單、在選票上出現的名字，會否是在經過一番審查後才可以獲挑選的呢？這些問題都是大家所關注的。中央政府亦很關注，因為如果中央政府沒有誠意落實普選，現在便要站出來說話，要站出來管理香港人對民主選舉的期望，令大家接受一個有篩選過程的提名程序。但是，我要在此指出，這是不應該的。大家均知道，我們經過了十五年如此差劣的管治，其間出現這麼多的爭拗，如果二○一七年仍然是一個假選舉，只是空有「一人一票」，但卻沒有真正選擇的話，爭拗只會仍然繼續。所以，我支持梁家傑議員的原議案，原因很簡單，因為選舉就是「人民有選擇」，而真正的選擇，是人民也有權提名候選人。

　　相關的國際公約在過去二十多年已經說得很清楚，普及而平等的選舉除了要有投票之外，也應該有被選權，即參選權。如果將來政制改革的設計會導致不同政見立場的人無法參加選舉，這便不是真正的選舉。候選人確實有一些基本的資格是可以有所規限的，例如要超過某年齡，又例如候選人的國籍必須能讓大家知道及可以確保其對那個地方效忠等，這些都是被視為是合理的要求。就以美國的總統選舉為例，其中一項要求是總統候選人必須在美國本土出生，所以奧巴馬在夏威夷出生的問題才會擾攘這麼久，他要在交出出生證明書後，才可以安穩地繼續管治。上述這些都可以視為合理的要求。但是，人權委員會過去曾審議數個國家提交的報告，這些國家對不同政治立場、反對派的人作出篩選，不准許他們參選，因此被人權委員會認為不符合國際人權公約的規定。

　　說回我們近來的討論，喬曉陽先生率先表示「將來的行政長官必須愛國愛港」。其實愛國愛港這要求並非不合理，但我們要求有一個客觀的定義，是可以列入法例的客觀定義。千萬不要讓人憑自己的主觀作判斷，否則這要求屆時便會成為一個篩選的工具。但是，喬曉陽先生很快便再次發言，表示沒有客觀的定義，不能列入法例中。

　　無法列入法例中便不能夠成為要求，否則隨時也可以「搬龍門」，隨時也可以審查候選人，使這要求成為阻止政治立場不同的人參選的工具。為甚麼我要提

出修正案呢？我的修正案旨在推動市民直接提名的權利，讓獲市民認受的人在取得五萬名選民的聯署提名後，便可以把聯署提交提名委員會，經委員會核實選民身份後，成為當然候選人。這構思概念絕對符合基本法，因為基本法訂明有提名委員會，而候選人會把市民提名他的聯署交給提名委員會，讓他們核實。

剛才葉國謙議員表示提名委員會是整體行事，我認為這是可以的，同樣符合要求，因為我們不是要求委員會的個別成員，或二百位、三百位成員做確認。他們作為一個整體，一個機構，應履行這個責任，核實聯署提名的市民的身份，確定他們是否合資格的選民，然後集體做一個尊重市民的決定。

為甚麼我要求有五萬名選民聯署支持呢？其實五萬名選民大概相等於 3% 的選民，因為香港有三百四十六萬名登記選民，而上次選舉的投票人數是一百八十萬人，3% 便差不多是五萬五千名選民。其實，任何人得到五萬個選民提名，必定可以取回選舉保證金，而且他一定是一位嚴肅和認真的候選人。

有人說，如果產生了多位由市民提名的候選人，這如何是好呢？這不要緊，可以進行兩輪投票，甚至超過兩輪的投票，但選舉的初選必須由市民全體一起投票，我們可以參考法國的選舉制度，假如要有篩選、初選，那便一定要由市民一人一票選出。

何秀蘭議員動議的修正案如下：

「在緊接句號之前加上『；並容許任何合資格參選人士如獲不少於 5 萬名登記選民聯署，經提名委員會核實，即成為行政長官候選人』。」

（編者注：此修正案在原始會議過程正式記錄中位於本議案所有議員及獲委任官員發言之後、梁家傑的答辯發言之前，並被單獨付諸表決。考慮到讀者方便及全書體例統一，特移到此處。）

（編者注：修正後的議案內容如下：

「全國人民代表大會法律工作委員會主任委員喬曉陽於今年 3 月 24 日發表談話，表示對於香港特區普選行政長官，『需要共識的主要是提名的民主程序問題』；就此，本會促請特區政府，不論各界如何詮釋所謂『提名的民主程序』，

在制訂 2017 年行政長官選舉方案時，須確保提名權、參選權及投票權均普及而平等，不會透過提名委員會進行任何『篩選』或『預選』；並容許任何合資格參選人士如獲不少於 5 萬名登記選民聯署，經提名委員會核實，即成為行政長官候選人。」）

李卓人議員：

我們過去的每位特首，均是透過小圈子選舉產生的，既沒有公信力，又沒有合法性，亦沒有人民授權。由於他們皆沒有合法性，又沒有人民授權，因此全港市民根本不信服他們的施政。此外，當中更衍生出一眾問題：由於他們均是透過小圈子選舉產生，所以便與小圈子勾結。

香港的小圈子包括甚麼呢？雖然有人認為，香港的小圈子包括很多界別，但其實一語道破，所謂的「小圈子」便是中共和香港工商界的代言人及其附庸在香港形成的一個集團。這集團始終是一個充滿勾結的資本財團，透過討好中央，在香港取得權力。

當然，梁振英之所以能夠上台，可能是由於他代表不同的資本財團，但事實是，自董建華開始至曾蔭權及梁振英，他們由始至終助長香港的資本財團騎在香港人民頭上，讓他們剝削及掠奪我們的資源，將市民「榨乾榨盡」。不僅是工人及「打工仔」被「榨乾榨盡」，連買樓的中產人士也被「榨乾榨盡」。整個社會在資本壟斷的情況下，根本民不聊生。

我們經常提出爭取普選的訴求，其實並非純粹爭取是一種價值，我們亦同時追求公正、公平及公義，希望令社會分配比較合理。建制派最喜歡叫我們不要談普選，要談民生，因為九成香港市民皆關心民生。他們根本在誤導香港市民。

香港市民確實是關心民生，但正正因為我們關心民生，所以我們關心民主。整個政制其實佔民生及市民便宜，令市民被剝削，無法得到公平的分配。這便是民生問題，也是民主的問題。所以，民主抗爭和民生抗爭是「一而二，二而一」的，希望讓市民不用被大財團透過勾結由小圈子選舉產生的政府繼續剝削，無需「做牛做馬」，當大財團的奴隸。

政制及內地事務局局長：

主席，嚴格按照基本法及全國人民代表大會常務委員會的有關解釋和決定，推動香港政制向前發展，落實二〇一七年普選行政長官，是中央、香港特別行政區政府和香港市民大眾的共同願望，亦是本屆政府的重要施政目標。

基本法第四十五條清楚訂明：「行政長官的產生辦法根據香港特別行政區的實際情況和循序漸進的原則而規定，最終達至由一個有廣泛代表性的提名委員會按民主程序提名後普選產生的目標。」

此外，人大常委會亦在二〇〇七年十二月作出《全國人民代表大會常務委員會關於香港特別行政區 2012 年行政長官和立法會產生辦法及有關普選問題的決定》，自此香港擁有一個明確的普選行政長官的時間表：即二〇一七年行政長官選舉可以實行由普選產生的辦法。

最近，社會上有不少人士就二〇一七年普選行政長官的原則和具體辦法提出意見。我想藉今天的機會與大家溫故知新，比較詳細地講述香港政治體制的設計和原則。我期望有關背景資料，對在座各位議員以至社會各界在日後聚焦討論相關議題時，有所幫助。

香港特區政治體制的憲制基礎，建基於《中華人民共和國憲法》和基本法。人大常委會根據憲法第三十一條和第六十二（十三）條決定設立香港特區，並通過基本法規定在香港特區實行的制度。

基本法序言亦清楚表明（我引述）：「為了維護國家的統一和領土完整，保持香港的繁榮和穩定，並考慮到香港的歷史和現實情況，國家決定，在對香港恢復行使主權時，根據中華人民共和國憲法第三十一條的規定，設立香港特別行政區，並按照『一個國家，兩種制度』的方針，不在香港實行社會主義的制度和政策。」（引述完畢）

序言亦同時說明（我引述）：「根據中華人民共和國憲法，全國人民代表大會特制定中華人民共和國香港特別行政區基本法，規定香港特別行政區實行的制度，以保障國家對香港的基本方針政策的實施。」（引述完畢）

主席，由基本法序言清晰可見，香港特區實行的制度，包括政治體制，根源在於國家憲法和基本法。香港政治體制的發展，涉及中央和香港特區的關係，必

須在基本法的框架內進行。

有關香港特區的憲制地位，基本法第十二條亦明確規定（我引述）：「香港特別行政區是中華人民共和國的一個享有高度自治權的地方行政區域，直轄於中央人民政府。」（引述完畢）

國家實行單一制國家結構形式，而香港特區是單一制國家結構形式下的一個地方行政區域。香港特區行使的各種權力均來自中央的授權，沒有「剩餘權力」。

按上述有關香港特區的憲制地位，中央有憲制權責制訂香港特區政治體制的模式。

基本法起草委員會主任委員姬鵬飛先生在一九九〇年三月二十八日第七屆全國人民代表大會第三次會議上發表的《關於〈中華人民共和國香港特別行政區基本法（草案）〉及其有關文件的說明》中指出（我引述）：「香港特別行政區的政治體制，要符合『一國兩制』的原則，要從香港的法律地位和實際情況出發，以保障香港的穩定繁榮為目的。為此，必須兼顧社會各階層的利益，有利於資本主義經濟的發展；既保持原政治體制中行之有效的部分，又要循序漸進地逐步發展適合香港情況的民主制度。」（引述完畢）

主席，從姬鵬飛主任委員的《說明》中，我們可以把香港的政治體制的設計，歸納為四大原則，分別是第一：兼顧社會各階層利益；第二，有利於資本主義經濟的發展；第三，循序漸進；以及第四，適合實際情況。

事實上，香港的成功，是長久以來社會各階層、各行各業（不論職位高低）各司其職、共同努力的成果。香港特區的政治體制設計，一直以來皆是以上述四大原則為設計基礎，並且自回歸以來，有次序、有秩序地朝着民主方向，向前發展。

在二〇〇四年的《全國人民代表大會常務委員會關於〈中華人民共和國香港特別行政區基本法〉附件一第七條和附件二第三條的解釋》，確立了政改程序五部曲的模式。隨後在二〇〇七年十二月，人大常委會就二〇一二年行政長官和立法會產生辦法及有關普選問題作出《決定》。在二〇一〇年，立法會更以三分之二大多數通過政改方案，獲得行政長官同意及人大常委會的批准和備案，歷史性首次完成通過政改五部曲，使二〇一二年行政長官選舉和立法會選舉增加民主成分，令香港民主發展得以向前邁進。

人大常委會於二〇〇七年作出的《決定》，就普選行政長官及立法會訂立一個明確的時間表。《決定》並指出提名委員會可參照基本法附件一規定選舉委員會的現行組成辦法，而選舉委員會的組成，包括四大界別，正正是具有廣泛代表性，亦能夠兼顧社會各階層利益。

主席，我們留意到近日社會上開始就二〇一七年普選行政長官的辦法和原則，以及具體方案提出意見和討論。特區政府歡迎任何理性、包容和務實的討論，這些討論對我們預備展開正式諮詢工作有所幫助。但是，我必須強調特區政府就普選行政長官辦法並未有具體方案，我們會繼續小心聆聽各界的意見。

莫乃光議員：

……梁家傑議員在議案中轉述主任委員喬曉陽的說法「對於香港特區普選行政長官，『需要共識的主要是提名的民主程序問題』」。那麼，「民主程序」所指何物呢？

主席，拋出「民主程序」這類一般人皆會覺得非常抽象的名詞，但稱得上「民主」的事物，應該是好的吧！無論是民主黨或民主建港協進聯盟等，他們也很「民主」，對嗎？民間一直流傳，中國共產黨絕對不反對民主選舉，只要知道結果，以及結果是意料之內便可以。

於是，中央如何落實這種「中央 Style」的普選呢？這種普選真是「中央 Style」，因為已失去普世價值，又不准別人談及。原來，要預知及控制最終得到自己可以接受的結果，最好的方法便是控制入場。中央不想看到或不想他勝出的人，最好便是不准他入場。這真是高招，比最後使出法寶操控選舉更高招。所以，怎樣選也不要緊，正所謂「公我贏，字你輸」，結果也是絕對的「中央 Style」。

其實，中央本來已經擁有最後的篩選權，即如果由不喜歡的人當選特首，中央大可以不確認他，然後發還重選。當然，這情況不太好看，亦會引發政治危機。為安全計 —— 可謂另一種維穩措施 —— 中央自然會覺得要事先篩選，越早越好。

我們為何需要熟悉聯合國《公民權利和政治權利國際公約》對普選的要求及

原則呢？任何人皆明白亦看到，這樣的選舉是不公平的，不是真正的普選。接下來，「中央 Style」的釋法者逐一走出來向我們解釋 —— 建制派的釋法者 —— 香港普選行政長官，只須按照基本法的決定，但無須遵守聯合國的準則，令我們突然發現，香港其實並非在地球上，而是在火星上。

在對原議案的修正案中，葉國謙議員將「提名權、參選權及投票權均普及而平等，不會透過提名委員會進行任何『篩選』或『預選』」的部分全部刪除，改為「符合《基本法》及全國人大常務委員會對普選問題的有關決定」。是「有關決定」，即簡單而言，便是建制派同事告訴我們，中央「阿爺」說了算，全國人民代表大會常務委員會的決定便是最終決定。即使是以前、將來或任何時間，亦能隨心所欲下決定。換言之，葉國謙議員所刪除的「提名權、參選權及投票權均普及而平等」是一定沒有的，而所謂的「篩選」及「預選」則一定有。

在一次真普選聯盟舉行的論壇上，我曾解釋民主選舉其實很簡單，因為連小學生也懂得投票選班長，而在選班長時亦沒有任何篩選及預選。豈料，有「愛港力量」的朋友出來高聲呼叫糾正我 —— 他其實不是糾正我，而是自說自話。他說道，在他就讀的小學裏，班長是班主任欽點的，並非選出來的。我惟有同情地對他說，面對這樣的小學，我真的深表同情。

香港人原以為得到基本法對「港人治港」及普選的承諾，但實情卻不比較這名「愛港力量」朋友的小學好得多，因為大家皆要接受欽點及篩選。我唯一的希望，是所有香港人皆堅持追求雙普選及真民主。

美國作家 James Bovard 曾寫道："Democracy must be something more than two wolves and a sheep voting on what to have for dinner." 即民主不能只有兩隻狼和一隻羊投票決定晚餐的食物，因為如是者，大家皆知道晚餐會是甚麼。香港人現時是被人「食硬」，香港的「狼」，我們已經知道，而北京則是另一隻「狼」，這兩隻狼決定怎樣吃香港人。

主席，我支持梁家傑議員的原議案及何秀蘭議員所提出「不少於 5 萬名登記選民聯署」的修正案，因為凡此種種皆符合普及而平等的提名權和參選權的方案，大家一聽到便明白。我也支持李卓人議員的修正案，但對於刪除「普及而平等」的修正案，我會表決反對。

陳家洛議員：

⋯⋯梁家傑議員提出的原議案其實很簡單，只是希望各位議員表態，在將來的二〇一七年特首選舉中，不要透過那個稱為「民主程序」的東西進行「篩選」和「預選」而已。如果各位認為他的這種說法言之成理，那麼便請大家予以支持。

但是，如果你的想法並非如此，而是心中有數，要進行「篩選」和「預選」，那麼你當然會反對梁家傑議員的議案。那麼便請坦白言明，不用繞一個大圈子，說會違反甚麼、承諾了誰、要支持誰、要小心甚麼，說那麼多幹甚麼？我的問題很簡單，大家要不要「篩選」，要不要「預選」？主席，我反對進行「篩選」和「預選」。

甚麼是民主？民主由誰「話事」？如果現在所說的民主並不是馬列模式的民主集中制，民主普選當然由選民「話事」，選民是最大，所以由選民作出判斷。誰是中央可接受或中央不能接受的人，又或誰是北京能接受或北京不能接受的人，且交由選民「話事」。

民主精神就是如此簡單，而在民主精神之下，選民是一人一票的。建制派的同事經常掛在嘴邊的所謂一人一票，意思是不管富有如李嘉誠，還是貧窮至要向陳茂波租住「劏房」、板間房，每人均有一票，沒有任何分別。但是，如設有進行「篩選」和「預選」的機制，那便大件事了。它的意思是有一些人不知何解可先作選擇，然後才交給大眾票選，那麼這一羣人便擁有所謂的政治特權。這種政治特權可能是透過不同的制度或法律上的設計而賦予，而這種特權正正違背了民主普選的最核心價值。

（代理主席梁君彥議員代為主持會議）

劉慧卿議員：

⋯⋯我留意到有些修正案真的非常離譜，刪除了市民的參選權和提名權的內容，這究竟是甚麼意思呢？如果真的這樣做，又怎算是真正的選舉呢？今年三月，特區政府出席了聯合國人權事務委員會的聆訊，委員會其後亦提出了他們的結論和建議，很清楚表明特區政府須盡快提出和如何落實二〇一七年普選行政長

官有關的詳細計劃，而這個計劃必須包括市民的參選權和投票權。

因此，我認為在制訂普選方案時，除了要符合基本法，亦應該符合《公民權利和政治權利國際公約》，而我認為這並非沒有可能。所以，特區政府一定要這樣做，才可以回應國際社會和聯合國對香港在這一方面的期望和指標。故此，我們不會支持任何一項刪除市民提名權、參選權等內容的修正案，我認為這真的非常過分。

代理主席，說起「篩選」，我們不用看得太長遠，你可知道伊朗將於下個月舉行總統選舉？報名參選的人數相當厲害，共有超過七百人，而這次選舉竟然有「篩選」。有個我不知道名字應如何翻譯的 Guardian Council，相信是由當地人所屬宗教的長老組成，而經過它的「篩選」後，可知道剩下多少位參選人？答案是八位。被篩走的其中一人甚至是前任總統，因已經七十多歲而被他們以年紀老邁為理由篩走，而篩走參選人的其他原因更是名目眾多。這究竟有沒有「搞錯」，連前任總統也被篩了出來。我日前在外面跟記者說起此事，有些記者直呼糟糕，不知香港會否連伊朗也不如。香港是不是要落得如斯田地，淪為一個大笑話呢？

因此，我們不會支持任何將香港弄至這種地步的建議。我們雖然很尊重伊朗，但更尊敬一些尊重其人民參選權的地方。所以，我們認為有可能製訂一套既符合基本法，也符合國際人權公約的方案。田北辰議員的很多說話我都不能同意，但唯一同意他促請盡快提出方案的論點。這是不應有異議，大部分人也認為應盡快進行的工作，因現在的時間確實急迫。可是，他所屬黨派的主席葉劉淑儀議員卻在報章上主張，不如分拆進行，搞其分拆上市。意即先制訂一個方案，其他的暫緩進行，但我們現在還能有多少時間？行政長官選舉固然重要，但立法會選舉亦須在二〇一六年九月進行，如將之分拆出來，要待何時才能作討論？

問題是並非單單只有普選，便可解決香港的問題。普選當然很重要，但最近有人說中央政府對於現時的情況極度憂心，苦無對策。即使更換行政長官，難道新任特首會懂得飛天？除普選之外，香港一定要面對的問題是政黨政治。如中央政府不允許，建制派又表示反對，不能實行政黨政治，即使選出行政長官，試問他該如何進行管治？他應該有自己的團隊，而且政黨政治具有延續性，不會像董建華般這樣被趕走了事，也不會像曾蔭權那樣弄致如此不堪，而是有一個政黨在進行管治。不論其政績是否出色，行政長官可以不再參選，但政黨必須有前途，

要向社會交代。只要有政黨、有團隊，便會有人選，而不會像現時這樣，梁振英一旦退任，會是林鄭月娥、張炳良還是甚麼人走馬上任呢？我們怎能這樣做事？

所以，問題不只涉及普選。普選確實非常重要，甚至有人說普選後可重組行政會議，加入全部班底，這個是當然的。然而，即使在沒有普選的今天，我們也要瞭解政黨政治的重要性。政黨政治可讓一羣擁有共同理念的人一起執政，亦令市民感到加入政黨能使你真的有能力執政，這才能鼓勵更多市民參與。不能好像現時一樣，不是「梁粉俱樂部」的人便一無所有，但即使是「梁粉俱樂部」亦已四分五裂，那我們該怎麼辦？

因此，我希望特區政府能夠明白現時的困局何在，並不是梁振英下台便能解決問題，而是香港七百多萬市民希望有一個前途。如果這樣扼殺市民的期望，試問如何能向香港市民交代？我謹此陳辭。

田北俊議員：

……在數項建議中，自由黨當然希望二〇一七年能實行選舉行政長官，而就喬曉陽主任提出的四方面，我們是否仍有空間做些事情呢？這點自由黨是支持的。

所以，第一種說法指應否有初選篩選，我們則認為最好沒有，但我亦要提一句，萬一最後中央拍板決定要有篩選，那麼我們會否變成二〇一二年的原地踏步，還是希望制度有點改善，令香港數百萬市民終能在數個即使不太屬意的候選人中揀選一個，其實也有機會選擇。為何我們覺得如果第一步能做到這樣也是好事？因為無論是哪位候選人，無論是建制派或泛民，他對市民關心的議題也要有一種看法，例如雷曼事件，如果有數個建制派候選人，即使有票在手，也必須表態；就標準工時或扶貧問題，無論是哪位候選人也要處理，令市民可透過候選人在參選過程中，選出一個較合他們心意的行政長官。無論是哪位想當行政長官，也要聽取市民的意見，無論是建制派，還是經所謂篩選下沒有了泛民候選人，無論怎樣，總較繼續由現時一千二百人的原地踏步的選舉方法為佳。在上次選舉中，誰也看到那一千二百人的選舉結果。從上次選舉看到，當時的候選人唐英年獲得的票數多很多，梁振英作為候選人當時所得的票數則較少，結果是在一星期

內情況便倒轉，有數百票可以一下子全轉到另一邊，很多市民並不認同這種做法。所以，我們認為，無論採用哪種做法，也不要原地踏步。

關於二〇一六年的立法會選舉，我們也覺得，如果功能界別可擴大選民基礎，作為第一步，我們是絕對支持的。至於到二〇二〇年，立法會選舉最終會如何進行，會否像我現時跟葉國謙議員的看法一樣，好像超級區議會的選舉一樣，讓每名市民都有一人兩票，一票在功能界別，另一票在直選；功能界別雖然亦同樣有提名權，但投票權在市民手上，便可透過投票權，令候選人提出或關注一些普羅大眾也關心的事項。

黃碧雲議員：

關於提名委員會的組成，基本法沒有詳盡說明。基本法第四十五條只訂明「由一個有廣泛代表性的提名委員會按民主程序提名後」，經市民一人一票普選特首，而現在我們要討論甚麼是有廣泛代表性的提名委員會，即是即使我們一定要有一個提名委員會，甚麼才是有廣泛代表性，接着便要討論甚麼是民主程序。按我對梁家傑議員今天所提議案的理解，他突出了民主程序一定不可以預先篩走一些有人不想其出現在最後候選人名單中的人，因這會排除他們的參選權。

此外，梁家傑議員也提到提名權是否要盡量平等的問題。葉國謙議員引述中方官員的說法，即可以參照現時選出特首的選委會。但是，在今天早前本會的質詢環節也有一項類似的口頭質詢，我們問及政制及內地事務局局長如何理解一些基本法裏沒有訂明，但中方的官員，如全國人大常委會法制工作委員會和喬曉陽所提出的說法，局長沒有正面回應，只是答覆我們要根據基本法落實普選特首。

代理主席，既然局長也說我們應該依循基本法，我便不明白為甚麼葉國謙議員表示我們現在要受制於喬曉陽的言論，而限制提名委員會的組成。根據葉國謙議員的說法，便是要將我們未來普選特首的提名程序，規限至一定要依循現在的選委會，可能略作修改或不要多作更改。除非現有的選委會具有廣泛的認受性、沒有缺陷，以及得到很多香港人的支持，並且認為它真正具有廣泛代表性；可是，事實上葉議員也應該知道，很多人批評和不滿現在選委會的組成，因為首先它違反了參與提名特首的權力是人人平等的原則，第二是這種所謂有廣泛代表

性，其實是向建制的力量傾斜。泛民是否能夠進場呢？暫時我們看到他們在非常艱難的情況下尚可進場。

但是，這並非一個理想的安排，因為基本法訂明選委會是真正具有廣泛代表性的，而我們卻看不到現有的選委會怎樣具有廣泛代表性。首先，它非常精英主義，雖然選委會分了各個行業，但基本上只以職業的類別劃分，並且參與的人數非常少，只有一千二百人。所以，如果我們希望在將來產生特首時，能夠在提名的過程中讓不同政見的人士均可參與，我們便一定不要在提名委員會的組成上這麼快捆綁自己，我們應該盡量考慮如何令到提名委員會真正具有認受性和廣泛代表性。

就提名委員會的組成，有很多不同的觀點衍生了出來，包括有人提出由政黨提名，可以考慮由立法會議員提名，也可以考慮何秀蘭議員剛才提出的建議，即某位獲一定比數的選民聯合提名的人士都可以參與進場；我還接收到一些提議，就是在包含所有合資格的選民名冊中進行一項科學化的抽樣，抽出提名委員會的成員；還有一種說法，就是以一人一票選舉的方式產生提名委員會。在現階段，我認為基本法完全沒有訂明不能採用這些提議，為甚麼現在我們便要捆綁自己，一定要跟從喬曉陽的意思行事呢？如果明天喬曉陽提出其他說法，葉國謙議員是否又會轉變呢？

代理主席，我認為就解決香港政制的矛盾和落實基本法普選特首，大家應心胸廣闊一點，我們要尋求一個共識，而這共識一定是可以令到不同政見的人士均能參與特首選舉，並且我認為可以考慮在提名方式上運用多元的途徑，使他們都可以成為特首候選人，包括由提名委員會提名的候選人、包括從選民名冊中抽出人來進入提名委員會，甚至由選民集體聯署，經提名委員會核實後，接納某人成為行政長官的候選人。有不同的路徑，是要確保不同政見的人士都可以成為候選人，讓市民一人一票揀選特首。

吳亮星議員：

……談到行政長官選舉時，毫無疑問是要依據基本法第四十五條所說：「香港特別行政區行政長官在當地通過選舉或協商產生，由中央人民政府任命。行政

長官的產生辦法根據香港特別行政區的實際情況和循序漸進的原則而規定，最終達至由一個有廣泛代表性的提名委員會按民主程序提名後普選產生的目標。」

守法的市民都會認同，中國是實行單一制的國家，中央政府擁有行政長官的實質任命權。因此，特首愛國愛港，為中央政府所接受，是既合常理亦屬必然的。按照該條文，行政長官的候選人必須由一個有廣泛代表性的提名委員會提名。故此，提出不設提名委員會的安排，顯然是違反基本法的；如果有修正案提出這樣的建議，我們絕不能支持，因為議員不能知法犯法。

基本法規定要有一個有廣泛代表性的提名委員會。所謂廣泛代表性，根據二〇〇四年四月二十六日全國人民代表大會常務委員會的《決定》，是可以理解為社會各階層、各界別及各方面的均衡參與；而二〇〇七年十二月人大常委會的《決定》亦有規定，提名委員會可參照基本法附件一有關選舉委員會的現行規定組成。具體來說，就是由四大功能界別分組便完全可以達到。

現時的選委會確實包羅了各種性質行業，並包括各階層；若提名委員會也要由全港市民一人一票選出，就等於舉行兩次直選。基本法第四十五條提出，行政長官選舉要按香港的實際情況和循序漸進的原則推進。就如我早前接受媒體訪問時提到，公司票現時正正是香港的一種實際情況。作為商業城市，大多數公司老闆都對行業熟悉且有貢獻，帶領公司團隊齊心經營，理念應該是一致的，例如記者撰寫文章也不會違反編輯的意願。至於提名委員會的選民基礎是否擴闊，很多界別可按現時的資歷架構加以調整，提名委員會人數也可因應產業的增加而調整，基本根據就是要符合循序漸進的原則。

對於近日某些社會人士策動「佔領中環」，以爭取他們對普選的某種要求，這種「只有開價，不准還價」的舉動，令氣氛變得緊張，不利展開政改的討論，對推動香港政制發展有害無益；更何況「佔領中環」屬於知法犯法的行動，大部分守法的市民是不會支持的。就這兩星期所見，商會、社團及社會人士均透過不同渠道，表達對「佔領中環」行動所帶來負面影響的意見和擔憂。我亦曾徵詢銀行業對於將金融中心政治化的意見，他們認為這次行動不單會破壞本港原來良好的金融與營商環境，還會影響工商各業客戶的正常運作，對香港的社會秩序和穩定造成嚴重傷害。從長遠角度來評估，這對外來投資及信貸評級相關的國際形象皆會造成深遠的負面影響。我們看到由《明報》出資委託香港大學民意研究計劃

就「佔領中環」所進行的民意調查，它顯示有超過一半（51%）的市民「頗反對」及「很反對」這個「佔領中環」行動，對比 25% 市民表示支持，顯出這次行動難以自圓其說，更不符合少數服從多數的民主基礎。

梁美芬議員：

我們由完全沒有民主，過渡到現在有限度的民主，再朝着基本法所提到的方向發展，香港立法會和行政長官最終都要邁向普選。因此，方向和目標大家都不會有異議，問題只是如何達致〔至〕這個目標、何時落實，以及如何配合香港的現實情況。過程希望不要影響香港現有的優勢，亦希望可以更順暢。

代理主席，基本法是一個很特別的法律。在法律上，它既有普通法，又有中國法的傳統；在政治上，它是一本由中英雙方，以至當時的國際力量，在政治和經濟上角力下的妥協性文件。因此，基本法好像一個混血兒，有些條文像英國的媽媽，有些條文則像中國的爸爸，當它成長的時候，便充滿兩國文化的衝突。如何才令它在成長時可以快樂一點，其實很取決於兩個來自完全不同政治經濟背景的父母，是否能夠互相體諒、愛護和包容雙方的不同。沒有了這些互換的思維，小孩子成長的過程便會很痛苦。

就以香港的特首選舉來說，雙方現在其實是各自表述。例如泛民議員基本上集中表示二〇一七年特首選舉必須符合國際標準，普及而平等，亦要求不應該透過提名委員會進行任何「預選」等。事實上，我們看到泛民最終的目標便是很希望他們推出來的人選，最少一定可以入圍，但基本法第四十五條卻沒有如此規定。基本法第四十五條主要提到我們的特首最終一定要由普選產生，但提名委員會的組成便要有廣泛代表性，並透過民主程序產生特首。因此，就普及而平等這些國際標準，其實這些概念在基本法第四十五條並沒有出現。

又例如看回中央，中央今年年初透過喬曉陽主任表示有落實二〇一七年普選特首的決心，指明跟中央對着幹的人不應該當特首，亦指明特首應該愛國愛港等，以及強調二〇一七年特首選舉要嚴格遵守基本法和二〇一七年全國人民代表大會常務委員會的決議。言下之意，中央亦要確保它所能夠接受的人才可以獲任命出任特首。

政治一開局，便完全不利於談判的氣氛，尤其是多了一些「佔領中環」這類癱瘓中環的行動等，我相信這對中央來說是帶有冒犯性的行動。我只可以透過我僅有參與中港項目談判的經驗，指出這種行動其實完全不利於談判，而且會令事件適得其反。我們很希望勸他們不要這樣做，但如果大家不聽老人言，吃虧在眼前，吃虧的並非只是參加示威或行動的人，可能整個政改談判都要吃虧。

湯家驊議員：

代理主席，英文有一句諺語是「this is a red herring」，即「這是一條鯡魚」。政改最少有兩條鯡魚，第一條是必須選出一位愛國愛港的特首，第二條是提名必須是由一個整體或機構提名。代理主席，為何有兩條鯡魚呢？第一條說要選出一位愛國愛港的人來擔任特首，便等於「媽媽是女人」的論調，試問有哪個國家在進行地方首長選舉時，不會選出一位愛那個地方或國家的人？一定會的，沒有問題的，問題在於由誰決定這人是否愛這個地方或國家。

代理主席，若說只有北京才能決定誰人愛國愛港，甚至是只有提名委員會才能決定誰人愛國愛港，這樣便不一樣了，這便完全違反基本的民主原則。若說由選民進行選舉，由他們決定誰人愛國愛港，這是完全沒有問題的，代理主席，所有民主國家也經過這樣的程序，由選民作決定。他們的考慮因素可能十分不同，可能覺得某人特別漂亮或高佻〔挑〕，也可能會考慮某人是否真正愛國，真正愛這個地方。所以，如果說要選出一個愛國愛港的人擔任特首，這是一項混淆視聽的虛假議題。

代理主席，第二條鯡魚，或第二項混淆視聽的虛假議題，便是提名必須要由整體、機構或提名委員會提名。代理主席，這同樣是「媽媽是女人」或「爸爸是男人」的道理。如果基本法是這樣訂明的話，在修訂基本法之前當然是由提名委員會提名，這是提名委員會的工作來的，問題是這個提名委員會如何作出提名。如果說提名委員會只是名稱上是提名委員會，但實質上是一個選舉委員會，那麼這也是混淆視聽的。如果說提名委員會的內部守則規定只要有人獲一百人、一百五十人或二百人提名，提名委員會便會以提名委員會的名義，將這人提名給香港人進行選舉，這是完全沒有問題的；甚至提名委員會也可以說如果有人獲一

萬人或十萬人提名，它也會接受，把他視為提名委員會可以推薦的人選，這樣也是沒有問題的。但是，如果提名委員會只是有名無實，又或是有名轉實，把它轉為一個選委會，這樣只是騙人而已。

代理主席，說完兩條鯡魚，也要說說石斑。何謂真議題呢？其實真議題只有兩個，第一便是在基本法第四十五條之下要有一個有廣泛代表性的提名委員會，第二便是提名程序必須符合民主程序。代理主席，要留意這裏所說的是符合民主程序的提名，而不是符合民主程序的選舉。

代理主席，第一項我們要聚焦討論的議題，便是我們有沒有一個具有廣泛代表性的提名委員會。如果單單說把選委會的名字更改，便符合基本法第四十五條，那麼請不要欺騙我了。回歸以來，所有香港人均認為選委會是一個小圈子選舉，即使把名字更改，也是一個小圈子提名，這又怎能說得上具有廣泛代表性呢？所以，我們要處理的第一個問題，便是有沒有一個具有廣泛代表性的提名委員會，如果沒有，下面的部分根本無需說下去。

何謂廣泛代表性呢？我覺得有四個界別也沒有問題，最重要的是那四個界別的代表真的具有代表性，而這種代表性並不在於我是否老闆，這是不可能的，擔任老闆的並不等於有代表性，正如代理主席沒有代表性，不能代表我一樣，雖然你也不是老闆。

代理主席，第二個問題是何謂民主程序。其實爭拗這點也是多餘的，這裏是指提名的民主程序，不可以把基本法的文字更改，說是要經過一個符合民主程序的篩選或預選，然後進行提名。代理主席，這是騙小孩子的，提名便是提名，選舉便是選舉，是兩個完全不同的概念。提名是指未必需要認同某人，但覺得這人值得推薦給其他人來選；而選舉是自己覺得這人值得選，所以支持他，投票給他，所以這兩事絕對不能混淆，不能混為一談的。

如果堅持把這些大家都明白，也十分清楚是不同的概念混在一起，炒在一碟，其實便變成牛肉丸沒有牛肉一樣，提名委員會便不是提名委員會，代理主席，這即是假的。假的東西，我們一定不會要。雖然有人說現在這個世界或這個角落，除了假美元是真的以外，所有東西也是假的。代理主席，民主派是不會要假的東西的，給我們一個假的提名委員會或假的提名程序，我們是不會要的。

梁耀忠議員：

事實上，何秀蘭議員在其修正案中提出的建議，其實與我們「街工」的看法相近。她的建議與「街工」相同的地方是，任何合資格參選人士得到某個數目或某個百分率的香港合法選民的聯署——她是說五萬個選民——便可交由提名委員會予以確認，在確認後，再由香港市民以一人一票的方式選出。其實，我覺得這同樣地能達致〔至〕基本法第四十五條所說的民主程序提名。

代理主席，為甚麼我會這樣說呢？因為在一個民主體制下，每一個選民其實也有提名權、選舉權和被選權，這才是民主的重要因素，也是重要的基礎。因此，如果我們真的想根據基本法行事的話，以上的建議便是真正達致〔至〕民主程序的做法，因為香港選民能因此得以行使其公民權利。這才是重要的。所以，如果我們缺乏了這個部分，事實上真的是違反民主程序。這是第一點。

第二點，提名委員會越具廣泛代表性，擁有越多經由民主程序產生的成員，便越是理想。為甚麼呢？原因是，提名委員會負責確認選民的提名，因此透過民主程序產生提名委員會成員，便更能體現選舉的民主程序。不過，這並不等於說，提名委員會成員——即使他們有廣泛代表性——可進行某程度的「篩選」或「預選」，卻仍算是按照民主程序行事。原因是，基本法第四十五條並沒有訂明進行「預選」或「篩選」。有人或會說，其他國家也有類似的情況。我認為，問題在於各自的政治體制完全不同，因此不能把別人的體制硬搬過來，說別人有「篩選」，我們便要有「篩選」。不要忘記，別人的選舉委員會是並非這樣產生的，不能如此強詞奪理，拉拉扯扯的〔地〕說要這樣做。這種做法不能體現真正的民主精神。所以，我認為譚志源局長應要想清楚是否採用這種做法。

張國柱議員：

代理主席，政治學家羅拔達爾（Robert Dahl）在他的名著《論民主》中，是這樣評價一些「冒牌民主國家」的，他說：「一條眼鏡蛇，不會因為它的主人說它是一隻白鴿，它就成了一隻白鴿。無論一個國家的領袖和宣傳機器說得有多動聽，只有當它具備了民主所必需的全部政治制度，這個國家才有資格被稱為民主國家」。

　　代理主席，有「篩選」的選舉制度，無論你給予一個怎樣漂亮的名稱，詭稱它為何種的民主制度，它都不會是一個人類普遍認可的民主制度。真普選聯盟提出的二〇一七年特首選舉七點共識，包括：（1）一人一票普選特首；（2）不接受提名過程有「篩選」；（3）一人一票選出提名委員會；（4）候選人獲得八分之一提名委員會成員提名就可入閘；（5）候選人由一定比例選民聯署提名；（6）設「兩輪投票制」；及（7）特首可以有政黨背景等。老實說，真普選聯盟為了尊重基本法而接受提名委員會已經是一個極大的退讓。我們是為了香港的民主步伐向前邁進，令香港政府長期缺乏認受性的情況得以改善，讓香港政府在未來能夠掌握市民脈搏，制訂符合實情的社會政策，真正做到改善民生，令社會得到真正穩定。

　　可惜，在政府面對社會追問二〇一七年特首普選何時諮詢，如何諮詢，至躲無可躲的時候，中央便派出喬曉陽拋出強硬的「抗中無份」方案，將中央及特區政府，放到民意的對立面。終於，市民這十多年對於究竟二〇一七年是否真的普選行政長官的懷疑，完全澄清 —— 這一切都是騙局。基本法成為一紙空文，貽笑國際。有人將香港的特首選舉方案比喻為伊朗式的普選，意思是投票不過是「槍桿子」指揮之下，國內保皇黨「層層攤派任務」的醜劇。

陳偉業議員：

（主席恢復主持會議）

　　……由基本法開始制定到回歸，而回歸已差不多十六年，當初說在二〇〇七年、二〇〇八年會有雙普選，連民建聯、自由黨這些保皇黨當年都支持在二〇〇七年、二〇〇八年有雙普選，接着又說延遲至二〇一二年，現時到二〇二〇年也沒有雙普選。這不是騙子的行為又是甚麼？這些騙子的行為，在這個議事堂裏，竟然受到各大保皇黨政黨支持，還說到煞有介事、義正詞嚴，說我們將會有民主的普選。我們在二〇〇七年、二〇〇八年便應該已經有雙普選。

　　所以，繼續談這個問題，香港市民都只會繼續被謊言欺騙。因此，主席，香港人繼續討論下去，我相信也沒有意義，也沒有結果。在過去二十年，我們已聽太多謊言，騙子已經厚顏無恥，重複又重複地以這些謊言誤導香港市民。我請我的助理列出香港在過去二三十年的重大政治決定和有關日期，包括何時落實推

動地方行政，何時討論代議政制，何時制定基本法，何時公布在二〇〇七年、二〇〇八年有雙普選。如果以日期來排列，足足有四十多個重大的日期。其他主權回歸或獨立的政治實體經歷三五個重大日子便可能已有全面普選，但香港拖了足足二三十年，雙普選仍遙遙無期。

　　……

　　所以，香港人要爭取民主，正如《大公報》、《文匯報》說「佔領中環」是香港的「茉莉花革命」，要得到普選的權利，市民真正的選舉權利，便要依靠香港的「茉莉花革命」。我不知道戴耀廷有否這樣的勇氣，特別在泛民攤薄他的「佔領中環」計劃後，有否雄心壯志真正啟動香港的「茉莉花革命」。香港人若不真正覺醒，不付出血汗，遭遇監禁，沒有衝破枷鎖的決心，香港便永遠也不會有民主選舉的權利。

　　有些人建議明年七一才進行「佔領中環」，我呼籲今年七一便要嘗試「佔領中環」，不單佔領，更要癱瘓中環。用各種方法，不單人，如果可以，用車。……

馮檢基議員：

　　爭論至今，我認為最重要的有三點將會成為我們未來規劃二〇一七年特首普選的基石。第一，基本法清楚訂明香港人可以普選特首和立法會議員。第二，全國人民代表大會常務委員會二〇〇七年的相關決定表明，二〇一七年可普選特首，之後可普選立法會議員。第三，基本法提及我們應該遵守國際認同的普選基本標準，當然這要立法才可作準。

　　我和香港民主民生協進會參加了真普選聯盟。真普選聯盟最近公布七點原則。剛才張國柱議員基本上已解釋該七點原則。七點原則公布後，我在電視節目中，與主持人和劉夢熊先生辯論。他們指出某些原則違反基本法或人大常委會的決定。但是，經過電視節目的討論，最後他們接受我的解釋，認為沒有違反。

　　基本上，最大的問題在哪呢？首先，他們提出，人大常委會的決定表示可考慮基本法附件有關選舉特首的方式，而真普選聯盟的七點原則 —— 大家可以參考一下張國柱議員剛才的發言，我不再重複 —— 似乎沒有跟從。我的解釋是，「可

考慮」可以解釋為「可不考慮」，正如當年我們討論基本法時表示，香港制定或修改法例後，要報人大常委會備案，而備案的解釋為可備案也可不備案：不要認為立法會通過的法例，一定可獲備案。這是一樣的道理。

第二，關於提名委員會，真普選聯盟的七個要點的第二點提出，不能接受在正式提名過程中有任何「預選」、「篩選」的機制。他們指出：「你說不可以有『篩選』、『預選』的機制，但若設有提名委員會，不是有『篩選』、『預選』機制了嗎？」我認為這主要視乎提名委員會如何成立，以及選舉過程中「篩選」、「預選」的方式。提名委員會如何成立怎會變成真普選和非真普選的分別呢？如果提名委員會由三百五十多萬選民按基本法所定四個界別的形式選出，該基礎本身是一個普選的基礎。在普選的基礎下，如果有公平合理的機制提名候選人，我不會將此界定為「篩選」、「預選」。譬如，真普選聯盟提出，如果提名委員會有八分之一的成員提名某人，該名人士便成為候選人。這是以人數決定，而不是以愛國、不與中央對抗等政治理由決定。在真普選聯盟的角度而言，這是可以接受的情況。

第二種情況涉及分為四個界別，分四個界別是否非普選的做法呢？不是。其實，四個界別的人數可增加。即使現在的功能界別選舉，也用公司票，而非個人票。將來我們如果不用功能界別的選舉方式，而將三百五十多萬選民分別按不同界別的重點要素，分到四個界別中，同樣可以一人一票的方式選出提名委員會。提名委員會成員數目方面，不會規定每個界別的人數相同：較多選民的界別，提名委員會成員人數相應較多；選民較少的界別，成員人數相應較少。這同樣符合平等和普及的原則。

此外，第五點提及，經由一定比例的選民聯署提名，再由提名委員會核實和確認。他們表示這似乎不符合標準。我認為不是。如果提名委員會本身由普選產生，而提名委員會按程序接受一定比例的選民提名某人成為候選人，最重要的便是提名委員會同意。提名委員會經過投票同意某個制度，該制度本身便是個合法的制度。這並無違反人大常委會的決定或基本法。

主席，很多建制或聽從中央指示的人表示，香港不應該由全港的選民選出提名委員會。「不應該」是你的看法，「應該」難道便違反基本法或人大常委會二〇〇七年的決定嗎？其實，最闊的是全部選民投票，最窄的是你自己做主，命令人做這做那。在我的角度而言，如果要符合國際對普選的基本標準，一定是最闊

的數字和做法才對。說到愛國愛港、不對抗中央，主席，大家都看到英國和美國的選舉，兩個黨派的選舉皆有很多競爭、對抗。特別是地區的選舉，不論是美國的州或英國的 county council，都是兩黨對壘，很多時候，中央的反對黨在地區選舉中勝出。⋯⋯

陳志全議員：

梁家傑議員今天提出，制訂二〇一七年行政長官選舉辦法，要確保提名權、參選權及投票權必須普及而平等。很多人也說，這等於媽媽是女人，爸爸是男人。我相信觸發這議案的主要是因為喬曉陽發表特首候選人必須愛國愛港的言論。喬曉陽發言後，很多人也跟着發言。例如，梁振英、梁愛詩、羅范椒芬發表言論，指一位愛國愛港的特首，就像國民教育科教導香港學生愛國般，天經地義。所有跡象都顯示，二〇〇七年全國人民代表大會對二〇一七年及二〇二〇年雙普選的有關承諾是假的，基本法附件只是一紙謊言。如何可以確保特首符合中共心中的愛國愛港目標呢？最簡單的方法，就是在提名委員會中控制提名權。近日傳媒訪問羅范椒芬時，她便指一人一票選出提名委員會絕對不可能，而她所理解符合基本法廣泛代表性的意思，是要像既有選舉委員會所謂四個界別的代表性。由此可見，整場騙局的關鍵詞就是「普選」，她所說的根本不能算是普選。

有人說，不能單說理論，需要說實踐；不能空談理想，需要說實際。那麼，我們便看看實際的情況。基本法在選舉辦法的安排上，實際施政結果便是一大失敗。基本法在政治體制的理念上，早就有錯誤判斷。中共以為提出一個不三不四的框架，保持香港的資本主義經濟和生活方式不變，抽起民主成分，就可以成功管治香港，同時得到香港對中共的經濟效益，今天證明絕對是不倫不類的幻想。

其實，在一九九〇年基本法起草委員會主任委員姬鵬飛向全國人大遞交草案時，已提出這種觀點，他說「香港特別行政區的政治體制，要符合『一國兩制』的原則，要從香港的法律地位和實際情況出發，以保障香港的穩定繁榮為目的。為此，必須兼顧社會各階層的利益，有利於資本主義經濟的發展；既保持原政治體制中行之有效的部分，又要循序漸進地逐步發展適合香港情況的民主制度。」

延伸這思維，直至全國人大承諾雙普選，政治含意從未改變，早有預謀「掛

羊頭賣狗肉」，香港人註定要吃沒有牛肉成分的牛丸。基本法附件一的「提名委員會」，所謂「廣泛代表性」是現時小圈子選舉委員會四個界別的代表性。這可以說是借屍還魂，沒有廣泛代表性，與扭曲的立法會功能界別一樣。我們連功能界別也無法容忍，又怎會承認這些甚麼委員會，這怎算是真普選呢？

政治現實如何？是一大失敗，你不給予香港民主，有一個具民意認受性的政府和議會，經濟民生發展停滯，問題百出，倒過來產生更多激烈的政治議題，直斥對中共的不滿，更關注各種不公義的事情，反抗力只會更大。現時有些人在框架內爭取普選，有些人在框架內想盡方法爭取最大的空間，亦有人認為要打破框架。這三點都是方法。難道基本法最大嗎？基本法不可以修改嗎？二〇〇七年、二〇〇八年雙普選也可以改，為何不可以改基本法呢？

人民力量的立場相當清晰。我們認為香港的政治體制需要立即進行根本變革，落實雙普選。不可以再等待原有的時間表，要修改基本法，舉行一人一票、沒有提名和篩選的特首及立法會雙普選。我們要真正實行普選，人民要奪回提名權，必須有公民聯署或選民聯署的提名機制，最後要由一人一票選舉產生行政長官。我們需要有牛肉的牛丸，絕不能接受沒有民主成分、三權（提名權、選舉權和被選舉權）缺一的選舉機制。

梁繼昌議員：

大家可從第二次世界大戰清楚地看到，一個極端民族主義的政府曾針對特定的族羣，作出殘忍甚至是種族滅絕的暴行。為了避免再次出現這些人類慘劇，當時世界各國達成了一項廣泛共識，就是把個人置於國際社會的保護之下。為達致〔至〕這個目標，聯合國成立了人權委員會及起草《世界人權宣言》，而這些原則亦被定為「所有人民和所有國家努力實現的共同標準」，並在一九四八年的聯合國大會獲得通過。

該宣言第二十一條是關於選舉的，其內容如下：「（一）人人有直接或通過自由選擇的代表參與治理本國的權利。（二）人人有平等機會參加本國公務的權利。（三）人民的意志是政府權力的基礎；這一意志應以定期的和真正的選舉予以表現，而選舉應依據普遍和平等的投票權，並以不記名投票或相當的自由投票程序

進行。」

其後，聯合國在一九六六年通過《公民權利和政治權利國際公約》與《經濟、社會及文化權利國際公約》，再具體地訂明各項基本人權和自由的標準，並訂明各締約國都有責任採取一切適當措施，以貫徹這些權利。當然，大家亦必定知道，香港也是這兩項公約的締約地區。

梁家傑議員的原議案提及的提名權、參選權及投票權皆須為普及而平等的，並且不應對候選人資格存在篩選，這些要求其實都是根據《世界人權宣言》第二十一條、《公民權利和政治權利國際公約》第二十五條，以及聯合國人權事務委員會的《第二十五號一般意見書》的要求提出的。

所以，梁家傑議員提出的這些原則及標準，並不是從天而降或突然出現的，而是很多國家及聯合國各成員國經過仔細討論得出的共識。更重要的是，我們不要忘記第二次世界大戰這段悲慘的歷史，這些原則及標準是累積自人類在檢討自身發展中的慘痛經驗而得出的結論。讓人民參與一個普及而平等的選舉，除了是一個人的基本權利外，亦是一個負責任的政府應該負上的政治及道德責任。

盧梭（Jean-Jacques Rousseau）在他的著作《社會契約論》（*The Social Contract*）中說過：「人是生而自由的，但卻無往不在枷鎖之中」（Man is born free, and everywhere he is in chains.）。把這句話放在法國大革命的歷史背景下理解，盧梭所指的是：「即使人是生而自由，但強權的存在會向人施加不同的枷鎖，令人不能享受其應有的自由」。今天，有些人好像意圖要建立一個不普及、不平等、容許有政治篩選的選舉制度，他們是否要為所有香港人製造一個專制的強權，為香港人的自由與權利施加枷鎖？

謝偉俊議員：

主席，不論是根據基本法或早前喬曉陽先生表達的一些相對上代表中央初步看法的論述也好，又或是純粹從一些文字、邏輯作推理也好，理論上，我們或多或少也可能受到一些框框所制〔掣〕肘，而有些地方亦的確是仍有可以爭取的空間和彈性。我剛才提到，如果要推倒基本法，這恐怕並不是現實可行的方法；如果想好像何秀蘭議員剛才提出的 —— 亦有些同事多次說過 —— 不論人數多少，

合資格人士只要有足夠選民的聯署，便可在經提名委員會核實後，當作已獲提名為候選人，這會否正正變得像湯家驊議員早前所說的，是一個假的提名機制呢？意思就是提名委員會本身沒有真正行使其提名權，而是純粹橡皮圖章式的進行核實。即使是湯家驊議員本身所作的定義，也恐怕亦未必符合所謂的提名程序。

至於真正有空間或仍然有空間可作爭取的，我相信有兩點。第一，有廣泛代表性的提名委員會。人大常委會在二〇〇七年十二月二十九日的《決定》是一項有法律約束力的《決定》，指出提名委員會「可」參照我們先前沿用的選舉委員會的做法。這個「可」字可謂可圈可點，究竟在法律上，「可」的意思是否真的是「可以」（may），還是「應該、一定」（must）呢？這方面可能仍然有少許爭拗的空間；否則，如果意思是「一定」（must）的話，恐怕我們會連這個空間也失去。然而，我相信這是我們可以嘗試爭取的。

第二點是關於提名程序方面。當然，按照喬曉陽先生的理解，由於這個提名程序是一個建制（institutional）的提名方式，不像我們以往的選委會般可以由個別委員提名，變了或多或少……如果按這說法，當然亦有可以爭拗的地方，但如果不能更改的話，恐怕我們便要看回有關的程序如何構建這個制度式或建制式的提名機制。

多位同事剛才提到《公民權利和政治權利國際公約》，當中真正談到的權利是選舉權和投票權。事實上，如果再小心細看，「提名」這兩個字其實是隱藏在整段的前提（preamble）裏，該前提就是不能基於《公約》所提及的一些因素而阻止某些人參加選舉或投票。主席，這包括甚麼因素呢？這包括了《公約》第二條談及的一些因素，例如種族、性別、所用的語言或宗教，或個人政治上的立場，又或是個人的來源，而其中一個很特別的，便是個人的出生身份或 status。這是很有趣的，大家均清楚知道，任何人不論在美國做了多久的美國公民，假如並非在美國出生，便不能夠參選總統，所以 Obama 的出生地在當時曾牽起了一輪爭議，他究竟是否真的在夏威夷出生的問題惹起了很多坊間傳聞、推測。因此，單是看這一點，便可能已經違反了有關的條文。

梁國雄議員：

關鍵其實是甚麼？我們先不要說被選權、選舉權，這兩者跟提名權當然有關，因為是中間接合的。共產黨現在怎樣說？便是在提名中加入多項條件，有些屬虛，有些屬實，例如愛國、愛港，或不能反對中國共產黨，經由原來的選舉委員會演變出來的提名委員會根據這些香港人無法討論、辯論、通過的原則，按民主程序投票。這個假局是十分清楚的。

我覺得民主派真是退無死所，退讓任何一步也會自取滅亡。為甚麼？很簡單，在選舉前或在提名階段，一定會有人問他們是否贊成就基本法第二十三條立法？如果回答說那好像不是太好，他們便已經會被指是不愛國，因為第二十三條是基本法中一項條文，也是中共政府覺得必須有的，「一國兩制」之下的「一國」便是在這裏體現，單是這個問題便已經充滿機關。

所以，如果不是把提名委員會變成選舉事務處一樣，便是沒有辦法的。中央政府已經提出條件，然後可以把條件加諸他們選擇的提名委員身上，這樣，民主派一定輸，情況便好像這項議案辯論一樣。難道這項議案今晚有機會獲得通過？這個機制實際上太過可恥。……

張超雄議員：

主席，一個普及而平等的選舉其實不應如此複雜，參選權、被選權及投票選舉權當然應包括在內，這些都是最基本的元素，我相信沒有高深學識的一般市民都該明白。基本法訂明未來的特首選舉須設有一個提名委員會，我們雖然不能不設提名委員會，但這是否意味特首選舉無需普及而平等呢？我相信這不應該是基本法的精神。基本法訂明香港最終應走向民主與普選，我們的國家也提倡走向民主。

香港爭取了民主這麼多年，道路如此漫長。回歸後，我們亦經歷了許多運動，立法會最後於二〇〇五年否決了政改方案，而中央政府其後承諾可於二〇一七年普選特首，並於二〇二〇年普選立法會。這是中央政府對香港特區及香港人的一個承諾，我們爭取了這麼多年，國家知道大家的制度迥異，香港在政制民

主發展路上已遠遠超前於國內，中央政府明白這點，亦知道港人的訴求。況且，現時的半民主制度非驢非馬，我們又不可走政黨政治的道路，政制發展其實根本寸步難行。

胡志偉議員：

今天，我們遇到很多具爭議性的問題，大家經常說施政寸步難行。要蓋樓房卻沒有土地；要填海卻不獲支持；要處理堆填區問題，興建焚化爐處理垃圾，同樣沒有人支持。何以致此？這是因為行政長官倡議的政策，從未經過一個具認受的過程而作出決定，所以任何人都可以捅他一刀。

經濟學常說每個人也有「尋租行為」，大家不用將之歸咎於社會福利主義和民粹主義。其實，官商勾結也是「尋租行為」，問題在於用甚麼方法突破這種「尋租行為」，或將有關影響減至最少。在這數百年的政府管治過程，民主制度亦證明是可行的，雖然這制度不是最好，但仍能有效減少社會矛盾。如果我們不走這一步，或者用一些不倫不類的方法，最終特首或整個政府管治仍會陷於這困境，何苦這樣呢？

基本法只列明設立提名委員會的要求，並要求委員會有廣泛的代表性。在廣泛代表性的提名委員會下，我們依然可以一人一票的選舉方式產生提名委員會。當然，現時距離那一步仍十分遙遠，因為特區政府還未想通怎樣做，連讓大家談談想法的諮詢也不願進行，一直只說在適當時候會着手進行。何為適當時候呢？

今天早上，我聽見譚局長回答梁家傑議員的質詢時，他說現在距離二〇一七年還有四年之久，時間很充裕，他好像忘記了二〇一六年便要進行立法會選舉。雖然立法會選舉與特首選舉沒有直接關係，但卻牽涉二〇二〇年普選立法會的問題。其實，這是告訴我們時間有限。從過往的經驗來看，進行一個正常的諮詢程序，把五部曲全部完成，所需的時間為三年。當然，他大可以說不要緊，我們可把工作壓縮進行，預先設定所有答案，大家只需投票決定支持與否。如果他真的這樣說，他根本就不想解決問題。

譚耀宗議員：

剛才聽到很多說法，例如「三任特首無用論」，他們其實都是借題發揮，已經司空見慣。有些亦說到「普選萬能論」，彷彿普選可以解決所有問題，萬事大吉。世界上有很多國家都是普選產生的，我不知道它們是否全部都沒有事情發生呢？又好像不是。亦有些說到「革命推翻論」或「反共論」，我覺得這些說法在香港應該沒有市場。也有些說到「追債論」，我覺得這種比喻好像不倫不類。另有些說法將香港比喻為伊朗，我覺得更是不知所謂。

香港社會非常重視法治，任何政策均以法律為依據。人大常委會在二〇〇七年已經訂定二〇一七年可以普選行政長官、二〇二〇年可以普選立法會的普選時間表，而如何落實普選則必須按照基本法附件一及附件二，以及在人大常委會所訂定的憲制性規定下，香港社會各界努力尋求共識，達到落實普選的具體安排及相關細節。

不過，很可惜，近期泛民陣營發動以 —— 剛才數位議員也提到 ——「佔領中環」行動來爭取普選，鼓吹市民以違法方式來癱瘓香港中環 —— 作為金融經貿中心的位置。這種以破壞香港法治基礎，並以香港整體利益作為籌碼、市民大眾的人身安全，以及參加者的前途作為賭注的脅迫手段，相信所有明白事理的市民，都會明瞭有關舉動，只是泛民陣營利用爭取普選作為幌子的鬥爭行動，絕非是為了凝聚社會共識，謀求達致〔至〕普選的應有行為。

在此，我想引用東區裁判法院裁判官杜浩成，在上周二裁決黃毓民議員及陳偉業議員非法集結案中的判詞：（我引述）「任何對社會議題有強烈意見的人，犯法亦要負上刑責，沒有人可以凌駕法律之上，否則香港核心價值無從說起。」（引述完畢）希望有意參加「佔領中環」的人士可以「停一停、諗一諗」。

泛民陣營較早前成立「真普選聯盟」，並按照他們所認為的標準，提出對二〇一七年普選特首的所謂「七點共識」，並視他們為提出的「七點共識」以外的任何與二〇一七年普選特首的方案及建議 —— 即不符合他們的要求 —— 便稱為「假普選」。

不過，我要重申香港之所以能夠實行普選，完全是由基本法所賦予，因此，辨別甚麼方案是「真普選」或「假普選」，唯一的準則，便是要合乎基本法第

四十五條及附件一，以及人大常委會在二○○七年，就香港實行普選所作出的規定。民建聯的葉國謙議員在修正案中正是強調這方面。「真普選聯盟」所提出的「七點共識」中，除了最後兩點，即是特首普選採取兩輪投票制及容許特首有政黨背景，因為基本法及人大常委會的相關憲制性規定未有結論，所以可以探討之外，其餘的五點，我們認為均違反及無視基本法憲制性規定。

舉例而言，第五點提出，參選人如獲得一定比例的選民提名，交由提名委員會核實及確認，亦可自動成為候選人。這既完全架空提名委員會的職能，也違反基本法第四十五條的憲制規定。

至於第四點則提出，參選人如獲得提名委員會的八分之一提名即可參選，這本身亦與基本法第四十五條按民主程序提名存有極大的偏差，因為「民主程序」按照字面的理解，應該是屬於整個提名委員會的集體決定。如果只是選舉或推選等程序，並非只是由一定數目提名委員會的委員提名便可以。

此外，第三點提出，要求以一人一票的方式普選提名委員會，這在基本法起草過程中，草委會已經作出詳細研究，亦察識到普選特首時，已經是以一人一票的方式產生。所以，在提名時，我們應該以兼顧社會各階層的利益的提名委員會進行提名。這也是港澳辦主任姬鵬飛當年提出的，認為提名委員會的組成應該包含社會各階層的代表，達致〔至〕均衡參與的目標。當然，因為時間關係，我不可能逐一再指出當中的不當之處。

有意見認為，「愛國愛港」是一個非常廣闊標準。但是，喬曉陽主任亦曾表示，只要那些人不要對抗中央及企圖推翻中央政府，便有機會可以參與的。

何俊仁議員：

……多年以來，我也與譚耀宗議員一起共事，發現他有一件事情做得越來越進步，便是緊跟中央路線，凡是中央說的定必正確。所以，我們說了那麼多論，也不及他一論，便是「凡是論」，中央的說話必然正確，這點就是他一直以來的特色。

他今天提出了一些對基本法的解釋，指我們真普選聯盟提出的很多事情，都違反基本法附件的條文。我不知道他憑甚麼這樣說，他以自己是甚麼權威來作

出解釋呢？如果他一早以權威自居，說這樣錯、那樣又違反決定，那還有甚麼可以探討，以及經互相諮詢從而達成香港人可以接受的共識呢？我對此真的抱有很大懷疑。況且，他對很多事情的想法也十分僵化，例如他說由一定的選民人數提名，然後提名委員會可以在核實後接受，這也可以透過規則而訂定，提名委員會是要尊重一定選民共同提名的意願，這有何不可呢？這法例也是由人制定的。第二，為何民主程序要像他的解釋，是一定要投票呢？如果用他的方式投票，便等於一定會有場預選，而當有預選時，這還算甚麼提名程序呢？根本便是一項選舉。

大家要明白一件事情，民主程序這概念是一定要按整體基本法的內容，按當中很多基本原則來一併理解。大家都知道，基本法內還有一些指導性原則，就是循序漸進。對於循序漸進又如何體現呢？共有兩點，第一，例如在立法會選舉，我們看到直選議席的比例相對功能界別是正不斷增加的，這就是第一個走向民主過程的發展方向；第二，這一點相當清楚，就是提名程序。如果我們以循序漸進的目標來看，提名程序是不應該倒退的，這與投票情況相同，如果我們認為投票要由八百人增加至一千二百人，日後更可能是全港三百多萬人一起投票，這便是一個進步發展的方向。同樣地，提名的情況也相同，是沒有理由收緊的。

如果在二〇〇七年、二〇一二年兩次提名委員會的提名程序，也可以放寬至讓很多不同政見的人也有機會，甚至事實上獲得提名，今天你卻告訴我「對不起，根據基本法，我們的提名程序在將來是會收緊的，要進行一次預選和篩選」，那麼這便是違反了循序漸進的原則，又怎算民主程序呢？

政制及內地事務局局長：

剛才有不少議員，當然亦包括很多民主派的議員，都提述到普選行政長官的好處，尤其是對比過去一段時間的現況，普選行政長官的好處我相信是不言而喻的，因為正如我在開場發言的第一段已講到，這是本屆政府的施政目標，亦是中央、特區政府和市民大眾的共同願望。但是，要成事的話，並非只靠一些純粹的辯論便可以做得到，我們一定要共同努力。其中有三點要素，我想扼要地再強調。

要普選行政長官成事，第一點是必須要繼續嚴格按照基本法和全國人大常委會的相關決定來處理諮詢和處理方案。我的開場發言亦特別提到基本法起草委員會主任姬鵬飛在通過基本法時說明，提到有四個政治體制設計的原則。我再重複一次，包括是（i）兼顧社會各階層利益；（ii）有利於資本主義經濟的發展；（iii）循序漸進；及（iv）適合實際情況。我希望在日後的討論裏，大家都可以圍繞基本法、人大的決定和這數項原則進行討論。

第二個要素，我聽過剛才部分議員的發言後，我在此必須要強調，在往後的工作我們要認識到中央在我們的政制發展裏有其憲制角色和權責。在剛才的開場發言中，我已比較詳細論述，所以我在此也不再重複。但是，我可以舉兩個很簡單的例子，大家便可以看到中央有其憲制角色。譬如政改方案、普選行政長官的方案，根據基本法的附件一，均須經全國人大常委會批准。在行政長官產生辦法方面，我們有三步：提命、選舉、任命，而任命是中央人民政府，即國務院所作出的。所以顯而易見，中央的而且確是有其憲制角色和權責。由此而延伸，我希望大家在往後的討論，都要多些理解中央對我們政制發展的一些看法，因為惟有透過理解中央的看法，才認識到中央的憲制角色。我相信在我們要完成那五部曲，讓二〇一七年普選行政長官落實的過程中，這也是必然要照顧的一個要素。

第三個要素是我們要明白，立法會是掌握了政制發展的決定權的，因為根據基本法，任何方案都須得到立法會全體議員的三分之二通過。所以，在將來的某一天，政府會提交修改基本法附件的議案給立法會討論和通過。希望到那天，大家能夠放下黨派的利益，以香港的整體利益，為政制的下一步發展，達到普選行政長官的目標求同存異，尋求共識，共同實現市民大眾共同的願望。

2013 年 12 月 4 日
聲明：二〇一七年行政長官及二〇一六年立法會產生辦法諮詢文件

政務司司長：

主席，特區政府今天發表《二零一七年行政長官及二零一六年立法會產生辦法諮詢文件》，正式開展為期五個月的公眾諮詢。為表示對立法會的尊重及誠意，我第一時間到立法會作出以下聲明。

首先，任何政治體制的設計和制訂，都需要顧及相關地方的歷史背景，更需要建基於當地的憲制基礎及特性。因此，在討論二〇一七年普選行政長官及二〇一六年立法會產生辦法時，我們需要考慮特區成立的歷史背景、明白特區的獨特憲制地位，以及瞭解以基本法和全國人民代表大會常務委員會的相關解釋和決定為基礎的法律框架。

中英聯合聲明簽署後，國家根據憲法設立香港特別行政區，並經廣泛諮詢後制定基本法，規定香港特區實行的制度，以保障國家對香港的基本方針政策的實施。總的目的，就是要保持香港的長期繁榮穩定。

基本法規定了香港特區實行的各種制度，包括行政長官和立法會的產生辦法。基本法第四十五條和第六十八條分別規定，根據香港特區的實際情況和循序漸進的原則，最終達至行政長官由一個有廣泛代表性的提名委員會按民主程序提名後普選產生，以及立法會全部議員普選產生的目標。

事實上，自特區成立以來，香港的政治體制一直按照基本法的規定，朝着普選的最終目標發展。根據基本法的規定，行政長官由香港永久性居民中的中國公民擔任，已經歷四屆選舉。至於選舉委員會的規模亦由一九九六年推選委員會的四百人循序漸進增至二〇〇二年選舉委員會的八百人，以及二〇一二年的一千二百人。在立法會方面，地區直選產生的議席，由一九九八年的二十席，逐

漸增加至二〇一二年三十五席。此外，二〇一二年五個新增的功能界別議席，由過往在傳統功能界別以外超過三百二十萬名選民以「一人一票」方式選出。

自二〇〇四年起，香港社會就如何修改行政長官和立法會產生辦法，以及有關普選的相關議題，已作過多次廣泛及具體的討論。根據基本法及全國人大常委會二〇〇四年的《解釋》，要修改兩種產生辦法，必須依法完成「五步曲」的程序：

> 第一步 —— 由行政長官向全國人大常委會提出報告，提請全國人大常委會決定產生辦法是否需要進行修改；
>
> 第二步 —— 全國人大常委會決定是否可就產生辦法進行修改；
>
> 第三步 —— 如全國人大常委會決定可就產生辦法進行修改，則特區政府向立法會提出修改產生辦法的議案，並經全體立法會議員三分之二多數通過；
>
> 第四步 —— 行政長官同意經立法會通過的議案；及
>
> 第五步 —— 行政長官將有關法案報全國人大常委會，由全國人大常委會批准或備案。

因此，要成功落實二〇一七年普選行政長官，中央、特區政府、立法會，以及全香港的市民，都有其各自重要的角色。

二〇〇七年十二月，全國人大常委會作出《決定》，明確訂立香港的普選時間表，即二〇一七年行政長官可由普選產生；在行政長官由普選產生後，立法會全部議員亦可由普選產生。

由制定基本法確立最終達至普選目標，到全國人大常委會二〇〇七年《決定》訂立普選時間表，這段歷史的回顧充分體現中央對特區落實普選的決心及承擔。

主席，二〇〇七年全國人大常委會的《決定》，是香港政制發展的一個重要里程碑，亦是香港邁向普選的重要一步。我還記得當時身為發展局局長的我，與同事一起在禮賓府出席簡介會，聽到前全國人大常委會副秘書長喬曉陽先生親自說，香港有自己的普選時間表，我是感到十分高興及期待的。二〇一七年，將會是香港首次以普選方式產生行政長官……

……

二〇一七年，將會是香港首次以普選方式產生行政長官。基本法所訂下的最終目標——普選行政長官——已然在望。

在達至最終普選目標的過程中，以及在制訂落實普選的模式時，我們必須確保相關產生辦法符合國家對香港的基本方針政策，以及遵循在基本法下四項政制發展的主要原則，即：

（一）兼顧社會各階層利益；

（二）有利於資本主義經濟的發展；

（三）循序漸進；及

（四）適合香港實際情況。

根據基本法及全國人大常委會二〇〇四年的《解釋》，修改行政長官及立法會產生辦法，必須要走「五步曲」。這是必須經過的憲制程序。中央、行政長官、特區政府、立法會以至社會各界，都必須嚴格依法處理政制發展有關議題。

就成功落實二〇一七年普選行政長官，特區政府抱有最大誠意和決心。行政長官在他的競選政綱及上任後第一份施政報告已清晰表示會嚴格按照基本法的規定及全國人大常委會的相關《決定》，爭取中央及立法會議員的支持，尋求共識，推動落實普選目標。自上任以來，行政長官及其團隊一直與社會各界保持溝通及對話，以瞭解他們的立場，聆聽他們的意見，為政改諮詢打下良好的基礎。

今年十月，行政長官宣布成立由我領導的「政改諮詢專責小組」，為展開政改諮詢做好準備工作。作為政務司司長，我樂於承擔這項重要的工作，與市民一起實現普選的願景。今天，政府發表《諮詢文件》，正式準備啟動憲制程序，為修改兩個產生辦法踏出第一步。

今次的諮詢為期整整五個月，比其他公眾諮詢時間稍長。政制發展是重要的議題，亦是社會各界非常關心的議題。所以，我們特別預留了充足的時間，讓社會各界充分討論、凝聚共識。

《諮詢文件》臚列了香港政制發展的背景、原則，以及在基本法及全國人大常委會的相關解釋和決定的框架下，就兩個產生辦法列出一些重點的議題，諮詢

公眾。行政長官產生辦法的重點議題包括：

（一）提名委員會的人數和組成；

（二）提名委員會的選民基礎；

（三）提名委員會的產生辦法；

（四）提名委員會提名行政長官候選人的程序；

（五）普選行政長官的投票安排；

（六）任命行政長官的程序與本地立法的銜接；及

（七）行政長官的政黨背景。

立法會產生辦法的重點議題則包括：

（一）立法會的議席數目和組成；

（二）功能界別的組成和選民基礎；及

（三）分區直選的選區數目和每個選區的議席數目。

在這五個月的諮詢期，我們歡迎香港市民和社會各界，就兩個產生辦法的相關議題，聚焦討論。我們會廣泛收集社會不同人士的意見和建議，並在諮詢期結束後，如實作出歸納和總結，以協助行政長官向全國人大常委會提交報告，開展香港政制發展憲制程序。政改諮詢專責小組的三位成員，以至整個政治委任團隊及相關的公務員同事，會在這段期間，與社會不同界別人士和團體進行交流，直接聽取他們的意見。

主席，今天展開的公眾諮詢，是為我們預備開展「五步曲」的準備工作。要成功落實普選行政長官，完成所有步驟，當中最關鍵的是立法會全體議員三分之二通過。二〇〇五年，當時特區政府提出的建議方案，雖然得到大部分市民的支持，但最終未能得到立法會足夠票數通過，令香港的政制發展原地踏步。二〇一〇年的政改方案，大家本着務實和求同存異的態度，令方案最終獲得立法會超過三分之二的大多數通過、行政長官同意，以及獲同意的方案分別獲全國人大常委會的批准和備案，歷史性走完「五步曲」。

今天，我們已經正式進入迎接普選的「大直路」。根據全國人大常委會二〇〇七年的《決定》，行政長官由普選產生是立法會全部議員由普選產生的先決條件。我們需要在席各位議員、不同政治光譜的人士，以及社會各界共同努力，凝聚共識。我希望藉此機會，促請在席各位議員、各黨派，以及廣大市民，在諮詢期內能夠抱着包容、務實、理性、求同存異的態度，懷着最大的誠意，凝聚最大的共識，令大家殷切期盼的二〇一七年普選行政長官，得以成功落實。

主席，國家領導人多次強調，中央是真心希望香港按照基本法及全國人大常委會的決定，落實二〇一七年普選行政長官。這亦是特區政府的憲制責任和廣大市民的共同願望。至於如何在基本法及全國人大常委會的決定的基礎上落實，我們希望社會各界和廣大市民多提意見。

我們明白到政制發展向來是具爭議性和極之複雜的課題。我們不會低估這項工作的難度，更不會迴避。正如行政長官日前所說，二〇一七年是香港有機會落實普選行政長官的歷史時刻，任何一個政治人物，包括他本人在內，在這個責任面前，是會盡自己最大的努力落實做好這方面的工作。特區政府會竭盡所能，做好諮詢和往後的相關工作。

分歧，需要各方一步一步地收窄；共識，有賴大家一點一滴地凝聚。特區政府今天發表《諮詢文件》，展開公眾諮詢，是踏出了第一步。未來，是掌握在大家手中。我衷心希望廣大香港市民，特別是在席的各位議員，一同為落實普選的目標，為香港的未來，實事求是，攜手努力，以開放包容的心，以求同存異之志，理性務實地討論。

2014年1月15日
行政長官施政報告

政制發展

　　政府致力推進香港的政制發展，堅決按照基本法和全國人大常委會的相關解釋和決定，廣泛徵詢公眾意見，實踐二〇一七年普選行政長官的目標。政府已於上個月正式就二〇一七年行政長官及二〇一六年立法會產生辦法諮詢公眾。政府將全面歸納及整理收集到的意見，依循政制發展「五步曲」開展工作。

2014 年 2 月 14 日
恢復致謝議案辯論

梁君彥議員動議的議案如下：

「本會感謝行政長官發表施政報告。」

（主席宣布就議案及各項修正案進行合併辯論。）

（編者註：此議案在原始會議過程正式記錄中位於 2014 年 2 月 12 日本議案所有議員及獲委任官員發言之前，考慮到讀者方便及全書體例統一，特移到此處。）

（代理主席梁君彥議員代為主持會議）

范國威議員：

……現時，由政務司司長林鄭月娥、律政司司長袁國強，以及政制及內地事務局長譚志源組成的「政改三人組」，正在社會進行鋪天蓋地的政改宣傳，但我們的特首在施政報告中，卻只花了一分鐘和一百二十四個字來處理政制發展，其實是了無新意，舊調重彈。然而，矛盾的是，上月底我們看到律政司司長袁國強撰寫了一篇千字文，開宗明義地指公民提名不符合基本法。很明顯，梁特首在政改中的角色已完全被架空，不能如實地向北京政府反映香港市民對政改的意見。

其實，正如大家所見，政改諮詢是一場有預設立場的假諮詢，袁國強司長處處扼殺有關公民提名或政黨提名的方案。譚志源局長昨天更高調地表示，公民提名不符合基本法，不會被人大接受。很明顯，他們漠視了真普選聯盟提出的「三軌方案」。這些事例都證明了林鄭月娥司長在宣傳片中說的「有商有量，實現普選」根本只是空話，是語言「偽術」，是謊話。很明顯，政改諮詢是「無商無量，

實現篩選」。

代理主席，現時香港各級的選舉，包括立法會選舉和區議會選舉，一直行之有效地實施公民提名，亦沒設有任何篩選機制。如果香港日後的行政長官選舉加設篩選，便絕對是香港民主政制發展的倒退。新民主同盟要再次重申，我們堅持二○一七年行政長官選舉必須不設任何篩選或預選機制。至於二○一六年的立法會選舉，則必須廢除功能界別和分組點票，拒絕讓不公義的制度繼續存在……

謝偉銓議員：

代理主席，相信大多數市民都會希望，亦支持推動民主政制發展，而推動和落實政改是今屆政府和立法會的重點工作。今次施政報告對此着墨不多，僅以一個章節交代政改的目標和進程，而目前相關的諮詢文件亦沒有提出任何具體的政改方案。

現時社會上對於政改方案意見不一，有不同爭拗，但我認為，過多的爭拗並不利於民主政制發展。人大常委會所作的決定，已明確了香港在二○一七年可以普選特首，但如果政改方案無法通過，或推倒重來，普選便無法落實，對中央政府、特區政府、香港市民都是三輸局面。作為香港的一分子，我是十分期望，二○一七年香港可以一人一票普選特首，因為無論對香港或是中國，一人一票普選領導人將會是歷史性的突破，邁出了民主進程的一大步。

代理主席，凡事都要經過一個過程，累積經驗，循序漸進；香港的民主政制發展亦如是，要透過摸索，逐步尋找適合我們的模式和路線，絕不能一蹴而就，否則只會令政制發展原地踏步，對整個社會毫無益處，任何違法、無助推動政改向前發展的行為，都是不應該支持的。

李卓人議員：

張曉明說，中央支持香港發展民主，順利實現普選的誠意是不容懷疑。但是，我們真的很難相信，很難不懷疑，因為我們看不見所謂的誠意。由中央政府到特區政府，再到「政改三人組」，說來說去都只是表明，一定要由愛國愛港的

人擔任特首；所以，一定會設立機制進行篩選。他們說來說去也沒有說一句承諾將來的普選是一個沒有篩選的普選。昨天，張曉明說得非常動聽，他說人人有份選特首。我覺得他也是在玩弄語言「偽術」。他玩弄的，是人人有份參選特首，但卻無法成為候選人。既然無法成為候選人，普選有何意義？所以，我們從來都沒有聽過中央政府和特區政府的承諾。或許稍後請司長談談這點，你敢不敢承諾普選是一個沒有篩選的普選？

然後，張曉明又說，我們要另搞一套。我不知他口中的另搞一套是哪一套，會否是公民提名及政黨提名的那一套？當然，我們要搞的就是這一套，因為這才是一條活路。提名委員會明顯是有篩選的，提名委員會是一個小圈子提名，即使如此，我們工黨也要對它忍氣吞聲，任它存在。我們現在只要求能留一條活路，便是政黨提名及公民提名，讓市民可以選擇不同政見的人士。這可說是非常公道、合理的要求。然而，袁司長卻表示，這套公民提名、政黨提名不符合基本法。其實，我覺得這是個政治問題，大家根本是從不同角度來看法律，我不明白為何袁司長要站出來貶低公民提名和政黨提名。「政改三人組」很喜歡提出一點，便是大家不能架空提名委員會，而且必須要有實質的提名權。但是，我想告訴他們，他們經常強調不能架空提名委員會，但他們卻一直在架空全香港七百萬市民。民主選舉是甚麼呢？便是市民的意願能透過選票及提名得以表達出來。然而，他們那一套卻架空了市民，令市民變成橡皮圖章；他們最關心的是提名委員會有否實質提名權，而根本不關心市民有否實質提名權。這究竟是哪碼子的民主，哪碼子的普選制度？

他們一直在強調一些口號；市民每天都看到他們在電視宣傳片中裝模作樣地說「有商有量，實現普選」。我請他們不要再惺惺作態了，不如說清楚是「無商無量，實現篩選」吧。或者可以說得動聽一點，說「有商有量，實現篩選」好了，即大家商量一下如何進行篩選。是否真的要這樣做呢？現在擺明是這樣。他們如何能令市民相信接着會有普選？如果將官方一直以來的言論總結起來，便會得出一個結論，便是根本沒有甚麼可以改變，也沒有任何言論他們會聽得入耳，只有小圈子提名委員會和篩選，確保所有愛國愛港人士能夠入閘，就是這樣。他們說來說去，到了最後只有這一套。所以，假諮詢最終仍是假諮詢，他們根本不願意聆聽任何意見，還希望我們相信香港會有普選嗎？因此，我們惟有佔中，靠市民

的力量爭取普選，取回我們應有的權利。我們別無選擇，一定要公民抗命。多謝
代理主席。

（主席恢復主持會議）

林健鋒議員：

無可否認，政府今次推動二〇一七年政改方案的難度，比之前推動二〇一二
年政改方案更大。因為，今次已經涉及普選特首的具體內容和落實細節。我們看
到，雖然政府未提出政改方案，但社會已經有很多爭拗，有人建議公民提名，有
人建議政黨提名，甚至有人提議要佔領中環，威脅政府支持他們提出的方案。

對於種種爭拗，老實說，不少商界人士向我反映，他們對於這些情況比較擔
心。香港之所以能夠成為國際金融中心，除了因為有完善的法治制度、通訊自由
和廉潔社會外，穩定的營商環環〔境〕也是其中一個重要因素。所以，投資者和
商界都希望看到香港經濟穩定、社會穩定，而社會穩定，其實與政局穩定也是息
息相關的。

主席，我們看到泰國這個旅遊之都，近年多次因為政治爭拗出現大規模示威
和騷亂，亦多次看到有泰國人因此傷亡，這亦使投資者和遊客感到卻步。泰國本
來是香港人的旅遊熱點，但今年新年，很多人都因為泰國的政局不去泰國玩，改
為去其他地方度假，包括我。我們不希望這些情況在香港發生，所以政府應該帶
領社會，認識基本法，並在基本法的框架下理〔＋性〕討論政改問題，推動香港
政制向前發展。

主席，正所謂「知易行難」，我們如何才可以理性討論政改問題呢？我認為
其中一個很重要的方法，就是政府要清楚交代哪些建議符合現時法律框架，哪些
方案可能會違反基本法。

早前，不少社會人士指出，政府對「公民提名」是否違反基本法的態度曖
昧，希望政府有明確態度。因應各界關注，律政司司長袁國強在新年時於報章撰
文，清晰解釋「公民提名」和「政黨提名」為何有可能違反基本法，我認為這做
法是好的。

事實上，基本法第四十五條已經寫明，行政長官候選人須由一個具廣泛代表

性的提名委員會按民主程序產生。我相信政府今次的解釋，能有助社會日後更加聚焦地討論普選問題。

其實，世界上並無一個天衣無縫的普選方案，不同國家和地區也會按照實際社會情況訂定出選舉制度，我們看到不同國家和地區的制度也是不同的。香港作為中國其中一個特別行政區，亦不需要盲目照搬西方那一套或模仿任何一個國家的一套。所以，各個黨派都應該以維護香港利益為出發點，找到各方都可接受的普選方案。如果大家繼續堅持己見，互不相讓，香港的政改僵局，將會難以得到突破，對香港的經濟和民生都是絕對無好處的。

主席，為期五個月的政改諮詢，轉眼間只剩下兩個多月。我希望社會各界能夠求同存異，按照基本法規定和全國人大常委會解釋的原則，大家有商有量，找出適當可行方案，令到二〇一七年普選特首得以實現。

張華峰議員：

「有商有量，實現普選」是政府「政改三人組」發出的政改諮詢文件標題。兩位司長和局長在諮詢文件自去年年底發表以來，一直都是秉持這份精神來推廣政改工作，積極拉近大家的距離，為謀求共識而出盡渾身解數。

可惜，泛民的一方對政府這份好意並不領情，只熱衷於搞「佔領中環」的行動，試圖用霸王硬上弓的手法，迫使中央就範，接受他們不符合基本法規定和人大常委決定的主張，完全漠視中央在香港政制發展的憲制地位和權力。

他們提出的一個所謂三軌方案，當中包含了一些基本法以外的元素，例如公民提名和政黨提名，完全無視基本法規定，只可由具廣泛代表性的提名委員會，就普選特首的人選作出提名的規定。當律政司司長袁國強循法理角度剖析三軌提名方案可能不符合基本法規定時，有人又指他是用「法律語言包裝政治目的」，令人摸不着頭腦，因為香港是一個講求法治的地方，試問如果不講法律，又應該講些甚麼呢？

主席，商界對於「佔中」十分擔心，因為中環是我們的政經中心，亦是交易所所在，一旦發生持久的「佔中」行動，令整個政經中心的運作癱瘓下來，除了會造成嚴重的經濟損失外，更會令我們國際金融中心的形象大受打擊。以股票市

場為例，每停市一小時，就會大概造成一百多億元成交額的損失。若連其他的商業運作都被迫停頓下來，數以十萬計的市民無法上班，豈不是把封鎖曼谷所造成的混亂情況搬來香港？屆時，外來的投資者還會來港投資嗎？海外的公司還會否選擇來港上市呢？相信不用我多說，大家都已很清楚。泰國經濟在連串示威中如何受到重創，投資者停步不前、旅客卻步。難怪近日不少商業機構都在部署「佔中」的應變工作，在中區以外設立後備辦公室，擔心屆時局面一發不可收拾，會影響它們正常的商業運作。

所以，我贊成採取有商有量的態度來化解矛盾，不應將分歧無限擴大。事實上，有報章上月進行了一項民調，在受訪的一千零一十名市民中，反對通過「佔中」爭取普選的比率，繼續上升至57%。我希望所有泛民朋友都要看清楚民心所向，千萬別因為一些激進勢力的進迫而越走越激，令距離達成政改共識的目標越行越遠。

主席，俗語有云「一個巴掌拍不響」。要做到有商有量，一定要雙方互諒互讓。最近，兩岸的官員歷史性地在南京會晤，甚至互相以彼此的官銜稱呼對方。既然兩岸經過六十年的分隔，都可以化解昔日的恩怨，為何我們在「一國兩制」之下，又不能採取求同存異的態度，積極尋求共識？

主席，我也曾經年青，同樣都有過激情和理想，但如果空有理想，不顧現實，忽略當中的風險和後果，結果可能是大家都難以承受。所以，我希望有理想、有正確人生觀的年青人，都要回歸現實，不要太過天馬行空。

田北俊議員：

主席，說到政制發展，我們當然要談談下一屆普選行政長官的問題。自由黨的看法是：既然中央政府給予香港人在二〇一七年普選行政長官的機會，即三百多萬人全部可以「一人一票」方式選出行政長官，我們覺得最重要的是落實「一人一票」的選舉方式，因為如果這個選舉方案的修訂不獲通過，我們便會原地踏步。「原地踏步」是甚麼意思？即又是剩下千多人可選出行政長官，這是否泛民主派想看到的呢？泛民主派想看到所謂的真普選，是由香港人選出行政長官，這點我們也是支持的。當然，我在外面也說過數次，香港是「高度自治」而不是獨立

的，如果任何人也可以參選，而且必定要這樣，這個定義與獨立有何分別呢？我
們希望的是盡量「高度自治」，任何人也可以參選，這當然是更好的，但是否希
望即使只有一百人支持的人也可以參選，還是有八九十人支持的便可以參選呢？
我希望泛民主派想一想。

如果到了明年三月份——我不知道這個時間表對不對——在真的要投票的
那一天，我相信如果有學者或政黨曾經進行民調，問市民是支持原地踏步，還是
支持一個他們有份選擇，但候選人未必完全符合他們心意，即所有人也可以參選
的方案，我有信心這項民調的結果必定是人人都希望可先讓他們參與一次選舉，
在讓他們選擇一次後，再看看在二〇一七年至二〇二二年的那個階段，行政長官
選舉是否能夠進一步優化。

因此，如果萬一中央最終的決定是有篩選成分的，我也希望泛民能夠支持。
當然，即使萬一有篩選，也要多加一句，便是在二〇一七年行政長官選舉的過程
中，數名候選人是否可以作出一個承諾，就是到了二〇二二年的行政長官選舉
時，這個「篩選」的成分會減少，讓更多泛民主派的人可以入閘？我覺得做生意
的人不管賺到多少錢也會先做，因為如果不做這項生意，根本是原地踏步，甚麼
也做不到。所以，就這方面，我希望泛民主派的同事可再三思考。我們需要五票
才能成事，如果不能成事，屆時便會原地踏步……而且這種原地踏步，將來可能
再也沒有機會改變……

黃毓民議員：

全民制憲，實現普選。港共政權處處與民為敵，源於香港人無法從選舉產生
出一個自己支持，以及有志維護香港文化和價值的行政長官，只能無奈接受中共
極權欽點的行政長官。特區政府展開政改諮詢，前提就是要依照基本法、人大二
〇〇四年的釋法及二〇〇七年的決定，堅持要設立限制港人提名和參選權利的提
名委員會制度，這根本是一個預設前提的假諮詢。

基本法並無港人授權的代表撰寫，人大二〇〇四年的釋法和二〇〇七年的決
定，均是無視港人意願的霸王硬上弓。更不堪的是，所謂泛民主派都對辭職公投
愛理不理，香港人根本無法自己決定政制發展的前途。香港人的命運，竟然要交

由與香港「九唔搭八」、毫無關係，但又指手劃腳的大陸人，以及爭取民主消極退縮的偽民主派主宰。

我主張全民制憲，由港人或港人授權代表重新制定一套屬於香港、切合香港社會需要的憲法，並根據新憲法實行人人享有平等提名、參選和選舉權的雙普選。孫中山先生在三民主義提出「直接民主」，人民應有創制及複決的權利，可以訂立新的法律、決定修改或廢除法律。一七八九年法國《人權宣言》第六條說到法律是「總意」的表現，認為「所有公民均有權親自或經由其代表參與法律的制訂」。

全民制憲並非一種烏托邦，它已在瑞士實現，瑞士公民可以主動提出新的法案，或修改和取消舊的法案，當有十萬人連署便可以要求全面修改憲法。憲法規範政府機關的義務、權力與功能，規範各機關之間的關係，界定政府與個人之間的關係，是一個地區的最高法律，攸關香港的政治、經濟和社會發展，港人當然有權參與制定憲法，決定自己的命運。

香港人縱使每年對施政報告大失所望、強烈反感，也只得默默地全盤接受。這個時代已經過去了，只有奮起抗爭、發起全民制憲、實行無須經中共篩選的一人一票雙普選，方能產生出一個會在施政報告中回應各民生訴求的行政長官，以及一個真正可以監察政府的立法機關，走出地產霸權、產業空洞和貧富懸殊的困局，香港才可以長治久安。

吳亮星議員：

主席，施政報告有關政制發展這個環節雖然只有短短百多字，但卻有相當的歷史意義，因為開創了香港自開埠以來第一次普選行政長官，為普選正式揭開序幕，按照基本法和全國人民代表大會常務委員會相關解釋和決定，正式開始徵詢公眾意見，展開實踐二〇一七年正式「一人一票」普選行政長官目標的行動。

政改諮詢專責小組苦口婆心，不斷提醒政改要依循基本法的框架，強調提供建議需要說明如何符合法律要求。可惜的是，社會上出現了某些人的意見和方案明顯偏離上述相關法律框架，等於踢足球卻不理球場界線般。如是者，比賽又如何正常及繼續進行呢？

坊間亦有人以「篩選」來形容本身在法律上已有的提名委員會機制。從詞典中看到,「篩選」指在同類事物中去掉不需要的,留下有需要的。至於有廣泛代表性的提名委員會根據其代表界別的需要來選擇一些合適的候選人,經過分析不同參選人士的優劣強弱,兼顧社會各階層的利益,從而揀選最能夠代表有關業界和全港市民的候選人,這種認真揀選的過程應該被視為「精選」。美國兩大政黨透過黨員選出黨魁作為候選人的做法同樣是一種篩選,與這個過程其實沒有甚麼大分別。最近一次民意調查顯示,支持提名委員會按「愛國愛港」和「不與中央政府對抗」這些原則揀選特首候選人的安排,支持率較反對率為高,可見市民對於提名初選這現實需要是認同的。

既然肩負着「精選」候選人這項如斯重要的任務,提名委員會的組成顯得非常重要。內地法律學者王振民教授日前在香港一個講座中表示,在未來特首的普選中,需要設立以政商專業界別的精英為主而組成的提名委員會,維持香港行之有效的精英政治,從而維護香港的資本主義制度和生活方式,以避免走向高福利社會。

其實,精英政治的想法,是長期保持香港商業社會成功的管治方式的一種經驗延續,而國際上大有類似精英政治的現況,例如在英、美的議會制度中,其上議院中所增加的委任議員,以及在參議院中所增加的州選議員都明顯制約這種「一人一票」的全民選舉可能產生的某種民粹主義所帶來的副作用。從正面角度來看,此舉會提高民主政制的質量和管治效率。

主席,世界上根本沒有明文標準的普選模式,各個國家、各個地方的普選制度只能夠因應各自獨有的實際情況展開和逐步加以完善。眾所周知,香港不是一個獨立的政治實體,「一國兩制」其實是在中國主權管轄下授權的「兩制」,絕不可能亦不應該照搬某個西方國家的政制普選模式。

最後,我必須再次強調,香港的普選是由基本法所賦予的,有關安排必須依循基本法的有關條文,而並非聯合國的人權公約。任何遠離基本法的建議及任何離開實際的建議,均只會浪費公眾的時間和金錢。

單仲偕議員：

現時，特區政府的聲望每況愈下，管治千瘡百孔，實在需要一個普及而平等的行政長官選舉，以挽救政府的認受性。但是，觀察政府政制諮詢及各位官員的舉動，實在令人擔心二〇一七年能否實施真正的普選。我們對於普選的立場很簡單，便是必須有真正的普選，不應該有任何篩選，要令不同政見的人都可以參選。林鄭月娥司長與民主黨會面後對記者表示與民主黨尚有很大分歧，這種言論亦清楚表示，政府考慮的方案與我們所想的方案還有一段很大的距離。

此外，中央高層對普選特首的言論，亦與林鄭月娥等人內外呼應，同出一轍。喬曉陽與李飛先後發表言論，表示不能允許與中央對抗的人擔任行政長官，但何謂「對抗」，實在可圈可點。須知道，異議與對抗有本質的分別，有異議便視為對抗，只會故步自封。中央人民政府駐香港特別行政區聯絡辦公室主任張曉明借題搬出「篩箕論」，表示篩箕無罪，反而是智慧的一種體現，暗喻二〇一七年特首選舉必須有篩選。我亦同意篩箕當然無罪，但應由誰人操作呢？是提名委員會的成員、北京，還是香港市民呢？張曉明主任在前天更進一步表示，特首必須愛國愛港，反對在基本法外另搞一套。

凡此種種的言論，讓市民感到真正的普選遙遙無期。政改諮詢到現時這階段，我會用「金玉其外，敗絮其中」來形容。司長宴請客人、在街上派發單張，態度友善親切；在電台播放廣告，包裝了得。不過，觀乎「北大人」的言論及梁愛詩的「全票論」，試問怎樣才可以有商有量呢？試問怎樣才能夠落實真普選呢？

單仲偕議員動議的修正案如下：

「在緊接句號之前加上『，但對施政報告未能提出具體措施維護人權、自由、民主、法治及廉潔等核心價值表示遺憾；本會促請政府當局理順行政立法關係，體現特區政府對立法會負責，以及提出一個符合《公民權利和政治權利國際公約》第二十五條所載「普及而平等」選舉權原則的行政長官選舉和立法會選舉的政改方案，以建立一個無政治篩選的選舉制度，讓不同政見人士均可參選』。」

（編者注：此修正案在原始會議過程正式記錄中位於五個辯論環節之後、梁

君彥的答辯發言之前，並被單獨付諸表決。考慮到讀者方便及全書體例統一，特移到此處。）

（編者注：修正後的議案內容如下：

「本會感謝行政長官發表施政報告，但對施政報告未能提出具體措施維護人權、自由、民主、法治及廉潔等核心價值表示遺憾；本會促請政府當局理順行政立法關係，體現特區政府對立法會負責，以及提出一個符合《公民權利和政治權利國際公約》第二十五條所載『普及而平等』選舉權原則的行政長官選舉和立法會選舉的政改方案，以建立一個無政治篩選的選舉制度，讓不同政見人士均可參選。」）

劉慧卿議員：

主席，說到這份報告，相信大家都會感到越來越心淡。不止民主派，即使建制派及保皇黨也認為不妙，今次將會弄致很大件事收場。主席，為甚麼大家會有這種想法呢？因為從本地和北京官員的口中，以及各方面的行徑，都彷彿告訴香港人──正如剛才田北俊議員發言時所說，別以為現在是爭取獨立，怎會真的讓你們自己選，只會讓你選一些中央願意接受的人。主席，其實這根本不是直選，不是真正的普選。即使真的由香港人自由地選出行政長官，結果選了某人當行政長官，天是否就會塌下來呢？香港是否就會獨立呢？當然不會，大家不要再說這些話。我希望那些可以跟北京對話的人，告訴北京，它應該信任香港市民。一個真正的選舉，是讓有意參選的人及能夠顯示其支持度的人，可以進場參選；並且讓不同政見的人，由市民以一人一票選出來。如果參選人數太多，選兩輪也是可行的。本地法例可以列明，勝出的候選人一定要獲得超過一半的支持票數。這些根本不是天馬行空或天方夜譚的事情。

主席，如果沒有我們民主黨在二○一○年支持當時行前一步，令政改的進行符合基本法第四十五條，今天可能也不需要討論這個議題，而是繼續討論如何循序漸進而已。但是，當時我們是支持的。北京政府和當局均表示，下一步便是進行真正的普選，以一人一票進行普及而平等的選舉。所以，林鄭月娥司長便有責任，她領導的「政改三人組」便要達到這個目的。然而，為何剛才我說很多人都

感到很悲觀？因為他們一直沒有聽見一句話，主席，究竟他們沒有聽見哪一句話呢？其實市民只想聽見一句很簡單的話，便是將來的選舉沒有篩選及容許不同政見人士參選。「長毛」說他想參選，那便讓他參選吧。讓「短毛」可以參選，甚麼人也可以參選，你害怕甚麼呢？

你們要告訴北京，市民是很公道的。假如制度是公平的，可能會選出一名親北京的人士。如果是很公正地選出這個人，那便由他執政吧，大家不會因他是親北京人士而大吵大鬧。我認為，如果制度是公平，我們也會發聲；我們會指出制度是公平的。如果選出了親北京人士，那便讓他當選吧。但這人不會擔當這個職位一世的，他只做一任而已。首先，我們要建立的便是這種制度，而並非如剛才田議員所說，要我們先讓一步，到了二〇二二年再進行。俗語說，過了海便是神仙，而香港選民亦不會接受無緣無故的自我約束，進行一個不是真正自由的選舉。對於這件事，我希望司長能聽得入耳，當然還包括另一位司長和局長，你們要思考一下如何說服權貴，如何告訴香港市民要有信心。我們不會用法律來造成裙子以蓋着其他的腳，政治問題便以政治方法解決。我希望袁國強司長不要將政治問題搬到法律層面，正正經經地解決吧。

從第一天開始，我便相信，即使按照基本法第四十五條，按照全國人民代表大會常務委員會的決定，仍然絕對有機會推出符合上述兩項要求的普選行政長官方案，亦能符合國際標準。所以，其實難度不會太高。主席，有些人會說，這視乎北京的一念之差，如果得到它的容許，我們說的話便會不一樣；假如得不到它的容許，便要處處設限。然而，假如最終方案令市民不滿，無法通過，大家當然會佔領中環。但是，後面還有很多後遺症。坦白說，屆時讓他來立法會處理吧。我相信屆時在議會內外出現的吵鬧，會令很多市民，包括商界，都會感到很難受。這不是我們想造成的。這是因為市民已等待了十年，他們認為今次應該要求中央政府兌現對香港市民的承諾，所以，大家才會這麼堅持要這樣做。我們堅持以和平、理性、非暴力的方法來爭取普選。如果情況真的不妙，我們願意被拘捕。當局或北京不需要這麼暴跳如雷。

但是，我們想用此方法，這亦非唯一方法。主席，今天有另一個方法，所有人都剃頭，我說是好的，他日人人也去剃頭。換言之，大家也想盡方法，用和平、理性、非暴力的方法，剛才有人提及泰國，甚至埃及。我們明白許多地方很

動盪，當地的人民亦很不滿。但是，在現時這個地步，我相信大部分香港市民都
希望以和平、理性、非暴力的方法，而他們也要我們爭取普選。他們亦希望日後
政府會有公平的選舉方法，在這制度下，如果人們喜歡參選就參選，否則，他們
可以投票選出特區的行政長官。

林大輝議員：

......中聯辦主任張曉明在昨天的新春酒會上致辭時強調，中央政府支持香港
發展民主、順利實現普選的誠意不容置疑，堅持依法普選的立場亦是堅定不移，
國家真誠歡迎各種形式的理性溝通，但必須講法理、講道理，只要方案合憲，便
都樂意商討。但是，中央堅決反對在基本法及全國人民代表大會常務委員會的有
關決定之外「另搞一套」，因為這類主張和做法從根本上漠視「一國」的原則，
漠視中央的憲制地位和權力，漠視法治精神。主席，中央的立場和誠意已是十分
清楚，你和我都明白，但不知道為何還有人冥頑不靈。

政府在去年十二月四日展開為期五個月的政改諮詢，希望以開放、兼聽和務
實的態度廣納民意，縮窄分歧，凝聚共識，但觀乎目前的形勢，恐怕事與願違。
原因是政府只懂得死守，對一些違法、違憲的方案或建議，例如「公民提名」和
「三軌提名」方案，始終曖曖昧昧、閃閃縮縮、畏首畏尾，無膽識、無勇氣以堅
決的態度，一錘定音地否定這些方案。司長，你不是以「好打得」見稱的嗎？相
信你亦應是時候公開對大家表明，違法的方案絕對沒有商量。

主席，正所謂久守必失，政府如此被動和膽小，等於向市民發出相當錯誤
的信息，令人感到是政府理虧，誤會那些方案合乎法理。如果政府繼續以這種態
度裝作聆聽意見，而不做好市民的期望管理工作，待諮詢期完結，提出一個經考
慮一籃子因素而得出的方案，但這個方案卻大出市民「意料之內」，情況一如香
港電視發牌一役，我可以肯定屆時的局勢必定一發不可收拾。到頭來政改推行失
敗，政制原地踏步，社會繼續分裂。

主席，我希望「政改三劍俠」立刻改變戰略，強勢出擊，轉守為攻，完成這
個歷史任務，留芳百世。我肯定將來的教科書也會稱頌你們，說明是你們帶領香
港實現普選。

譚耀宗議員：

我現在想談談法律方面的問題，因為香港社會很重視法治，凡事都要有法律依據。不過，奇怪的是當最近談到政改和普選問題時，有些議員似乎卻想迴避這問題，把它說成是一如劉慧卿議員剛才所言，為政治問題套上法律的外衣。然而，我認為普選問題一定要有依據，而這個依據就是基本法。二〇〇七年的全國人民代表大會常務委員會決定及基本法的相關條文，就是這方面的法律依據，我們不可置之不理，當它不存在、不成問題，甚或作出特別詮釋。普選當然是一個政治問題，但亦要有法律依據，所以這是不能迴避的。迴避不提，只會令普選安排不能落實。

我注意到律政司司長袁國強在上月底於各大報章撰文，我想在此引述其內容。他在文章中指出，按照普通法的「明示規定則排除其他」的詮釋原則，當法律文件只明確列舉某特定人士、機構或情況，便代表同時排除其他人士、機構或情況。因為基本法第四十五條只明確指出由提名委員會提名，其他人士或機構不可能同時享有提名權。他重申提名委員會擁有實質的提名權，若有任何提名方法繞過了提名委員會的提名程序或削弱其實質提名權，都可能被認定為不符合基本法。司長用字已非常小心，只說可能被認定為不符合基本法，換了是我，我一定會用「視為」而非「可能」，以表明它根本就是不符合基本法。

司長這說法與我當年參與基本法草擬工作時的情況相符，我們當時的立法原意事實上就是如此。我們在第四十五條清晰列明了所有相關程序和安排，當中當然有部分細節未有具體內容，例如在民主程序方面，便只提出了整體方向和原則。

袁司長又明確指出，泛民陣營指「公民提名」及「政黨提名」符合基本法有關提名委員會須按民主程序提名的規定，是混淆了「提名權」和「提名程序」的說法。其中，袁司長以「公民提名」為例，指出若某人獲得一定數目的選民支持，提名委員會便無法拒絕提名，提名委員會的提名權便變得有等於無，因此有關建議不可能只涉及「提名程序」。

袁司長這番以正視聽的言論，可能觸及了泛民陣營的痛處，所以泛民陣營便不斷作出指責，包括郭家麒議員剛才說司長所言是語言「偽術」。這其實不是

甚麼語言「偽術」，只是在法律層面作出的非常正確的分析。當然，有人聽後感到不合心意，自然會作出批評，包括一位號稱是司長老師，當年曾教導司長的人士，亦在報章撰文批評，指司長有違其教導。幸好司長沒有跟從他的教導，不然便會違背基本法。

梁美芬議員：

最近在討論政改時，很多意見也指出我們必須根據國際標準。如果大家看看世界各國，在討論政改時也一定是根據該國的憲制為基礎，這才是最重要的國際標準，除非一個國家爭取政改時是鼓吹流血革命，而不要憲法。民主在不同的民族、歷史、文化中體現出來有不同的面貌，正如我們看到印度、菲律賓和泰國，其實也是一些活生生的例子。即使同樣是推行普選的民主國家，如果他們的社會基礎不好，即使實行普選，對我們也沒有甚麼吸引力。除非我們現在說的是流血革命，不然，我相信在香港談論政改，我們必須看看香港的憲制基礎，以進行我們政制改革的討論。

香港實行「一國兩制」，這是全世界獨有的，真的是獨一無二。我記得我在一九八七年前往北京，當時經常參與內地學者就香港基本法的討論，我經常聽到不同的聲音。國內很多不同的人有一個看法，便是為甚麼要讓香港實行「一國兩制」、為甚麼要有基本法、為甚麼要讓香港實行資本主義等。香港在仍未回歸時，也沒有普選制度，因此，就香港一個如此細小的地方，基本法是行前了一大步，而基本法第四十五條亦提及政制改革的軌跡。這不是一般的軌跡，而是有憲制基礎的軌跡。況且，基本法得來不易，是很難、很難才能夠在當天達成共識的。

正如衣服一樣，很多人追求名牌，但是，有時候買了一些外國名牌的衣服，穿在自己身上卻並不漂亮，並不稱身。正如香港有自己的獨特歷史，我們有「一國兩制」，因此，如果我們照抄外國的做法，其實我們走出來的可能是不適合香港的路。很簡單，剛才很多朋友說我們要真普選，我們不是要假普選。何謂真？何謂假？我在二〇〇六年有機會獲美國政府邀請我前往參觀他們的民主黨預選。當時有一個制度，我看書也很少看到，稱為「caucus」。他們告訴我們，民主黨當

時有超過十位州長想參選總統，結果最後剩下 Hillary、John Edwards 和 Obama。我問其他人怎樣呢？原來他們的制度是在黨內的最高層，那些在政治和經濟上最有影響力的人和團體會互相游〔遊〕說，已經勸退了其他七人，只剩下三人。因為他們認為這樣才是較合理和有質素的選舉，可看到大家的政綱和分別。

如果我們說美國的制度是一個真普選的制度，便不會出現在二〇〇〇年小布殊和戈爾之間的選舉。以絕對數字而言，戈爾勝過小布殊。但是，因為美國有選舉院的制度，最後小布殊勝出。在這種情況下，為何美國會出現這樣的問題呢？因為美國當初立國時有不同的州份，有一些州份只有很少人口，但仍有兩票，因為要代表其獨特的權益。因此，如果用「真」和「假」這類口號，我認為是誤導香港市民，千萬不要以這種方式來討論香港的政改方案。

今年新年，在我到訪地區時，偶然遇到一位市民，他說：「議員，不要再說《基本法》，我們不要《基本法》，只要普選。」我很客氣地跟他說，如果不要基本法，香港可能連「一國兩制」也沒有，大家是否想要「一國一制」呢？其實是真的不能不要基本法、不守法，甚至故意犯法，浪費警力、人力、物力和時間的。最重要的並非勞民傷財，而是影響我們政改的發展，甚至弄巧反拙，因為這些是歧路，並不符合基本法，不符合法治，是不能到達終點的。

基本法說明有三個層次：我們有提名委員會、一人一票和經全國人民代表大會常務委員會批准。在這三個層次中，現時最具爭議的是提名委員會。提名委員會又是否真個妖魔鬼怪呢？有人提到政黨提名和公民提名，我先說政黨提名。現時全港政黨的人數加起來也不足三萬人——除非民建聯突然 double 了——因此大概有數萬人。以數萬人而言，又是否真的可平衡各方利益呢？

看回香港政黨的表現，很多也是單一議題（single issue）的政黨：有一些只是反大陸；有一些只是反對派；有一些只談勞工利益；有一些只談單一議題。如果是這樣，香港的政黨能否發揮平衡各方利益的作用呢？看回提名委員會內的四大界別，當中提到工商、專業、勞工、社福和政界，其中的政界也提及不少民選代表。

雖然如果以絕對數目來看，大家的看法未必認為這是 perfect 的，但如果是對香港的整體發展而言，在我們的政黨未成熟時，我認為提名委員會有其存在的好處，況且它是符合香港基本法、符合香港現時的政制改革和發展的。

我希望香港和各政黨能夠看到，如果我們期望有普選，大家便不要各說各話。不然，如果偏離基本法的軌跡，便只會「食白果」，犧牲的是香港整體市民和整體的經濟利益，以及香港人達致〔至〕普選的願望。我希望大家不要固執，要看回基本法當天的立法原意，根據基本法的軌跡和我們的憲制基礎來爭取香港在二〇一七年推行特首普選。

何秀蘭議員：

剛才很多議員發言譴責民主派推動公民抗命，推動「佔領中環」。其實，在「政治哲學 101」中關於人民服從政府的環節是這樣說的：當一個政府正在損害人民利益時，它便沒有能力亦沒有資格要求人民服膺其管治。香港今天在民生和民主上面對很多制度暴力的問題，如果在民主政改上也不能落實一個真正讓市民有選擇，有權參與公共政策制訂的選舉制度，香港人還有甚麼選擇呢？

今天的貧富懸殊、樓價飛升，教育由庸官主理，環保事務方面該做的被拖延，受制於商界利益，推動得那麼艱難，其實正是因為我們沒有一個公平公開的制度，讓香港人參與決策。在中港事務上亦沒有以香港的法治和既有社會秩序和價值為基礎，從而變成中港矛盾。其實這些全部都只是表徵而已，只是最後的結果。如果政府只是在這些表徵上作小修小補、「派一下糖」、扶一下貧，但沒有針對制度的不足，沒有針對制度內的霸權去根治問題，仍然容許特權自把自為，仍然容許特權甚至不守法規，我們是不能醫治香港的。正如有些醫生看到有人咳嗽就當他感冒，給他吃感冒藥，而不知道他患的是致命的 SARS，於是令這病人很容易因為失救而死。

香港的病源便是我們沒有一個公平的制度，不能夠照顧各階層的利益，無法達到社會的公義。我們急需一個民主的選舉制度，以文明的方法，讓所有市民直接或間接參與公共事務的決定，亦讓大家有平等的權利這樣做，因為當人人也有權的時候，各方就無須訴諸公民抗命，亦可以用文明的態度尊重不同的意見，解決紛爭。但是，我請兩個政府，即中央政府和特區政府不要以為搞一個假選舉便可平息紛爭，因為假選舉不能取得民意認受。

現時京官和港官對政改的說話都令我們看到，二〇一七年的所謂「一人一

票」，只是一個扮文明以掩飾篩選的假選舉，因為兩個政府現時不但要維持提名委員會的實質提名權，甚至還要壟斷提名權，令普通市民和得到民意認受的代議政黨都沒有權提名，最後只有北京認可的人才可透過篩選，在無須與市民信任支持的人競爭的情況下便可以當選特首。其實這是公然「造馬」而已。說到「造馬」，即使馬會也不容，馬迷也不容；但即使讓你們「造馬」跑出，公眾也不會服氣，即使有強盜能裝書生，被你搶了東西的人最後也知道是你搶了他的東西，知道是你掠奪了他的權力〔利〕，所以，他們仍然會出來抗議，令香港現時難以管治的情況更加惡劣。很多人說不如先接受這一步，先踏前一步，因為如果方案不獲通過，將會是三輸的。可是，我相信香港市民看得很清楚，如果通過一個有篩選的方案，普通市民根本不會贏，屆時只有霸權和特權仍然獨贏，市民只會全盤皆輸。

何秀蘭議員動議的修正案如下：

「在緊接句號之前加上『，同時，正當香港貪腐復甦，言論空間收窄，施政報告並無承諾肅貪倡廉，維護新聞言論自由等核心價值，更沒有顯示決心落實真普選，本會深表遺憾』。」

（編者注：此修正案在原始會議過程正式記錄中位於五個辯論環節之後、梁君彥的答辯發言之前，並被單獨付諸表決。考慮到讀者方便及全書體例統一，特移到此處。）

（編者注：修正後的議案內容如下：

「本會感謝行政長官發表施政報告，同時，正當香港貪腐復甦，言論空間收窄，施政報告並無承諾肅貪倡廉，維護新聞言論自由等核心價值，更沒有顯示決心落實真普選，本會深表遺憾。」）

梁家傑議員：

……我剛才聽到一些建制派議員提到政改，其論調確實令人不吐不快，不

得不反駁一下。有議員指出,我們不可以抄襲別人,英國和美國亦有其問題。當
然,我們現時不是要抄襲別人,主席,我們是要為香港解決問題。現在香港特首
因為有權無票,所以只是為一些「造王者」服務,高高在上,思維極之精英;然
後又聲稱搞「香港營」,但自己卻又囂張跋扈。那麼,我們怎樣解決深層次矛盾、
資源分配不均,以及經濟活動成果分配不均等問題?我認為我們之間有些有大智
的人,應該設計一個能夠處理這些問題的制度,較美國和英國優勝。因為美國和
英國面對的問題可能有別於我們,所以這根本不是反對的理由。

很多位同事亦提及今天在席的袁國強司長的大文。該篇鴻文已經被人(包括
我在內)批判得體無完膚,我只是想提出一點 —— 既然袁司長在席 ——主席,
這個當然不是一個法律問題,根本骨子裏就是一個政治問題。這個政治問題就是
我剛才提到的如何解決深層次矛盾,如何確保二〇一七年選出來的特首「有腰
骨、有牙力、有膊頭」,可以打破深層次矛盾所形成的格局。

很多人說,不是這樣的,只要給香港人一張選票便可以,香港人最喜歡投
票,譚志源局長還為此拍攝了短片,說自己很想進入票站。但是,香港人不明
白,如果經北京中央人民政府篩選掉一些人選後才可以投票,這樣產生出來的特
首將會比今天的更壞,情況只會更糟。主席,為甚麼會這樣呢?今天梁振英如果
還有半點清醒,他應該知道自己是「689」,知道自己有權而無票,因此還會有點
膽怯;但將來經篩選後,如果梁振英仍然有幸成為其中一位候選人,他拿着一百
萬張選票當選後,他便當作自己不但有權還有票。

但是,主席,他為誰服務呢?也是為同一羣「造王者」服務,因為將來的提
名委員會的一千二百名成員 —— 按照梁愛詩女士、袁國強司長、林鄭月娥司長引
述李飛的話 —— 八九不離十,也是要參照現時由四個界別組成的選舉委員會。這
個選舉委員會已經運作這麼多年,香港人是有眼看的,知道他們這羣「造王者」
其實代表些甚麼,知道是甚麼葫蘆賣甚麼藥。所以,大家說將來是否更為悲慘?
那一位特首由同一羣「造王者」安排入閘,然後讓香港人選舉,而香港人亦以為
自己投了票,但其實他並不是為投票的人服務,仍然是為該一千二百位「造王者」
服務,是同一羣人,同一個格局。

何俊仁議員：

主席，未來一年是政改最關鍵的時刻，但綜觀整份施政報告，我看不到梁振英與其團隊對真普選這個目標有任何承擔。大家知道，二〇一七年實行真普選是中央給香港的承諾。對於一個國際大都會，承諾的普選當然是要真實並能夠符合國際標準的選舉，包括「一人一票」，以及沒有篩選的提名程序。這是最低限度的要求，亦是不可或決〔缺〕的條件。

所以，我希望並鄭重要求，將來特首向中央提交報告時要清楚列出我們對真普選的最基本要求，並且要清楚表述這個形勢，希望你能夠好好掌握。如果不能滿足這些最低要求，我深信立法會內的民主派議員會一起否決假普選方案，接着難以避免的，便是公民抗命，佔領中環。但是，這並非如此簡單便可了斷，接着會有一波又一波的不合作運動，議會內外的抗爭，變成玉石俱焚，變成香港難以管治。

談到解釋的問題，除了法律外，當然還有很大空間作出政治的解釋。我們要記着，除機構（提名委員會）有其功能外，還要符合民主程序，亦即要符合民主的價值觀。民主價值觀應能充分確保公民提名、政黨提名或不同政見者能夠參選，這才是最重要的。絕對應該較過往更進步，不能夠倒退，這才符合循序漸進的原則。在解釋時把提名的民主程序和機構的功能配合在一起，就是大家該做的事，而不是繼續玩弄文字遊戲，說甚麼機構提名就是機構最大，機構怎麼做也可以，這是錯誤的理解。

所以，我希望……你能夠履行你的職責。

葉國謙議員：

主席，今年施政報告有關政制發展的部分，篇幅只有百多字，反對派議員因此批評政府輕視政改、企圖淡化港人普選的訴求，我覺得這些批評真是不知所謂。政改諮詢工作現時正由林鄭司長等三人小組負責推行。小組已經表明不會在現階段就任何方案、建議作出具體回應，因此施政報告沒有就政改說得太多，是完全可以理解的。假如特首在施政報告中長篇大論談政改，那時候反對派議員又

可能會大肆批評政府對政改已經有了既定立場，政改諮詢只是一場假諮詢云云，反對派真是沒事找事做。

反對派一直要求政府落實「真普選」，這根本是一個偽命題、假命題。究竟何謂「真普選」呢？反對派自己都未弄清楚，有部分反對派人士認為必須要有公民提名才是「真普選」，亦有部分反對派人士認為公民提名並非缺一不可。反對派內部連何謂「真普選」也未弄清楚，便揚言去爭取，這個不是偽命題又是甚麼呢？任何選舉都有門檻，分別只是高或低，不能說有門檻就不是「真普選」。

（代理主席湯家驊議員代為主持會議）

香港並非獨立的政治實體，更非「一國」，香港的普選只是地方性的選舉，基本法授予香港享有「高度自治」，而非「完全自治」。「一國」主權下，港人有權依法普選行政長官，但絕不可能違反「一國兩制」的憲政現實，不能抵觸憲政框架。要做到這一點，必須處理好特區與中央和國家的關係，尊重中央對香港普選問題的憲制角色。香港的普選安排，必須要按照基本法及全國人民代表大會常務委員會的決定來推行，而不是國際公約。在基本法的軌道上討論普選問題是法治社會的應有之義。

有反對派人士提出，基本法並無規定不准以公民提名方式提名特首候選人，聲稱基本法沒有明文禁止便可以做，拋出了所謂的「剩餘權力」論。要知道中國是單一制國家，香港特別行政區的高度自治權來源於中央的授權。因此，中央授予香港特別行政區多少權力，特別行政區就有多少權力，不存在所謂「剩餘權力」的問題。基本法只將特首普選的提名權授予了提名委員會，反對派人士企圖以公民提名來突破基本法和全國人大常委會決定的底線，是行不通的，亦不可能行得通。

雖然基本法及全國人大常委會的相關決定，對香港的普選安排提出了一個框架，但當前仍有眾多與行政長官普選安排有關的迫切問題有待解決，這也是今次政改諮詢的焦點。政府現階段最重要的工作，就是在為期五個月的政改諮詢期內，收集市民對選舉安排的意見，包括提名委員會的人數和組成、提名委員會的選民基礎、提名行政長官候選人的程序如何等，推動社會聚焦討論這些問題，不要被反對派轉移視線，在公民提名的偽命題上浪費時間。

所謂公民提名，不顧香港政治社會現實，只會破壞「一國兩制」，分化社會，

阻礙普選落實。

近年有人提出「佔領中環」爭取所謂真普選，打着民主旗號破壞香港法治，挑戰中央權力，亦間接縱容了一些港獨分子的囂張氣焰。去年十二月二十六日，港獨組織「香港人優先」的成員，打着港英旗幟，高呼「解放軍撤出香港」口號，到中環解放軍駐港部隊總部門外示威，並公然闖入大門。港獨分子公然違法強闖解放軍駐港總部鬧事，充分反映出港獨勢力日漸囂張猖狂。中央政府在香港特區派駐軍隊，既是體現國家主權和尊嚴的象徵，也是保衛國家主權和統一的軍事戰略部署，強闖駐軍總部是對國家主權和尊嚴的冒犯，也是觸犯基本法、《駐軍法》和香港《公安條例》的嚴重罪行。香港特別行政區實行「一國兩制」，港獨分子有恃無恐地衝擊駐軍總部，不僅是危害社會治安和秩序的犯法行為，也是危害國家主權和統一的嚴重犯罪行為。就此，特區政府應該明白到事件性質的嚴重性，必須盡快完成調查，體現特區政府依法辦事的魄力，嚴懲任何衝擊軍事用地、軍營的不法行為，做好協助維護軍事禁區安全的職責。

胡志偉議員：

代理主席，剛才葉國謙議員提到泛民主派對於「普選」或「真普選」的定義不清不楚，因而認為我們在此提出的是假命題，但我想跟葉國謙議員討論一下。普選的目的是甚麼呢？目的是希望能夠改善管治，選舉制度應讓各種不同政治力量均可以公平地參與，透過市民的投票來作出最終的裁決，令我們的管治在社會上藉普選的結果得到最終裁決。因此，民主黨、泛民主派、真普選聯盟均在說「三軌制」，「三軌制」基本上只有一項最核心的課題，便是我們能夠讓不同的政治力量均可以公平、有效去參與特首選舉。這就是我們所追求的目的和目標。

雖然不同的政黨對於提名方法可能有不同的門檻，但最終檢視時，不同門檻只有一項核心的問題，便是能夠讓不同的政治力量均可以有效參與選舉。這也是全世界其他民主國家決定民主選舉制度時必須考慮的課題。有時候，我聽到建制派的朋友表示，兩至四名候選人已經足夠，接着再舉美國的例子，表示美國也只有兩至四名候選人，不會有更多候選人。但是，他們忘記了，美國的制度是讓最重要的政治力量可以參與選舉。如果香港的普選是利用篩選讓一些重要政治力量

不能夠參與，就不能夠達致〔至〕普選中最根本的一點，即讓各種不同的政治力量均可以公平地參與。現時常說，中央政府只會讓他們屬意或認為安心的人去參選。但是，若然如此，我認為建制派也好，民建聯也好，其實會陷中央政府於不義，因為中央政府也想搞好香港社會的管治。如果我們所產生的制度未能夠達致〔至〕良好管治這項目標，大家便會費時失事。

第二，我們經常說，泛民主派，尤其是民主黨，努力做好「佔中」的工作。當然大家會表示，香港社會應該是大家坐下來，飲杯茶，吃個包，商討清楚以解決問題，不應該做違法的事。但是，如果我們不透過公民抗命的行為來表達意見……其實我們已多次表明有關的想法，但都沒有人聽取，我們只能夠尋找方法，希望藉着公民抗命、和平「佔中」這種行為，促使中央政府和特區政府，甚至建制派重新思考，如何能夠維護香港特區的有效管治。有效管治才是我們需要攜手合作處理的問題，但如果我們僅因擔心一些所謂的外部勢力而犧牲香港的良好管治，便會得不償失。多謝代理主席。

律政司司長：

第三方面我想回應的，是有關政改的問題。我希望用兩點回應剛才議員提及的一些事項。

首先，我想再次強調，特區政府絕對有誠意推動政改工作，諮詢並非是指稱或所謂的「假諮詢」。我在農曆年前在報章的撰文，討論「公民提名」和「政黨提名」，目的絕非要扼殺政改的討論空間，相反是希望從法律角度提出相關觀點，從而令社會各界就政改的討論能更全面、更持平、更包容。

第二，任何地方政改的問題都有政治考慮，但亦有法律角度，兩者不可或缺。就香港特區這種情況，基本法的憲政性質和法律條文必須得到充分尊重和落實。因此，當我們三位政改諮詢專責小組成員討論法律議題時，絕非以法律包裝政治，而是希望社會上的討論不會偏離基本法。我亦不希望日後再有人以政治的幌子，遮蓋違反基本法的建議。

政制及內地事務局局長：

代理主席，在政制發展方面，我要再三強調，成功落實二〇一七年普選行政長官，是中央政府、特區政府和廣大市民的共同願望。特區政府已在去年十二月正式展開二〇一七年行政長官及二〇一六年立法會產生辦法的公眾諮詢，諮詢為期五個月，至今年五月三日止。由政務司司長領導，並由律政司司長和我擔任成員的政改諮詢專責小組，正透過不同方式和渠道與社會不同界別人士會面，包括今年一月政務司司長舉行了四場晚宴，直接聽取各位立法會議員的意見；我們也應邀與不同黨派和團體會面，瞭解他們的看法；我們亦陸續造訪十八區區議會，聆聽各區議員的意見；以及出席立法會政制事務委員會的特別會議，聽取了共約三百個團體及個別人士的意見等。自政改諮詢展開以來，專責小組聽到不少市民、社會各階層和不同界別的意見，大部分意見都希望香港的政制發展能夠「依法」、「務實」、「理性」及「如期」落實普選。

代理主席，「依法」，當然是要以基本法和全國人民代表大會常務委員會的相關解釋和決定為依據。行政長官的產生辦法在基本法第四十五條已清晰訂明；全國人大常委會二〇〇四年的解釋，規定了修改行政長官及立法會產生辦法的「五步曲」程序；全國人大常委會二〇〇七年的決定更為香港的普選訂下時間表，即二〇一七年行政長官可以由普選產生，在行政長官由普選產生後，立法會全部議員可由普選產生。基本法和全國人大常委會的相關解釋和決定，為香港的政制發展定下清晰的憲制性法律框架，是香港政制發展的法律依據。要落實二〇一七年普選行政長官，必須在上述的法律基礎上進行，否則只會「走錯路」、「走彎路」，徒勞無功。

「務實」，是因為行政長官普選方案最終要得到立法會全部議員三分之二大多數通過、行政長官同意和全國人大常委會的批准，因此我們需要務實地兼顧社會各階層、各界別、不同黨派和人士，以至中央的想法和關注。正如我們的諮詢文件提到，在處理二〇一七年行政長官和二〇一六年立法會產生辦法時，我們必須在法律上、政治上和實際操作上作充分考慮，這三方面是任何一個方案都需要面對的要求。能夠充分考慮這三方面的要求，是一種務實的做法，亦是負責任的做法，也是社會各界能否凝聚共識的關鍵。

「理性」，就是市民都不希望香港的繁榮穩定和社會秩序遭到破壞。要成功落實普選是必須以和平理性的方式討論，理解不同團體和人士的看法和關注，才能找到最適合香港實際情況，又符合基本法和全國人大常委會的相關解釋和決定，以及政制發展各項原則的方案。過激的言行，對凝聚共識沒有幫助。和平理性地討論問題，共同尋求解決方法，是香港人長期以來引以為傲的智慧。我相信社會各界和廣大市民，一定能夠繼續運用這份智慧，為香港的未來，透過和平理性的討論，收窄分歧，凝聚共識。

「如期」落實二〇一七年普選行政長官，顧名思義是大家都不想香港的政制發展錯失良機，原地踏步，我們大家都希望二〇一七年能夠落實「一人一票」普選行政長官。香港回歸已十六年多，社會普遍對按照基本法和全國人大常委會的相關解釋和決定落實普選的目標，是殷切期待的。自諮詢開展以來，我們聽到的絕大多數意見都是希望看見二〇一七年能夠成功落實普選行政長官。根據全國人大常委會二〇〇七年的決定，在行政長官由普選產生後，立法會的選舉也可以實行全部議員由普選產生的辦法。因此，「如期」落實二〇一七年普選行政長官，對香港的政制發展，包括行政長官的普選和立法會全面的普選，都是非常重要的一步，是為香港的政制發展揭開新的一頁。所以，我懇切期望社會各界、不同團體和黨派，特別是在座各位立法會議員，都能夠以落實二〇一七年普選行政長官為目標，共同努力，把握這個黃金的機會。

（主席恢復主持會議）

政務司司長：

在政制發展方面，政改諮詢專責小組另外兩位成員 —— 亦即律政司司長和政制及內地事務局局長，已經作出了適當的回應。我只是想在這裏說，自從去年十二月初我們開展了政改諮詢以來，我們都是抱着戰戰兢兢的心情，因為我們的公開發言，都是很容易被無限上綱，被批評為本來是有商有量的諮詢是無商無量的假諮詢。我在此表示，我們會在諮詢期內繼續聆聽社會各界和廣大市民的意見。但是，我亦必須再次強調，政改的討論，惟有按着基本法和全國人民代表大會常務委員會的相關決定進行，我們才有共同的基礎，可以收窄分歧，凝聚共

識。我亦有需要說明，中央在特區的政治體制發展上，有其憲制權力，所以，我們在政改討論裏，是絕對不能夠漠視和排斥中央的憲制地位。我當然明白政改工作政治層面的考慮，事實上，任何方案都需要獲得立法會全體議員三分之二大多數通過，才能夠落實，因此，我期盼在座各位立法會議員，能夠以包容、理性、求同存異的態度凝聚共識。因為惟有這樣，我們才有機會令港人殷切期盼的二〇一七年一人一票選行政長官，得以實現。

2014 年 11 月 12 日
議案辯論：全民制憲，重新立約，實現真正「港人治港」

（代理主席梁君彥議員代為主持會議）

黃毓民議員：

撥亂反正，重建香港。代理主席，中共當初收回香港，不論基本法的草擬及立法機關的過渡，全都未經民意授權，其間香港人的尊嚴及自決權亦被剝奪。中共背信棄義，在普選承諾拖無可拖後，企圖夾帶假貨，以假亂真。十七年來，「一國兩制」、「高度自治」形同具文。要突破當前的政改窘局，只能「全民制憲，重新立約」，並透過公投體現民意授權，實現真正「港人治港」，香港才可長治久安！

一、背信棄義　扭曲憲制

中英聯合聲明是正式雙邊外交文件，其中第三（五）條與基本法第四條有白紙黑字寫明，保障港人原有生活方式不變。上述兩者，變成香港首次出現的明文社會契約。過去十七年來，香港的社會環境，大致尚算相對優於中國大陸，不少人因此選擇仍以港為家。

二〇〇三年「七一大遊行」後，香港人爭取二〇〇七年及二〇〇八年雙普選的訴求十分殷切。根據基本法附件一及附件二，寫明二〇〇七年後的行政長官及二〇〇八年後的立法會選舉方法，如需修改，須經立法會全體議員三分之二多數通過，行政長官同意，並報請全國人民代表大會常務委員會批准、備案，即所謂「三部曲」。上世紀九十年代，中共亦多次表明，二〇〇七年後的政制改革，屬香港自治範圍。

二〇〇四年四月六日的人大釋法，把「三部曲」變成「五部曲」，增加了「行

政長官應向全國人大常委會提出報告，然後由全國人大常委會確定報告」的兩個步驟。四月二十六日的人大常委會決定，又否決了二〇〇七年及二〇〇八年雙普選。二〇〇七年十二月二十九日的人大常委會決定，則否決了二〇一二年雙普選，然後又含糊其辭的〔地〕指二〇一七年「可以」普選特首，二〇二〇年「可以」普選立法會。

提委會以簡單多數全票制，提名特首候選人的魔鬼細節，要待超過七年半後，即在二〇〇七年十月二十九日開始計算，人大八三一決定才曝光；至於二〇二〇年的「可以」普選立法會，恐怕會以擴大功能界別選民基礎，或實行兩院制便當作普選，胡混過關，分組點票就繼續保留？

二〇〇四年及二〇〇七年兩次人大決議，增加了基本法附件二所沒有的地區直選與功能界別比例不變的原則，與基本法政制發展需要循序漸進的原則自相矛盾。至於今年八月三十一日的人大常委會決定則更荒謬，前全國政協委員劉夢熊如此批評：「人大常委會在『第二部曲』的職責也只是對『第一部曲』行政長官提出的政改報告即『要不要改』予以『確定』而已；而人大常委會『八三一決定』卻超越對『第一部曲』的『確定』，做出一個明確、具體、量化的『怎樣改』的『落三閘』決定，明顯屬於法無據的越俎代庖！」。早前閉幕的中共十八屆四中全會，通過中共《全面推進依法治國若干重大問題的決定》，提出「依憲治國」口號。文件裏亦坦白承認中國大陸法制不彰，問題重重，當中包括有法不依、領導幹部則有以言代法等毛病。北京處理香港政改，人大常委會的八三一決定，正正就是有法不依，以言代法！

「民無信不立」，二〇〇四年的人大釋法，令香港人的雙普選合理期望落空，明顯違反社會契約。

中共多次假借人大釋法及決議，變相修改基本法附件一及附件二，對二〇〇七年後，變更行政長官及立法會選舉方法之安排。再者，中共全國人民代表大會只有二千九百八十七人，由中共變相委任，港區人大亦只得三十六人；核心的人大常委只有十多人。一班沒有民意授權，亦不瞭解港人意願的人大代表及常委，竟可任意決定香港人的命運，到最近的八三一決定，連自己先訂下的程序都不遵守，試問豈能服眾？

基本法如不大幅度修改，憲制危機將繼續湧現，香港將無法繼續管治下去！

二、全民制憲　重新立約

　　根據基本法第一百五十九條：「本法的修改權屬於全國人民代表大會。本法的修改提案權屬於全國人民代表大會常務委員會、國務院和香港特別行政區。香港特別行政區的修改議案，須經香港特別行政區的全國人民代表大會代表三分之二多數、香港特別行政區立法會全體議員三分之二多數和香港特別行政區行政長官同意後，交由香港特別行政區出席全國人民代表大會的代表團向全國人民代表大會提出。本法的修改議案在列入全國人民代表大會的議程前，先由香港特別行政區基本法委員會研究並提出意見。本法的任何修改，均不得同中華人民共和國對香港既定的基本方針政策相抵觸。」這是門檻極高，香港人毫無置喙餘地的修憲機制，「港人治港，高度自治」必然是徒具樣相，毫無實質意義！所以我們才提出全民制憲，由香港人修改基本法。

　　「他山之石，可以攻玉」，我們不妨看看台灣的中華民國修憲歷史，一九四六年十二月二十五日，制憲國民大會通過的《中華民國憲法》，第一百七十四條規定的修憲程序為（如果我們與修改基本法的程序比較便知道）：「一、由國民大會代表（這是由地區直選、職業團體間選產生的）總額五分之一之提議，三分之二之出席，及出席代表四分之三之決議，得修改之。二、由立法院立法委員四分之一之提議，四分之三之出席，及出席委員四分之三之決議，擬定憲法修正案，提請國民大會複決。此項憲法修正案應於國民大會開會前半年公告之。」如果在李登輝時代搞憲政改革，按照一九四六年《中華民國憲法》規定的修憲程序，今天，台灣便沒有「一人一票」選總統，亦不可能把國會變成單一的國會，只得一個立法院，然後由台灣人民「一人一票」選出來，所以才出現一場名為「野百合」的學運。

　　一九九〇年三月台灣出現「野百合學運」，學生要求解散國民大會、廢除臨時條款，以及政經改革時間表（包括直選總統）等訴求。如果以當時這羣學生領袖在中正紀念堂靜坐──他們也是佔領──提出這些訴求，引用《中華民國憲法》（一九四六年的《中華民國憲法》），根本是沒可能的。於是，便要修憲，亦出現一個名為「國是會議」，全民參與修憲。

　　「國是會議」修憲，化解了「萬年國代」等憲制死結，為台灣實現全面民主打下基礎。

本人的全民制憲動議的具體構想如下：

（一）特區政府總辭，由三司十二局的常任秘書長合組看守政府，主持政府日常運作。除了是政府繼續運作的過渡安排，也是為了突顯所謂「主要官員問責制」的不堪；

（二）召開「修憲港是會議」，成員應以原有立法會三十五名直選議員為骨幹，再加入憲法及政治學學者專家；

（三）準確釐定香港自治權的範圍，以及國防與外交事務的定義；

（四）制定公投法，讓港人有創制及複決法律的權利。

今天是中華民國國父孫中山先生一百四十八歲冥誕，在英國統治時代，是學校假期。緬懷先哲，本人要特別指出，中山先生的政治理想，根本而言就是直接民主而非間接民主。他主張「人民有權，政府有能」，把政權與治權清楚的〔地〕劃開；「行政、立法、司法、考試、監察」等五權是屬於治權的部分；政權則操諸人民，要經由「選舉、罷免、創制、複決」等四種權力來行使。

本人於二〇〇九年至二〇一〇年推動「五區總辭，變相公投」，主張把政制發展決定權還給人民，也是在沒有公民投票的直接民主憲制安排下的不得已。所以，我今次提出的修憲主張，一定要有公投法。

（五）制定政黨法，規範政黨運作，以及政治獻金法，要求政黨公開所收取的政治捐獻；容許行政長官候選人有政黨背景，立法會議員提出涉及政府政策的法案，無須獲得行政長官的書面同意。以上是為實現雙普選前，政黨及議會政治正常化，先打下法律基礎。政治獻金法宜緊不宜鬆，以免將來的民主政治淪落為金權政治；

（六）第六，新基本法獲港人公投通過後，舉行公民連署提名的行政長官及立法會雙普選，體現「直接民主」，實現真正「港人治港」。

李卓人議員的修正案，刪去了「本會要求行政長官及問責官員總辭，由公務員維持特區政府的日常運作」的關鍵字句，改為「本會促請特區政府組織修憲會

議，廣納民意」。本人對李卓人議員仍然信任梁振英及其所謂問責團隊，不要求他們總辭下台以謝港人，十分震驚。

李卓人議員的修正案指出，「鑒於在制定《基本法》時並無廣泛諮詢香港市民」。其實，當年草擬基本法有成立諮詢委員會，梁振英就是秘書長。行禮如儀的表面工夫，共產黨是做足的，只不過是「意見接受，政策照舊」。

本人對李卓人議員對香港政治歷史知識貧乏，以及不敢正視中共收回香港，與基本法的制定，欠缺港人民意授權的事實，深感失望，所以不會支持他的修正案。

三、自覺覺他　喚醒羣眾

中山先生當年因為國人不明白他的建國理想，於是寫了一本書，名為《孫文學說》，收錄於《建國方略之一：心理建設》。我們從小便閱讀這本書，令我印象最深刻的，直到今天我們也可以背誦如流的，便是他的「自序」。其中有一段是：「夫國者人之積也，人者心之器也。而國事者，一人羣心理之現象也。是故政治之隆污，繫乎人心之振靡。吾心信其可行，則移山填海之難，終有成功之日；吾心信其不可行，則反掌折枝之易，亦無收效之期」。

本人今天的議案，不是「明知不可為而為」，而是「自覺覺他」，喚醒羣眾，政制發展決定權是操諸人民，不是由未經人民授權的政治擅專者可以操控的。

黃毓民議員動議的議案如下：

「本會要求行政長官及問責官員總辭，由公務員維持特區政府的日常運作，並隨即組織修憲港是會議，修改基本法；新憲法將以《世界人權宣言》及《香港人權法案條例》為基礎，準確釐定香港自治權的範圍，以及國防與外交事務的定義；制定公投法，讓港人有創制及複決法律的權利；亦制定政黨法，規範政黨運作，以及政治獻金法，要求政黨公開所收取的政治捐獻；容許行政長官候選人有政黨背景，立法會議員提出涉及政府政策的法案無須獲得行政長官的書面同意；新憲法獲港人公投通過後，舉行公民連署提名的行政長官及立法會雙普選，體現『直接民主』，實現真正『港人治港』。」

（代理主席宣布就議案及各項修正案進行合併辯論）

李卓人議員：

代理主席，工黨支持全民制憲，由香港人自行修改基本法，還給香港人一個未來。大家想想為甚麼要這樣做呢？因為基本法的制定過程，是毫無民主成分可言的，港人粗暴地「被代表」。「被代表」之後還在過去十多年的實踐中，又多次被人大粗暴地用釋法來干預。未來也岌岌可危，因為國務院的「白皮書」已發表，差不多可以宣布「港人治港」、「高度自治」已死。歸根結底，問題其實出於基本法。現時我們談論政改的窘局，其實亦是基本法的問題。所以，我們支持全民制憲，真正體現「港人治港」、「高度自治」。

我剛才說歷史上香港人粗暴地「被代表」。大家看看歷史，根本一開始，香港人便在整個前途的談判或基本法的制定中，均被排擠在整個決策過程以外。大家很記得，當時的「三腳凳」說法，中英談判是不容許「三腳凳」的，即是香港人沒有份，當時是完全被排擠，我們最多只能在外面吵嚷……

「三腳凳」被否定後，接着便制定基本法。而基本法的制定，大家記得基本法起草委員會有三分之二是內地人，有三分之一是香港人，但那些香港人是怎樣選出來呢？沒有的，是被欽點的。當然，大家可以說有「華叔」和李柱銘，大家說當中有「花瓶」──當然，我不是否定「花瓶」的作用，「花瓶」有做事；但是，始終整個決策過程和草委會本身根本以內地人為主，而香港人亦是以權貴和精英為主，民眾根本完全被排擠在外。

說回基本法的諮詢方面，黃毓民議員剛才說，大家要記得當時基本法有諮詢委員會，並非沒有諮詢。但是，我認為那根本不是真正的諮詢，而是假諮詢，所以，我開宗明義說，整個基本法的制定過程並沒有諮詢，那是假的。當時是誰做諮詢委員會的秘書長呢？是梁振英。我還要說一段歷史。當時譚耀宗議員要求劉千石不要競逐諮詢委員會──這段歷史大家都忘記了──導致獨立工會最後全面杯葛諮詢委員會勞工界的推選過程。這些歷史很明顯，在諮詢委員會中已經有排擠，何況草委會？整個制定過程香港人有甚麼份呢？充其量只可說是提供意見，但提供意見是沒有意思的，最後決策的是誰呢？香港人不能決策，最後根本由中共決定。這便是歷史。

在收回主權後，實踐是怎樣呢？實踐更是令人一眶眼淚。大家看看整個基

本法的各項條文，根本已經處處設防。對於我們的政制發展，基本法已寫明由中共完全操控。但是，寫明由中共完全操控還不夠，人大還要數次粗暴地干預。第一次，大家記得在二〇〇四年否定二〇〇七年及二〇〇八年有雙普選，那次導致五十萬人遊行，然後董先生腳痛，但也沒有用，因為已否定二〇〇七年及二〇〇八年雙普選。當時將「三部曲」變為「五部曲」，種下現時「五部曲」的禍根。

第二次，在二〇一〇年說二〇一二年沒有雙普選，又是另一次否定雙普選，那次說提名委員會必須有四大界別，亦講明要有若干候選人。二〇一〇年的決定，同樣種下這次八三一的「落閘」決定的種子。

然後最慘烈的一次，當然是八三一的「落閘」決定。三個閘，第一要獲提名委員會委員過半數提名，第二是必須有四大界別，第三是二至三個候選人，根本找不到任何空間令香港可以有真普選。這便是歷史。歷史很清楚，根本剝奪了香港人本身有真普選的可能性，因為全部都由中共操控，它已經處處設防。還有一次是大家也記得的，便是「一六七」慘案。何謂「一六七」慘案呢？說有一百六十七萬內地人會來香港家庭團聚，那是人大第一次釋法，而且很清楚，因此引起法律界出來遊行。那次同樣是人大釋法，也破壞了香港的法治。所以，從實踐上，大家可以看到，香港的法治和政改一直遭受中共粗暴干預。未來岌岌可危，大家看到白皮書裏面的重點，其中一個是貫徹「一國兩制」的方針政策，必須從維護國家主權安全發展利益方面着眼，是任由它定義的。如果有一個神經質的政權 —— 現時中共政權真是神經質 —— 甚麼也說是國家安全，那麼香港根本毫無空間。

此外，「高度自治權來自中央授權，中央授權多少，香港便享有多少，是地方事務管理權，不存在剩餘權力。」嘩，即是它給予香港多少權力便是多少，香港是沒有權的。接着，又要「以愛國者為主體者的『港人治港』」，這裏還恐怖得〔地〕要求司法人員也愛國，如果司法人員愛國，香港的法治完蛋，那麼，香港還剩下甚麼？所以，整份國務院白皮書根本是要告訴香港人，五十年不變是假的，現在立刻便變，法官也要愛國，根本沒有任何空間容許真普選，全部要由中共決定香港的所有前途和命運，完全將香港的「高度自治」矮化。在這種情況下，我想問香港未來有何希望呢？

所以，香港真的很慘，歷史上，我們被剝奪參與權；實踐上，根本是咄咄逼

人，一直遭受粗暴干預；未來又早已講明，準備進一步收緊，我們香港人的未來還有些甚麼呢？所以，今次的佔領運動不單是民主政制的問題，根本是關乎香港人的前途問題，我們的價值觀、香港人一直十分擁抱或肯定的核心價值根本一直被中共政權侵蝕。這便是今次佔領運動其中一個非常主要的矛盾點，不單是政改的問題，政改只是整個中港矛盾最突顯的部分。

所以，代理主席，我們十分支持全民制憲，但我們亦明言，這個全民制憲必須存在修改的基礎，將《世界人權宣言》中《公民權利和政治權利國際公約》、《經濟、社會及文化權利國際公約》和國際勞工公約作為制憲的參考基礎。因為現時的問題是，很多時候，例如國際勞工公約規定工人享有集體談判權，但由於香港沒有相關法例，所以根本無法落實。我們希望憲法本身可以落實我們的基本人權，包括國際勞工公約和《經濟、社會及文化權利國際公約》當中所有的條文，在憲法內得到肯定。

李卓人議員動議的修正案如下：

「在『準確』之前刪除『本會要求行政長官及問責官員總辭，由公務員維持特區政府的日常運作，並隨即組織修憲港是會議，修改《基本法》；新憲法將以《世界人權宣言》及《香港人權法案條例》為基礎，』，並以『鑒於在制定《基本法》時並無廣泛諮詢香港市民，而《基本法》實施至今，未能有效保障香港市民的基本權利，亦不能確立市民透過普及平等選舉和代議政制監察政府的運作和權力，本會促請特區政府組織修憲會議，廣納民意，並以《世界人權宣言》、《公民權利和政治權利國際公約》、《經濟、社會與文化權利的國際公約》、國際勞工公約，以及其他保障人權的國際公約為基礎提案，全面修改《基本法》，並籲請中央政府尊重香港市民的意願，同意有關修改；新憲法』代替；及在『連署』之後加上『或政黨』。」

（編者注：修正後的議案內容如下：
「鑒於在制定《基本法》時並無廣泛諮詢香港市民，而《基本法》實施至今，未能有效保障香港市民的基本權利，亦不能確立市民透過普及平等選舉和代議政

制監察政府的運作和權力，本會促請特區政府組織修憲會議，廣納民意，並以《世界人權宣言》、《公民權利和政治權利國際公約》、《經濟、社會與文化權利的國際公約》、國際勞工公約，以及其他保障人權的國際公約為基礎提案，全面修改《基本法》，並籲請中央政府尊重香港市民的意願，同意有關修改；新憲法準確釐定香港自治權的範圍，以及國防與外交事務的定義；制定公投法，讓港人有創制及複決法律的權利；亦制定政黨法，規範政黨運作，以及政治獻金法，要求政黨公開所收取的政治捐獻；容許行政長官候選人有政黨背景，立法會議員提出涉及政府政策的法案無須獲得行政長官的書面同意；新憲法獲港人公投通過後，舉行公民連署或政黨提名的行政長官及立法會雙普選，體現『直接民主』，實現真正『港人治港』。」）

政制及內地事務局局長：

代理主席，根據《中華人民共和國憲法》第三十一條：「國家在必要時得設立特別行政區。在特別行政區內實行的制度按照具體情況由全國人民代表大會以法律規定」。憲法第六十二條第十三項清楚指明，全國人民代表大會行使的職權包括「決定特別行政區的設立及其制度」。

基本法序言清楚表明：「為了維持國家的統一和領土完整，保持香港的繁榮和穩定，並考慮到香港的歷史和現實情況，國家決定，在對香港恢復行使主權時，根據中華人民共和國憲法第三十一條規定，設立香港特別行政區，並按照『一個國家，兩種制度』的方針，不在香港實行社會主義的制度和政策。」序言亦說明：「根據中華人民共和國憲法，全國人民代表大會特制定中華人民共和國香港特別行政區基本法，規定香港特別行政區實行的制度，以保障國家對香港的基本方針政策的實施。」由此可見，基本法的制定權是屬於全國人大的。

基本法是香港的憲制基礎，在二十四年前頒布。在通過前，在香港就政治體制和普選等議題經歷了長達接近五年的廣泛和深入諮詢，最終訂出符合香港法律地位和香港整體利益和長遠利益的政治體制模式、條文和發展原則，包括兼顧社會各階層利益、有利資本主義經濟的發展、符合循序漸進的原則和適合香港實際情況。

　　基本法作為香港特區的憲制文件，是貫徹落實「一國兩制」、「港人治港」和「高度自治」方針政策，維護香港長期繁榮穩定的基石，不能輕言修改。事實上，基本法第一百五十八條清楚指明基本法的解釋權屬於全國人民代表大會常務委員會，而第一百五十九條則指明基本法的修改權屬全國人大。

　　自香港特區成立以來，中央政府一直嚴格按照「一國兩制」、「港人治港」和「高度自治」的基本方針政策及基本法的規定，支持行政長官及特區政府依法施政。同樣地，特區政府亦一直嚴格按照「一國兩制」的原則及基本法處理香港特區的事務。

　　基本法第一條訂明：「香港特別行政區是中華人民共和國不可分離的部分」；基本法第二條訂明：「全國人民代表大會授權香港特別行政區依照《基本法》的規定實行高度自治，享有行政管理權、立法權、獨立的司法權和終審權。」基本法第二章亦規定了「中央和香港特別行政區的關係」，包括中央根據基本法直接行使的權力，也包括全國人大授權香港特別行政區依照基本法的規定實行高度自治權。

　　基本法第四十三條訂明：「行政長官是香港特別行政區的首長，代表香港特別行政區」，並「依照《基本法》的規定對中央人民政府和香港特別行政區負責」。基本法第四十八條亦授權行政長官「領導香港特別行政區政府」，負責執行基本法；提名並報請中央人民政府任命主要官員；決定政府政策；簽署立法會通過的法案，公布法律；依照法定程序任免各級法院法官；執行中央人民政府就基本法規定的有關事務發出的指令；及代表香港特別行政區政府處理中央授權的對外事務等。

　　基本法第三章清楚列明了香港居民的基本權利和義務。香港居民依法享有的基本權利和自由，受到基本法及相關本地法例所保障。同時，基本法第四十二條指出：「香港居民和在香港的其他人有遵守香港特別行政區實行的法律的義務」。

　　此外，香港的政制發展必須符合基本法和人大常委會的相關解釋及決定。基本法第四十五條及第六十八條，以及基本法附件一及附件二，均規定了行政長官和立法會的產生辦法，須根據香港特區的實際情況和循序漸進的原則，最終達致〔至〕行政長官由一個有廣泛代表性的提名委員會按民主程序提名後普選產生，以及立法會全部議員普選產生的目標。

　　自二〇〇四年起的十年以來，香港社會就如何按照基本法修改行政長官和立法會產生辦法，以及有關普選的相關議題，已有多次廣泛及具體的討論，包括在二〇〇五年透過策略發展委員會提供了一個公開平台，讓社會不同界別人士展開充分討論；而在二〇〇七年，第三屆特區政府更發表了《政制發展綠皮書》，就有關行政長官及立法會普選方案、路線圖和時間表廣泛諮詢公眾的意見。

　　在二〇〇七年十二月，時任行政長官在《綠皮書》公眾諮詢期完結後，向全國人大常委員會提交了報告，如實反映了社會各界關於普選的意見。隨後，人大常委會更於二〇〇七年十二月二十九日通過《關於香港特別行政區 2012 年行政長官和立法會產生辦法及有關普選問題的決定》，自此香港擁有一個明確的普選時間表。

　　在二〇一〇年，特區政府就二〇一二年行政長官及立法會產生辦法提出建議方案，先後獲立法會全體議員三分之二大多數通過、行政長官同意，以及人大常委會批准和備案。在二〇一二年，政改方案的成功落實大幅提高了兩個選舉辦法的民主成分，包括在立法會選舉方面，新增的五個功能界別議席由過往在傳統功能界別以外的超過三百二十萬名登記選民以「一人一票」方式選出，使立法會接近六成的議席具有超過三百萬名選民的基礎。

　　在二〇一三年十二月，特區政府亦就二〇一七年行政長官及二〇一六年立法會產生辦法，展開了為期五個月、廣泛有序的公眾諮詢。今年七月，特區政府公布《二零一七年行政長官及二零一六年立法會產生辦法公眾諮詢報告》，如實地反映了在公眾諮詢期內收集到來自社會各界的不同團體和人士的意見。同日，行政長官向人大常委會提交報告，就二〇一七年行政長官及二〇一六年立法會產生辦法是否需要修改，提請人大常委會作出決定。

　　在審議行政長官提交的報告及廣泛聽取香港社會各界人士的意見後，人大常委會於八月三十一日通過《關於香港特別行政區行政長官普選問題和 2016 年立法會產生辦法的決定》，標誌我們完成了政制發展「五步曲」憲制程序中的第二步，正式確定香港特別行政區可以在二〇一七年開始，實行「一人一票」普選行政長官。

　　由此可見，特區的政治體制自特區成立以來，都是嚴格按照基本法和人大常委會的相關解釋及決定，按照香港的實際情況，循序漸進地朝着普選的最終目標

發展。

　　成功落實二〇一七年行政長官普選，是中央、特區政府及香港市民的共同願望。在過去一段時間的討論中，香港社會各界就如何具體落實普選行政長官持有不同意見和建議，在香港這個多元社會出現這種現象是可以理解的。在未來一段日子，特區政府會繼續以最大的決心和誠意，盡最大的努力凝聚社會共識，共同努力，達到如期依法落實普選行政長官的目標。

　　代理主席，黃毓民議員的原議案及李卓人議員的修正案，都是鼓吹所謂「全民制憲」。這種主張無視基本法的歷史背景及香港特區的憲制地位，亦對基本法多年來為香港特區各方面帶來的繁榮穩定刻意忽視。香港特區政府認為在應對香港特區各方面的挑戰，包括政制、經濟和民生等的發展時，始終應以基本法為基礎。因此，特區政府反對黃議員的原議案及李議員的修正案，並呼籲各位議員也反對這些議案。

王國興議員：

　　代理主席，有關原議案和修正案的內容，其標題是「全民制憲，重新立約」，內文提到修憲和甚麼新憲法。代理主席，眾所周知，如要修改或制定憲法，權力在全國人民代表大會和全國人民代表大會常務委員會。憲法第六十二條和第六十七條已清楚闡明立法權和審議權，如兩位議員不清楚知道這一點，請他們翻查有關資料。

　　所謂「全民」的說法，其實是一個很大的政治錯誤，其意思是香港的七百多萬人就是「全民」，這是極其錯誤的。不論是憲法或基本法，均須由人大審議、提出和決定，屬全國人民的事。因此，不論是憲法或基本法，所關乎的絕非七百萬人的事。因此，他們在這裏提出所謂「全民制憲」，其用心在於鼓吹香港獨立，即港獨這種意識形態，我必須揭穿這一點。

　　代理主席，我接下來要說的是，我認為他們提出的原議案和修正案，讓我們看到港獨的幽靈正在香港上空徘徊。他們在議案中究竟提出了甚麼「貨色」，讓我們看到港獨的幽靈正在香港上空徘徊呢？我會提出五點。

　　第一，他們提出所謂修憲港是會議，怎麼搞的？成立修憲會議是香港可以做

的事嗎？第二，關乎香港自治權的範圍，難道我們可以自行訂出所謂自治權嗎？這若非鼓吹香港獨立，又會是甚麼意思呢？第三，他們提到國防與外交事務的定義，這真是荒天下之大謬。國防和外交事務的定義，我們怎能自行界定呢？這分明是用心險惡。第四，他們提出制定公投法。大家都知道所謂公投法屬違憲、違法，根本不應且不可能存在。即使要進行有關工作，也應由人大負責，而非由香港七百多萬人說說便成事，他們根本不可以這樣做。

……

第五，他們提出港人有創制及複決法律的權利。從以上五點可見，原議案和修正案的實際用心在於鼓吹香港自決、香港自治，試圖脫離祖國的母體，用心十分險惡。因此，我認為原議案和修正案是極其荒謬、錯誤的，我們絕對不能接受。

梁美芬議員：

代理主席，對於今天這項議案，歸根究底的問題是大家是否接受香港是中國的一部分，以及是否接受中國是香港的祖國，在香港行使主權。如果沒有三條不平等條約，便不會有一九九七的問題；沒有一九九七的問題，便不會有「一國兩制」，亦不會有基本法。

代理主席，香港從一個殖民地成為中國轄下的一個特別行政區，其實是來得不易的。我記得在一九八二年，當中國的憲法學界要考慮如何在配合國家政策的原則下收回香港時，曾經考慮很多方案。第一，把香港歸入廣東省；第二，香港成為自治區，好像新疆、西藏等；又或把香港變為直轄市。他們亦曾考慮像南方的城市般，把香港變成為經濟特區之一或某個沿海城市。最終大家也很合理地認為，所有這些模式均不適合香港。

當時，香港是一顆很美麗的東方之珠，基本法起草委員會很多內地成員到訪香港後，回去匯報時也說香港真是一個十分美好的地方。他們很喜歡香港，很喜歡香港的人與地。所以，當他們接到這差事，要設計一個如何令香港可以保持繁榮穩定，而又能和平、無須流血地回歸中國的模式時，究竟他們要怎麼辦呢？於是有一批智囊成員建議「一國兩制」。

　　當時，「一國兩制」也不是必然的，因為亦有人覺得國際標準應該是「一國
一制」，怎可能是「一國兩制」呢？中國是社會主義國家，所以亦有很多人反對
香港以「一國兩制」回歸中國。事實上，如果不是中央政府一力支持這概念，認
為從國策及中國發展來看，香港繼續維持資本主義對全國都好的話，香港今天也
不會成為特別行政區，亦可能不會有今天的議題。

　　此外，以香港作為特別行政區，他們當時也曾考慮很多方案，究竟應該是
採用聯邦制或邦聯制？為何會採用全世界也沒有的「一國兩制」呢？香港其實真
的很獨特，他們想到，既然香港的經濟、政治、法律、文化制度全部都與內地不
同，不如便採用「一國兩制」的模式。「一國兩制」的自治空間是高於聯邦制的。
舉例說，我們的終審法院有終審權，但在實施聯邦制的國家，例如美國，他們的
州法院也沒有終審權，更不會出現由外國國籍人士出任立法會議員或法官。其
實，當日他們盡了很大努力來設計一個如何能符合「一國兩制」的模式。基本法
的制訂要符合主權、高度自治及維持現狀，而基本法亦要作為香港最高的法律，
但不可作為憲法，因為中國是一個單一制的國家。他們想到頭也痛了，最終設計
出現時的模式，即基本法在香港是最高的法律，是香港的小憲法，但卻屬於全國
性法律內的特別法。因此，基本法並非由香港立法會通過，而是由全國人民代表
大會通過。

　　我們要接受的是，香港回歸後有「高度自治」，但不是絕對自治；我們亦要
接受，其實當中有很多條文並非單一屬普通法或中國法。基本法就好比一個混血
兒。在過去十七年，這個混血兒不斷地成長，亦在父親和母親之間出現很多衝
突、矛盾和諒解下能夠成為今天的現狀。在基本法的條文下，例如關於釋法及修
改的部分，顯然不屬於普通法，因為當中提到中央的主權。然而，基本法第八條
很明顯是為了維護香港普通法的特徵，甚至訂明香港原有整個普通法的體制、法
律淵源全部都要繼續保留。一個是資本主義社會，一個是社會主義社會，當時在
制訂基本法時也加入了一些我認為頗具膽色的條文，就是在第五十條及第五十二
條提到行政、立法及司法的關係，甚至容許特首可以解散立法會，而當立法會真
的無法與行政長官合作時，可以迫使行政長官辭職。其實這是一種西方的制度，
在回歸前是絕對沒有的。

　　我們很難強迫不喜歡自己國家的人喜歡它或愛它，但我們很希望他們能為了

香港而接受「一國兩制」，因為一個地方如果不接受自己的憲制，便會出現好像泰國的情況，根據憲制選出來的政府動輒倒台。絕大部分香港人均愛護我們的國家，血濃於水。我們願意和平回歸，以法律方式解決比較重大的問題。所以，對於基本法，我們必須珍而重之。

今天的香港跟一九八四年的香港十分不同。一九八七年，我在北京近距離地看着北京的草委與香港的草委如何「過招」。當時北京的情況是怎樣的呢？是七天才可洗澡一次。我相信我們香港人發夢也沒有想過是這樣的；圖書館沒有冷氣，我在經過一天工作後有一個很大的願望，便是捐一部冷氣機給我當時留學的大學。當時的人民十分貧窮，一家三口就只靠一輛自行車出入。

今天的中國已經不同，當日的香港與中國有距離，但在基本法的很多條文下，香港的「高度自治」仍能得到保護，很多香港的特色也得以維護。我很希望大家能互換思維，因為如果大家為了這混血兒天天都吵架，大家天天也不接受它，甚至要把它從某一部分切割出來，其實是做不到的。我們必須愛護它猶如珍惜生命一樣。我們必須互換思維，最低限度我們能夠證明，現時香港的「一國兩制」實施得很好。我亦希望我們能夠多些瞭解中國的局限，因為這個混血兒的眼眉像爸爸，眼珠像媽媽，但我們必須不亢不卑，珍惜現在所擁有的法治、自由、經濟的制度，爭取將來實現我們所希望的民主，優質的民主。我們要一步一步地走，循着基本法的軌跡，一起愛護它，欣賞不同，包容分歧，瞭解局限，發揮我們的優勢……

黃碧雲議員：

代理主席，基本法整個政治制度的設計，其實沿襲殖民地時期政府採取的所謂行政主導模式，當中很多在草擬時特地加入的條文，旨在進一步削弱立法機關的權力，使行政主導的政治模式慢慢演變成為行政霸權。所以，我認為有必要檢討基本法。

讓我們現在看看行政機關如何體現所謂霸權，大家其實也曾經領教過。例如，我們希望能夠押後處理財務委員會一些極富爭議性的議程項目，例如一些與民生有關的事情，無論是低收入家庭津貼或教育撥款，甚或我們現正討論的公務

員薪金調整，這些都是很多市民關心的議程項目。泛民議員建議政府把這些議案抽出提前處理，但政府卻不願意這樣做。為何立法機關的財委會議程會由行政機關 dictate 或控制？即使只是調動次序，予市民方便，打開一條「人道通道」，政府也不願意做。

我們是否認為行政霸權或削弱立法機關權力是可取的政治制度，並且是能夠達到有效管治和互相監察的目的的好制度？我們不認為要一腳把基本法踢走，完全置諸不理。這是不尊重的行為，我們也沒有說過這些話。但是，基本法是否還有改善和檢討空間？

此外，基本法中也有一些不合理條文，包括與分組點票機制、立法會仍然設有功能界別議員有關的條文。議員提出私人法案的權力也受到極大限制，甚至比殖民地時期受到的限制有過之而無不及。當議員嘗試修訂政府提出的議案時，也受到很多不必要的限制，以致行政和立法機關之間互相監察和制衡的作用無法有效得到體現。

所以，代理主席，我支持李卓人議員提出檢討和修訂基本法的建議。關於黃毓民議員提出的議案，大家當然也有意見，認為這項議案好像天馬行空，不知會否脫離現實和能否付諸實行。對於這項議案的前半部，民主黨不表贊同，因為我們看不到落實的可能。我當然不希望王國興議員再次「抹黑」我，指我現在的發言目的是要求「港獨」。民主黨從來沒有說過要求「港獨」，我們希望大家不要作出這樣的解讀。

黃毓民議員在議案的下半部提出了一些建議，我認為可予以考慮，而民主黨也贊成他的部分看法，包括制定政黨法和公投法。代理主席，如果我們希望香港走向民主政制，並落實雙普選，其實在民主的制度下必須確立健全的政黨政治，我們不可以採取迴避態度。政黨法對推動政黨政治的健康發展絕對有幫助，包括同時規範如何公布政黨成員名單和他們接受的捐款。這些資料全部應該公開和保持透明。民主黨已多次提出這些建議。

代理主席，關於公投問題，基本法中並沒有公投法。我們一直討論的民主政制在八十年代指的是代議政制，透過民主選舉產生代議士在立法會議政、論政。但是，我們近年的確看到一些市民基於議會未能走向全面普選，因而質疑議會失效，越來越多市民也認為需要設立直接的民主機制。換言之，當社會出現重大爭

議或嚴重撕裂的時候，究竟哪些意見才是主流意見，哪些受到較少人支持，現在說來說去也說不清。當一方說自己代表主流意見的時候，另一方也說自己代表主流意見。總而言之，兩方都說自己代表大多數意見。

當社會陷入這種局面的時候，如果有合法的公投機制，我們便可以透過公投表決解決問題，包括我們正在討論要求真普選的問題，要求全國人民代表大會常務委員會撤回八三一決定，以及市民是否支持「袋住先」或不支持假普選的問題。如果發生這麼嚴重的爭議，在有公投法的情況下，大家便可以透過合法公投解決紛爭。

田北俊議員：

代理主席，黃毓民議員在今天提出的原議案中真正討論的問題，是我自八十年代起從政和擔任基本法諮詢委員會的工作至今一直關心的問題。在八十年代，香港人擔心的是回歸後的香港會有甚麼改變，不知道會否從英國殖民地變成香港人自主、自治的地方，還是會將權力歸還中央政府，再由中央政府分配。我們當時的理解是，人們樂見這個全世界均從未出現過的「一國兩制」設計。當然，當中的「高度自治」從未有過具體說明。我明白香港人當然希望擁有「高度自治」，而且程度越高越好。我們有自己的貨幣、護照和終審法院，而財政預算案亦全然自行負責。既然如此，這種最高境界與獨立有何分別呢？我們認為是主權必然歸中央，而治權則屬香港。

（主席恢復主持會議）

黃毓民議員的原議案雖然提出了太多建議，但我認為當中有部分內容值得合理地加以研究，例如政黨法、政治捐獻，以及政黨背景的規定是否適用於行政長官。不過，其他關乎公投甚至修改基本法的建議，自由黨則不表認同了。現時衍生的問題，包括近日我對行政長官的批評，事實上關乎基本法對政制的整體設計，當中的問題出於每屆行政長官與下屆政府之間的可持續性，可說是連貫性欠奉。為甚麼會如此呢？原因是每屆行政長官候選人參選時都會提出政綱，但卻欠缺班底，由誰出任三司司長、十二局局長和行政會議成員，均為未知之數，要待當選後才作決定。在當選後進行組班時，獲委任的司長和局長又是否願意支持他

參選時所提出的全部政綱呢？又未必見得。接下來，在聽取市民的意見後，他會否順應民意呢？這又是一個問題。因此，我們一直認為有需要解決這種情況。

自由黨與其他很多黨派均提出一種說法，認為中央現時考慮的是在選出行政長官後，不論由選舉委員會選出，還是透過普選產生 —— 如希望透過普選產生，當然要得到四五位泛民議員支持才能落實 —— 也應發展「聯合執政」的概念。不論是司長、局長或行政會議成員，均應從左、中、右各方一同做好香港。否則，到了行政長官當選那天，他不僅在立法會中一票也沒有，就連司長、局長也無法覓得人選。在短短數年間，既要進行研究，又要落實政策，根本無法辦得到。再者，即使他在任五年，甚或十年，但當下一位接任時，整個政策範圍可以徹底改變，例如房屋政策可以由「八萬五」的建屋目標變成不進行任何土地拍賣，繼而再回復到興建六萬多個單位的目標。當下屆行政長官上任時，說不定又會取消所有建屋目標。因此，這種制度是無法持續的。

不少人指出，在民生方面，香港在十年間未曾建過一所新的大學或醫院。十年後，堆填區可能又會爆滿，接着又要再把堆填期延長十年。雖然市民對這個不可持續的政府有意見，但議案中建議修改基本法，全部推倒重來，我認為這實在是不切實際的。這並非關乎是否符合國際人權法的問題，原因是我們現在唯一要遵守的是本身的憲法基本法。基本法提供了很多空間，例如在現時的選舉過程中，如何能讓更多市民參與提名機制，令當選的行政長官多聽民意，從而做好香港，這反而實際得多。我認為如果提出這種議案，會令中央領導人更為擔心，質疑為何香港會有議員提出這種議案。

郭家麒議員：

我們當然相信基本法中承諾的「一國兩制」、「港人治港」、「高度自治」及五十年不變，亦希望能夠真正落實和這些承諾得到保證。但是，回歸十七年後，時至今天，我們看到的是否「有法可依」的情況呢？中央插手干預香港事務，已經不僅限於國防及外交，而是政治、經濟、法治、民生及人權，每天也受到損害。

……

　　主席，制定基本法原本是為了給予香港的人權最低保障，但現時已淪為中央管制特別行政區的政治工具。我們亦擔心，香港只會漸漸成為中央某些高官感興趣的一個資金 —— 甚至說得難聽一點，是「黑錢」—— 的集散地。我們是否真的想香港變成這樣呢？

　　其實，基本法第四十五條亦清楚訂明，行政長官最終是由普選產生的；第六十八條亦清楚訂明所有立法會議席也是最終由普選產生的，而功能界別當然是會廢除。但是，這個按照基本法的原定計劃（即二〇一七年特首的產生辦法及二〇一八年的立法會選舉），已經被中央的「黑手」一手摧毀。原本是可以早於二〇〇七年及二〇〇八年達至普選的 —— 這亦是香港人的共識 —— 但這已經不復存在。

　　另一方面，我們當然希望可以捍衛我們一直引以自豪的司法獨立及法治精神，但時至今天，我們卻看到法治精神受到不少破壞。我為何這樣說呢？在回歸以來，已經出現四次釋法。

　　在二〇〇四年進行的第二次釋法對基本法的附件一及附件二作出解釋，我覺得這是最致命的，因為改變了行政長官及立法會產生辦法的修改程序，在原來的三部曲內強制加入兩部曲，包括：（1）行政長官就是否需要進行修改向全國人大常委會提出報告及（2）全國人大常委會依照基本法第四十五條及第六十八條的規定，按香港的實際情況及循序漸進的原則，予以確定。由三部曲變為五部曲，這個「龍門」喜歡怎樣改變，便怎樣改變。

　　有人問，基本法怎麼可以修改？如果沒有人破壞法治在先，如果沒有隨意釋法 —— 特別是對行政長官及立法會選舉這個最重要、原本在基本法第四十五條及第六十八條內說得清清楚楚的莊嚴承諾 —— 如果沒有這件事在先，當然，我們必須維護，也不可隨意修改基本法，但現時的情況卻不是這樣。現時我們視之為金科玉律的基本法，可以隨人大常委會何時喜歡便可以任意詮釋，可以由有改變到無。它怎能向香港人交代呢？當年，正是因為這麼多香港人信任基本法、信任「一國兩制」和信任中英聯合聲明，因此才繼續在香港維護這個社會。

　　這麼多年來，我們以自己的時間和努力來建構社會，但現時卻受到破壞，因此，今天才會有這麼多人走出來。他們不是全部也可以在雨傘廣場遇見，但今天所有香港人也看到基本法原本的精神變成這樣，看到「一國兩制」根本上已經逐

漸變成「一國一制」；看到所謂的普選已經被「煎皮拆骨」，我們又怎可以不發聲呢？

當然，我們未必同意黃毓民議員的議案內所有有關全民制憲的內容，但很清楚地，包括李卓人議員的修正案亦清楚說明，我們同意需要有一個機制來再審視這件事。如果全部香港人也同意全民制憲，便是有民意授權，為何不值得尊重呢？難道人大常委會可以代表香港市民的意願嗎？如果可以，我們便不會看到今天數以十萬計的市民在雨傘廣場聚集。

毛孟靜議員（譯文）：

香港現時停滯不前，當然，這主要是在政治方面，可是政治崩壞也會殃及許多其他方面。我們需要推動力、新的想法，甚至革新的思維來推動政改發展。……

……

……我極為不同意田北俊議員的說法：「嘩，這太過不切實際了，會嚇怕北京，令他們……或者，這類議案或這項議案和它的修正案只會令北京對香港更感不安。」天呀，那麼，我們是否應該在香港進行思想控制？看看這裏：雨傘代表雨傘運動，獅子山精神代表拼搏精神，然後這一句說「我要真普選」。這只是個夢想嗎？即使這只是一個夢，我們不能堅持夢想嗎？我們是否甚至談談某些事情也不可以？對年青一代來說，有一種東西叫做「想像工程」——「想像」加上「工程」。

時至今日，可以清楚看到整場運動是非常有機和非常自發的，以至它已經成為了一場人民運動，因此，現時正好是時候在議事廳內進行這類討論。如果嚴格來說，這即使不是一場辯論，也是一場討論。太痴人說夢？太過不切實際？太異想天開云云？似乎我們甚至在這個議事廳內想想不可能的事也不可以了。對於公投法的建議，我當然完全贊同，因為你聽到梁振英政府中人，或是他的奴才老是說：「進行任何公投也是沒有意思的，因為無論結果如何，也沒有法律約束力，因為沒有法律賦予公投約束力。這又有甚麼意思呢？不要做吧。」所以，我們應該先立法。那麼，做正規的民意調查又如何呢？他們會說：「嗯，你們想做甚麼

也可以，但也沒有法律約束力。話就說到這裏。」這算是甚麼理據？這算是甚麼社會？彭定康遠在倫敦說：「香港的政治其實是在倒退」，而不是向前邁進。他看得出香港人的利益是如何被出賣了。讓我引述他的話：他實際上是說他完全理解我們年輕一代的感受，他們覺得自己的將來給竊取了。

吳亮星議員：

主席，這是一個「政治海市蜃樓式」或稱為「完全脫離實際」的議員議案。如果更嚴肅地界定，便會被視為違反政治倫理的議案。通俗地說，甚至可以被視為有「作反」之嫌。在本議事堂討論如此議案，我個人認為是一場「政治大龍鳳」，因為黃毓民議員所提出的「全民制憲」，即以全民公決的方式制定憲法，是獨立國家的行為。實際上，例如法國在一九五八年以全國公民投票通過新憲法，確立第五共和的政治基礎，但香港的實況絕非如此。香港是中國的一個特別行政區，直屬中央，而不是一個獨立的城邦，怎可以自行制憲？因此，黃議員既然提到基本法，如果立法會議員真正守法，便值得重溫基本法第一條：「香港特別行政區是中華人民共和國不可分離的部分」；第二條也提到，「全國人民代表大會授權香港特別行政區依照本法的規定實行高度自治，享有行政管理權、立法權、獨立的司法權和終審權」。

正如劉兆佳教授指出：「香港雖然擁有『高度自治』的權力，但卻並非獨立的政治實體，因此不能與獨立國家的民主發展相提並論」。劉教授也指出，香港在「一國兩制」下所獲得的自治權力由中央授予，是「高度」而非「完全」，這就是香港政治的現實。「一國兩制」需要完整地理解，「一國」是前提，不能孤立地看待「兩制」。中國是單一制國家，這完全決定了中央政府擁有香港政制的決定權。

法律學者陳弘毅教授也指出：「《基本法》是中華人民共和國最高立法機關制定的法律，它不單是一部香港法律（同時是香港特別行政區的憲制性文件），當然也是一部『全國性法律』」。因此，它不可能由香港單方面修改。根據基本法第八章第一百五十九條，基本法的修改權屬於全國人民代表大會，而修改的提案既要經港區人大的三分之二大多數，亦要經過本會議員三分之二大多數和特區行

政長官同意後，交由港區人大代表團向人大提出。黃議員的議案不按法律正途，並提出「組織修憲港是會議」，隻字不提中央政府的角色，難免令人覺得他是患上「政治幻想症」，抑或有其他目的？

實行代議政制的國家，也不見得容許其縣市級地區以公投方式制憲。英國又怎會容許倫敦市民以公投自行制憲？即使是西方民主國家，地方政府進行有效力的公投，亦必須先獲得中央政府批准，近期蘇格蘭的公投便是其中一例。至於近日西班牙加泰隆尼亞的公投，由於並未得到中央政府的同意，因而被定為非法和無效。因此，黃議員提出的「全民制憲」缺乏法理根據，根本只是一場「政治騷」，既沒有法律效力，更不可能有實際效果。此類行徑只會製造政治混亂，甚至玩火自焚，傷己亦害人，更甚者可能會拖累香港，毀掉維護香港長期繁榮穩定的支柱。

葉劉淑儀議員：

黃議員剛才慷慨陳辭，談及很多理念，說起來是十分動聽的，但其實與歷史事實不符。例如他提及直接民主，其實直接民主在人類歷史中只出現了很短的時期，即是在希臘的城邦雅典出現過，而當時的直接民主亦非全民的民主，因為並不包括女性，只有男性，可見這並不算是全民。至於全民制憲，亦非名副其實，正如他剛才提及的台灣模式，也只是經由國民大會，以間接選舉的方式來選出代表而已。如果要看最成功的國家，例如「老牌」民主國家英國，它根本就沒有明文的憲法，它的民主制度是經過八百至一千年的演變才達致〔至〕今天的情況，但亦不是全民制憲；美國憲法更不是全民制定，而是由當時的精英、包括美國歷史上最富有的總統華盛頓在內的大地主，即是學問非常高深、份屬精英的領導階層代表人民，經過多次的憲制大會後，方才制定出來。這絕對不像現時佔領中環般，以佔領街頭的方式來改變政治制度。

至於人民自決，這更是個非常具爭議性的議題。根據國際法的歷史，人民自決這個理念是在第一次世界大戰後，由時任美國總統 Woodrow Wilson 提出的，當時適逢各國均有意成立現時聯合國的前身 League of Nations，但由於該理念未能取得各國的支持，故未有納入 League of Nations 的憲章；直至第二次世界大戰後，

聯合國真的決定討論人民自決，但有關討論主要是在去殖民地化這議題下進行。當時，聯合國成立了一個名為 Subcommittee on Decolonization 的去殖民地化委員會，並在一九六〇年通過了 1514 號議案，藉以討論這議題。可是，在該議案獲得通過後，我們的國家隨即發表聲明，指去殖民地化完全不適用於香港，因為香港是中國不可分割的領土。

此外，人民自決亦牽涉很多其他問題，包括國家主權、領土完整，以及何謂人民，即人民的定義究竟是指部分人民，還是也包括少數族裔、婦女和原居民等。所以，按照我對國際法進行過的研究，人民自決根本就不是一個被國際接納的理念。

主席，我順道讀出一位國際法學者 Emerson 對人民自決這理念的評論：
"The right of self-determination has as yet found no stable place in the international legal structure nor has it been accepted by states as a policy to be applied consistently and across the board." （譯文：「在國際法的架構中，自決權的定位仍未有定論，而各國亦尚未將自決權接納為一項要貫徹實施和全面採用的政策。」）換句話說，人民自決的而且確很多時是一些少數族裔或部分人民的幻想，要實施起來，還要取得主權國的同意，亦要取得其他國家同意，因為人民自決可能會影響另一些國家的領土完整，產生一個新國家。所以，絕對不是由少數人隨口說說，便可以有人民自決，實在要顧及很多政治現實，包括經濟上可否自決。

我完全同意吳亮星議員指香港根本是中國的一部分，正如我們的國家早在聯合國研究去殖民地化時便發表有關宣言。香港是屬於中國的，在主權上不是一個獨立的政治實體，我們亦沒有條件搞獨立或自決。所以，要確保香港長期穩定和繁榮，最實際的方法便是根據基本法實施「一國兩制」，在「一國」之下維持「兩制」，維持我們過去的生活方式。

其實自回歸以來，我們的人權自由比英治時代有過之而無不及，與很多西方民主國家相比，亦是有過之而無不及。很多外國人對我說，哪個西方民主國家可以容許主要幹道被佔領四十多天，而政府也不採取執法行動，讓人民有這麼大的空間來爭取其權益呢？

因此，主席，我認為黃議員的議案和李卓人議員的修正案均無視我們的政治現實，並且不尊重國家的主權和領土完整，新民黨是會反對的。

林健鋒議員：

香港一直以來是中國不可分割的一部分，基於歷史原因，香港曾被殖民統治。由八十年代開始，國家就香港前途問題做了一系列工作，最終促成香港回歸。中央政府亦明白香港和內地的生活有所不同，所以制定基本法這份憲制性文件，訂明「一國兩制」、「港人治港」、「高度自治」等方針和社會制度。

主席，基本法並非閉門造車，我們議會內的同事大部分也有一定年紀，應該記得在八十年代、九十年代，很多香港記者前往北京採訪和報道有關基本法起草的消息。基本法起草委員會委員也包括很多香港人，包括坐在我身邊的「發叔」，大家也認識的李嘉誠先生、李國寶先生、金庸先生，以及已經離開我們的船王包玉剛先生和霍英東先生，亦包括一些民主派人士，包括李柱銘和司徒華先生等。

此外，當時還成立了一個全數由香港人組成的基本法諮詢委員會，吸納各界的意見。委員會成員包括香港社會各界人士，如杜葉錫恩、陳坤耀、楊鐵樑、梁智鴻，亦包括現時議會內的馮檢基議員和田北俊議員，甚至現時身在外面的戴耀廷，這些委員來自社會各界，具廣泛代表性。由此可見，無論是諮詢或起草的工作，也相當顧及香港的需要和感受，制定過程審慎而全面，從而確立基本法的權威地位和重要性。

主席，我再次明確指出，香港不是一個獨立的國家，而是中華人民共和國的一個特別行政區，根據國家的憲法讓香港實行基本法。今天議案的主張，完全違反憲法和基本法。香港是法治社會，不論政府或任何一個人，也不能做出有違基本法規定的行為。依照基本法行事，既是今天的政治現實，也是對香港、對國家最好的做法。無論是修改基本法，抑或是政制發展，基本法也清清楚楚地訂明。如果稍有不滿，就不顧其他人的意見和感受，霸佔馬路，又或是要求官員集體總辭，找一些人圍在一起便稱為「港是會議」，以修改基本法，這不導致社會大混亂才稀奇。至於國際公約，我看不到世界上有哪個國家會不理會自身的現實和需要，而照跟國際公約辦事。

基本法不單是香港人的事情，也是國家的事情，任何變動不但會影響香港的利益，也會影響國家的利益。再者，中港兩地緊密相依，怎可能割裂地單獨來看？盲目地鼓吹作出這麼大的變動，絕非香港人之福。再者，今天這項議案完全

沒有提及香港和中央的關係，既脫離現實，也無視將來香港發展的機遇和方向。所以，我認為所有議員也應該反對這項議案，不要「玩殘」香港。

主席，至於修正案方面，很明顯又是有人在「抽水」，也反映出李卓人議員的想法不符合現實，以為這個世界只有工人，沒有僱主。如果沒有人出錢投資，沒有人提供工作，工人哪有工作呢？其實兩者的關係既密切又重要，所以我們不可以只顧一方，而不理會另一方。一個商業社會，公司須按照僱員的才能和才幹而提出合理的待遇，這才是一種良性的僱傭關係。李卓人議員有意把他經常提倡的階級鬥爭想法納入新憲法，簡直是將香港這個商業社會裏數十萬家中小型企業置諸死地，亦會把香港帶進萬劫不復的地步。

馮檢基議員：

主席，我會分別從兩個範圍討論黃毓民議員的議案。

第一，關於他在議案中提出的一些政治願景，民協基本上、原則上同意這些政治理想，原因是一般人也希望能在自己的地方或國家追求和達致〔至〕這樣的制度。在這個制度下，作為國家的公民，每名市民均是平等的，可以在自己的地方訂定一些政策和法例，甚至決定誰是決策者。更甚的是，當政策、法例，以至決策者違反人民或市民的權益時，他們也有權透過合法的途徑，促使這些政策得以改變和修訂，而決策者亦會因市民投票反對而下台。

我嘗試理解黃毓民議員提出的五項原則。我認為他所提出的原則屬於政治願景，包括：第一，修改基本法，以《世界人權宣言》及《香港人權法案條例》為基礎，準確釐定香港自治權的範圍，以及國防與外交事務的定義，特別是國務院頒布「一國兩制」白皮書這項舉措，單方面闡釋中央全面管治的權力，忽略了港人「高度自治」和司法獨立的問題；第二，制定公投法，讓港人有創制及複決法律的權利；第三，制定政黨法，規範政黨運作，以及政治獻金法，要求政黨公開所收取的政治捐獻；第四，容許行政長官候選人有政黨背景，立法會議員提出涉及政府政策的法案無須獲得行政長官的書面同意；以及第五，新憲法獲港人公投通過後，舉行公民連署提名的行政長官及立法會雙普選。

我們認為不論是在政治學上或世界其他國家例如美國的某些州份，以上五

點中的第一、二、三項或其他項目均有實例支持，可見這些政治理想並非空中樓閣。當然，要達到這些政治理想，必須經過一個過程。以香港為例，這個過程包括港人之間的內部討論、醞釀，接下來當然是要符合香港的法律以至基本法，從而逐步讓這些願景成為香港的法例和基本法的一部分，繼而在特區內真正實行。

當然，願景歸願景，黃毓民議員的議案另一部分提出如何把我剛才提及的五個願景變成事實，他的做法是要求特首和所有問責官員總辭。要求所有問責官員總辭會帶來憲制上的問題，正如我剛才所言，黃毓民議員提出的五個願景，如何能在民情、香港法律、基本法及憲法方面完全順利過關呢？如果特首和問責官員總辭，基本上會出現兩個問題。第一，在政府的日常運作上，涉及香港法律和基本法的事宜均由特首或局長（即問責官員）決定。如果在他們總辭後香港社會出現了這些問題，情況便會相當不妙。舉例而言，有關食物、醫療或醫院運作的問題，即使沒有特首或局長也不礙事，部門一樣可以如常運作。但是，如果出現了一些疫症如登革熱，會不會出問題呢？要估計香港會否出現爆發，很多時均須以局長的權力處理。如果特首和局長辭職，將會出現一段真空期，可能會危害公眾健康，甚至對人命構成威脅，這是我想提出的第一個問題。

第二個問題是，如果沒有特首，我們如何能提出修改基本法呢？以上五個願景，日後不論是其中一個或全部五個成為香港的正式法例以至憲法的一部分，便要修改香港的法例，亦要修改基本法。即使香港提出了一些立場和意見，但如果與基本法完全無關，它們不會成為香港的法律和制度，而基本法其中一項重要的規定是要得到特首的同意。如果沒有特首的同意，根本無法提交全國人民代表大會常務委員會。如果特首和問責官員總辭，失去了這重關卡，又如何能達成香港法律或基本法的修訂呢？我不會讀出基本法所有條文，只想簡單指出基本法第一百五十九條其實已訂明修改基本法的程序。我相信黃毓民議員可參考相關做法，再決定應如何處理。

基本上，我同意李卓人議員的修正案，原因是他的修正案並無要求行政長官及問責官員總辭，解決了我剛才提出的第一個問題。此外，他在修正案中要求中央政府尊重香港市民的意願，同意有關修改，即在中央政府的同意下成為事實。

廖長江議員：

熱血公民倡議的全民制憲，主張推翻基本法（引述熱血公民網頁）：「摒棄《基本法》框架制〔掣〕肘，直接與中共對抗，要求香港自治，全民制憲，才是真正解救香港的鑰匙和出路。」主席，這個概念對一般香港市民而言可能比較陌生，但涵意非常明顯，就是在不敢發動革命的情況下，促使香港成為獨立政治實體。首先，我要開宗明義表明，我絕不同意，更深信這種倡議註定失敗。

在香港，全民制憲最早在一九九六年出現。當時尚未回歸，政治團體前綫便預早批評基本法不民主，更呼籲市民不應視之為不可侵犯，建議重新制訂憲法內容。但是，經解散後重新成立的前綫，其政綱已經刪去全民制憲。

全民制憲學會於一九九九年向立法會政制事務委員會提交「就有關修訂基本法第 159 條的建議」，補充了全民制憲概念的具體操作及技術細節，建議成立制憲大會，成員全部由直選產生。大會通過的法案須交予全港市民以公決方式認可，特區政府必須遵守及執行，而中央政府及全國人大常委會則無權反對和干預。

主席，容許我清楚闡明香港的憲制地位。自古以來，從帝制走向共和，中國一直是單一制國家，而香港一直也是中國領土的一部分。香港特區的成立和憲制，是建基於國家憲法和香港基本法，是全國人民代表大會根據憲法第三十一條和憲法第六十二條第十三款，決定設立香港特別行政區，並制定基本法，規定在香港特別行政區實行的各種制度。

顯而易見，香港不是一個獨立國家或獨立政治實體，是中國主權下的特別行政區。在單一制的國家體制下，香港沒有自治，香港的管治權份屬中央政府。但是，在「一國兩制」、「港人治港」、「高度自治」的政策方針及基本法的規範下，中央政府授權香港特區權力機關，行使基本法賦予的行政權、立法權和司法權。在這個憲制安排下，作為中國的一個特別行政區，香港並沒有所謂的自決權，遑論全民制憲。

事實上，香港根本沒有獨立的本錢。香港是有賴數代人的辛勤努力及靈活變通，加上良好法治、低稅制度及廉潔政府等優勢，並借助中國大陸過去三十年高速經濟增長的東風，才能造就今天的局面。

主席，英國於一九九七年結束在港的管治，把香港交還中國政府。香港回歸祖國，並無走向獨立。這跟美國脫離英國獨立，於一七七六年立憲成立總統式的共和憲制，情況截然不同。兩次世界大戰後，數十個國家及地區紛紛脫離殖民管治，成為獨立國家，各自因應不同國情和歷史條件，發展和建立不同的政治體制，絕不能與香港等量齊觀。

任何有關全民制憲和推翻基本法的主張，等同主張香港走向獨立，或變為中國版圖下的一個獨立政治實體，這根本是天馬行空，不符合香港的憲政現實。香港政制發展亦關乎中國的國家安全和利益，應該恪守基本法規定及全國人大常委會的有關決定，按照香港實際情況有序地推行，這些基本原則絕對不容含混過關。

主席，民主發展是一條漫長而複雜多變的道路，絕對不能抽離時空、民情社會及歷史條件，憑空想像。任何企圖把基本法推倒重來，鼓吹香港獨立或變相獨立，衝擊香港憲制地位，等同自毀長城，亦註定一敗塗地。我謹此陳辭。

葉國謙議員：

其實，香港的「一國兩制」屬史無前例。香港作為地方政府，可以擁有自己的憲制性文件 —— 基本法；透過基本法，更享有其他地方政府不能擁有的高度自治權。可惜，有人誤以為只要簡單修改基本法，便可以無限擴大特區的自治權。擁有這種想法的人，不是無知，便是居心叵測。基本法的權力由中央授予，中央授予多少，香港便享有多少權力，不存在剩餘權力，亦不存在分權。

然而，黃毓民議員的議案竟然要求一個地方政府，自行組織修憲會議，重新釐定自治權範圍、國防及外交事務的定義，藉此奪取中央沒有給予的權力。黃議員以為使出「老千局」這一招，便沒有人會識破這個圖謀嗎？

有人認為，只是設立修憲會議進行討論，用不着上綱上線說成是顛覆中央和鼓吹獨立。這項議案最奸險的地方，便是這個部分。設立修憲會議討論如何修改基本法，只是一個幌子，當中包藏着一個很大的陰謀，便是將西方標準作為修訂基本法的基礎，給予外國勢力機會干預香港事務，將香港變成獨立政治實體，這才是黃議員的真正目的和陰謀。

國家憲法對香港以至基本法，亦具有最高的法律地位及法律效力。現在，黃

議員竟然建議將《世界人權宣言》及落實兩份人權公約的人權法取代國家憲法，定為基本法的最高法律依據。這個做法的最大效果，便是排除中央對香港特區的主權和管治權，並且讓任何曾經參與、討論或制定《世界人權宣言》及人權公約的國家或組織，日後也能以持份者的姿態，對基本法的解釋、如何履行基本法的規定，以至特區政府的運作，名正言順地「指指點點」。情況一如李柱銘之流經常以英國是中英聯合聲明的簽署國為借口，表示英國應該對特區政府的事務說三道四。黃議員所謂的真正「港人治港」，說穿了便是「港獨治港」，不承認中央主權、中央與特區的憲政關係，以及中央擁有對香港全面管治權。

主席，香港自回歸以來，政制改革的種種波折，歸根究底在於香港社會對「一國兩制」未有充分理解，尤其是反對派，只強調「兩制」而輕視「一國」，這便是國務院發表「一國兩制」白皮書的原因，目的是表明中央對香港特區擁有全面管治權。香港享有「高度自治」，但不是完全自治。鑒於政制改革的多項問題也涉及「一國兩制」的原則，如果我們不理會這個最核心的原則，政制改革又如何取得進展？反對派將政改困局歸咎於基本法，因而提出全民制憲，這是完全對錯焦點。

全民制憲的主張在香港並不是新鮮事情。早在前綫於一九九六年成立的時候，當時的政綱曾經提倡全民制憲，認為基本法制定的過程並不民主。同一時間，吳恭劭與劉山青成立了全民制憲學會，亦提出類似主張。從上世紀八十年代中期，中央制定基本法，並開始在香港進行諮詢。佔中發起人戴耀廷先生是當年基本法諮詢委員會的學界代表，在其著作《香港的憲政之路》一書當中，也承認香港人參與制定基本法的程度，遠較港英殖民地的憲制性文件為多，反映基本法在制定過程中已經盡量吸納香港人的意見。

香港近年因為政制爭拗，出現嚴重的政治內耗，不但扭曲了民主的進程，同時也拖慢了經濟和社會的發展，整個社會被泛政治化和鼓吹對立的民粹主義折騰得奄奄一息。事實上，香港的民主步伐掌握在反對派的手中，為甚麼我這樣說？因為只要他們較為理性務實一點，按照基本法及人大常委的相關規定逐步推進民主，香港政制的民主化改革定能取得成果。事實上，在人大常委會的決定中，亦已經提出很鮮明的框架，並提出在二〇一七年便可以普選行政長官，這也是一個很重要的里程碑。

陳志全議員：

現時我們正在爭取「高度自治」，是真正的自治，但他們卻要硬扣上「港獨」的帽子，這項議案其實與「港獨」是有相當遠距離的。但是，共產黨很喜歡這個招數，我舉一個例子，就是西藏。我曾經與達賴喇嘛見面，亦與藏人行政中央，即他們所稱的西藏流亡政府見過面。他們現時也不談藏獨，而是稱之為「第三道路」了，即如果這邊的現狀不好，藏獨做不好，「第三道路」就是指真正的自主（genuine autonomy）。當然，中共或土共就會將其打成藏獨，其實別人已經不說藏獨了，但當我去與他們見面，就說我是支持藏獨，想要進行港獨。

我請大家不要亂扣帽子，並且連討論空間也不容許，說說也不行。我們當時是知道有困難的，莫說全民制憲艱難，即使想修改基本法，那怕只是修改一個字或一個標點符號，其實也是很艱難的，我們清楚知道這一點。根據基本法第一百五十九條，基本法的修改提案權可以由全國人民代表大會常務委員會、國務院和香港特別行政區三方主體分別提出，但如果由香港特區提出修改提案，程序上會異常繁複。其實，不論修正提案是由上述三方哪一方提出，最終的修改權也在人大常委會，而非香港人。如果基本法的修改提案由國務院或人大常委會提出，程序便會完全按照內地機制進行。這部中共專為港人度身訂造的「金剛圈」小憲法，是否真正能夠給予香港人「高度自治」呢？

在十月二十一日，學聯五位同學與「林鄭」等官員進行了所謂商討政改的會議，在會議上同學要求人大重審、改變或撤回八三一決定。但是，當時律政司司長袁國強回應指出，人大常委會為國家最高權力架構，並指出八三一決定不可改動，完全沒有商量的餘地。可是，袁國強知否即使是中華人民共和國的憲法，也是經過多次修改的。在建國六十多年間，中華人民共和國在一九五四年、一九七五年、一九七八年和一九八二年曾經先後制定和施行四部憲法，而在《八二憲法》頒行後，在一九八八年、一九九三年、一九九九年和二〇〇四年便曾經四度修正憲法，那麼人大的決定為何卻隻字不能修改呢？

政治問題，政治解決。中共當天決定實行「一國兩制」、「港人治港」，便是一項政治決定。由於香港的法治和文明程度擁有特殊國際地位，因此出現了「一國兩制」、「港人治港」的方向。如果香港官員言必依從基本法的字面，就不瞭解

到它背後的精神 —— 即在不違反一國的主權下，香港人可以擁有自己決定生活方式的權利。因此，香港人應該合理取回自行制定和修改基本法的權利，這對雙方其實也是有利的。

謝偉銓議員：

……因為整項議案由題目以至措辭內容，均完全無視基本法賦予香港特別行政區的憲制地位，亦漠視《中華人民共和國憲法》與香港基本法的關係，完全偏離「一國兩制」的方針。因此，我不會支持有關議案。

主席，香港是中國不可分割的一部分。基本法草委蕭蔚雲教授曾指出基本法是根據憲法制定的，因此，憲法作為國家的根本性法律，總體上適用於香港特別行政區，否則就不符合國際社會對憲法的通識。基本法委員會委員兼香港大學教授陳弘毅亦曾指出，雖然憲法某些條文因港澳並非實行內地社會主義制度而不直接在港澳特別行政區實施，但這不代表憲法不適用於特別行政區政府。因此，我們必須清楚知道，憲法是國家主權的表述，同時亦是香港特別行政區法制的終極基礎。故此，按照堅持「一國」原則的要求，憲法總體上適用於香港，我們必須明確知道這一點。由於負責制憲和擁有相關權力的是中國法律的最高權力機關，即全國人民代表大會，故要求「全民制憲」完全欠缺法律基礎，亦屬罔顧法律、不設實際的構想，難免令人質疑提出有關要求的背後是否另有目的。

基本法賦予香港特別行政區享有特殊地位，香港回歸祖國十七年來，「一國兩制、港人治港、高度自治」得到貫徹落實和充分體現，這些均是毋庸置疑的。香港的地理位置背靠祖國，造就了香港擁有得天獨厚的優勢。在過去十多年間，香港面對多次大大小小的金融危機和經濟困難，包括亞洲金融風暴、科網股泡沫爆破、影響全球的金融海嘯，以及大家還記得的二〇〇三年 SARS 爆發等，香港最終也能一一渡過和克服這些難關，其中一個重要的原因是得到中央政府的全力支持和幫助。舉例而言，在二〇〇三年推出的「自由行」和 CEPA 等一系列措施、二〇一一年中央政府容許本港企業的人民幣資金直接在內地投資，以及支持香港作為離岸人民幣業務中心等，均有助鞏固和提升香港作為國際金融中心的地位。

主席，香港的經濟今天得以繼續向前發展，實在與過往中央政府對香港推出的連串「幫港」措施有莫大關連。當然，我不會抹煞香港人作出的努力，但很可惜，現時有小部分人藉佔領行動肆意破壞香港得來不易的經濟成果，又蓄意漠視法律，視法律如無物，嚴重損害香港賴以成功的重要基石，我實在感到可悲。

主席，基本法清楚寫明，香港行政長官和立法會最終經由普選產生。相比港英時代的港督委任制，民主發展確實有實質進展，政制亦一步步地邁向普選。回歸以來，不論是經濟民生還是政制發展，香港在基本法的框架下均取得重要成果，令社會得以保持繁榮穩定的局面。然而，黃毓民議員及李卓人議員提出的議案鼓吹或提出「全民制憲」和修改基本法，實在是漠視基本法，亦無視基本法的歷史背景和香港特區的憲制地位，如同削弱香港的穩固根基，更何況修改基本法的權利屬人大。因此，我無法接受他們的議案。

此外，李卓人議員的修正案又指出，在制定基本法時並無對香港市民進行廣泛諮詢，這種說法實屬錯誤。二十四年前，在頒布基本法前曾進行歷時長達五年的廣泛而深入的諮詢，最終訂定符合香港法律地位、整體和長遠利益的政治體制模式、條文和發展原則。因此，我對上述的修正案同樣表示反對。

梁耀忠議員：

當然，我們明白，「高度自治」並非完全自治，這是人所共知的，因為如果是完全自治，便會寫明「完全自治」，而不是「高度自治」，對嗎？所以，我們也明白，「高度自治」不等於完全自治；但如果不等於完全自治，我們是否便不能「高度自治」呢？當然不是。這是因為基本法已有所規定，亦補充說明甚麼是「高度自治」，甚麼不是「高度自治」，因為條文清楚訂明在國防及外交方面，我們不可以自行處理，必須交由中央政府處理。所以，這在某程度上亦可說是解釋了甚麼屬於「高度自治」，甚麼不屬於「高度自治」，即國防及外交的事宜不是由我們處理，其他事項便應該由我們自行處理。因此，這是很重要的方針。

然而，問題在於儘管有這個方針，但細節方面卻非常重要。就很多細節來說，我們看到基本法對香港市民的限制非常大，特別是與殖民地政府年代相比，

更有天淵之別。……

……

不但如此，它還制訂一套不合理的投票制度，也就是我們議會的制度，竟然會有這種世間罕有的機制 —— 分組點票。在分組點票下，竟然可以讓少數凌駕於多數，這是多麼不公平、不合理及不民主的情況。為何會出現這些條文？最主要是基本法，即現時所謂的「小憲法」，並非按照民主的程序制訂，亦不是經過剛才議員所說的廣泛諮詢而制訂的。

當年，基本法只是由諮詢委員會及起草委員會制訂。主席，起草委員會不用多說，其委員全部由政府委任。當時由於中英的關係仍然存在，於是便點綴式地委任了兩位所謂的民主派人士，包括司徒華及李柱銘。不過，他們擔任了委員一段時間後，基於一九八九年的六四事件而辭職。最後，起草委員會便變成「清一色」由建制派人士組成。此外，所謂的諮詢委員會，雖然有一些泛民主派人士或團體代表加入，但仍然都是點綴式，而諮詢委員會發揮的作用亦不大，最後基本法這份所謂「憲法」便誕生。

在這種組成方式下，無論用多少時間進行所謂的「諮詢」，又或無論用多少時間擬備基本法，其實在草擬及最後的決定方面，都沒有香港市民的代表參與。這怎能符合香港市民大眾的要求呢？

……

因此，基於這情況，我覺得正正是在現時社會的轉變下，如果基本法已經不適宜現時的情況，我們便更需要進行全民制憲，重新制定基本法，使之能夠符合現時的社會形勢及訴求，讓我們能夠真正達到剛才所說的「一國兩制、港人治港、高度自治」，特別是「高度自治」的重要內容及重要的方針。

何秀蘭議員：

主席，我請各位議員看清楚李卓人議員的修正案，當中載有「籲請中央政府尊重香港市民的意願，同意有關修改」這兩句話。這即是說，在「一國兩制」的框架下，中央政府有其角色，有關的修改可完全按照基本法內的程序來進行。我們的修正案既然已加入要求中央政府同意有關修改的意思，因此請大家不要想太

多，不要再說這項修正案是在推行「港獨」。

然而，主席，市民應該有制憲的權利，因為憲法是政府與人民之間的契約，可以稱之為社會契約。基本法訂明了香港政府應該負上哪些責任，透過怎樣的管治和程序制度，來保障香港人應有的公民權利；當中亦應該訂明香港人作為公民社會的一分子，其自由和權利可受到怎樣的保障。但是，在制定基本法的八十年代或九十年代初，經過了所謂「三上三落」的諮詢，其實是沒有諮詢普羅香港市民的。當時，基本法起草委員會和基本法諮詢委員會的組成，正如剛才有議員所提到，甚至是港事顧問和區事顧問，究竟是由誰選出來的呢？沒有投票進行過，根本不是由選舉產生，所以他們是沒有代表性的。

當然，我們在特區政府成立十七年後的今天動議這項議案，以辯論修改基本法，其實大家都知道這是明知不可為而為之。現時的政治局勢不會容許香港人主動提出修改基本法，即使是按照基本法的程序由香港人提出也不行。然而，我們提出這項議案的目標，是要告訴市民，憲法對他們所提供的保障本身的應有程序和保護，如何才算是符合公義。所以，我們希望透過是次討論，可讓市民更明白我們應有的公民權利。

香港特區政府是先天不足的，因為截至目前為止也從未經過選舉而獲香港市民授予管治權。基本法也不是特區政府與香港人之間的契約，而是特區政府與中央政府之間的契約，而它亦非香港人與中央政府之間的契約。所以，現在提出來討論是應該的，因為這十七年以來，我們看到基本法中的條文不足以保護香港人的權利和自由。我們亦看到，若香港人不服現任政府的管治，不想向政府授予管治權，正如大樓外的雨傘運動般，年輕一代完全不想這些授權，認為政府的管治不合情理，只不過政府享有法律的保護而已。試問政府該如何管治下去呢？

陳家洛議員：

……事實上，今時今日，大家要留意一些民意調查，在數天前，如果你問有多少香港人，尤其是在年輕人當中，今天主觀地認定「我是中國人」的話，這個比例真的是跌至單位數字，這又情何以堪呢？

局長或副局長，當年在議事堂的辯論當中，負責答辯或回應的政制事務官

員對於制憲大會持極為開放的態度，甚至主動舉例說當時澳洲的情況如何，一些歐洲國家怎樣做等。但是，他的結論當然是政府認為我們應該根據基本法，在二〇〇七年、二〇〇八年實現雙普選，因此大家按照基本法去做，便沒有問題了。各位，當時是一九九八年，今天是二〇一四年十一月，我們仍在辯論這個問題，翻來覆去，歷史是否須這樣重複又重複呢？歷史是否須這樣重演呢？歷史是否要這樣諷刺香港人，或令香港市民一而再、再而三地希望落空，以致大家不再相信建制派、政府或北京，不相信任何人是有誠意為香港帶來真正普及而平等的選舉呢？

主席，剛才也有議員忽然說，關於那些國際條約，你喜歡說便說吧，中國有中國的一套，我們有自己的方法。很抱歉，在聯合國當中，《世界人權宣言》的其中一個締約國正正是中華人民共和國。如果它不承認這個宣言，為甚麼要簽署呢？如果它沒有誠意落實，為甚麼要簽署呢？無他的，即管簽署一下、談論一下，這是沒有所謂的。說一套、做一套，你未見過嗎？共產主義和社會主義也是說一套、做一套吧了，最後還不是獨裁？如果是這樣，你不如坦白一點，不要一方面簽署條約，另一方面卻不遵守條約。

梁國雄議員：

主席，我發言支持黃毓民議員的議案。有很多人指出制憲會議是「騙人」的，是外國的一套，只為了獨立。我曾於八月二十一日致函張德江，討論這問題。

我現在讀出這信件：「以上所說（即全民制憲的學說），並非無的放矢，而是證據確鑿，由中國共產黨在 70 年前莊嚴承諾，並於 65 年前，於全國人民政治協商會議確認。為求公允，且讓本人引述如下：『人民所享有的民權，不能不是越到下層，越廣泛、直接。但選舉權則雖對於中央（說明是中央），也是可以無限制地運用的，特別是代表人民的所謂代表機關，不論是國會也好，國民大會也好，必須由人民自己選舉代表組成，否則這種機關，便不是民意機關。選舉權是不是能夠徹底地、充分地、有效地運用，與被選舉權有無不合理的限制與剝奪，具有不可分離的密切關係。本來，廣義地說，選舉權就包括被選舉權在內。有選

舉權的運用，就必有被選舉權的對象。因而有選舉權存在，就同時，有被選舉權存在。如果被選舉權受了限制，則選舉權的運用，也就受了限制。具體地說，假如某些人民被剝奪了被選舉權，則有選舉權的人就不能去選舉他們，因而選舉權的運用，也就受到限制了。所以，真正的普選制，不僅選舉要普及、平等，而且被選舉權也要普通、平等；不僅人民都要享有同等的選舉權，而且人民都要享有同等的被選舉權……如果事先限定一種被選舉權的資格，甚或由官方提出一定的候選人，那麼縱使選舉權沒有被限制，也不過把選民做投票的工具罷了。』（引自 1944 年二月 2 日《新華日報》社論〈論選舉權〉。）」

主席，接下來如何呢？我續寫到：「5 年之後，1949 年 9 月 29 日，中國共產黨和其他民主黨派於國民黨政權敗走後，一起簽訂及公布了《中國人民政治協商會議共同綱領》（下稱『《共同綱領》』）——這其實就是制憲，是已經完成的。」「其中第四條訂明：『中華人民共和國人民依法有選舉權和被選舉權。』至於如何實現這些權利，第十二條明文：『中華人民共和國的國家政權的機關為各級人民代表大會和各級人民政府。各級人民代表大會由人民用普選方法產生之。各級人民代表大會選舉各級人民政府……』條文裏的普選，定義如何？自然不應背離 5年前在《新華日報》『論選舉權』一文內的詳細論斷，因為《新華日報》乃是中國共產黨的喉舌，而中共又是起草《共同綱領》，並賴以領導建立中華人民共和國的大黨。70 年前的承諾，原應在 65 年前兌現，只可惜在 1954 年的憲法裏消失了。現時中共政府在香港實行普選特首的承諾，又應否按在 1944 年《新華日報》『論選舉權』一文貫徹？並根據《共同綱領》第十二條的規定實行？」

接着，張曉明表示這樣會構成國家安全的問題，我便如此駁斥他：「毋須說，1944 年 2 月《新華日報》發表『論選舉權』一文時，我國仍然遭受日本帝國主義政權侵略，正在艱苦卓絕抗戰，也就是說，不但國土暫時淪喪，國人亦無安全可言。今日之所謂國家安全受威脅與之相比，簡直一毛九牛！中共於抗戰期間尚且提倡普及而平等的選舉權，痛斥當權者『如果事先限定一種選舉的資格，甚或由官方提出一定的候選人，那麼縱使選舉權沒有限制，也不過把選民做投票的工具罷了』。今日香港實行普選特首，又何必重蹈昔日遭口誅筆伐之覆轍？」

我繼而解釋市民何以要抗議，我是這樣說的：「想到 25 年前，春夏之交的愛國民主運動及在當年 6 月 4 日的血腥鎮壓，由於我國始終並無實行普選而由一黨

獨大，1989 年 5 月，北京學生和市民在天安門廣場絕食、靜坐，要求實行民主改革，竟被當局施以軍事戒嚴，兵臨城下卻保持理性，堅持和平抗爭，偌大北京城並未發生暴力事件，唯一的暴力就是奉命清場軍隊所引致的殺傷！至今，香港每年六四，都有以萬計羣眾舉行燭光集會，痛悼此一國殤，以示毋忘六四的血史之心。本人必須重申，和平佔領中環與當年和平佔京，都是民眾和平抗議，爭取民主民權的運動，而並非危害國家安全的暴力行為。本人深信歷史畢竟由人民製造，史實亦將由人民譜寫。香港實行全面普選，乃是應有之義，亦會開啟我國走向民主的途徑！還人民普選權，就能當家作主！兌現承諾，此其時也！」

蔣麗芸議員：

我在此要談談黃毓民議員這項議案的數項要點，第一點是公投法。其實，公投法未嘗不可能在香港制定，但在全民「一人一票」普選實現前，我相信難以訂立公投法。大家都知道，很多國家先有「一人一票」的普選投票權，才可以訂立公投法。所以，我希望大家支持通過二〇一七年「一人一票」的政改建議，使普選得以實行。

此外，黃毓民議員提出制定政治獻金法，我認為其實是一件好事。我們看到香港近期發生了很多與外國政治資金有關的事件，我認為可以考慮是否要在這方面下一點工夫。

至於候選人要有政黨背景，這項規定不但違反人權，而且完全違反香港某些人的參選權。根據現有提名委員會的設計，有意參選人士只要能夠取得一定提名，便有機會參選。如果規定必須有政黨背景，這是難以做得到的事情。大家可以看看過去多屆特首，從來沒有一位特首擁有政黨背景，而且提名委員會的設計也可以說是為了防止政黨壟斷。因此，我相信更改提名委員會設計是一件非常困難的事情。

我想引用高等法院區慶祥法官在星期一延長禁制令的判詞中引述 Hoffmann 法官在 *Department of Transport v Lush* 案件中作出的判詞，指出法律並不容許個人選擇是否遵守法庭的命令，即使這個選擇是基於其良知而作出的。佔中是違法的，無視法庭禁制令，並說會以自首來體驗法治，這種扭曲法治觀念的行為等同

我去殺人放火，然後自首一樣。同樣地，在法治社會，修改憲法亦須根據基本法行事，香港人也是中國人，除非你不是中國人，否則便須遵守基本法的規定……

陳偉業議員：

主席，說到修改憲法和「港人治港」的問題，大家且回顧一下歷史，其實過去二十多年，香港人內部撕裂的情況，有兩個主要時段。第一次，是在一九八九年六四之後。當然，很多當年支持學運的人士，最後全部改變立場，包括譚耀宗議員或梁振英，他們以前發表聲明表示如何支持學運，最後全部改變自己的立場，現在成為政治權貴。第二次撕裂，是雨傘運動，大家看看這兩次撕裂的成因，也跟中國共產黨的極權管治有關。自從一九八四年簽署中英聯合聲明之後，在座很多民主派人士當時是支持民主回歸的。有部分所謂港英餘孽 —— 包括某人曾經是立法會主席 —— 他們當時有部分人士支持主權換治權。但我當年極力反對這種形式，我們這類當時支持回歸的人，現時被批評為「大中華膠」，這是歷史的發展，而當時支持主權回歸，某程度上可說是民族的情意結，是對或錯，可留待歷史判斷。

由一九八四年到一九八九年這六年期間，基本上，香港絕大部分的民主派也願意參與商討訂定基本法。但是在一九八九年六四之後，出現社羣和政治上的撕裂。當然其中一個撕裂的成因，便是「雙查方案」。突然在基本法起草後期，即一九八八年十一月提出「雙查方案」，導致政制發展方面出現對立。即使當時基本法已經訂定，很多市民並不接受基本法。我們也曾經焚燒基本法的政制部分，但大家仍然對中英聯合聲明和中央的承諾還有少許信心。想必大家仍然記得，民建聯也支持的二〇〇七年及二〇〇八年雙普選，最後延後至二〇一二年雙普選，但最後在二〇〇三年七一，基於有七十萬人……五十萬人上街，中央對香港失去信心，一下子單方面撕毀了「高度自治」，成立港澳小組之後，便全面接管香港的內部事務，「一國兩制」、港人「高度自治」這回事可說是已經名存實亡。

其後是釋法，人大除了在一九九九年第一次釋法之外，接着在二〇〇四年第二次釋法，正式說明二〇〇七年的行政長官選舉不會實行普選，二〇〇八年的立法會仍然照舊，不會取消功能界別。第三次釋法，是特首的任期，中間也加插二

〇〇四年的政改由「三部曲」改為「五部曲」，一連串都是中華人民共和國政府單方面改變當時的承諾，粗暴撕毀港人「高度自治」的承諾。接着中聯辦成為第二個權力核心，對嗎？在一九九七年前後，中聯辦也有很多聯絡工作，但是在二〇〇三年之後，中聯辦公開、高度介入香港的管治，正式成為第二個權力核心。其實權力核心已經逐步由「中環」轉為「西環」，對嗎？特別是梁振英上台之後，「中環」連第二個權力核心也不如，已經成為一個附屬、附庸機構，在梁振英的管治之下的新政府總部這個權力核心其實是「跛腳鴨」，真正的權力核心已經轉往「西環」。

所以，因為中央政府單方面作出改變，令香港市民失去信心，香港市民對管治失去信心 —— 不單是對香港特區政府，對北京政府，特別是對身份認同也出現劇變，由早前超過一半香港人自認是中國人，到現在不足 9%，特別是絕大部分年青人在身份認同方面，已經不承認自己是中國人。所以，這種改變要怨香港人嗎？說香港人不成熟嗎？當然，沒有他們那麼成熟、沒有他們那麼功利、沒有他們那麼富貴，但問題是這是政治現實，如果社羣撕裂，市民對中央失去信心，對民族失去信心，對身份認同失去信心，當局便要處理這個問題。當局可以繼續高壓打壓，要是這麼厲害更可把他們全部殺掉，把他們全部消滅，全部趕往海南島，上山下鄉，再進行一次大清洗。外國很多地方也試過民族清洗，當局可以把所有不承認自己是中國人的香港人清洗，這不是文明的做法，但卻是共產黨慣常的做法。

所以，要處理這個問題，令社羣之間有機會協商、有機會共議。協商和共議最好的方法，便是重訂協議，重訂社會協約，重新訂定憲法，令市民覺得這個社會、這個地方、這個管治是他們的一部分，而不是每每由政府代表和決定，剝奪他們的基本權利。重新協議是挽救危機的最好辦法，政府放棄這個方法，而使用強權和高壓，只會令撕裂進一步惡化。

謝偉俊議員：

主席，曾經有一位港澳辦官員，即陳佐洱主任認為香港是一本難讀的書，亦有一些非常熟悉政治的朋友經常提及，說不要看香港是一個這麼小的地方，它跟

世界上某些難於管治的地方，包括中東、現在經常有恐怖活動發生的地方，同樣非常難於管治。雖然香港在種族上沒有很大的族羣差異或撕裂，在宗教上也沒有那種不理你說甚麼，總之你不是同一宗教便非我族類，沒有甚麼好商量的情況，香港沒有這些很大的差異或鴻溝，但是，意識形態上是否反共或是否可以接受共產黨政權，香港在這方面存在的大鴻溝是非常嚴重的。在這情況下，只要你高舉旗幟，反共、抗共的在這一邊，沒有那麼反共、抗共的在另一邊，如果是這樣的話，兩方自然在甚麼議題上都壁壘分明，不用多說。以往我們並無看到這麼嚴重的情況出現，而與台灣相比，香港市民可能較少生育，但台灣的情況是非藍即綠，甚至家庭成員之間也爭吵不斷，而不幸地，香港近日也發生這種情況，更越來越嚴重。

主席，我們的基本法是否像剛才梁耀忠議員所說般不能修改的呢？當然不是。大家都清楚知道，基本法第七十九〔一百五十九〕條有清楚的機制，訂明如何可以作出修改。雖然困難程度相當高，但大家都清楚知道這一點，我亦無須重複。當然，我們從沒有作出修改，但正如《議事規則》第二十條所訂，只要本會有二十位議員支持一項呈請，便可以成立一個委員會調查某些事情。以往我們沒有這樣做，但最近議員也有一兩次採用這做法。所以，每一個程序都需要有第一次。當然，我們暫時仍未對基本法有第一次的修改。

但是，基本法本身是否一份理想的文件呢？當然，任何文件也不可能說是理想的，因為連美國憲法都經過十多次不斷的修改。有關當年基本法的草擬過程，需要承認的是，市民的參與程度並不十分高，甚至是當時的草委和籌委，基本上都是香港一些成功的士紳和商人，他們的責任基本上好像都是服務社會、回饋社會，他們都希望草草了事，做了便算，亦沒有具足夠憲法基礎的專家在當中就每項條文的細節作詳細研究。

主席，最簡單的例子是，基本法中最複雜、最重要的內容，包括行政、立法和司法的條文，很多或多或少都是搬字過紙，照抄以前的《英皇制誥》，只是把皇冠換成五星旗便似乎可大功告成，總之是做了便算，沒有深思熟慮考慮回歸後，經過非殖民地化的香港究竟應該如何走呢？所以，很多內容是需要修改的。

事實上，當中也有很多憲制條文恐怕都是很粗疏的，即只有我們所謂的skeleton，只有一副骨架，需要慢慢把肉和皮加上去。這過程需要隨着時間增長、

隨着案例的累積、隨着法庭的判例，不斷地豐富。又或者更應該做的是，社會各界團體，特別是民間組織，應該多些關注和瞭解基本法，不單是好像廣告般說基本法第幾條有甚麼甚麼的規定，這全是過於膚淺的介紹，就市民對基本法的認識和基本法的文化完全達不到效果，對於我們在政治上向前走所須的國民教育也好、市民教育也好、公民教育也好，全部都沒有做到。

......

對香港來說，基本法中很多條文與其說是控制香港，倒不如說是保障香港不受內地或我們國家或中央政府可能向香港施加的壓力。在這情況下，我覺得我們的出路可能是需要加快利用今次佔中或後佔中的契機，多些改善、多些監察，以及多些完善基本法的條文，而不是大幅地採取如黃毓民議員心想的做法，儘管那可以說是值得欣賞的一個大膽假設，但我恐怕這只是不切實際的做法。

政制及內地事務局局長：

主席，就黃毓民議員提出的議案和李卓人議員提出的修正案，特區政府認為其基本主張與香港特區政府的憲制地位不符，對香港的整體利益並沒有好處。政府呼籲各位議員投反對票。

此外，不少議員圍繞特區的政制發展發言，我會作出一些扼要回應。

社會普遍對按照基本法落實普選的目標，是殷切期待的。正如我在開場發言時指出，嚴格按照基本法和全國人民代表大會常務委員會的相關解釋及決定，依法落實二〇一七年普選行政長官及處理好二〇一六年立法會產生辦法的工作，是中央、特區政府和香港市民的共同願望，亦是本屆特區政府的重要施政目標。

全國人大常委會八月三十一日的《關於香港特別行政區行政長官普選問題和2016 年立法會產生辦法的決定》標誌着我們已完成政制發展「五步曲」憲制程序中的第二步，正式確定香港特別行政區可以在二〇一七年開始，實行「一人一票」普選行政長官。特區政府會在適當時候就普選行政長官的具體辦法諮詢公眾。

政制發展是非常複雜的議題。香港是一個多元社會，特區政府明白社會上來自不同界別、羣體的人士和不同的持份者對此議題有不同的意見和看法。要有效有序處理一些複雜議題，社會各界必須務實、理性及耐心地商討，推動政制向前

發展。

落實二〇一七年普選行政長官是大家的期望。但我必須指出，要成功落實普選，我們必須在基本法和全國人大常委會的相關解釋及決定的基礎上討論，否則只會走冤枉路，白白錯過政制向前發展、二〇一七年落實「一人一票」普選行政長官的機會。

特區政府衷心希望社會各界接受，在基本法和全國人大常委會《決定》的框架內，依法落實二〇一七年普選行政長官。我們呼籲各界能夠繼續抱着理性、平和、務實和求同存異的態度討論，只有這樣才能收窄分歧，凝聚共識，讓大家的共同願望可以實現。

2014 年 11 月 21 日
議案辯論：促請政府盡快提出一個切實可行的政制改革方案

湯家驊議員：

主席，今天我站在這裏動議這項議案難免感慨萬千，因為屈指一算，我與主席及其他很多同事已共事超過十年。如果主席記得，自我當議員以來，除了在二〇一一年通過政制中途方案那年，我曾提出一項與政制無關的議案外，每一年我也會提出一項有關政制改革的議案。以我記憶所及，每一年均被否決。到了今天，我相信很有可能是我最後一次在議會內就這課題提出議案。

主席，我感慨萬千，是因為 —— 大家可能無須追憶太遠 —— 我其實在今年三月已向秘書處提出這項議案。基於種種理由，包括要輪候、抽籤及議會出現「拉布」，議案本應於今年七月進行辯論，即是在全國人民代表大會常務委員會八月三十一日提出「落閘」方案前，我們有機會討論政制改革。但是，因為「拉布」，結果延至前天；前天又有人衝擊立法會，因而再要拖延一天；昨天又因為梁振英的問題而延至今天。主席，事情可謂一波三折，亦可謂具象徵性意義，最低限度我今天仍有機會提出這項議案，讓各位同事各抒己見，但我相信，我們的政制改革及落實真普選仍會遙遙無期。

主席，我感慨萬千，當我提出這項議案時，你可能留意到我的用詞是很簡單，只是「促請政府盡快提出一個切實可行的政制改革方案」。雖然經過一段時間，現在回首，覺得這項議案的用詞實在天真得可愛。可是，主席，當我提出這項議案時，我確實心存一絲希望，希望我們能找到一個切實可行的政制改革方案，並且真的有機會在可預見的未來能夠落實真普選。我在去年十一月，以及社會上亦有不同人士，都曾提出一個我們認為是切實可行的政制改革方案。如果方案既符合基本法及人大常委會的決定，同時亦可確保有一個沒有不合理限制的

提名委員會，為何不是切實可行？主席，我提出這項議案時確實天真，但不是妄想。然而，今天我回首，發覺我們失敗之處在哪裏？主席，我絕對不是要在此推卸責任，互相指責，但我覺得香港人有權聽一聽議員們認為今次政制改革注定失敗的因由，因為只有公開討論因由，我們才有希望向前看，看看將來是否有機會平反這個如此令人失望的局面。

主席，最大的因由，是我們缺乏互信，這可能是歷史遺留下來的問題。事實上，在回歸時，大部分民主派跟中央並不是如此「背對背」的，因為民主派大多數人是擁抱回歸的。直至六四，這個情況才急劇轉變，雙方亦沒有嘗試彌補這種關係。當然，我覺得中央在此事上應負上較大責任，但我也看不到民主派在這方面曾作出很明顯的讓步。缺乏互信是我這麼多年來提出政制改革議案的其中一個重要元素，但老實說，主席，縱使我在這裏發言至口焦舌燥，也無法踏出我們建立互信的第一步。不單這樣，時至今天，我可以說，我們可謂全無互信。換言之，現在是中央與民主派關係的最低點，我看不到我們今天能如何扭轉這個劣勢。

主席，大家缺乏互信的其中一個原因，可能是雙方均缺乏政治智慧。我不想冒犯任何人，但我認為這是大家都要面對的現實。中央缺乏政治智慧，這並非他們的死穴，因為權力在他們手中。他們擁有權力，所以不用智慧，他們說甚麼就是甚麼，他們的決定，所有人都要遵從。但是，如果無權無勢的一方缺乏政治智慧，便可以致命。

主席，大家回想一下便可能會想到，其實是否可以透過對話提高改善政改方案、落實真普選的機會？主席，可能永遠沒有人知道答案，因為事情已經過去，我們不能如電影 *Back to the Future* 般，回到過去改變策略，然後看看結果會否一樣。主席，時間最可怕的地方便在於此，過去就是過去。然而，主席，始終我們也要撫心自問，堅持一個對方認為是違反基本法的公民提名方案是否爭取真普選的最適當策略？沒有公民提名，是否等於永遠無法建立一個沒有不合理限制的提名制度？堅持公民提名，是否迫使中央認為民主派不尊重基本法，不尊重基本法就是不尊重「一國兩制」？其實，這就是一個最好、最理想的藉口，讓中央名正言順地否決任何真普選的方案。

主席，很多建制派人士都會問何謂真普選，八三一方案亦可算是一個普選方案，說甚麼國際標準？主席，我從來沒有提過國際標準，這就是我與其他民主

派議員的不同之處。我覺得不用講國際標準，我們要說的很簡單，便是不應該存在一個不合理的限制。關於這點，無論李飛先生或張曉明主任或王光亞主任均曾公開提及。不過，他們的不合理尺度與我們的不合理尺度卻是南轅北轍，就是這樣而已。然而，主席，不合理就是不合理。簡單來說，不合理的意思即沒有完全或真正的選擇，但當中央政府將普選特首的問題提升至國家主權、國家安全的層面時，身為一個普通香港人的我，便沒法處理一個中央政府認為是國家範疇的問題。所以，主席，我今天只可以說，在我有生之年，相信也看不見香港有普選特首的一天，我真的看不見這個可能。如何確保國家主權在一個沒有不合理限制的提名制度下被維護？請建制派議員和特區政府解釋給我們聽。為何訂立一個不合理的限制便能夠保護國家主權，為何沒有這個不合理限制就保護不了國家主權？主席，至今我仍不明白，可能我永遠也不會明白。

但是，主席，我回心一想，香港人爭取普選有兩大目的，其一是普選特首，其二是普選立法會。如果有人告訴我普選特首是無望的，想也不要想，那麼普選立法會又如何？我知道不少民主派議員不太認同我此番言論，不要緊，稍後他們會有機會發表意見。我覺得我們要思量的是，如果普選特首行不通，我們還需要努力爭取普選立法會。但是，在一個完全沒有互相信任的情況下，如果有人提出「袋住先」，將來一定能普選立法會，我相信根本沒人會相信。別說議會外沒人相信，坐在這邊的泛民的議員不相信，就連坐在另一邊的建制派議員也未必會相信。所以，是否需要有一個切實可行的政制改革方案？我覺得，唯一的出路便是不論透過甚麼渠道，等北京和香港就香港民主的長遠發展達致〔至〕一個完全及詳細的共識。普選立法會不是在功能界別存在下的普選立法會，如果有人今天告訴我，普選立法會的意思是功能界別仍然存在，那不如早點說清楚，其實所謂「香港有普選」，不過是一種幻覺，因為我們永遠也不會有。

主席，現在是一個分水嶺，是最重要的時刻。我希望特區政府仔細思量……提出一個真正令香港人有一個願景的方案。

湯家驊議員動議的議案如下：

「本會促請政府盡快提出一個切實可行的政制改革方案。」

（主席宣布就議案及各項修正案進行合併辯論）

劉慧卿議員：

主席，我動議修正湯家驊議員的議案。

主席，湯議員剛才發言時表示感慨萬千，又說自己天真，可能有點妄想。大家都知道，湯議員是一位非常可愛的議員，在泛民主派中獨樹一格。我很尊敬湯議員，所以今天亦就他的議案提出修正案。我當然支持他的議案，不過，我要說，他的議案提及要有一個可以操作、一個真正普選的方案。不過，他沒有提及國際標準。我希望他只是沒有提及，並不是反對，否則便大事不好了。主席，如果他反對，我相信我們難以支持他的議案。

我在第一天就政改發言時已表明，我同意無論是行政長官或立法會的普選方案，都要符合基本法，亦要符合全國人民代表大會常務委員會的決定，並且要符合《公民權利和政治權利國際公約》。我認為在這種「三符合」的情況下，應該可以得到一個真正符合國際標準的普選方案。

其實，我也同意湯議員所說，我們不需要時常提及國際標準。何謂國際標準？其實並不難解釋。大律師公會及很多人均指出，國際標準便是「無不合理限制」。主席，何謂「無不合理限制」？最重要的是讓選民有真正的選擇。現時的八三一方案便沒有，最少絕大部分合理的人都認為沒有真正的選擇。該方案寫明要「愛國愛港」，這份聖旨一頒下，提名委員會成員便會篩走那些他們估計中央認為不是「愛國愛港」的人。然後，方案又要設立高門檻，要獲得過半數提名（即六百人提名也不可以，要六百零一人才可以），還規定候選人人數為兩名或三名。主席，你說怎麼辦？

葉劉淑儀議員當然希望她是兩名或三名候選人的其中一人，現時她正十分拼命達致〔至〕這個目標。其實，公平競爭不要緊，不過，大家最好君子一點。問題是，那方案沒有機會令所有不同政見的人都可以進場參選。有人不同意，說現時「入閘」比較容易，但比較容易「入閘」便更糟糕，有十名、八名候選人已「入閘」，但大部分人將會被篩走，只餘下 —— 我估計「葉劉」未必能「入閘」，否則她現在不會如此拼命 —— 只餘下梁振英，有人又說「馬拉松」（梁錦松），有

人又說馬時亨，以及林鄭月娥，但這樣也不可以，因為仍然有四名候選人，所以還要再篩選。

主席，問題是「三符合」的精粹，便是要讓選民有真正的選擇，但現時在那個框架下又怎能做到？所以，我提出修正案，當然亦希望天真可愛的湯議員都認為他可以支持我的修正案。其實，我的修正案都是 —— 正如我剛才說「阿媽是女人」，但單仲偕議員說我說錯了，主席，或者我應該說「阿爸是女人」。無論如何，大家都認為這些是普世價值。有些議員對我說：湯議員的議案可能還可以商量，但你的修正案一定沒有商量餘地。

所以，基本的問題是 —— 湯議員剛才也提到缺乏互信 —— 問題是北京不想我們有普選，我一直都有這種感覺。數年來，我已說過其實北京很後悔向我們作出承諾，表示二〇一七年可以有行政長官普選。由於通過了二〇一二年選舉的方案，該方案既符合基本法，亦符合了循序漸進的原則，北京因而同意二〇一七年可以普選行政長官，然後普選立法會。不過，我總覺得北京感到很後悔，或者因為不想看到在中華人民共和國內有一處地方有普選，或者因為害怕影響到其他地方等。不過，當年北京確實已經作出承諾。

有很多人說，香港最終可能會敗於香港人的手上。有些香港人善於猜測北京的意願，但其實有些人更着緊自己的既得利益。可能這兩種人跟北京的意願很相符，他們不想修改方案，到了北京更說不要修改，甚至說如果修改，他們便會反對，說千萬不要修改，這樣便一拍即合了。

問題是，北京當然不信任我們，對面的議員不知是否信任我們；他們最重要是保住自己的既得利益，這樣便很難談得攏了。湯議員提出的方案最少可以讓大家在議會內有較多溝通，達成一些共識，這樣的進展會比較好。有人大委員對我說，如果立法會議員有共識，向北京提出意見時可能會有較強說服力。不過，也有對面的議員對我說，那位人大代表不瞭解情況。主席，我不知道誰才瞭解情況，但始終在香港，我們的議會應該就這問題共同商議，盡量找出一個解決方法。

最近有些人表示不滿，說我們是民選議員，香港面對問題我們必須解決，問我們為何不解決問題。其實我們想解決，在剛才的辯論中，司長最後說甚麼？她說議會有很多事等議員們做，但議員卻在浪費時間和資源。主席，難道我們不想

做事嗎？看看外面的雨傘廣場，那麼多人坐在那裏，今天是第幾天了？第五十五天了，但當局仍然沒有做過任何工作，讓人覺得政府真的想嘗試解決這個國家級的問題。

主席，議會內沒有人，或只有少數人想彼此溝通，一起解決問題。要解決如此困難的問題，難道大家要打架，拿 AK47 或催淚彈出來？當然是要溝通。但是，主席，我們沒有溝通。當局和我們沒有溝通，議員之間亦很少溝通。大家一直迴避，迴避可以解決問題嗎？有人說真的不打緊，大不了讓那些人呆在那裏多一兩個月或直到明年。這樣是否便能呈現管治香港的能力？

主席，我支持湯議員的議案 —— 如果他覺得包含國際標準的方案切實可行 —— 我們會支持他的議案。但是，我們更認為香港特區政府一定要負起責任。政府大可提出建議，湯議員剛才也說了一些話，那些議員數星期前也說過一些話，可能大家都未必覺得那些建議可行，但大家要開始進行一些工作，要跟社會交代。現時把香港弄得這樣子，多年來從未見過如此大型的民主運動現在發生了，當局就變成縮頭烏龜躲起來，而大部分支持政府的人亦不處理問題，這樣，大家認為香港還會有運行嗎？主席，湯議員的議案未必可以解決我們的問題，要解決問題，需要特區政府和立法會議員攜手合作，因此，我們應該拿出勇氣和誠意，要找出讓市民有真正選擇的選舉制度。

劉慧卿議員動議的修正案如下：

「在『本會』之前加上『鑒於中央政府公開承諾二〇一七年香港可以普選產生行政長官，以及之後普選立法會全部議員，』；在『可行』之後加上『及符合《公民權利和政治權利國際公約》、《基本法》和大多數市民支持』；及在緊接句號之前加上『，令 2017 年行政長官選舉成為一個符合國際標準、有競爭性和無政治篩選的選舉，讓不同政見人士可以成為候選人，令選民有真正的選擇；此外，本會亦促請政府不遲於 2020 年廢除立法會所有功能界別議席，全面普選立法會議員』。」

（編者注：修正後的議案內容如下：

「鑒於中央政府公開承諾 2017 年香港可以普選產生行政長官，以及之後普選立法會全部議員，本會促請政府盡快提出一個切實可行及符合《公民權利和政治權利國際公約》、《基本法》和大多數市民支持的政制改革方案，令 2017 年行政長官選舉成為一個符合國際標準、有競爭性和無政治篩選的選舉，讓不同政見人士可以成為候選人，令選民有真正的選擇；此外，本會亦促請政府不遲於 2020 年廢除立法會所有功能界別議席，全面普選立法會議員。」）

政制及內地事務局副局長：

主席，香港特別行政區的政治體制，建基於國家憲法和基本法。全國人民代表大會根據憲法第三十一條和憲法第六十二條第十三款決定設立香港特別行政區，並根據憲法制定基本法，規定了香港特別行政區實行的各種制度，包括特區的政治體制。

基本法第四十五條及基本法附件一，規定行政長官的產生辦法，並且進一步規定根據香港特區的實際情況和循序漸進的原則，最終達至行政長官由一個有廣泛代表性的提名委員會按民主程序提名後普選產生的目標。

自二〇〇四年以來，香港社會以至立法會就如何按照基本法修改行政長官和立法會產生辦法，以及有關普選的相關議題，已經有多次廣泛及具體的討論。全國人大常委會於二〇〇七年十二月二十九日通過《關於香港特別行政區 2012 年行政長官和立法會產生辦法及有關普選問題的決定》，自此香港擁有一個明確的普選時間表。

二〇一〇年，特區政府就二〇一二年行政長官及立法會產生辦法提出的建議方案，先後獲立法會全體議員三分之二多數通過、行政長官同意，以及全國人大常委會批准和備案。二〇一二年政改方案的成功落實大幅提高了兩個選舉辦法的民主成分。

二〇一三年十二月，特區政府就二〇一七年行政長官及二〇一六年立法會產生辦法，展開了為期五個月、廣泛有序的公眾諮詢。今年七月十五日，特區政府公布《二零一七年行政長官及二零一六年立法會產生辦法公眾諮詢報告》，全面如實地反映了在公眾諮詢期內收集到來自社會各界的不同團體和人士的意見。同

日，行政長官向全國人大常委會提交報告，就二〇一七年行政長官及二〇一六年立法會產生辦法是否需要修改，提請全國人大常委會作出決定。

全國人大常委會在審議行政長官提交的報告及分別聽取了香港社會各界人士的意見後，於八月三十一日通過《關於香港特別行政區行政長官普選問題和 2016 年立法會產生辦法的決定》，標誌着我們完成政制發展「五步曲」憲制程序中的第二步，正式確定香港特別行政區可以在二〇一七年開始，實行「一人一票」普選行政長官。

由此可見，特區的政治體制自特區成立以來，都是嚴格按照基本法和全國人大常委會的相關解釋及決定，按照香港的實際情況，循序漸進地朝着普選的最終目標發展。

成功落實二〇一七年「一人一票」普選行政長官，是中央、特區政府以及香港市民的共同願望。近日，社會上就政制發展的議題，特別是如何具體落實行政長官普選辦法，出現不少分歧。

政府自去年展開第一輪公眾諮詢以來，已多番強調，希望社會各界按照基本法和全國人大常委會的相關解釋及決定，以平和、理性和務實的態度共同探討普選行政長官的具體辦法，求同存異、凝聚共識。只有這樣，我們才有機會在既定的法律框架下找到切實可行的普選方案，以免錯失在二〇一七年落實「一人一票」普選行政長官的機會。

事實上，正如我們多次提到，就二〇一七年行政長官的普選辦法，在全國人大常委會八月三十一日《決定》的框架之下，仍有空間可以讓社會一起探討一些具體選舉議題。二〇一七年行政長官普選辦法，亦不是一個終極制度，市民大可按照香港的實際情況，討論如何進一步優化選舉安排。我們希望稍後啟動的第二輪公眾諮詢，可以與在座各位議員、各黨派和全港市民，重回理性務實的軌道上，共同尋求一套公平、公正、具透明度和有競爭性的行政長官普選方案。我相信這才是正本清源的做法。

至於「國際標準」的問題，政府亦曾多次公開解釋，世界各地的政治體制設計都有所不同，原因是每個國家和地方的選舉制度均須根據本身的歷史、憲制和實際情況而制訂。聯合國亦認同，國際上沒有預設某種特定的選舉制度才算符合《公民權利和政治權利國際公約》的原則。香港作為國家的一個特別行政區，所

實行的制度，包括「一國兩制」、包括特區政治體制的設計，都是根據國家憲法及基本法而清晰規定的。因此，香港的政制發展在達到普選這共同目標時，尤其是以法律程序訂定具體的普選辦法，必須以基本法和全國人大常委會的相關解釋及決定作為我們的法律依據和基礎。

在未來一段日子，特區政府會繼續努力，凝聚社會共識，期望可以如期依法落實普選行政長官的目標。我們亦特別在此呼籲在座各位立法會議員，都能夠以香港市民的長遠和整體利益為依歸，求同存異，一同在基本法和全國人大常委會《決定》的基礎上，尋找真正切實可行的方案，讓全港五百萬合資格的選民，可以在二〇一七年親身到票站，以「一人一票」普選行政長官。

主席，湯家驊議員就「政制改革」動議的原議案，提出「促請政府盡快提出一個切實可行的政制改革方案」。按照基本法和全國人大常委會的《決定》，進行第二輪公眾諮詢，並在適當時候向立法會提交修改基本法附件一的議案，啟動政制發展「五步曲」中的「第三步曲」，既是本屆特區政府的重要施政目標，亦是特區政府的憲制責任。只有依法辦事，才是真正的「切實可行」。湯議員的議案雖然在幾個月前提出，但在今時今日的環境下討論，是富有特別意義的。

至於劉慧卿議員的修正案，正如我剛才已經解釋，香港的政制發展在達至普選這最終目標，以至具體的普選辦法，必須以基本法和全國人大常委會的相關解釋及決定為根據。因此，特區政府認為劉議員的修正案無助解決社會上的分歧，亦無助香港落實二〇一七年「一人一票」普選行政長官的目標。

單仲偕議員：

我發言支持湯家驊議員的原議案和劉慧卿議員的修正案。雖然湯家驊議員的原議案似乎來得稍遲，但一天政改未獲通過，我們仍有辯論的空間。不過，我一定要在這裏清楚表明，我會堅持反對在八三一基礎下提出的政改方案。

在八三一前，民主派內原本有所謂的溫和民主派和激進民主派，但大家可以看到，八三一的決定基本上已屠殺所有中間派，現在只有支持民主及不支持民主的人。支持民主的人皆反對八三一決定，民主派現已沒有所謂的激進派或溫和派，只有反對八三一的民主派。

八三一決定激發了一場波瀾壯闊的雨傘運動，我們看到新生一代非常鬥志高昂。我記得學生說過很多次，他們不想重複過去三十年民主運動失敗的地方。我仍記得在一九八四年參加高山大會，至今剛好三十年。民主運動在過去三十年實際上並未成功，而正如外面的學生所說，未來他們可能仍要繼續戰鬥三十年。

中央政府是有決心實行「一人一票」選舉的，只是北京一定要先揀選候選人，建立一個有中國特色的選舉。甚麼叫中國特色呢？等額選舉、差額選舉，而更重要的是由黨提名後，讓內地選民挑選。內地也有選舉，但要由黨先提名。現將這方式改頭換面，便成為選舉委員會，一個有中國特色的選舉，即經揀選後再進行「一人一票」選舉。

主席，如果無法落實真普選，結果可能就是如劉慧卿議員經常所說般萬劫不復。大家可以看到，現時有數種趨勢：第一，回歸後移民人數有所減少，但在這數年間，無論是真正移民、考慮移民或討論移民的人數都在增加。有些人可能看到普選無望，香港每況愈下，於是離開。但是，大部分香港人都是沒有選擇或不想選擇，他們都想留在香港。那麼留在香港的人又會怎樣呢？香港的本土主義會加強，而較激進的人會提出港獨，但這絕對不是北京所想看到的，亦不是我們這些所謂「民主老鬼」想看到的。我們被批評為民主回歸派，因為我們早在中英聯合聲明展開討論及回歸前，已表明支持回歸，只是我們要的是民主回歸。然而，由中英聯合聲明至今已足足三十年，真正的民主仍然未能落實。

大家都不知道這場運動將如何結束。習近平 —— 有人說他用了六個字，也有人說是十個字，所以不知道是六個字還是十個字才對 —— 把這場運動定性為「不流血、不妥協」、「街上不流血，六四不重演」、「香港佔領，香港解決，香港清」。

我們的年青一代，無論是中央政府也好，特區政府也好，亦應該瞭解他們現在是變得浪漫、理想化抑或有被騙之嫌。在未來三十年或更長時間，只要一天沒有普選，這一輩或其他更多年青人，將比我們這一代更堅定地爭取普選。我不敢說也不知道他們所用的方法是甚麼，亦沒有能力代表他們說話。所以，中央必須設法回應湯家驊議員的訴求。湯家驊議員的訴求是實施真普選，但卻不止是為實施而實施，還要解決香港的政治問題。即使今天這場運動得以解決，他們最終退場，但不同形式的類似抗爭可能會無日無之地繼續發生和重演。歸根究底，就是要拿出一個港人能夠接受的普選方案。香港人要的是一個真正有選擇的自由選

舉，而不是一個有中國特色的選舉，即在共產黨揀選候選人後，才讓我們選擇。

請不要繼續分化香港人，希望特區政府咬緊牙關，要求北京給香港真正的普選。

毛孟靜議員：

……剛才劉江華說出一大段時序，說政府下了多少工夫，有多麼忙碌，做了多少工作，香港真是繁榮和穩定。雖然他交足功課，但他當這場雨傘運動是傻的嗎？數以千萬計香港人參與運動，爭取真普選，而且亦被國際傳媒報道，連加拿大國會也支持我們，難道他當我們是傻的嗎？他才真的是「傻」？

主席，政府派人到來讀稿，並不是解決香港問題的方法，我們現時看見香港出現了很大問題。當政府變為北京的傀儡，當香港警隊成為政治工具，甚至 ICAC 當年也疑似被「染紅」，這些都令香港人感到失望。有年輕朋友穿着「香港絕望」的 T 恤，我跟他說不能絕望，在有生之年永遠也有希望，即使我們這一輩做得不夠，我們也會盡力做，然後由他們接力。湯家驊議員有點怪責民主派似乎不夠讓步，要讓甚麼步呢？真的要「讓條命」嗎？昔日我從事傳媒工作時，一大羣記者圍着姬鵬飛，我也是其中之一，當時「普選」二字並不流行，我們問他香港可在何時實行「一人一票」，他說：「回歸後十年也差不多了吧」。今時今日，我仍然保留着一條由朱耀明牧師送給我的電話繩，上面寫着二〇〇七年、二〇〇八年雙普選，今年已經是二〇一四年了，還在說甚麼求同存異、尋求共識呢？劉江華是以甚麼身份來說這話呢？

北京說他們已經作出了很大讓步，香港只是小小的特區，整個神州大地有哪個地方可以舉行「一人一票」的選舉？但那位行政長官卻振振有詞，跟大家玩數字，說一千二百人是少了點 —— 他也是獲得六百八十九票而選出來 —— 將來足足由五百萬人選出行政長官，這個數字上的比較簡直是不得了，這個政府最可恥的便是語言「偽術」。林鄭月娥剛才回答有關《立法會（權力及特權）條例》的問題時，引述了我的發言說，「毛孟靜議員真的是看到了我的無奈」。我說她無奈，是因為她應該覺得羞恥，但她竟然說無奈，她在這裏讀稿，說她當時多麼無奈，究竟是誰人替她寫這份稿的？她一直也在讀稿，這個讀稿的政府，讀稿的官

員，真是可恥得要緊。

政府最擅長玩數字遊戲，而大家已經完全看得到，這樣子選出來的特首……出賣香港更是振振有詞，究竟發生了甚麼事？特首是由五百萬人普選出來，有人民賦予他的權力，他可以為所欲為，說他是北京的傀儡嗎？大家投票時不知道的嗎？竟然玩出這樣的語言「偽術」……我在街頭說過很多次，但卻不曾在議會說過，我的底線是「長毛」梁國雄議員也可以參選特首。「長毛」是否可以成為特首，答案因人而異，這由大家自行決定，我也不一定投票給他，但如果「長毛」要參選，卻因為基本法沒有提及「愛國愛港」這四個字而被篩走，大家可以說這是真普選嗎？篩選後只剩垃圾、「籮底橙」：一號梁振英、二號陳振英、三號黃振英，全部也是廢人，要這樣子玩弄香港人嗎？香港是不能被香港人自己玩死的，我們一定要爭取本土民主。多謝。

蔣麗芸議員：

……早前我曾去過美國、加拿大和澳洲，想深入瞭解一下他們民主進程的實況。總括而言，我發現這些國家擁有的民主、人權、法治、自由，香港都有；反而香港擁有的金融自由、貿易自由、穩健的財政制度，西方國家卻落後於香港。

我們今天要討論政治改革，為何要討論呢？因為西方「一人一票」普選首長，香港則沒有，所以我們便要改革。這是否一件好事？或許有人會問，改革會否未見其利便先見其弊，甚至破壞我們現時已有的優勢？因此，很多香港人與我一樣，認為穩妥一點，政治改革可以推行，但一定要慢慢來，一步一步地走。

屬於二十世紀最偉大的哲學家之一波普爾說過，社會改革是一個細水長流的工程，只有透過不斷的實驗和修正，才能逐步接近一個美好社會。

主席，年輕人有理想是好事，追求改變是自然的事，但我們不能只盲目追求西方的制度。大家都知道，西方社會現有的政治制度有一定缺陷，福利不斷膨脹，經濟卻難以發展，因而正在尋求方法改善現有的政治制度。無論怎樣說、怎樣改革，他們都有共識，就是不能脫離現實。正如《第三條路》的作者安東尼・紀登斯所言，如果沒有理想，政治是一無之處，但如果理想與現實不掛鈎，任何理想都是空洞的。

主席，接下來，我想就爭議最大的提名方法，談談我的意見。

首先，提名委員會並非新事物，基本法在一九九○年四月四日推出，當中白紙黑字訂明，日後如有普選，候選人要由一個具廣泛代表性的提名委員會提名。基本法推出二十四年了，年輕人還可以說不知，但在席的資深反對派議員怎可以說不知？

有人說中央可以通過提名委員會欽點特首，假如候選人只有一人，你說欽點，我不會反駁你，但相信你們都記得，上次選舉委員會一千二百名選委，假如真的能夠欽點，梁振英最低限度應得到 989 票而不是只有 689 票，何況將來有三名候選人及五百萬選民，你告訴我如何控制五百萬選民的投票決定？

至於公民提名，我曾經指出公民與永久居民是不同概念的東西，亦根本行不通。公民黨創黨主席關信基教授亦認同我「不同概念」的說法。何秀蘭議員說不如讓居民提名，她的意思是不理會美國人還是日本人，只要在香港住滿七年便可以提名。我相信大部分香港人聽到都會顫抖。讓香港數十萬名外國人有權提名特首，即使你願意，很多香港市民都未必願意。

主席，除了基本法的相關規定之外，我亦想談談我支持目前政改框架的其他原因。時間有限，我會主要談談民主要運行良好，不僅要倚賴選舉，還要包括均衡因素。所以，我們現在面對全民普選、福利社會來臨之際，怎樣制訂一個令福利和經濟都能均衡發展的健全制度至關重要。美國政治經濟學人福山曾經指出，資本主義與民主政治是今天這個世界的普世價值。香港一直是個資本主義社會，所以提名委員會的設計便是將資本主義結合民主政治的優勢，通過均衡參與、均衡聲音、均衡發展，而希望最終達到一個均衡分配的結果。

林健鋒議員：

今次佔領行動的其中一羣主要參與者，是香港的一羣學生。年輕人滿腔熱情，關心社會，大膽提出他們的訴求，出發點是好的，畢竟我們都曾經年輕過，明白年輕人對社會有一團火，對很多問題也有怨氣。但是，大家心底裏都知道，激進的抗爭行動不可能改變人大常委會的決定，亦不可能改寫基本法訂明的要求。如果有人要年輕人成為違法抗爭的犧牲品，令他們抱憾終生，這樣未免太殘

忍了。如果大家都愛香港，是否想看見香港撕裂的局面呢？是否想香港經濟陷入衰退呢？究竟是哪些人最想「唱衰」中央，最想拖垮香港？我相信，其實這些人自己也心裏有數。

主席，落實二〇一七年「一人一票」普選行政長官，是市民大眾普遍的期望。按照基本法及人大常委會的決定，根據香港的實際情況，穩步地推動落實普選，對香港未來的福祉亦至關重要。我們經民聯認為，社會應該以和平理性的方式來討論政改，凝聚共識，達致〔至〕一個各方均可接受的方案。

湯家驊議員的原議案提到，政府應盡快提出一個切實可行的政制改革方案，關於這一點，我相信大家也不會反對。但是，我們要強調，香港落實普選的法律依據，是基本法及人大常委會的相關決定。對於部分社會人士一直糾纏於公民提名，甚至認定公民提名就是落實普選的唯一途徑，對於這一點，我們不能認同，而相信很多香港人也不會認同的。

劉慧卿議員的修正案提到，香港的普選要符合《公民權利和政治權利國際公約》，對於這一點，經民聯難以認同。這並不表示香港的普選制度需要排斥或抗衡《公約》，事實上《公約》亦有其參考價值，但《公約》是否落實普選的法律依據呢？當然不是。香港作為一個特別行政區，是否需要盲目地照搬西方的一套呢？事實上，我們看到西方國家也只是以《公約》或一些標準作為參考，他們亦未必一一跟隨。

主席，一些社會人士經常喜歡把國際標準掛在口邊，他們要求行政長官普選要符合國際標準。但是，「一國兩制」是史無前例的，並無國際標準可作參考，而每個地方的選舉制度，都要符合當地的歷史文化背景及因應當地的實際情況。所以，世界各地均出現了不同的選舉方法，那些地方通過立法落實普選時，亦有一定的彈性。

隨着人大常委會訂定了二〇一七年行政長官普選的框架，或者部分社會人士已經認為，將來特區政府推出的政改方案，一定無法符合他們的心意。但是，試問又怎會有一個天衣無縫的普選方案，可以滿足全港市民的要求呢？

我們看到，大部分香港人均希望可以在二〇一七年以「一人一票」的方式選出我們的行政長官，而二〇一七年的行政長官普選方案亦不是一個終極方案。即使日後的政改方案仍有爭議，我們亦可逐步改良。所以，我認為立法會各黨派

應以維護香港利益作為出發點，並且在基本法及人大常委會的框架下尋求最大共識，找出各方均可接受的普選方案。如果大家繼續堅持己見，互不相讓，香港的政改僵局將難以突破，這樣對香港的經濟和民生絕無好處。

黃毓民議員：

沒有原則的妥協，等同屈膝求和。

主席，泛民主派深信政治是妥協的藝術，在此不妨回顧一下他們在過去十年作出了怎樣的妥協。

今天劉慧卿議員的發言提及基本法，又說湯家驊議員提出的議案不會逾越基本法的框架，但卻與你所說的南轅北轍。那麼，基本法究竟由誰人來解釋呢？答案是你們的老闆，而不是他們。

基本法附件二列明，第一屆及第二屆立法會，由三十名功能團體選舉的議員、六名選舉委員會選舉的議員，以及二十四名分區直接選舉的議員組成。在二〇〇四年至二〇〇八年的第三屆立法會，六個選委會議席已被取消，該等議席已改為分區直接選舉的議席。這是十分保守的民主進程，但總算體現了基本法循序漸進的原則。該屆立法會的產生辦法仍然依照附件二的規定，當時泛民主派選擇相信中共。當時的他們有這種想法，我姑且當他們天真。不過，事實就是他們接受了基本法的規定，因為他們的確看到循序漸進的情況。

可是，二〇〇四年四月六日的人大釋法及二十六日全國人民代表大會常務委員會的決定，違反了中共有關二〇〇七年後的政制改革屬香港自治範圍的承諾。儘管面對中共的食言，但是要遲至二〇〇五年六月二十六日，當親泛民的《蘋果日報》在「蘋論」指出，「當港人能為全面普選訂下時間表或路線圖後，港人便可以按未來的普選藍圖考慮如何令 2007 年、2008 年的選舉模式更……」，到了這時才首次試圖還價及作出幻想。二〇〇七年十二月二十九日的人大常委會決定，否決了二〇一二年的雙普選之餘，卻又指二〇一七年可以普選特首，而二〇二〇年則可以普選立法會，敷衍了泛民對時間表、路線圖的訴求。翌日，另一份親泛民的《明報》如獲至寶，在其社評中提出，「雖然最終能否按期落實，還存在變數，但……值得各方面珍惜。」泛民主派就是靠這兩份報章做人了。

　　泛民把二〇〇四年中共違背政改循序漸進承諾的往事忘記得一乾二淨，他們面對專權的特區政府甚至極權主義，仍存有善良意願，期待溝通，甚至只要對手稍為退讓，便自我感覺良好，認為民主已跨出一小步。於是，二〇一〇年以民主黨為首的泛民便走入中聯辦密談，最終通過偽政改方案。

　　二〇一三年三月二十四日，中共全國人大法律委員會主任喬曉陽稱，基本法規定「提名委員會按民主程序提名」的定義是少數服從多數，亦即全票制。二〇一四年八月三十一日，人大常委會決定越俎代庖為特首提名門檻「落閘」後，回頭一望，原來北京早已對政改劃下嚴苛的底線。由二〇〇七年人大常委會作出決定起計的這七年，泛民的議員全也在發白日夢！

　　在中共人大常委會作出八三一決定前，泛民的李柱銘、戴耀廷、陳文敏、「香港二〇二〇」智庫、十八學者、學民思潮、真普聯、大律師公會，建制派的陳弘毅及十三學者等，均先後就政改方案提出建議，但他們全都是在基本法及人大常委會決議的鳥籠下鑽空子，冀望「北大人」開恩採納。今天提出議案的湯家驊議員亦不例外，他提出了一個極為保守的方案，主張在提名委員會的三個專業界別擴大選民基礎，第四界別的所有區議員代表則擴大為由民選區議員出任，提名門檻則約為 10%。湯議員的方案甚至獲得全國人大常委范徐麗泰的讚賞。然而，八月三十一日的人大常委會決定猶如打了這羣人一記響亮的耳光，並狠狠地打了他們一巴掌。

　　湯家驊議員現時提出的議案，無非是把「皮球」拋回給政府，希望政府良心發現，提出泛民可以接受的政改方案。至於民主黨的劉慧卿議員所提出的修正案，其關鍵字句為：「……讓不同政見人士可以成為候選人，令選民有真正的選擇」，以及「本會亦促請政府不遲於 2020 年廢除立法會所有功能界別議席，全面普選立法會議員」。除了老調重彈，他們為了入閘不惜連屎也吃下，底牌就是由泛民協調一名候選人入閘，藉此綁架民主派的選民。但是，這項修正案亦揭露泛民主派放棄了二〇一六年立法會全面普選一事，而這正是他們從前所爭取過的。

　　主席，過去一年半的戲碼，包括這項議案在內，只不過是二〇〇四年至二〇〇七年的歷史重演而已。政治是妥協的藝術，但前提是政治溝通的雙方必需地位平等，才可以互相尊重和互信。當中共及其同路人以君臨天下的姿態蔑視港人，三番四次食言或取巧，沒有原則的妥協就等同屈膝求和。泛民一再為妥協而

妥協，不但浪費港人的時間，到頭來爭取回來的，恐怕只是一個扭曲的政治制度，絕不會為香港帶來長治久安。

我要問湯家驊議員和民主黨的議員，接受特首選舉沒有公民提名或議會提名的政治妥協，以及在六年內因功能界別繼續存在而要忍受分組投票，這樣對香港人爭取命運自主有何幫助？我相信，二〇一六年立法會的產生辦法只會原地踏步，屆時民主派的議員，包括今天在席而屆時仍在世的議員將會繼續參選，然後讓支持民主派的選民投票給你們。那些支持民主派的選民便會想起，他們在二〇〇四年支持你們爭取二〇〇七年及二〇〇八年雙普選，於是投票給你們。二〇〇八年的立法會選舉，選民支持你們爭取二〇一二年雙普選，於是又勉強投票給你們。二〇一二年的立法會選舉，你們說會為大家爭取真正的普選，於是選民又再度含淚投票給各位。到了二〇一六年，你們還敢厚顏無恥站出來說：「投票給我吧，我為大家在未來爭取真正的普選」嗎？我估計現時仍然在街上留守的人士會以粗口來回應你們，他們亦不會再次投票給你們。

我提出的全民制憲是一個理想，對於這樣的一個理想，你們也投棄權票……大家對民主派還能有甚麼希望？

吳亮星議員：

主席，當一些人顛倒是非，把衝擊警方、衝擊立法會大樓、非法佔領等暴力說成或美化成和平、理性的公民抗命時，我仍本着是其是、非其非的態度指出：湯議員難得地在今天提出一項在一定程度上回復傳統議會議案的優良形式，屬於簡單而較為中性的議案。議案簡單表示：「本會促請政府盡快提出一個切實可行的政制改革方案」。推敲「切實」和「可行」兩詞，即符合實際，而又可以實行。對比上周某位很激烈的議員在本會提出脫離現實的議題，今天的議案中性而簡單，值得繼續提倡，值得鼓勵。

香港在政治現實中，是中國一個享有高度自治權的地方行政區域，直轄於中央人民政府，特區行使的各種權力都是來自中央授權，並沒有所謂「剩餘權力」。香港既然不是獨立的政治實體，肯定不能自行決定政治體制。切實可行的政制改革方案必須符合中央人民政府頒下的基本法，以及全國最高權力機構全國人民代

表大會常務委員會所作出的決定。

根據香港中文大學的香港民意與政治發展專題研究小組在十月下旬的調查結果，在特定情況下——即提名委員會民主化的前提下——有 55.6% 的市民認為立法會應該通過本港二〇一七年行政長官普選方案，認為應否決的只佔 6.1%。民意很清晰，市民仍希望透過理性討論，尋求共識，落實二〇一七年「一人一票」的普選。更重要而屬於實際可行的是，這些均可透過本地立法所能達到，而非停留在空叫口號的政治姿態方法。既然已有人大常委會定下的框架，在框架下我們理應平息紛爭，就其他內容平心靜氣諮詢意見，共同探討，透過社會的理性討論達致〔至〕共識。

對於修正案提到的有關問題，外間和本會同事已作出多次回應。普選授權既然來自中央，具體在於人大常委會的相關決定及基本法的條文，並不應該來自《公民權利和政治權利國際公約》。觀察所見，從來沒有一個地區的普選，是要根據所謂的國際標準。現實情況是，每個國家都會因應自身情況，不論英、美等國，都自行設計其選舉模式，不存在真假普選，更沒有對錯之分。

此外，關於二〇二〇年廢除功能界別一點，回顧早期搞民選制度的國家，例如上世紀二十年代的英國，一些學者已經提出，地區直選產生的議會簡單多數，並不能有效代表社會中分殊的意見和利益。在沒有更好的制度和辦法來制約全民民主之前，功能界別可代表各界別行業利益，防止社會部分組成邊緣化、被弱化而失去社會部分組成應有的效益，並對全民民主可能產生的弊端（例如民粹主義等）起着制約作用。融入各行各業的代表議政論政，除可提升議決的廣泛代表性，透過功能代表制，更可吸引更多種功能的商業和專業人才參與，運用各種專業意見，吸納各方知識，提高議會質素，確保所議事項實際可行，增加平衡各方的公信力。

最後值得一提的是，所有政制改革都應有一個人民不言而喻的國際標準，便是相關國家或地區的政制應循序漸進地改，應為民生、經濟改善方向而改，更應為全球國家和地區人民的和平生活而改。

梁繼昌議員：

　　主席，今天這項議案的目的是希望促請政府盡快提出一個切實可行的政制改革方案，這一點我是絕對同意的。但是，在進一步討論之前，我們實在要瞭解何謂切實可行的政改方案。在港府或建制派議員眼中，「切實可行」可能是緊貼中央路線，凡是中央政府決定的，都要堅決擁護，包括人大常委會的八三一決定。然而，主席，我認為所謂的「切實可行」應該包含其他元素。

　　研究民主化的學者 Juan Linz 和 Alfred Stepan 合著的 *Problems of Democratic Transition and Consolidation* 一書中指出，民主鞏固（Democratic Consolidation）的狀況是指社會上的人普遍同意民主選舉是唯一實現權力更替的手段（Democracy has become "the only game in town"）。如果要達到這種狀況，在香港政治改革的方向上，除了要知道特區政府和中央的立場之外，瞭解社會（即市民）的意願和期望亦同樣重要。不具普遍認受性的政治制度，民意不能有效反映，政治參與的渠道被堵塞，只會引致更多制度以外的抗爭行為出現。

　　我在此想引述一段一九九三年三月十八日《人民日報》由當時港澳辦主任魯平所發表的談話。他談到香港的民主發展時說：「基本法對前三屆立法會直選議席作了明確規定。至於第三屆以後（2007 年以後）立法機關怎樣組成，將來完全由香港自己決定，只要有三分二立法會議員通過，行政長官同意，報全國人大常委會備案就可以，不必要中央同意。將來香港如何發展民主，完全是香港自治權範圍內的事，中央政府不會干涉。」

　　鄧小平先生亦在一九八四年六月二十二日的一段講話中提及：「我們多次講過，我國政府」——即中央政府——「在一九九七年恢復行使對香港的主權後，香港現行的社會、經濟制度不變，法律基本不變，生活方式不變，香港自由港的地位和國際貿易、金融中心的地位也不變，香港可以繼續同其他國家和地區保持和發展經濟關係。我們還多次講過，北京除了派軍隊以外，不向香港特區派出幹部，」——主席，現時在香港的幹部何其多，沒有數萬人也可能有數千人——「這也是不會改變的。我們派軍隊是為了維護國家的安全，而不是去干預香港的內部事務。我們對香港的政策五十年不變，我們說這個話是算數的。」

　　由此可見，回歸以後香港實行普選，香港擁有在政制上自主的權利，是可以

從過往中共官員的言論中得以證實。再加上在回歸後落實民主制度，以落實「港人治港」、「高度自治」，保障香港的自由、法治，是當時香港人的普遍期望，亦是港人當年接受回歸的其中一個最重要原因。但是，為何中央政府現時竟然在八三一決定落下重重關卡呢？一個負責任的國家，一個泱泱大國，為何對自己曾經承諾的事不能夠遵守呢？

關於普選的標準，有人認為民主制度因地而異，但我並不苟同這種說法。我六月底在深圳時與李飛主任有一番對話。在閉門會議上，李飛主任說，參加奧運會跳高賽事的選手最少要跳超過一點七米才可以進入決賽。李飛主任說要求一點七米，即是有篩選，而我對他說：「國際奧林匹克委員會定出一點七米，不正是一個國際標準嗎？中國作為奧委會的成員國，也要遵從這項國際標準。」

我又要談及《公民權利和政治權利國際公約》第二十五條。大家說《公約》不適用於香港，因為香港有其特殊性。我亦贊同每個國家的民主制度由於其歷史、文化、種族背景不同而有差異，但《公約》正是一個最低的標準，而不是唯一的標準。《公約》有最重要的兩點值得留意：第一，所有公民不應受無理限制，可直接或經自由選擇的代表參與政事，即是有投票權。第二，在真正、定期的選舉中投票及被選，選舉權必須普及而平等。被選權不能以無理的理由被褫奪，或藉重重關卡提供一些理由說某人不適合作候選人。為何中央政府在這兩項條件之中選擇了第一項而不遵守第二項呢？如果你說普選由中國國內的人大常委會自行決定，不如你說「一人一票」的普選，投票權也是愛國愛港的香港市民才享有吧？這不是港式或中共式的普選嗎？

葉劉淑儀議員：

對於劉慧卿議員的修正案，我相當有保留，因為她提出修正的字眼，我覺得有斷章取義之嫌。例如她說的，「鑒於中央政府公開承諾二〇一七年香港可以普選產生行政長官，以及之後普選立法會全部議員」，這些字眼毫無疑問在二〇〇七年十二月二十九日人大常委會的決定中有出現，但劉議員身為資深議員，應該明白所有政制發展方案，都應該符合基本法第四十五條，以及基本法的整體立法原意。基本法第四十五條清楚訂明，「行政長官的產生辦法根據香港特別行政區

的實際情況和循序漸進的原則而規定」，即是須根據實際情況及循序漸進。二〇
一七年只是可以而非一定要普選產生行政長官，須視乎我們的實際情況而定。例
如，現時便因為佔中的發生而造成社會極大的不穩定及不安，令第二階段諮詢押
後，以致實際情況受到影響。

既然梁繼昌議員剛才引述了一些歷史文獻，我亦引述一下在基本法通過
之前，港澳辦的姬鵬飛主任，作為基本法起草委員會主任，在一九九〇年三月
二十八日的發言，當中說明政改背後一些必須符合的原則。他表示：「香港特別行
政區的政治體制，要符合『一國兩制』的原則，要從香港的法律地位和實際情況
出發，以保障香港的穩定繁榮為目的。為此，必須兼顧社會各階層的利益，有
利於資本主義經濟的發展；既保持原政治體制中行之有效的部分，又要循序漸
進地逐步發展適合香港情況的民主制度。」這些是很重要的原則，即是要保留
行之有效的部分，循序漸進地發展，以配合香港的實際情況。所以，二〇一七
年能否實施行政長官的普選，一定要視乎香港的實際情況，以及符合循序漸進
的原則。

如果我們回顧過去數十年的發展……我聽到毛孟靜議員剛才投訴進展緩慢，
其實絕對不是，而是發展得很快。我們不要忘記，在一九七六年，即香港回歸前
二十多年，英國政府就聯合國《公民權利和政治權利國際公約》第二十五條加入
了保留條文。那是在一九七六年發生的事。數年後，麥理浩總督上京「摸底」，
看看香港能否由英國人繼續管理。英國人在一九七六年尚且作出保留條文，指
《公約》第二十五條的選舉權不適用於香港組成行政局及立法局。香港的民主制度
其實真是在回歸之後才大幅度發展。立法會的民主成分不斷增加，到目前為止，
「一人一票」選出的直選議員已經佔立法會七十位議員中的四十位，而其餘的功
能界別議員，我數出最少有九位是透過業界內「一人一票」、經過激烈競爭選舉
出來。

劉議員亦建議「促請政府不遲於二〇二〇年廢除立法會所有功能界別議席」，
這點我認為其實是一個不民主的要求，因為政府其實並無權力承諾廢除這些議
席，而且為符合民主原則，政府也要進行諮詢，亦要取得功能界別的同意。所
以，同樣地，我認為如果學生前往北京要求國家主席或總理承諾何時廢除功能界
別，其實都是不民主的，因為不進行諮詢並不符合民主原則，反而是回復人治的

作風。這些根本是政府目前不可能承諾的事。

至於說要普選行政長官的制度「符合國際標準、有競爭性和無政治篩選」，我覺得要求香港的行政長官需要愛國愛港，是一個合理的要求。正如我過去在本會指出，投票選舉權是可以普及的。根據國際準則，普選是指普及而平等的投票權，但《公約》並沒有要求每個人都有提名權。以美國的憲法為例，它標明只有美國出生的國民才可以競選總統。換句話說，草擬美國憲制的功臣連移民也不信任，他們可能認為在美國出生的人才擁有純正血統，才能成為美國總統。儘管如此，也不見得有人指它不合理。

因此，要求一個擔任最高職位的人愛國愛港，是非常合理的。我最失望的是，不知道為何劉議員在現時所謂「尚未開跑」的階段，便已斷定泛民人士在這個框架協定下將不能參選。這好比一個考試，試題還沒有出，便已斷定自己會不及格。我覺得她不需要這樣想。

葉國謙議員：

主席，甚麼是切實可行的政改方案？我認為應該有根有據，更要深思熟慮。推動政改的步伐，不能夠天馬行空，也不能操之過急。缺乏法律根據和實際情況支持的政改建議，只會淪為空談，談不上切實可行，遑論能夠貫徹落實。

香港政制發展的歷史過程中，一直奉行循序漸進的原則，從無到有，從小改革到大改革；從英國政府委任港督管治，發展到港人可以「一人一票」普選行政長官，一步一腳印地積累政制改革經驗，循序漸進，根據香港的實際情況，以及按照基本法的原則，推進民主，實踐普選。

回顧過去百多年的殖民歷史，我們未見過落實普選的希望，即使當年彭定康為了擾亂香港順利回歸的計劃，在不理中方的強烈反對之下，提出「三違反」的所謂政制改革方案，都不曾作出港人可以用「一人一票」選出港督的承諾，反而是中央體驗和知悉到港人的訴求，並且明白到香港的政制發展和現實情況，政制民主化、政制民主成分有需要不斷的提高。故此，即使在中英聯合聲明中並沒有提及任何關於普選的聲明，中央亦主動向港人作出承諾，給予香港更大的民主程度，更在全國人大於一九九〇年通過的基本法內，將普選承諾寫成憲制性條文，

讓香港普選行政長官有根有據。

切實可行的政制改革方案，除了要有法律依據，更須符合客觀的環境和實際情況。香港雖然小，但經濟和社會發展已經相當成熟，並出現數目非常多的團體，他們代表着不同階層及利益，「主打」不同政策和議題。民主，要維護大多數人的利益，也要盡量照顧少數人的需要。故此，回歸後，便以均衡參與的模式，讓香港人參政，務求令立法會能夠廣納民意，盡量包容各種聲音，其中直選議席採用比例代表制便是讓不同利益、意見及立場的聲音，可以進入議會，爭取權利。現時不少激進的泛民和反對派能夠進入議會，搞風搞雨，其實也是拜比例代表制所賜，他們可謂是既得利益者。

均衡參與的另一個體現便是功能界別的制度。功能界別的組成，可謂是香港整體運作的縮影，當中包括不同經濟因素的各行各業、代表各種社會人文因素，以及各個演藝團體、宗教團體等不同政治光譜、政見人士的存在，可見功能界別的選舉安排符合香港的實際情況，有助社會平衡各階層的利益，從而達致〔至〕均衡參與的目的。

要評價一個制度的好壞，並不是由某一派別的議員說了算，而是要考慮社會對有關制度的認受性，我們看到不少團體在討論立法會的選舉制度時，也積極爭取加入現有的功能界別，甚至是建議增設新的功能界別，例如婦女、青年界別，輔助專業界別、中小企界別；由此可見，社會上仍然有不少團體希望能夠透過均衡參與的功能界別制度，表達業界的訴求和利益。所以，在社會現時仍然希望研究如何完善功能界別的情況下，貿然說要取消功能界別，並沒有考慮到香港政治發展的實際情況，也沒有理會民意，是不負責任的做法。

再加上現今「你不代表我」的世界裏，根本沒有人能夠說服任何功能界別的議員和選民取消他所屬的功能界別。難道有些反對派議員可以代表所有功能界別的議員和選民，要求取消功能界別嗎？他不能夠代表他們。所以，取消功能界別的建議，現時是一個不切實際的政改方案。

主席，第二輪政改諮詢工作即將展開，現時需要的，是一個切實可行的政改方案，一個最終能夠在二〇一七年落實「一人一票」普選特首的政改方案，而不是一些口號式的政改。如果提出的政改方案做不到，或得不到中央和大多數市民的支持，我們只是在浪費時間。在這種情況下，我相信只是與爭取實質可行的政

改方案背道而馳，我希望大家能夠以理性的態度，客觀地討論。

姚思榮議員：

主席，這次政改對香港來說是一件大事，將會令香港的政治改革向前跨進一大步。

大家也知道，在英國統治香港百多年間，港督是由英國任命，英國人根本沒有想過在香港推動普選港督。反而中央在準備收回香港主權及制定基本法時，已經考慮給予香港市民更大的民主空間，並清楚訂明：香港最終達至普選產生行政長官和全體立法會議員的目標。

全國人民代表大會常務委員會二〇一四年的決定，亦正式確定從二〇一七年開始，香港可實行「一人一票」普選行政長官，並且在普選行政長官後可以普選全體立法會議員。香港回歸只有十七年，中央已經兌現了當時的承諾，在香港推進政治改革，目標就是在二〇一七年，全港合資格選民可以「一人一票」選出行政長官。我們應珍惜這個香港人多年來夢寐以求的機會；我們是向前邁進一大步，還是原地踏步，甚至後退呢？決定權在我們手上。

香港不是獨立國家，並有其特別的憲制地位，是中華人民共和國轄下的特別行政區。要實現這次普選，便要有法律依據，即基本法的相關條文和人大常委會在八月三十一日所作出的決定。在這個原則下，再參考其他國家的經驗，包括聯合國的《公民權利和政治權利國際公約》。

每個國家和地區都有不同的歷史、文化和風俗，沒有絕對的統一標準，其他國家的經驗或其他機構的建議只是作為參考，並沒有法律約束力。但是，反對派總是迴避這個法律準則，只就所謂的國際標準大做文章，目的是誤導市民認為《公約》才是政改的最高框架，並以此作為反對人大常委會決定的理由。

劉慧卿議員提出的修正案，把聯合國的《公約》與基本法相提並論，甚至把《公約》放在基本法之前，凌駕基本法。這樣做只不過是延續佔中三子和反對派一直以來片面借用國際準則來誤導學生和市民的技倆，了無新意。目的是要令公眾認為中國政府沒有執行國際標準，政改是假普選，令目前佔領行動繼續發酵。這根本無助解決佔領的困局，反而令局面更為複雜。

　　主席，倘若泛民議員真心地一如湯家驊議員提出：「促請政府盡快提出一個切實可行的政制改革方案」，便應該回到基本法和人大常委會決定的框架，認真地理解相關的條文和決定，面對現實地提出可行建議，讓全港市民「一人一票」選出特首，並循序漸進推行政改方案。如果只是一味為反對而反對，不是在法律框架之內提建議，便根本不是真心想推動香港的政治改革。我希望大家回到現實，設法令政改方案通過。如果二〇一七年沒有辦法實現普選，所有議員都要負上政治責任，泛民議員更加要負上主要責任。

2014 年 11 月 26 日
恢復議案辯論：促請政府盡快提出一個切實可行的政制改革方案

梁家傑議員：

⋯⋯我希望中央政府能明白，香港人要的是一個真正的選擇。可能主席也記得，梁錦松先生擔任財政司司長時曾說過，不是要用魚來餵養人，而是給他們一支魚竿，教他們如何釣魚，那才是正確的施政方向。可是，現時年青人看見眼前的魚塘並沒有魚，連魚苗也沒有一條，給他們魚竿又有何用呢？在團結香港基金會的啟動禮上，梁錦松先生表示，處理年青人不快情緒的方法是興建一些價格廉宜的房屋給他們購買。這等於在魚苗也沒有一條的魚塘旁邊，建一座茅舍給他們，作為施捨給他們的居所，主席，我相信年青人是不會稀罕的。

其實，年青人要的是一個制度，在這個制度下，特首不能只靠向上級「擦鞋」，只說北京中聽的話，更不會產生另一個梁振英，在競選時把自己描繪成霸權剋星、基層救星，在競選過後，不夠兩年多卻變成了 14K ——原來月入低於一萬四千元便不能享有同等的選舉權。年青人想要的是改變這個制度，改變一個情況：一些胖得連襪也穿不下的人和中央政府霸佔了整個魚塘，以致根本沒有魚可以跳過去年青人面前的魚塘，就是這麼簡單。所以，湯家驊議員的建議其實非常切合時宜，也是一個暮鼓晨鐘。我希望林鄭月娥司長不要再浪費時間進行甚麼第二輪諮詢了，因為如果第二輪諮詢受制於八三一的人大決定，將不可能讓香港人有真正的選擇。謹此陳辭。

李卓人議員：

我剛才提到湯家驊議員的議案，如果將「切」字改為撤回的「撤」字，便有

機會可行了。因為現時很清楚，人大的八三一決定令整個政改討論、任何方案都不可能可行。因為我們要的是真普選，而人大決定下的是假普選，所以，如果要搞普選，在人大決定下，根本不可能有可行的方案。因此，我們強烈要求，也一直表示要撤回人大的八三一決定。何況人大的八三一決定肯定是僭建、違法、違反基本法的決定。

為甚麼我說人大的八三一決定違反基本法呢？因為很清楚，在基本法中只有三部曲，當然，你稍後會說，在三部曲之後，二〇〇四年人大決定搞五部曲。大家看清楚，基本法的三部曲只不過是三分之二立法會議員通過，行政長官同意，然後人大批准，本來是三部曲。在這三部曲之後，在二〇〇四年的人大決定中多加兩部 —— 這已經是僭建，已經是強行在基本法上多加架構，要多過兩關：第一關是行政長官提交報告，第二關是人大有權確定是否要修改，字眼是「確定」。

現時的八三一決定是怎樣呢？八三一決定不單要確定，還要提出如何修改，弄了一個框架，強行加建一個鳥籠。很清楚，大家知道人大決定是提名委員會要過半數、要四大界別，以及最多可提名二至三名候選人。所以，很清楚，這是一個僭建的決定。如果在僭建決定下，規限了香港必須按照那三個「落閘」決定，怎可能有真普選呢？大家看看那三個「落閘」決定，第一個「落閘」決定是必須四大界別，令大家無法選擇，一定是工商界三百人、專業界三百人、基層三百人及政界三百人。大家想由立法會議員組成，具備真正民選成分，沒商量；普選提委會，沒商量，必須是四大界別。

現時怎樣解釋四大界別何以必須有工商界呢？梁振英解釋得最清楚，以前我也解釋過，但這次梁振英解釋得更好，他說如果要均衡參與，所有基層市民、月入一萬四千元以下的如果也有提名權便糟糕了，一旦有提名權便會傾斜於基層，變成香港不是均衡參與。這樣離譜？主席，我覺得不論是中央、梁振英、建制派或香港工商界，對資本主義的認識是很低智能，是「低 B」的。因為他們的認識是，一定是工商界有不公平政制，令政策傾斜於工商界，這才是資本主義的發展 —— 絕對不是。

大家看看，全世界實行資本主義的地方全部都有民主政制，當然，民主成分有所不同，但沒有一個地方好像香港那樣離譜，要控制提名權。現時不單控制提名權，現時的政策更是控制選舉權，將來便會控制提名權，那麼叫市民選甚麼

呢？第二，提委會一定要過半數。中共在提委會中控制了八成委員，也無須多問，控制了八成即是「你玩晒」，那不如說是中共欽點候選人讓大家選擇，這是很清楚的。

所以，在八三一的框架下，根本不可能有真正的普選。大家很不喜歡聽國際標準，但聯合國人權委員會很清楚說出國際標準，便是大家有選舉權和被選舉權，而被選舉權不能有不合理限制。現時人大的決定很清楚是有不合理限制，因為只有中共欽點的提委會的人 —— 所謂的假選舉，其實那個選舉都是假的 —— 才能獲提名，很清楚，怎麼可能在這框架下有真普選呢？是不可能有的。所以，在這個框架下，根本沒有切實可行的方案。

田北俊議員：

主席，關於所謂切實可行的政制改革方案，自由黨一貫的看法是，它不單是指選舉。我們認為，經普選出來的行政長官的認受性高是對的，對於施政會有幫助，但他在立法會同樣是一票也沒有，在選舉的過程中，他同樣既未能決定由誰擔任三位司長，十二位局長人選亦未能決定，究竟有否團隊精神，亦是未知之數。即使行政長官是這樣選出來，而當一個切實可行的政制改革方案出台後，管治會否改善？可能也是辦不到的。所以，我們認為，最重要的是不要原地踏步，不要由一千二百人去選特首。

李卓人議員剛才發言提及的，我一半同意，另一半則不大同意，特別是他指出提名委員會成員全屬於工商界，甚至指出他們幾乎壟斷整個委員會。他似乎報大了數字，這並非事實，因為在四大界別中，屬於第一界別的工商界只有三百人，第二界別是專業人士，第三界別是基層人士，第四界別是政界人士，按此說法，每個界別（包括基層在內）可推選出四個不同界別的人士，絕對不會出現由工商界一下子推出三四個全部屬於工商界的候選人士。

關於推選行政長官需否按照此方法進行，自由黨一貫的看法是，香港採用的「一國兩制」及「高度自治」的模式，是全世界也沒有的，我們難以引人家的例子用於香港，我們既要考慮「一國」的宗主國的概念，亦要考慮我們「兩制」治權的概念。相反而言，問題只有兩種說法，便是香港能否隨便怎麼選就怎麼選，

選出了行政長官便等待中央任命，但如果中央認為獲選人士並不愛國愛港而不想任命，問題便非常嚴重。

我認為雖然現有基本法是這樣規定，但實際運作則未必可行。相反，我們要尊重「一國」的看法，如果在候選人中最少有數位是中央認為可接受的，我們認為二〇一七年普選是一個可行的方案，即是所謂的「半杯水」或「袋住先」方案。當然，我們亦希望二〇二二年的選舉能有更多人被定義為愛國愛港，包括屬泛民的人選；又或「半杯水」能否再加滿些？如果現在不接受這方案，我們便很擔心，至二〇二二年，我們還能否提出這方案再討論，抑或有可能再押後很多年？

所以，我們認為這方案能否獲得通過，全繫於泛民議員手中，我們無能為力。但是，如果今次的選舉方案不獲通過，在處理行政長官選舉的問題上，我們認為會很久也不能解決。

湯家驊議員發言提到的其中一種說法，是如果接受「袋住先」的方案，在二〇一七年選舉行政長官，那能否以在二〇二〇年取消立法會全部功能界別議席，作為一項交換條件？我認為這方面涉及兩個問題：第一，關於全國人民代表大會常務委員會所作的所有決定，人大常委會每五年也會重選，現在的人大常委會在最近（二〇一四年）作出的八三一決定，沒有可能是一個五年後有關政改方案的決定或承諾。回顧這麼多屆人大常委會每次就政改方案作出的決定，均從沒有作出某個承諾是橫跨下一個五年的，這是不可能的事，因為下一屆人大常委會的數百名委員根本跟現有的數百位不是同一羣委員，他們怎能作出這種承諾？第二，自由黨一直認為，功能界別的概念是要精英或具代表性，精英不單是指工商界或富有與否的問題，無論是勞工界或社會福利界，全部都是精英。如果每個界別都推選出一些精英，只要能讓普羅大眾有所選擇便行，而不是局限於現時在可能少於百多票或數萬票的情況下選出，而是給予普羅大眾兩個選擇：一個是選舉直選議員，另一個是選舉功能界別的議員；至於是否全部都可以選，還是讓他們另外投選一票……我們看到，現在區議會在立法會中已有五個由功能界別選舉產生的議席，便是由區議會議員提名，讓全港市民選舉。我們認為在其他行業，無論是銀行界、律師界或勞工界，同樣可以提名人選供我們數百萬人投票。這是一個可以考慮的方案，亦可讓我們議會內的專業人士表達意見，他們亦具認受性和公信力，並可獲數百萬人分批投票選出。我們認為這些是比較可行的方案。

謝偉銓議員：

　　……雖然，人大常委會給予香港普選的承諾，但香港要有效、切實地推行政制改革，如期落實二〇一七年普選行政長官，為落實普選全部立法會議員提供先決條件，我們必須緊守兩大原則：第一，是要在基本法的框架下進行；第二，是要根據人大常委會就香港政制改革作出的所有有關決定，包括在今年八月三十一日對香港普選行政長官和二〇一六年立法會產生辦法所作出的決定。所以，有關政改的任何建議或方案，如果偏離或違背了這兩項大原則，實際在憲制上便已經欠缺了法律基礎，難以獲得接納。

　　主席，如期落實二〇一七年「一人一票」普選行政長官，是中央、特區政府和大部分香港市民的期望和目標。如果仍然有人堅持一些不切實際的建議和方案，令香港無法如期落實二〇一七年普選行政長官，並直接影響二〇二〇年的立法會普選，最終便只會使香港的政制無法向前發展，被迫原地踏步，甚至會向後倒退，相信這絕對不是大多數香港市民願意看到的結果，亦非香港之福。所以，我希望在普選問題上，那些仍然堅持不切實際建議的人士可以盡早回到務實方向，按照基本法和人大常委會的決定，為香港的長遠利益着想，促使普選方案在社會上早日達成最大共識。

　　過往當社會討論到政改方案時，不時也會聽到有人指出，有關方案必須符合《公民權利和政治權利國際公約》，又指出二〇一七年普選行政長官的安排要符合國際標準，今天的修正案中亦有提及相關內容。不過，基本法委員會委員饒戈平教授便曾經在報章撰文批評，指現時有些人提出並堅持香港普選模式的國際標準，其用意只是想借國際標準凌駕於中國法律之上，目的是要用國際標準來壓低、抗拒基本法的規定和人大常委會的決定，從而爭奪普選的主導權。

　　主席，我認同饒教授作出的有關批評，因為我過去一直質疑提出這些要求的人士，究竟是否知道香港普選的法律根據為何、何謂國際標準，以及是從甚麼角度衡量國際標準呢？其實，所謂的國際標準對於不同人士，可能是會有不同標準，根本是無一致標準。所以，說到底，提出香港普選要符合國際標準的人士，他們只是希望香港的普選可以符合他們心中的標準，至於是否符合我剛才提到的兩大原則，即基本法的規定和人大常委會的決定，他們便可能未必理會，或是拒

絕理會。正如饒教授所指，因為他們要爭奪普選的主導權，他們這種意圖是不會獲得支持的。

至於修正案涉及的另一內容，要求政府不遲於二〇二〇年廢除立法會所有功能界別議席，全面普選立法會議員。首先，根據普選兩大原則之一，就是要根據人大常委會的相關決定進行，即二〇一七年香港特別行政區行政長官可以由普選產生，之後立法會可於二〇二〇年由普選產生。所以，二〇一七年普選行政長官，便是普選立法會的先決條件，至於二〇二〇年則是立法會可以進行普選的最早時間，而非最後限期。如果議員否決了普選特首的方案，不但會無法如期在二〇一七年落實普選特首，更會直接影響立法會的普選進程，不可能最早於二〇二〇年實現普選立法會。此外，有關立法會功能界別的去留問題，現階段社會上仍然未有較大共識，有市民要求取消，亦有市民強烈希望功能界別可以繼續保留。所以，在未有充分討論和取得較大共識下，貿然作出任何決定，也是不切實際和不會得到支持的。

張華峰議員：

其實二〇一七年普選行政長官的機會已經放在大家的面前，問題是即使有人認為現在的方案還不太好、不太理想，是否也應該在人大常委員會的框架下，先爭取落實普選特首，再談下一步如何完善選舉制度？而不應採用佔中這種既非法、又損害香港整體利益的自殘方式，企圖迫使中央改變決定。

事實上，中央的立場已經很清楚：如果要把人大常委會的決定推倒重來，根本是漠視中國已經收回主權，香港是中國的特別行政區的事實。刻意挑戰屬於全國最高權力架構的決定，實屬不理智和不現實的行為。所以，我絕對不贊成有人抱着只爭朝夕或玉石俱焚的態度，以爭取他們所謂的理想選舉模式。

主席，泛民議員經常表示要尊重民意，那麼他們是否也應理解民意對人大常委會的決定有甚麼看法呢？以《明報》為例，他們在人大常委會八月三十一日作出決定後，即九月初，曾經訪問市民的意見，結果 52% 的受訪者表示，即使泛民主派人士被拒參加特首的選舉，這方案也可以接受。

值得注意的是，在九月二十八日佔中事件發生後，《明報》在本月十日，進

行了同樣的調查，即問市民是否願意就人大常委會的方案「袋住先」，結果並沒有出現重大變化，23%的受訪者表示接受，反而較上次的調查微升一個百分點，而「寧願政策原地踏步」的比例，就下跌了三個百分點，只有34%。

還有，香港中文大學傳播與民意調查中心，本月中完成的一項民意調查顯示，六成七的受訪者認為佔領人士應該全面撤出佔領區，只有13.9%的人表示應該繼續留守。而不支持佔中運動的受訪者有43%，遠多於30.9%支持者，顯示民意有所逆轉。而香港大學民意調查研究計劃最新的調查，亦顯示八成三的受訪者認為佔領人士應該停止佔領，僅一成的人認為該行動應該繼續。

我認為如果有人仍堅持以佔中爭普選，根本就是不惜「打爛中小企業的飯碗」，損害香港的國際形象，破壞良好的營商環境，與廣大市民為敵，恐怕最終只會淪為千夫所指的對象。

主席，談及功能界別是否在二○二○年全面取消的問題，我想首先確定，在二○一七年，我們可否落實普選特首，如果可以的話，才可按照人大常委會的決議，在二○二○年普選立法會。但是，普選立法會的時候，是否等於放棄所有功能界別呢？抑或可以在走向普選的同時，增加功能界別的代表性，同時也顧及香港經濟的發展，想辦法讓一羣熟悉行業發展的人，關注香港經濟整體發展的議員，能夠有維持參政的機會？否則，只會令香港的發展停頓，絕對是……功能界別的議員對社會的貢獻絕對是功不可沒。

梁耀忠議員：

因此，我認為議案最重要的內容是提醒政府，特別是特區政府，提出來的方案時不要自說自話，而是要重視議會所有議員的看法。事實上，主席，須知道，如果提出一個所謂切實可行的方案，是依據人大在八月三十一日「落閘」的內容框架而訂立的話，相信可以獲得通過的機會真的很少，因為泛民議員已經指出了，如果根據這個框架而提出政改方案的話，我們是會投反對票的，所以希望政府要留心這部分的問題。

事實上，在八月三十一日人大「落閘」的前和後，特區政府和政務司司長都不斷強調上屆已經說了，到二○一七年特首選舉時，將賦予香港市民「一人一票」

的基本原則。他們說提出了如此具體的內容，為何香港市民不「袋住先」呢？至於有關提名選舉的問題則可以慢慢商討。

主席，「袋住先」不是一個原則性的問題，而是一個策略性的問題，倘若中央政府和特區政府有誠意在香港推行一個真真正正的民主選舉的話，我相信「袋住先」不是不可以商量的策略。不過，很可惜，中央政府和特區政府從來沒有告訴我們、亦不讓我們看到它是全面和真心真意的實施真正的普選。到現時為止，它也沒有向我們解釋究竟他們心目中的普選是甚麼，亦沒有告訴我們何時會真正落實，只說香港的政制最終會是民主選舉，那即是甚麼呢？說了也好像沒說一樣，也沒有很大意義。

事實上，到今天為止，令香港市民真的沒有信心對所謂「袋住先」押下賭注。主席，為何這樣說呢？在二〇一〇年時，當人大通過了上一次的政改方案的時候，李飛當時是這樣說，他說：「通過草案的整個程序，對推進民主發展邁出重要的一步。」這即是甚麼？一步便是我們今天所說的所謂「一人一票」。然而，主席，到了今天，我們看到本地立法已差不多走到終點，但人大竟然落下三道大閘，除此之外，它還說出了一個很強烈的理由，解釋為何要落下大閘。是甚麼理由呢？就是因為國家安全。主席，當談及國家安全時，我真的想不到我們的未來怎會有真正的民主普選，因為今天你既然對我們說，由於國家安全，所以要落下三道大閘，而這又是多麼的嚴謹，那麼到下一屆的時候，難道便沒有國家安全的問題嗎？難道你屆時便可以放寬嗎？主席，我真的不明白，你若在今屆提出了國家安全問題時，其實未來的每一屆都會出現及存在國家安全的問題，為何今天不批准，而下一次便批准呢？我真的看不明白、想不通。

因此，你要求我們「袋住先」，其實便等於先哄騙我們，說接受了便算。主席，但這建議不是不可以接受的，我剛才已經說了，你要告訴我們前景，但怎樣才能看到前景呢？你既然提出了國家安全這個那麼強硬的理由，那麼怎可解救呢？你怎能告訴我未來的提名會更民主，更能真真正正符合國際標準呢？主席，除非今天政府告訴我們未來在本地立法時，真的會取消或人大會收回三道「落閘」，否則在這樣的情況下，我看不到我們會有真正民主的前景。

黃碧雲議員：

湯家驊議員真的有先見之明，他在議案中提出「切實可行的政制改革方案」。李卓人議員剛才已說過，應將「切」字改為「撤」字，因為「撤」更適合。撤回決定是否可行呢？其實是可行的，只要全國人民代表大會常務委員會主動回應香港市民的訴求，是有權重新作出決定，撤回這個不受香港人歡迎的決定的。所以，撤回決定其實是可行的。

不過，問題是在座的政府官員、全國人民代表大會香港地區代表或建制派議員有否回應市民的訴求呢？他們有否向中央或人大常委會反映意見，請他們撤回該決定呢？他們只是叫學生及佔領者撤離，但他們有否請中央或人大常委會撤回決定呢？

主席，一定要撤回決定，香港才有路可走。你曾說過，如果政改方案未能通過，香港便無法管治。現時，在議會內，大家的關係鬧得很僵，有議員發起不合作運動，以致多項議程拖拖拉拉，未能通過。在議會外的三個佔領區中，旺角在昨天及今天已被清場了，但市民今晚會否捲土重來呢？此外，其他佔領區的情況又如何呢？大家皆看到，有很多人流血受傷。我們實在不想看到這些場面。

主席，我們現在已無路可走，因為人大常委會仍未撤回八三一決定。在過去兩個月間，市民已多番討論有關決定，認為該決定所訂的三重關卡真的會封殺真普選。甚至有建制派議員也曾說道，他們知道所謂的「普選」其實是假普選，但他們希望我們乖乖地「袋住先」。作為推銷員，政府已知道所謂的「普選」是假普選。如是者，政府如何推銷一個市民皆知道是「賣假藥」的方案呢？所以，必須撤回有關決定，香港才有路可走。

根據基本法，所謂「切實可行的方案」，是必須符合香港的實際情況。何謂「實際情況」呢？香港現時的實際情況，是大家無路可走，沒有轉圜餘地，沒有一個能獲得立法會三分之二大多數議員通過的方案，而外邊的市民亦不會接受有關方案。

最近有民調指出，大多數市民支持佔領者盡快撤離。我們是明白的，因為佔領行動已持續近六十天，打破了一九八九年天安門民主運動持續五十六天的紀錄。事實上，佔領者亦想離開。學生領袖已向大學請假一個學期。現在第一個學

期快將完結，學生皆要考試。他們已犧牲一個學期，難道他們想多犧牲一個學期嗎？他們希望早日回家。請政府給他們一條路吧！

至今為止，政府做過甚麼呢？早於九月二十八日，政府便想盡早清場，因此施放八十七枚催淚彈。昨晚，警方更用上催淚水劑，透過不同的方式對付市民。政府只曾與學生領袖進行一次對話，但卻草草了事，又委過於學生，之後便不曾與學生領袖商談。

在該次對話中，司長曾作出兩項承諾。第一項是有關民情報告的。可是，雖然議員在政制事務委員會會議上曾多次詢問政府當局的代表，但至今卻仍然不知道政府會如何處理。例如，政府會否向本會提交該份報告，讓議員能參與討論及提供意見呢？不過，至今為止，我們尚未收到答覆。至於那個多方平台，究竟又如何呢？也是不了了之。政府更表示，即使進行對話，對話內容亦只會關乎二〇一七年之後的事情。留守佔領區的人士所爭取的是二〇一六年和二〇一七年雙普選，政府表示只願意討論二〇一七年之後的事情，意即沒有討論空間、沒有轉圜餘地。主席，是誰造成這局面呢？

民主黨希望政府再次啟動多方平台，認真地與各持份者（包括學生領袖、泛民議員、民間團體、參與佔領運動的人士）商談，而並非向他們噴射催淚水劑及用警棍打他們、驅趕他們，叫他們撤離。事實上，問題是尚未解決的，因為矛盾仍然存在，政改方案亦尚未通過。

我感到很心痛，因為我聽到仍然有議員說道要維護功能界別，使他們千秋萬世。基本法已訂明，立法會議員最終會由普選產生。功能界別這怪獸由八十年代中期開始出現，至今已有三十年，但有議員居然仍然擁抱功能界別。究其原因，是因為在座有太多功能團體的代表藉此進入議會，當上議員。他們根本無須面對選民，即使要面對選民，選民亦很少。這是十分不公平的制度。至於特首選舉，反對派一早便已經被篩掉，因為門檻相當高，要獲得二分之一委員的支持。基本法訂明，提名委員會的功能是提名，並非預選，但有人卻偷換概念。所以，如果不撤回有關決定，香港是無路可走的。

馮檢基議員：

主席，湯家驊議員這項議案原本於七月九日提出，到今天其實真的是稍為過時。大家還記得，當時泛民主派希望以不同的渠道游〔遊〕說中央不要「落閘」，不論是張曉明分開四個組別會見我們，以至到深圳，我們都不斷提出不要「落閘」的要求，在全國人民代表大會常務委員會決定後，讓我們有多些空間可以再作討論。可是，一念天堂，一念地獄，今天的「落閘」，很明顯是將香港推向地獄。

「落閘」公布後，大家都看到，不但佔中三子、「雙學」，甚至市民均有強烈反應。大家都相信亦知道這些反應並非組織出來，而是市民自發走出來。這兩個月在金鐘、銅鑼灣以至旺角的佔領行動，都是市民以自己的身體、語言，甚至不惜犯法，爭取他們所支持的政制改革。

很明顯，人大常委會今次的決定是錯估了香港的形勢，導致香港人的反應如此強烈，這究竟是甚麼原因造成的呢？是中央官員估計錯誤，是中央內極左派的錯誤，還是香港特首提交給中央常委的報告書瞞騙了他們呢？

其實，今天的問題並不單是今天的問題，亦是香港將來要面對的問題。特首及中央錯估了香港人的訴求，以為香港的學生以至市民都純粹因為經濟問題而產生不滿，因而認為只要舉辦多些青年活動和提供多些福利，便可以應付香港人。我想告訴現任官員以至中央政府，如果他們這樣想便是錯了。

香港人雖然受西方文化影響，但我認為香港人是頗有中國人一些很傳統的想法的，他們不單考慮自己的需要，亦會顧及正義的「義」，就是怎樣才是一個正義、公平的社會。所以，要處理這個問題，最後的解決方法並非搞好經濟，或是舉辦青年活動，而是回到政制的層面，提出一套香港人接納的制度。

我看到香港現時有三大問題：第一，政制的缺陷。現時的政治制度本身並非完整的制度，有很多缺陷，不但沒有政黨，政府亦沒有長遠願景的政策，而每位特首都是「個人」身份，一個特首換上另一個特首，最後換到的不知道是甚麼樣的人。第二，政策有偏斜，大家都知道，三位特首基本上有很多政策都是傾向商界，導致現時的貧富懸殊問題，而貧富懸殊最大的惡果，便是導致現時香港市民對政府不滿。第三，社會沒有願景、沒有出路，年輕一輩不知道可以做甚麼，

覺得被困死。大家是否知道現時坐在金鐘或旺角佔領區的人有些月入兩萬多元，但認為自己沒有前途、沒有出路，所以寧願辭去工作來靜坐。大家知道有這種人嗎？為何他們會這樣做？

大家可以看看一些已發展的民主國家的制度，這些國家的人民可以揀選領導，可以更換領導，政府可以屬「左」，亦可以屬「右」。整套制度在不同的領導之下，都有相配合及相監察的機制，香港的制度跟這套較為完整的制度相距很遠。當我們不可以自由揀選、更換領導，不可以選「左」、不可以選「右」時，我們怎能夠⋯⋯對於香港人而言，這十七年來的三位特首的最大功勞，就是將香港人的公民意識提升，因為他們都不滿意這三位特首所做的事。

這種公民意識的提升，如果政府不予處理，而繼續停頓於「鈍」的政治制度內，這個矛盾不單是現在的問題，未來仍會繼續存在。讓我舉一個未必是很恰當的例子。大家看到，最近日本首相安倍晉三提早大選，大家認為這次大選算是公投嗎？這不單是公投，因為他並非提供題目給大家選擇，而是為了自己提出的經濟改革，以至實行銷售稅等政策，以這次大選讓人民做選擇。選民可以換掉他，不再選他也可以，換上另一個政府、換上另一個政黨也可以。

在一些自由民主的國家，當人民對政府不滿時，便可以做這件事。但當然，大家也知道香港不是一個國家，我們未必能夠這樣做。我們未必能做到這樣，是因為我們有一個中央政府，特別在憲制上或說到政治制度時，我們都需要取得中央政府的同意。在這種情況下，現時這種矛盾的情況可以怎樣處理呢？

在九十年代，我和民協提出一項「又傾又砌」的建議。「又傾又砌」的意思是，我們要接受市民因為對一些民生、政治的不滿而跑上街頭，以和平抗爭來處理香港的內部矛盾；但如果要解決這個矛盾，最後是要大家商討並達至一個大家同意的決定，將有關的安排變成政策或法例。這個過程是需要商討的，而「又傾又砌」便是在這兩種情況下，互為運作以達至一個結果。

面對這套非完整的制度，加上中央政府作為憲制的最後決定者，我們希望能夠將一些市民的抗爭目標，最後回歸到制度、政策和法律層面處理。很明顯，「又傾又砌」需要政府和中央政府認同才能做到。如果政府只是覺得市民「砌」它，於是不和市民商討，便做不到「傾」的效果；如果政府只是和某些人「傾」，而「砌」那些它不接受的人，便聽不到一些對政制或政策極端反對的市民的意

見，無法將意見容納為民意，再變成政府的政策。

我想說一句，特區政府和中央政府如果不能接受「傾」和「砌」同時運作，市民便無路可行，只會迫使更多市民走上街頭，因為「無得傾」。

何秀蘭議員：

……首先，我們必須談一談何謂「切實可行」。我們現時需要政改，其實就是為了改善政府管治的認受性和正當性，現時管治困難的原因，就是由於政府無法獲得市民同意。最容易取得認受性的解決方法，當然就是一個民主選舉，但偏偏現時卻仍未能達到，所以便要談政改。

在我們擁有民主選舉前，如何可以令市民認受及認同政府的管治合情、合理和合法呢？這要視乎政府能否獲市民確認可以公平和平等地保障所有市民的利益，但現時的特區政府卻無法做到這一點。香港住屋開支高漲，就是由於官商合謀，使中產人士也變成無產一族，基層脫貧無望，而且更有官員公然貪污，我們的基建工程就像提款機般，說需要多少撥款就要拿多少，說要追加多少撥款便要追加多少。在現行政府的管治下，除了少數有權有勢人士仍然可以做到富者越富外，其他基層人士和普通人是無法得到公義保障的，警隊更加被利用作為政治打壓的工具，縱容惡勢力襲擊平民。此外，特首犯法僭建，但到今天仍然能夠逍遙法外。這個政府究竟還有何正當性可言呢？

因此，一個切實可行的方案，是必須回應香港市民對政府的質疑，所謂的「切實可行」不單是要在議會內取得三分之二大多數支持，更加要令民心信服，特別是使年輕一代的民心信服。否則，在十年或十五年後，香港是更加無法管治的。

根據《明報》一項調查顯示，在十五歲至二十五歲的羣組內，只有 7% 的人反對佔中，而二十五歲至三十六歲反對佔中的人士則有 12%。我想問政府，再過十五年後，政府該如何管治呢？在十五年後，現時這兩代人便會成為三十歲至五十歲的羣組，亦正正是社會的中流砥柱，他們今時今日有決心走出來，如果政府不回應他們對民主進程的要求，在十五年後，香港便無法再被管治了。

在金鐘雨傘廣場有一個名為「公民議會」的民間團體，他們進行了一項民

調，看看到來夏愨道的市民對於佔中和政改的看法為何，而當中最有用的一項資料，就是被訪市民的背景。在二千二百名受訪者中，有 17% 人士擁有副學位或專上以上程度、48% 人士擁有學士學位，以及 17% 人士擁有碩士學位或以上，總合起來便是 82%，即高達八成人士。年齡方面，亦有一半以上的受訪者為三十歲以下人士。任何一個政府看到這些資料也應該感到震驚，因為現時是年輕一代的中產人士走出來與政府作對，認為政府做得不妥當，但政府卻只顧鞏固現時的權位，不惜用暴力清場。可是，這樣只可以做到清場，卻無法清走市民的心。特別是，梁振英在二〇一七年 —— 我當然希望會是更早時間 —— 下台後，他遺留的爛攤子是要其後的政府處理的。

　　……

　　主席，權力使人腐化，當一小部分人得到提名壟斷的權力，他們便會更快地腐化。小部分人所獲得的益處，其實是要由大多數人的血汗付出代價，從而供養這批少數人士。今天香港人想要的政改，只是想得到一個消除少數人的貪腐溫床的機制。如果我們用「一人一票」來掩飾官商合體共同謀取暴利的方案，這對於改善管治是絕不「切實」亦不「可行」，我們亦必定會將之否決。

　　當局與其把人大的框架白白推行一趟，不如及早重開五部曲，重新進行諮詢，切實回應港人追求民主的訴求。

郭家麒議員：

　　主席，今天是雨傘運動進行了接近第六十天，也是旺角清場的日子，所以今天再討論這題目其實有點「過氣」。但是，造成今天的局面，導致社會撕裂、年青一代對政府（無論是特區政府和中央政府）失去信心、社會的裂縫越來越深，而大家對於政改完全沒有任何希望，這一切的罪魁禍首，一定走不掉坐在我對面的政制及內地事務局局長、「林鄭」和對這件事裝作完全看不見的梁振英。

　　由政改討論至今，香港人已經等了超過二十多年，我所說的是基本法清楚訂明於二〇一七年後能夠普選行政長官。全國人民代表大會常務委員會八月三十一日的「落閘」決定，為普選作出死刑。我們現在的要求極之卑微，只不過是《公民權利和政治權利國際公約》第二十五條清楚訂明的普及而平等的選舉。可是，

連如此卑微的要求也未能達到。

我曾經用一個譬喻指「袋住先」是一個「天仙局」，因為如果有一件東西是真的，那又何需哄人「袋住先」？如果那是真正、「如假包換」的真普選，我相信絕大部分的香港人會欣然接受，最糟的是現在的普選是一個贋品，是一個非常假的普選。無論是政府或人大常委會也好，他們不說這是真普選，便應指明這選舉是「鳥籠方案」、「天仙局」，或許還名副其實一些。這不等於香港人便會接受，但請不要胡亂用「真普選」的名稱來欺騙和恐嚇香港人。我最討厭和反感的，便是政府說今天不「袋住先」，將來甚麼也沒有。政府因為想不到有任何理由而要出此下策，就是要嚇倒市民，最好是還可以毆打市民。

……

從最近的民意調查可看見，香港人，特別是年青一代，對於中央政府的信任下跌至歷史新低，而對於「中國人」這概念或觀念也下跌至歷史新低。回歸以來，無論特區政府和中央政府一直希望能夠令香港與內地之間的鴻溝減小，或能夠真正地落實所謂的中港融合，但民意調查結果卻正正是與此背道而馳。

大家還記得在五月的時候，林鄭司長曾表示普選不應該成為「鏡中花，水中月」，但一手把普選弄成「鏡中花，水中月」的，偏偏是政府（無論是「林鄭」或梁振英），包括七月報告、八月人大常委會的落閘決定，均令大部分的香港人極為失望。政府有很多迴轉空間或很多方法可改變這「悶局」或「死局」，包括曾經提出與學生會面、曾經表示會撰寫民意報告，甚至建立平台等。不過，現在看來，這些完全是一些「虛招」，沒有任何誠意。

莫乃光議員：

主席，湯家驊議員提出這項議案，要求政府盡快提出一個切實可行的政制改革方案，然而非常出奇地，他指出早在三月已有提出這項議案的想法，但這項議案竟到了現在仍然這麼合時。不過，細想之下也感到悲哀，因為恐怕這樣繼續下去，任何時間討論這項議案均屬合時，意思即是政府一直不能提出任何切實可行的政制改革方案。

問題何在？尤其在八三一之後，香港特區政府是否可以提出一個切實可行的

方案呢？政府有否克盡它對香港人的責任，順應民意，就訂立一個沒有篩選的制度提出方案呢？八三一之前沒有做到，恐怕之後也不會做到。

　　……

　　……正如剛才數位同事如李卓人議員等所指出，只有撤回八三一決定的內容才屬可行。現實的情況是，任何在八三一決定框架之下制訂的方案皆屬不可行，因為肯定無法在立法會內獲得通過，而市民亦不會接受這一種篩選。所以，政府一定要重啟「五步曲」，才可以提出一個真正切實可行並可獲得通過的政改方案。

陳志全議員：

　　其實二十七位民主派議員人前人後，公開私下已說了很多次，一定會否決假普選方案，只差還未發毒誓而已。現在建制派說我們爭取真普選方案是不切實際，但我也可以告訴你們，政府現在表示會在下個月展開政改第二輪諮詢，亦是不切實際。因為二十七位民主派議員已表明會否決，人大八三一框架則不會撤回，你們那些優化提委會組成的建議，我們不會收貨，所以你們也是在進行一些不切實際的行動。因此，不要指我們不切實際，因你們也只是死馬當活馬醫，以為可把它救活。

　　關於優化提委會，從上星期的報道可知，中方已表示不宜說得太多。以前曾經提及的婦女界、學生界，也是少說為妙。主席，由你提出即你曾加以演繹的那一個，比二〇一二年的「一人出閘方案」優勝的「多人出閘方案」，現在更是不用提。我也不知道你認為這是不是一個切實可行的方案。

　　我想重申，二十六位泛民主派議員在八月二十日曾經簽署「政改承諾書」，其內容如下：「我們作為立法會議員、民意代表，向香港市民負責。決志追求真普選，若政府提出的政改方案不符合國際標準，我們莊嚴承諾，必定會予以否決。」所以，我看到湯家驊議員原議案的措辭中竟然沒有提及國際標準，實在感到有點奇怪，因為由二十六位議員簽署的承諾書，湯家驊議員也在其中，為何會略去了國際標準？劉慧卿議員的修正案也有包括這一點，這令我不禁猜想湯家驊議員會否反對劉慧卿議員的修正案？

　　剛才梁家傑議員發言時表示不會，還說湯家驊議員應該會支持劉慧卿議員的

修正案。不過，我後來也聽到湯家驊議員說，他由二〇〇五年開始曾先後共六次提出有關政制改革方案的議案，但過去五次都不獲通過。所以，他提出的議案內容越來越簡短，由二〇〇五年的半頁紙縮減至今次的只得一句。當中略去了公民提名，因為湯家驊議員很老實地表示，堅持公民提名是不適當的策略。當中也刪去了國際標準，因他表示不需要提及國際標準，只要無不合理限制便可。

然而，我想提醒各位，在六二二全民電子公投中，真普聯、人民力量或學界方案共得票超過七十萬，而三個方案都有包括公民提名。至於第二題，如果政府方案不符合國際標準，立法會予以否決，亦有接近七十萬人支持否決的建議，所以我希望政府能面對現實。

林大輝議員：

老實說，究竟現在所說的政制方案或改革屬於誰？屬於外面佔領區的示威人士，還是屬於以「保普選、反佔中」大聯盟為主的反佔中人士？是屬於建制派人士、泛民等反對派人士甚至是中央人民政府駐香港特別行政區聯絡辦公室，還是屬於特區政府？我可以告訴你，政制是屬於全港市民的，正因為是屬於全港市民，所以任何人也沒有特權、沒有優先，沒有任何一個人可就政改方案作出決定。政改方案必須獲得大部分人同意，方可算是一項政改方案。問題是，香港是一個多元化的社會，每個人對政制的改革、發展步伐及內容都有不同的標準和追求，根本難以找出一個能滿足所有人的政改方案。事實上，世上亦沒有一個能符合所有人意願的完美方案，正如白馬王子不一定能娶得白雪公主一樣。

既然沒有完美的方案，那麼湯家驊議員便是「縮骨」了，因此退而求其次，希望找出一個切實可行的方案，但何謂切實可行？據我理解，切合現實情況及可以推行的方案，才稱得上是切實可行的方案，否則便是一個只有空談的方案。那麼，怎樣才算是切實可行呢？

老實說，在「一國兩制」下，一定要體現「一國」的精神，所謂「一國」亦即是中國，而中國最主要的擔心是國家的安全、主權的統一及領土的完整。因此，中央政府多次表明，將來選出的行政長官必須愛國愛港，並希望嚴格依循基本法行事，因為香港已回歸中國，沒有理由仍跟隨英國殖民地那一套。所以，除

了符合基本法及人大常委會所定框架之外，也一定要尊重提名委員會是唯一的提名機構。故此，切實可行的第一個條件，是必須滿足中央的要求，符合中央所想，否則到了「五步曲」的最後一步，必須由中央作出任命時，中央可以拒絕任命。因此，任何方案若不能獲得中央的任命，便根本並不切實可行，這是第一個條件。

切實可行的第二個條件是，現實一點地說，雖然我剛才說政改方案屬於全港市民，說得非常冠冕堂皇，但實際上並非如此，而是屬於立法會的，因為政改方案必須獲得立法會通過，先經七十位議員投票表決。然而，今天不單是行政、立法關係惡劣，連議會內各議員之間的關係亦非常差勁。建制派及泛民主派不僅是你爭我奪，甚至可說是你死我活，凡是一方贊成的，另一方必然反對，反之亦然，根本做不到「是其是，非其非」，已全然出現一種變態的狀況。

正因如此，將來的方案必須首先令建制派議員有足夠膽量護航，不用畏首畏尾，明擺着的方案不敢言明，只能硬着頭皮護航。這個方案必須令建制派有足夠膽量，心甘命抵、理直氣壯地護航，所以必須能切實推選出一個不單愛國愛港，而且才德兼備的特首，從而使建制派有膽量理直氣壯地挺他和「撐」他。否則，他們將不敢出頭，因為廣大的七百萬市民將會監察他們如何讓有關的候選人「出閘」。

此外，如何能令部分泛民主派人士「轉軚」，跟隨建制派的同一路線，支持政改方案呢？答案是一定要在有篩選的情況下，令他們可以交差，能向選民交代。因此首先，一定要有空間讓他們體驗民主監督。如果將來能訂有制度，透過民意調查讓那些出來「跑馬仔」的低民望候選人根本無法跑出，他們便有大條道理「撐」這個政改方案。如果明顯低民望或預計低民望的候選人也能跑出，試問他們又如何能夠「轉軚」及「撐」政改方案呢？

第二，一定要在政改方案內令提名委員會得以體現問責精神。正如購物時的售後服務，提名委員會亦可以操生殺大權，作出跟進，在經提名選出的特首候選人表現欠佳時，無需立法會議員要求也會動議議案，要求他問責下台。如此一來，泛民主派人士自然夠膽「轉軚」支持，願意給予時間付諸實行。

此外，將來的制度不單須要求特首競跑，整個團隊也要參與競跑。換言之，報名參選的人士必須提交一份團隊名單，好讓團隊內所有成員也經過審查，那麼

泛民主派人士便可進行民主監督……並可體現問責精神，他們便夠膽「轉軚」支
持建制派了。

涂謹申議員：

主席，近日討論最多的事情當然是佔中，但其實佔中只是一個表象，說到
底，大家也是着重於二〇一七年能否實施普選，而且很多人也要求真普選。就
此，根據我暫時的觀察，其實這是相當取決於中央領導人的智慧。近日即將撰寫
的民情報告，定必會由八月三十一日寫起，這便是由於人大常委會在作決定時，
並沒有諮詢香港人，那就要看中央如何運用智慧重新評估了。其實不要說沒有諮
詢香港人，即使是建制派的同事，他們也是嚇了一跳，因為這決定甚至較建制派
同事中最保守的一羣更保守。那麼，究竟這是誰下的決定，是由誰促成這件事
呢？在香港是從沒有人提及的。這項如此保守和離譜的方案，竟然從沒有諮詢香
港人。

主席，中央領導人曾經在內地一些講話中提到，在施政時必須找出最大公約
數，再與民共議，說這才是體現民主的精神。我假設這句說話是真確的，因為這
是出自一個很高層的領導人所作的正式講話。可是，既然八月三十一日的「閂閘
方案」從沒有諮詢香港人，又怎能硬說已經通過程序，所以我們就要「硬食」呢？
後果其實很簡單，政府就這個從未諮詢香港人的「閂閘方案」進行第二輪諮詢
時，不論它怎樣說，泛民議員已經很清楚表示，我們無法獲得市民授權接受，我
們亦一直承諾市民爭取民主，因此是「無彎轉」的。換言之，當所謂第二輪諮詢
推出後，不論政府如何挖空心思地在「閂閘方案」的框架內做事，最後，泛民議
員也會告訴政府 —— 其實他們在近日的記者會上已經表示了 —— 他們會杯葛諮
詢，集體否決。那麼，事情是否便完結呢？並不是的。我相信屆時可能會有同事
提出辭職公投，想透過公投重新啟動五部曲，而我相信市民亦是會支持的。

何俊賢議員：

……「切實可行」可以有不同演繹。我的演繹與大部分香港市民及建制派議

員一樣，是着眼於兩點的。第一，是符合基本法；以及第二，是符合全國人民代表大會常務委員會的八三一決定。

……

在提名委員會方面 —— 讓我回到我想談論的事情 —— 人大常委會的決定訂明，提委會必須有廣泛代表性，人數、構成和委員產生辦法按照選舉委員會的人數、構成和委員產生辦法而規定。因此，在這次政改諮詢政府提出的方案中，提委會的構成等問題未必需要有太深入的討論或大轉變，因為即使提出建議，亦可能未必符合八三一決定的規定。

此外，我剛才亦提到「廣泛代表性」。在文獻上，「廣泛代表性」可以有兩種解釋。第一，是「簡單大多數代表」，即只要人數多便可以了。第二，是「描繪性代表」，意即按個體的特質表列出來，進行分類。

按上述兩種解釋所訂的安排各有好壞。現時的選委會和將來的提委會的組成其實是建基於第二種理解。眾所周知，按上述兩種解釋所訂的安排各有弱點。在簡單大多數制方面，由於香港社會由眾多不同部分組成，所以採用這制度未能反映香港的特質。因此，我們選擇第二種的「廣泛代表性」，但第二種同樣有弱點，因為戰場會移師到選委會或將來的提委會中，令選委會或將來的提委會成為議席或資源爭奪的戰場。

因此，要凝聚社會共識，以及達致〔至〕切實可行的方案，我們這次可能無需太深入，可以交由下一任由「一人一票」選出的特首進行調整。我們認為，各位議員要認清基本法所寫的「香港的實際情況」和「循序漸進」。

陳鑑林議員：

主席，湯家驊議員提出，政改方案應該是切實可行的，相信背後一定有他的理由，即必須依法依規，合理制訂。符合基本法及人大常委會的決定，是普選唯一的法律依據。反對派議員若能回到「切實可行」這個概念來討論政改，我相信政改是有希望的。

政府即將開展第二輪政改諮詢，但可惜，泛民議員卻一再聲稱會杯葛第二輪諮詢。換言之，無論日後提出的方案有多麼切實可行，他們都不會再參加討論。

反對派抱持這種「寧為玉碎，不為瓦全」的態度，誓要有不合法的公民提名，才接受這項方案，這種頑固的態度，只會阻礙香港向民主前進的步伐。

基本法規定香港發展民主政制必須循序漸進，我認為這是具前瞻性的。以香港目前情況來看，完全不具備進行全面開放式選舉的條件。以下有數個原因是值得我們思考的。

第一，是香港市民對民主發展步伐的認識非常薄弱。眾所周知，羅馬不是一天建成的。推動民主要循序漸進，不能照搬西方模式，亦必須按社會發展狀況釐定民主步伐，不可能一步到位。九七回歸以來，行政長官及立法會選舉均按照基本法規定，一屆比一屆增加民主成分，確保民主化選舉能健康發展，不會因民粹主義抬頭影響經濟及民生，說明中央政府已如實履行基本法有關政制循序漸進的承諾。梁家傑議員說中央政府背信棄義，不給予香港民主選舉，他這樣說是面不紅、耳不赤地歪曲事實，顛倒是非。

第二，是視乎香港人堅守法治精神是否足夠。要實現普選，必須遵從基本法和人大常委決定，這是天經地義的事。用違法行為提出不合法的訴求，加上粗暴地佔領交通要道，漠視法院禁制令，公然破壞香港的核心價值 —— 法治是核心價值的核心，民主、自由和人權若得不到法治的保障，必定會成為悲劇。何俊仁議員和梁家傑議員多次提到，守法不是法治的全部，不守法不等於不符合法治，並宣揚違法後只要自首，承擔法律後果，仍然符合法治精神。這種是極其危險的誤導性說話，兩位議員均曾參選行政長官，亦是資深法律界人士，發表這類言論是極度不負責任的。最近佔中的暴行一再升級，衝擊立法會、阻礙執達吏執行禁制令、阻撓警方清場等嚴重違法行為，顯然是受到這些歪論所誤導。今時今日，香港發生的一切暴行，泛民主派是責無旁貸的。

第三，社會對民主真諦認識不全面。民主是一個空泛的概念，在不同國家有不同的模式，實現方式亦有所不同，並非只有公民提名才能實現民主。事實上，民主的真締是包容、尊重、少數服從多數。可惜，今天的社會假借民主之名進行佔領行動，破壞了社會的和諧，經濟發展更加受到阻礙，撕裂了整個社會，令人對民主的發展步伐更具戒心。

第四，市民對民主選舉認識淺薄。普羅市民平日為口奔馳，對民主選舉制度根本就是一知半解。首先，在享有主權的國家中，根本就沒有一個所謂國際標

準，也沒有一套適用於所有地方的選舉方法，公民提名從來不是提名行政機關首長的主流安排。

最後一點，香港的政治人物，特別是民主派人士，背景非常複雜，有裏通外國的，亦有受政治黑金操控的。之所以要選一個愛國愛港的特首，為的就是要防止外國勢力通過香港對中國政府進行顛覆。不管香港出現甚麼佔領行動，中央政府亦不會在這一點退讓。據一些報章報道，有傳媒大亨早於二〇〇五年開始，已向立法會的多個政黨，如民主黨和公民黨，以及天主教香港教區前主教陳日君先生等人「泵水」。對於目前製造這次佔領行動的搞手，大家均感到是有外國勢力意圖影響香港政局。越是這樣，我們便越要堅守防線，不能選一個與中央對抗的特首。

香港人應該回歸現實，正視香港現存的問題，普選便可實現。

政制及內地事務局局長：

主席，湯家驊議員在今年三月提出這項議案，因為立法會出現「拉布」、休會和取消會議等原因，一直到上星期和今天才有機會進行辯論。所謂「山中方一日、世上已千年」，從湯議員提出議案到今天，中間一段時間的確發生了很多事情。社會上有不少人對成功落實二〇一七年普選行政長官的預計，從最初的「樂觀」變到「審慎樂觀」、再到「不樂觀」，甚至近期的「非常悲觀」。我昨天雖然身在北京，但從新聞報道中亦留意到泛民議員再次公開提出的政改要求，特別是要求撤回全國人民代表大會常務委員會的《決定》，這是不切實際、並不可行，對落實二〇一七年普選行政長官毫無幫助。

主席，湯議員的議案原文，是「促請政府盡快提出一個切實可行的政制改革方案」。湯家驊議員在上星期發言時感慨良多，說一句公道話，由湯議員最初提出自己的政改方案，到其他泛民議員支持包括有「公民提名」的「三軌方案」，到近期法庭頒布禁制令一事，湯議員一直給我的感覺是力排眾議、面對不少同路人的嘲諷或責難，始終都是堅持政改方案必須按照基本法制定，始終堅持尊重法庭維護法治。我想借今天的機會向湯議員表達我個人的敬意。

主席，湯議員的議案促請政府盡快提出方案。事實上，我們原本的計劃是在

十月八日立法會大會復會後啟動第二輪諮詢。但是，可惜，佔領行動打亂了這個計劃。直到這一刻，違法佔領行動仍未結束，特別行政區政府仍未能有一個確定的諮詢時間表。我們相信市民大眾現時最熱切期望的是香港可以盡快重拾社會秩序，生活回復正常。近期的多項民意調查，亦充分顯示這個客觀事實。

湯議員的議案促請政府提出一個「切實可行」的方案，我十分認同。我們留意到，不少發言的議員都同意，特區政府應該提出切實可行的方案，落實二〇一七年行政長官普選。正因如此，我們更需要在第二輪公眾諮詢中，嚴格按照基本法和人大常委會《決定》的框架，進行理性務實討論。事實上，這是一個真正和唯一切實可行的普選辦法。

近日，仍然有一些學生團體及泛民議員不斷重複提出要求「公民提名」，以及撤回人大常委會八月三十一日的《決定》，重啟「五步曲」。我重申，特區政府不會亦不能同意這些訴求。第一，就「公民提名」，不單是特區政府、中央官員，以至香港各界，包括法律界的團體等，都已多次清楚指出「公民提名」不符合基本法第四十五條的規定。故此，不論人大常委會八月三十一日的《決定》內容如何，「公民提名」在本質上都是不符合基本法的規定，是不會出現在政府提出的政改方案當中。

第二，就撤回人大常委會八月三十一日的《決定》，我必須指出，有關建議不論在憲制程序上、實際上，以及政治上，都是不可能和不切實際的。

在憲制程序上來說，就二〇一七年行政長官產生辦法而言，法定程序的「五步曲」已經走了兩步，下一步是第三步，即是特區政府向立法會提出方案，爭取立法會三分之二全體議員大多數通過。故此，在憲制程序上不存在「撤回」。再者，人大常委會八月三十一日的《決定》第四款清楚指出：

（我引述）「如行政長官普選的具體辦法未能經法定程序獲得通過，行政長官的選舉繼續適用上一任行政長官的產生辦法。」（引述完畢）

類似規定亦在人大常委會二〇〇四年的《解釋》和二〇〇七年的《決定》中清楚列明。這條款規定了，倘若政府方案不獲立法會通過，則二〇一七年行政長官產生辦法，須沿用二〇一二年的行政長官產生辦法，程序上不存在重啟「五步曲」的可能性。

在實際上，要落實二〇一七年「一人一票」普選行政長官，即使能夠順利走

完「五步曲」的憲制程序，我們都需要預留足夠時間修訂本地法例，落實普選辦法的各項細節。客觀而言，在時間上根本不容許所謂「重啟五步曲」。

在政治上，主席，以現時的社會氣氛來看，我相信大家都會同意，事情發展到今天，各位議員和團體的訴求南轅北轍，不論是中央的立場，在議會內，以至社會上，要撤回人大常委會八月三十一日的《決定》或重啟「五步曲」，簡直是不可能發生的。

主席，香港是多元社會，市民大眾對政制發展有不同立場及意見十分正常。關鍵是要尋找最大的公因數。現時社會各界最大的共識是在二○一七年行政長官選舉時實行「一人一票」，五百萬名合資格選民可以行使普及和平等的選舉權。我們不要因為在提名程序的分歧，而扼殺了落實普選的時機。

主席，特區政府將會按照基本法及全國人大常委會在今年八月三十一日所作的《決定》盡快進行第二輪諮詢，並隨後向立法會提交修改基本法附件一的議案。特區政府會盡一切努力爭取立法會全體議員三分之二大多數通過，爭取市民大眾的支持，使我們可以在二○一七年落實「一人一票」普選行政長官。

2015 年 1 月 7 日
聲明：行政長官普選辦法諮詢文件

政務司司長：

主席，今天是立法會二〇一五年第一次會議。我首先祝大家新年進步，並希望新的一年能夠為政制發展和其他議會工作帶來一個好的開始，讓我們共同以香港整體利益、市民福祉為依歸，竭力為市民服務。

隨着持續七十九天的違法佔領行動在去年十二月中結束，社會秩序大致回復正常。在節日過後，現在是社會重新聚焦和理性討論政制發展的時候。特區政府今天發表「行政長官普選辦法諮詢文件」，就二〇一七年行政長官普選辦法展開為期兩個月的第二輪公眾諮詢。跟首輪公眾諮詢一樣，我第一時間來到立法會作出聲明，向廣大市民及各位議員介紹諮詢文件的內容。

普選的憲制基礎

主席，二〇一三年十二月四日我在立法會會議上發表聲明，啟動政制發展的首輪公眾諮詢。我當時以「回顧歷史、重視憲制」開始我的發言，指出在討論行政長官產生辦法時，我們需要考慮特區成立的歷史背景、明白特區的獨特憲制地位，以及瞭解以基本法和全國人民代表大會常務委員會的相關解釋及決定為基礎的法律框架。經過了一年多就政制發展的討論和爭拗，以及兩個多月的違法佔領行動，我們更深信在制定行政長官普選辦法時，堅決維護「一國兩制」的方針政策，以及嚴格按照基本法和人大常委會的相關解釋及決定，是不可動搖的憲制原則。

去年八月三十一日，人大常委會通過《全國人民代表大會常務委員會關於香港特別行政區行政長官普選問題和 2016 年立法會產生辦法的決定》。根據《決定》，從二〇一七年開始，香港特別行政區行政長官選舉可以實行由普選產生的

辦法。《決定》為普選行政長官定下清晰而明確的框架，並強調堅定不移地貫徹落實「一國兩制」、「港人治港」及「高度自治」方針政策。嚴格按照基本法辦事，穩步推進二〇一七年行政長官由普選產生，是中央的一貫立場。中央其後亦多番強調，希望特區政府和香港社會各界依照基本法和《決定》的規定，共同努力，如期達致〔至〕行政長官由普選產生的目標。

對《決定》的回響

自從《決定》公布後，社會各界對《決定》的意見相當分歧。其後，有團體和人士發起違法佔領行動，藉以向中央和特區政府施壓，要求「公民提名」、「撤回《決定》」及「重啟政改諮詢」。佔領行動擾亂了香港的社會秩序、影響經濟民生、破壞人際關係，甚至令法治受損，同時亦打亂了政改諮詢的時間表。考慮到社會當時的形勢和氣氛，特區政府決定把原訂於去年十月展開的第二輪公眾諮詢延遲舉行。

主席，香港是一個自由開放及多元的社會，政府非常尊重市民表達意見的自由，我們也很清楚聽到發動和支持佔領行動的人士對民主發展的訴求。然而，香港是一個講求法治、珍惜社會秩序和尊重別人權利的地方，我們都應該以合法、合情、合理的方式表達意見，爭取目標。若然在過程中忽視法律和政治現實，甚至採取擾亂社會安寧和損害市民權利的手段，恐怕一切所謂的「追求理想」或「爭取公義」都只是空談。這些激烈的行動，最終能否真的可以帶領我們達致〔至〕普選的目標，實在值得反思。

諮詢文件前言

在今次諮詢文件開始，我們特別加入了政改諮詢專責小組所寫的前言。前言的目的，是希望清楚向廣大市民交代第二輪公眾諮詢是在甚麼背景下推出；指出在佔領行動結束後，香港社會目前面對嚴峻的局面和極不容易處理的政治環境；以及坦率表明要政改方案通過的難度。這個前言，也可說是我、律政司司長和政制及內地事務局局長的肺腑之言。

正如前言所述，現時社會人士對政制發展的意見正漸趨兩極化。有一類意見要求特區依法落實二〇一七年普選行政長官，邁出民主發展的一大步，堅持不要

原地踏步。他們認為應尊重《決定》，善用《決定》框架下的空間，為普選行政長官的具體辦法尋找最大的共識。另一類意見則堅決不接受《決定》，從而否定「五步曲」的首兩步，要求一切推倒重來，或者以先接納不符合基本法的「公民提名」方案，或要在二〇一七年普選行政長官前取消立法會功能界別選舉，作為討論的前設。

無論你所持的是哪一類意見，我想在諮詢開始前先清楚說明特區政府的三點立場和看法。

第一，正如我們一直反覆強調，政制發展必須建基於基本法和人大常委會的《決定》，否則是「無根之木、無源之水」，不切實際；普選行政長官的目標亦只會是「鏡中花、水中月」。

第二，二〇一七年普選行政長官，是中央、特區政府和香港市民的共同願望。中央和特區政府推動普選的決心和誠意，是不容置疑的。但是，二〇一七年能否如期落實普選行政長官，要視乎社會整體是否接納在基本法和《決定》的框架下，走完「五步曲」。我呼籲社會大眾充分利用第二輪諮詢的機會，清楚表達讓二〇一七年可率先實行普選行政長官的訴求，並在《決定》的框架下，共同探討可行的空間，尋求共識。

第三，普選行政長官的方案必須得到立法會全體議員三分之二多數通過。這是關鍵的一步，亦是「五步曲」中最難走的一步。各位議員都是民意代表，我希望並深信，無論你們所屬的政黨或個人持甚麼政治立場，最終都會按照香港市民的整體意願投下你們的一票。

主席，落實普選行政長官，是回歸十七年來，政治上最艱難的工作。這不單關係到特區的政制發展，也是考驗香港整體能否把社會從分裂和爭拗中，帶回到求同存異、理性包容的政治倫理和文化，同時要在「一國兩制」下，維持中央與特區的互信關係。我們希望社會能在這個關鍵時刻，理性地互相體諒和接納，在「全大局、求共識」的大前提之下開展討論。

對於有團體和人士要求人大常委會「撤回《決定》」及「重啟政改諮詢」，我必須再三強調，這是不切實際及不可能的，亦無法令二〇一七年行政長官普選得以落實。在憲制程序上，有關修改行政長官產生辦法的「五步曲」已經走了兩步，下一步應是特區政府向立法會提出方案，爭取立法會全體議員三分之二多數

通過。因此，憲制程序上不存在所謂「撤回《決定》」。再者，根據《決定》，假如行政長官普選的具體辦法未能經法定程序獲得通過，二〇一七年行政長官產生辦法須繼續沿用二〇一二年行政長官的產生辦法，因此不存在所謂「重啟政改諮詢」的空間。

第二輪公眾諮詢議題

按照基本法及人大常委會《決定》的框架，諮詢文件就行政長官普選的具體辦法列出以下四項重點議題，諮詢公眾：

（一）提名委員會的構成及產生辦法；

（二）提名委員會提名行政長官候選人的程序；

（三）行政長官普選的投票安排；及

（四）行政長官普選的其他相關問題。

提名委員會的構成及產生辦法

根據人大常委會的《決定》，提名委員會的人數、構成和委員產生辦法按照第四任行政長官選舉委員會的人數、構成和委員產生辦法而規定。而各界別的劃分，以及每個界別中何種組織可以產生委員的名額，則由本地法例加以規定，各界別法定團體根據法定的分配名額和選舉辦法自行選出委員。

鑒於《決定》已確定提名委員會的人數為一千二百人，由四大界別各三百人組成，而委員產生辦法維持目前基本法附件一的規定不變，我們可視乎有否足夠支持，在本地立法階段就提名委員會四大界別下的界別分組構成、每個界別分組的人數，以及有關界別分組的選民基礎作適當調整。

在考慮上述問題時，我們亦須考慮有關的調整是否切實可行、確保提名委員會具有廣泛代表性、體現各界別均衡參與、有利於保持資本主義制度和各界別分組選出真正能代表該界別分組的人士等；並須尊重各界別分組的意願，以及獲得相關界別分組的廣泛支持，否則在政治上將難以達成共識，更遑論得到立法會通過。

提名委員會的提名程序

根據《決定》，提名委員會按民主程序提名產生二至三名行政長官候選人。每名候選人均須獲得提名委員會全體委員半數以上的支持。在設計提名程序時，我們應確保每名提名委員會委員的權利平等，以及符合法定資格的人士向提名委員會爭取提名的權利平等。

在設計具體提名程序時，我們可考慮將提名委員會提名行政長官候選人的程序分為「委員推薦」和「委員會提名」兩個階段，並採取較現時低的門檻、具高透明度的提名程序，令提名過程更具競爭性。提名委員會的運作須具透明度，並應考慮如何提供適當平台讓參選人有公平及充分機會，向提名委員會全體委員以至市民大眾解釋其政綱和理念，爭取支持。這些安排在實際上是希望把普選階段的高度競爭氛圍，以及市民的積極投入，提早於提名階段出現。

至於提名委員會決定提名二至三名行政長官候選人的投票方法，有鑑於每名候選人均須獲得提名委員會全體委員半數以上的支持，諮詢文件提出了「一人三票」、「一人二至三票」、「一人最多三票」和「逐一表決」的選項，供公眾考慮。

行政長官普選的投票安排

在落實行政長官由普選產生時，全港合資格選民可從提名委員會提名的二至三名候選人，以「一人一票」方式選出行政長官人選。我們可考慮以下投票制度，即：

（一）「得票最多者當選」；

（二）兩輪投票；及

（三）其他投票制度，例如排序複選制或補充投票制。

行政長官普選的其他相關問題

就提名委員會的任期，我們須考慮提名委員會的任期是否維持現時選舉委員會五年任期的安排，或改為任期到由其提名的行政長官宣誓就職時為止。

就如行政長官人選不獲任命的重選安排，我們建議修改現行《行政長官選舉條例》，對普選行政長官人選不獲中央人民政府任命的情況作出規定。

就行政長官的政黨背景，由於香港現時未有政黨法，社會各界對此議題亦未有明顯共識，我們建議維持現時法例就行政長官的政黨背景的相關規定。

下一步的工作

社會各界就過去政制發展，以及在首輪公眾諮詢期內，已就行政長官普選辦法提出了不少實質的意見。但是，最終的政改方案則須視乎有關建議是否得到普遍市民、相關界別及立法會議員的支持。《決定》已提供框架及空間，讓我們商討行政長官普選辦法的具體安排，不過究竟「政治空間」能有多大，我認為是需要社會各界以理性務實的態度去開創。從剛過去所發生的事件，我們知道大部分市民是不支持以偏激及違法的手段來爭取民主，而這些手段亦只會把「政治空間」收窄。香港是法治社會，我希望大家能好好珍惜這個香港賴以成功的核心價值，一起依法商討一個香港社會可以接受的政改方案。

我們必須抓緊兩個月的諮詢期，聚焦討論。特區政府會盡快整理和歸納在諮詢期收集的意見，目標是在今年第二季向立法會提交有關修改行政長官產生辦法的議案。

把握普選機會

主席，最後，我想提出三點，希望社會各界能夠把握今次機會，落實普選。

首先，我特別在此呼籲各位議員，特別是泛民主派的議員 —— 雖然他們已經離席 —— 我呼籲他們積極參與討論，不要杯葛諮詢及否決方案。立法會在香港的政制發展擔當重要的憲制角色和責任。無論對政制發展的立場如何，不同黨派和陣營的人士都希望建立一套適合香港的普選制度，讓香港市民可以「一人一票」方式選出行政長官，帶領香港的未來發展。

在座的議員都經歷過選舉的洗禮，一定深刻體會到在一個有競爭性的選舉中，選民的意向對選舉結果是有實質的影響。在普選制度下，每一名行政長官候選人必須面向全港七百萬市民，解釋其政綱及施政理念，爭取市民的支持。任何人在現階段放棄參與諮詢，甚至表明會否決任何按照《決定》制訂的方案，等同剝奪五百萬合資格選民可以普選行政長官的機會。我相信，廣大市民都希望二〇一七年可以親身到投票站，行使他們的權利，將手上的一票投予他們認為勝任的

行政長官候選人。所以，我希望泛民議員不要採取不合作甚至不負責任的態度，令市民失望。

第二，人大常委會的《決定》提供「法律空間」，讓我們在本地立法層面進一步探討普選行政長官的具體辦法。但是，正如我剛才所說，縱使有「法律空間」，「政治空間」必須由大家共同營造。我懇請各位議員三思，不要把僅存的些微「政治空間」在未進行第二輪諮詢便已經完全摧毀。有人提議採取消極及不合作的態度，甚至抗爭的方式，但這最終只會加劇社會矛盾及內部損耗，對政制發展、對整個社會的福祉是有害無益。我懇請議員、政黨和社會各界拿出政治勇氣和智慧，以香港整體的利益為出發點，集思廣益，積極參與諮詢，就提名及選舉程序提出一些具體方案，讓整個選舉更具透明度和競爭性。

第三，社會有部分人擔心普選方案一旦獲得通過，便會成為「終局的方案」，永遠不能修改。這種想法是錯誤的。二〇一七年以後的行政長官選舉辦法，仍然是可以按照「五步曲」的憲制程序，繼續向前發展。我必須強調，惟有落實二〇一七年普選行政長官後，我們才有鞏固的基礎去進一步推動香港的民主發展和優化普選制度。假如政制發展原地踏步，要實現一套符合基本法及人大常委會《決定》框架再走前一步的普選制度，恐怕遙遙無期。

再者，如果二〇一七年普選行政長官方案被否決，二〇二〇年普選立法會的機會亦會落空。結果是我們最快要等到二〇二二年才可能再有機會實現普選行政長官，而普選立法會便會被推遲更多年之後，香港的民主進程又會再一次被拖延。我懇切地呼籲大家，為香港的未來，務實地讓香港走上普選之路。我深信，普選制度會為香港的政治生態和管治文化帶來根本性的改變。

總結

主席，在一年多前，我在立法會宣讀聲明，啟動首輪政改諮詢。當時我曾經表示，我們已經正式進入迎接普選的「大直路」。這十三個月來發生的事說明，這條普選之路，荊棘滿途，一點也不易走。

香港經歷兩個多月的佔領行動後，加上各式各樣的不合作運動及杯葛行動，我身邊不少朋友對能否通過普選行政長官方案感到極度悲觀。然而，專責小組和政府的團隊會抱着堅定的信念，盡一切努力做好今次的諮詢工作，面向廣大市

民，虛心聆聽市民的意見，解釋政府的建議，並會積極爭取立法會通過方案。縱然前路艱辛，我們會堅持到最後一刻。

主席，依法如期落實二〇一七年普選行政長官，將會是實踐「一國兩制」方針政策的另一個重要里程碑，對國家和香港都有深遠的意義及影響。今天放在我們眼前的是一個黃金機會：普選一旦落實，便不會失去；選舉制度會繼續優化、民主發展會繼續向前邁進。這是人大常委會《決定》莊嚴的承諾。二〇一七年普選行政長官是廣大市民的期待。這是五百萬合資格選民的權利。二〇一七年香港政制發展向前走一大步，抑或是原地踏步；行政長官由五百萬選民，抑或是一千二百人選出，這個歷史性的決定就掌握在各位議員手中。

主席、各位議員、各位市民：「2017，機不可失」。

2015 年 1 月 14 日
行政長官施政報告

（一）引言

......

在政制發展方面，只要嚴格按照基本法和《全國人民代表大會常務委員會關於香港特別行政區行政長官普選問題和二〇一六年立法會產生辦法的決定》，五百萬合資格選民就可以歷史性地在二〇一七年普選行政長官。這是香港民主發展的重大進步。

......

在政制發展問題上，對偏離基本法的主張，我們也要有所警惕。過去一年多有關政制發展的討論，說明社會上有不少人，對中央和香港特別行政區的關係，以及對政制發展的憲制規定，在認識上仍有偏差。我要強調：在「一國兩制」下，香港是國家的一個特別行政區，中央和香港特別行政區的關係由基本法具體規定。香港的權力來自中央，中央通過基本法向香港授權；香港在「一國兩制」下的「自治」是「高度自治」，不是「絕對自治」，是根據基本法具體規定的「高度自治」，不是隨意的自治。香港的政治體制發展要根據基本法和全國人民代表大會常務委員會的相關解釋及決定制定和發展。基本法規定行政長官除向特區負責外，亦向中央政府負責。無論是通過選舉委員會或普選產生的行政長官，以及行政長官提名的主要官員，都必須得到中央政府任命。行政長官的產生辦法既有選舉，亦有任命。

上述體制體現了「一國兩制」、「港人治港」、「高度自治」。這是獨特而史無前例的體制，沒有國際先例，沒有「國際標準」。香港要實現普選行政長官，必須符合基本法的規定和人大常委會的相關解釋及決定。

青年學生嚮往民主，關心政制發展，值得肯定。大學生是社會未來棟樑，值得大家愛護。正因如此，我們對大學生和其他青年人更要「是其是，非其非」，

更應該引導他們充分瞭解國家與香港之間的憲制關係，使政制發展的討論，不致緣木求魚。

二〇一四年二月，香港大學學生會的官方刊物《學苑》的封面專題是「香港民族 命運自決」。二〇一三年，《學苑》編印一本名為《香港民族論》的書，主張香港「尋找一條自立自決的出路」。對《學苑》和其他學生，包括佔中的學生領袖的錯誤主張，我們不能不警惕。我們並要求與學運領袖有密切關係的政界人士勸阻。

法治是香港的基石，香港的民主必須是法治下的民主；在追求民主的同時，應依法守法，否則便淪為無政府主義。

......

（二）政制發展

近日，在有關政制發展的討論中，有人提及中英聯合聲明和普選的關係。以下是中英聯合聲明的相關條文：

> 行政長官在當地通過選舉或協商產生，由中央人民政府任命。主要官員由香港特別行政區行政長官提名，報中央人民政府任命。
>
> 關於中華人民共和國對香港的上述基本方針政策和本聯合聲明附件一對上述基本方針政策的具體說明，中華人民共和國全國人民代表大會將以中華人民共和國香港特別行政區基本法規定之，並在五十年內不變。

以上是中英聯合聲明的有關規定。

提出普選行政長官的是基本法，而非中英聯合聲明。基本法第四十五條規定：「行政長官的產生辦法根據香港特別行政區的實際情況和循序漸進的原則而規定，最終達至由一個有廣泛代表性的提名委員會按民主程序提名後普選產生的目標。行政長官產生的具體辦法由附件一《香港特別行政區行政長官的產生辦法》規定」，而基本法的附件一則進一步說明：「2007 年以後各任行政長官的產生辦法如需修改，須經立法會全體議員三分之二多數通過，行政長官同意，並報全國人民代表大會常務委員會批准」。

　　因此，在政制發展問題上，中央有實質的決定權，人大常委會有關決定具有不可撼動的法律地位和法律效力。「香港問題，香港解決」這個口號有違憲制。基本法明確規定提名行政長官候選人的權力只屬提名委員會。過去一年，中央與特區政府已多次指出：「公民提名」不符合基本法。

　　上星期三，政府宣布啟動有關行政長官普選辦法的第二輪公眾諮詢，我衷心希望社會人士能夠用好這兩個月的諮詢期，在基本法和人大常委會的相關解釋及決定的框架內，堅守法治，理性、務實討論，凝聚共識，讓五百萬合資格的選民可以在二〇一七年一人一票普選行政長官。過去數月的事件說明，香港社會絕不認同任何損害他人權利的表達方式，也決不姑息任何違法行為。

2015 年 2 月 4 日
議案辯論：尋求撤銷人大常委會決定，重新啟動政改程序

何秀蘭議員：

一九九七年有一個黑色政治笑話，到現時仍然合用。中國政府不怕選舉，只要能夠預知選舉的結果便沒有問題。不過，到了今天，我們生活在現實之中，這個笑話卻一點也不可笑。

現時特區政府按照全國人民代表大會常務委員會在二〇一四年八月三十一日所作決定推出政改方案，其實正正是朝着這個要預知選舉結果的方向發展，用提名變篩選的程序來確保可以參選的人不會批評中央政府。八三一人大常委會的決定是層層操控，想控制選舉的結果，廢掉「一人一票」的武功。提名委員會要按照現時選委會的模式組成，以致四大界別的劃分、委員數目、選民基礎根本不能反映香港市民的真正意願。

舉例來說，第一界別是商界，其實只有約兩萬七千張選票，大部分都是「公司票」，普通市民根本無從參與；而第四界別的政界，當中人大、政協、立法會大部分功能界別議席，都將普通市民拒諸門外。八三一的決定更要求候選人必須得到過半數提委會委員支持才可以參選，這個篩選的程序令所有候選人必先向小圈子跪拜，而後來的「一人一票」只是為小圈子選舉塗脂抹粉。投票程序不能反映民意，情況便好像我們近來討論大廈維修圍標操作，由數間公司「圍威喂」、「打龍通」，大家提出差不多的範圍和價值，你投甲大廈的標，他投乙大廈的標，然而，無論居民選哪間公司都好，他們的利益都會被侵佔，被索取很昂貴的維修費。主席，假貨不要買，假的東西不要吃，這些是常識，我們也很想有選舉，但我們一定不會接受政治圍標，我們不想市民將來在政治圍標之下，沒有真正的選擇。

葉劉淑儀議員以往入讀的史丹福大學的教授 Prof. Larry Diamond 大約在半年前說過，中央政府可以不讓香港推行民主，但卻不要叫假選舉做民主。民主派否決八三一決定下的假選舉，有兩個目標：第一，我們希望落實令市民真正有選擇的民主選舉，而非政治圍標；第二，我們要阻止政府繼續混淆是非黑白，為求達到目標而不斷扭曲事實道理，不斷愚弄市民，因為一個社會敢於向指鹿為馬者說不，直斥謊言，拒絕洗腦，對香港的前路更為重要。

為了避免社會繼續分化，民主派有兩個建議：第一，正如議案所提出，請政府收回八三一的決定，重開討論；第二，請政府盡快把政改方案提交立法會，由立法會當醜人將其否決，亦可達到同樣效果，這樣便可以盡快打開新的一頁，但政府卻堅持要進行第二輪諮詢。

不過，很奇怪，在第二輪諮詢中，只要看新聞報道便會看到他們不是按照八三一決定的框架進行諮詢。八三一決定的框架說可以討論一下怎樣及何時由三名候選人變為兩名、投票程序的細則怎樣，是投全票還是簡單大多數，以及怎樣優化提委會等。不過，每當我們收看新聞報道，便會看到局長和政務司司長不務正業，只懂責罵民主派阻礙他們達到目標，其實他們是否設一個陷阱來煽動民意，發動政治鬥爭？我看不到他們認認真真地進行諮詢。即使我們多不同意八三一決定也好，它始終有一個框架。他們說要諮詢，連三名候選人都嫌太多，說要變為兩名，在這方面，他們有否提出甚麼理據？他們提出了甚麼選擇給香港人？他們害怕給人看穿嗎？害怕被人知道這是篩選，所以不敢說出來，反而不斷利用這些平台責罵泛民。政府實在無須這樣浪費金錢、浪費時間，這樣不務正業。它無非想嫁禍泛民而已。政府用了前所未有的人力物力、宣傳機器來為社會洗腦，務求打擊民主派，亦非常赤裸裸地把這個所謂第二階段諮詢變為助選機器。

梁振英也呼籲公眾不要選這些人，其目標其實是務求在二○一六年減少民主派在立法會的議席，屆時行政便可以更霸道，更沒有人能掣肘政府。通常不同政黨在選舉期間針鋒相對，其後都會在任期內只就政策辯論而不提選舉。梁振英自己在選舉後也曾表示，此後沒有「梁營」，只有「香港營」，但看看現實是怎樣？現實是，現時梁振英這個政府好鬥弄權，不惜不斷地撕裂社會，要香港為梁振英的野心付出代價。

其實，不少建制中人以至溫和泛民也有很多拉近距離的建議，例如唯一具政治智慧的湯家驊議員建議在二〇二〇年取消所有功能界別；又例如中央十分支持他參政的學者陳弘毅教授曾提出，不如引入市民用「白票」來否決某候選人這機制，形同否決提委會。這位參政學者又提出，不如在立法會投票前進行一項諮詢性質的公投。有學生，甚至是學民思潮也妥協，曾提出不如讓三百多萬名合資格選民一起當提委會。我們這些慣於妥協的人當然又會說，不如來點變奏，用「新九組」方法，由所有合資格選民按界別的人口比例來選出所有提委會成員。我們只是想推動民主進程而已，如果政府要游〔遊〕說市民來壓迫我們民主派支持，它可否在二〇一六年把傳統的功能界別全部變成超級區議會間選？這些可行的做法均無須驚動人大常委會來作出決定，全部均可用本地立法、本地措施達致〔至〕，但政府完全沒有加以認真考慮，只是浪費金錢、時間，利用所設的陷阱為社會洗腦，打擊民主派。

讓我引用政務司司長的說話，她說：「解決的方法一定比問題多」，我剛才提及的都是建制中人及一些十分溫和的民主派提出可以拉近距離的可行方案，但政府完全不作考慮。在回應他們的時候，政府一下子就全部落閘，甚麼也無法商討，寸步不讓，沒商沒量，不理民意，自己絲毫不退讓，卻嫁禍泛民，指我們毫不退讓。政府經常鼓勵年輕人要在框架外思考，但當政府要進行政治鬥爭時，就把事情迫入死角。其實，政府這態度，也顯示政府不大希望政改獲得通過。它完全不考慮所有可以拉近距離的建議，究竟有多大誠意推動政改？

主席，我剛才提出很多能拉近距離的可能，我請局長負點責任，逐一回應，解釋給香港市民聽，有這麼多可以推動民主進程的方法，當局為何不為香港人謀福祉，盡量拉近分歧，盡量擴闊民主的空間。我現在將球發給你，請你稍後不要閃開，任由這討論落空，然後你就繼續罵泛民。

官員批評民主派不願妥協、不肯溝通。在政治光譜中，我們確實不是最激烈的，稍後有一個更激烈的人名叫「黃毓民」，他反對所有程序，反對所有體制內的行事方式，他稍後會幫助政府痛罵我們。如果官員不務實、理性地跟社會一起討論，拉近距離，這個社會豈不是越拉越激？還是這是政府想看到或想發生的事情？

何秀蘭議員動議的議案如下：

「鑒於有市民認為全國人民代表大會常務委員會（『人大常委』）去年八月三十一日就香港政制發展所作的決定（『八三一決定』），扼殺落實真普選的空間，容許提名委員會按北京旨意篩選行政長官參選人，令選舉無法準確反映市民的真正意願，全港選民淪為投票工具，故本會定必否決受制於人大常委八三一決定的政改方案；就此，本會促請行政長官提請中央政府，尋求全國人民代表大會撤銷人大常委上述決定，並重新啟動政制改革的法定程序，盡快實現以普選產生行政長官和立法會全部議員。」

（主席宣布就議案及各項修正案進行合併辯論）

梁家傑議員：

主席，今天何秀蘭議員的原議案，我作全數保留，其中有一句是特別重要的，就是「本會定必否決受制於人大常委〔會〕八三一決定的政改方案」。

其實，泛民主派早已對政改三人組表示不要浪費時間，不如早點跟中央說，受制於八三一決定而設計的任何選舉方案，泛民主派議員必定否決。可是，特區政府似乎仍然堅持要進行第二輪諮詢，現在還不知道何時會把決議案提交本會。不過，我認為在今天何秀蘭議員的議案中，我剛才特別讀出的一句，可以產生一個立此存照的作用。

主席，自去年六月發表白皮書後，中央已經清楚表明不再自我約束本身的權力，而約束人民民主專政體制中的絕對權力，正是「一國兩制」賴以成功的唯一前提，但現在竟然連基本法第二十二條寫明的「中央人民政府所屬各部門、各省、自治區、直轄市均不得干預香港特別行政區根據本法自行管理的事務」，亦視若無睹。現在他們可以隨便致電立法會議員，教議員如何投票。

此外，我當然得談談八三一決定。看過八三一決定後便知道，正如很多香港人的判斷一樣，中央政府其實是後悔寫了基本法第四十五條和第六十八條，它根本不想香港有普選，無論是「真普選」或「假普選」。為何我這樣說？因為八三一決定所關三道閘，其實比本地任何再保守的政治團體所提出的方案都

「辣」，由此便知道中央政府究竟是否有心讓香港人有普選。隨之而來的是張榮順先生叫香港人接受「再啟蒙」，因為我們一直相信的「一國兩制」、「高度自治」、「港人治港」原來並非如我們所理解的。然後，中央政府亦單方面宣布中英聯合聲明在一九九七年七月一日已經失效云云。

主席，綜合所有事情來看，難怪香港有很多人的印象是，正如我剛才所說，中央根本無意給香港人普選，無論是「真普選」或「假普選」。相反，中央用盡一切心思，令反對受制於人大常委會八三一決定的方案的人要「揹鑊」、「食死貓」。對於立法會的民主派議員來說，中央的如意算盤就是要我們按紅色按鈕，接着便要我們「食死貓」，「哽死」為止。

基本法第四十五條寫得很清楚，特首選舉最終須由一個有廣泛代表性的提名委員會按民主程序提名後普選產生。如果我們「袋住先」，中央政府便有大條道理可以向國際社會說它已經「交了功課」。第四十五條訂明的最終安排，已為香港人所接受。請問在這樣的情況下，當張力盡失，還有沒有壓力要「交功課」呢？

此外，「袋住先」會讓二〇一七年選出來的特首有一個虛假的認受性，憑着這個虛假的認受性，他可以提出就基本法第二十三條立法，並在基本法附件三引入《國家安全法》，在香港製造更多劉曉波。很多人問了一個他們以為我們無法回答的問題：有一票總較無一票好，為甚麼要阻礙香港人得到這一票呢？答案就是要避免這個虛假的認受性，避免中央政府可以向國際社會說它已經「交了功課」。這理由足夠了吧。

主席，如果我們現在「袋住先」，我們不單愧對過去三十多年在香港爭取民主的前輩，更嚴重的是愧對未來兩代爭取真民主、真普選、要做真老闆的年青人。留得青山在，總較跌入萬丈深淵以致得不償失、萬劫不復為好。

有人問民主派做過些甚麼，其實我們做過的事情可不少。我們提出過兩份報告、參與過三輪商討日，以及連續七天毅行爭普選。我們亦推薦了不下數十個我們認為符合基本法的政改方案、佔領過七十九天，以及開設過無數街站在社區解釋我們的理念，說明我們為何不要「袋住先」。我們起碼誠意可嘉，所以千萬不要用一句話便抹煞了我們的工作，問民主派究竟做過些甚麼。

不過，中央政府竟然對香港人的誠意置若罔聞，堅持八三一決定，使提名委

員會以提名為藉口，實際上是要篩選行政長官候選人。這個篩選程序，表面上是挑選「愛國愛港」的候選人，實際上是篩選與既得利益集團同聲同氣、「同撈同煲」的參選人。即使最後篩選出一百名候選人，他們經過提名委員會的洗禮，也只會聽命於同一羣既得利益集團，執行一樣的政治任務。香港市民會變成在溫水裏被煮的青蛙，我們只可以選擇被文火煮熟，還是被武火煮熟。

在這種選舉制度下，市民手上的選票，將會為「假普選」特首面上貼金，讓他可以理直氣壯地執行中央的政治任務，以及有利於既得利益集團的政策。誰還敢說「有『假普選』較沒有『假普選』」好？

主席，我們也看到，梁振英作為中央政府的傀儡，不惜偷換概念，斷章取義。他不談提名機制，只將「一人一票」當成普選的全部，並將「假普選」說成是符合國情、度身訂造的選舉。然後，他們製造了一個又一個的偽命題，先是以所謂「國家安全」為名，辯稱真普選不適合香港，之後竟以香港大學的學生刊物《學苑》作戰靶，製造「港獨」的謊言。他們提出就基本法第二十三條立法和引入《國家安全法》，一唱一和，將香港形容到好像在港獨邊緣一樣，不適宜推行普選。

每當我們要討論「香港民族命運自決」，便指控我們搞港獨；要爭取一直受基本法承諾的普選，便指控我們勾結外國勢力。主席，如果有些人仍然相信「袋住先」後可以再進行優化，便應該聽清楚譚志源局長說過甚麼。他表示，在三道閘中最重要的一道閘，是要有超過一半的提名委員會委員提名才可以「出閘」，而這是不可撼動的。若然如此，怎可能還存在優化空間？難道在梁振英、吳克儉和陳茂波之外，再加上劉江華，便算是優化嗎？

梁家傑議員動議的修正案如下：

「在『投票工具』之後刪除『，故』，並以『；香港市民已透過雨傘運動清楚表達反對八三一決定框架內的政改方案，行政長官梁振英竟然置若罔聞，並將自己沒有盡力為港人爭取真普選的罪責，諉過於泛民主派；』代替；在『政改方案』之後刪除『；就此，本會』，並以『，並』代替；在『促請行政長官』之後加上『不要再試圖以「假普選」魚目混珠；』；在『上述決定』之後刪除『，並』，並以『；』

代替；及在『法定程序』之後刪除『，』，並以『；以及向中央政府爭取有公平選舉權和被選權的普選，使香港』代替。」

（編者注：修正後的議案內容如下：

「鑒於有市民認為全國人民代表大會常務委員會（『人大常委』）去年 8 月 31 日就香港政制發展所作的決定（『八三一決定』），扼殺落實真普選的空間，容許提名委員會按北京旨意篩選行政長官參選人，令選舉無法準確反映市民的真正意願，全港選民淪為投票工具；香港市民已透過雨傘運動清楚表達反對八三一決定框架內的政改方案，行政長官梁振英竟然置若罔聞，並將自己沒有盡力為港人爭取真普選的罪責，諉過於泛民主派；本會定必否決受制於人大常委八三一決定的政改方案，並促請行政長官不要再試圖以『假普選』魚目混珠；提請中央政府，尋求全國人民代表大會撤銷人大常委上述決定；重新啟動政制改革的法定程序；以及向中央政府爭取有公平選舉權和被選權的普選，使香港盡快實現以普選產生行政長官和立法會全部議員。」）

政制及內地事務局副局長：

主席，基本法第四十五條訂明：「香港特別行政區行政長官在當地通過選舉或協商產生，由中央人民政府任命。行政長官的產生辦法根據香港特別行政區的實際情況和循序漸進的原則而規定，最終達至由一個有廣泛代表性的提名委員會按民主程序提名後普選產生的目標。行政長官產生的具體辦法由附件一《香港特別行政區行政長官的產生辦法》規定。」

（代理主席梁君彥議員代為主持會議）

根據二〇〇四年四月六日公布的《全國人民代表大會常務委員會關於〈中華人民共和國香港特別行政區基本法〉附件一第七條和附件二第三條的解釋》，修改基本法附件一有關行政長官的產生辦法，必須經過「五步曲」的憲制程序。根據這憲制程序，行政長官產生辦法是否需要進行修改，先由行政長官向全國人民代表大會常務委員會提出報告，再由人大常委會按照基本法第四十五條的規定，根據香港特別行政區的實際情況和循序漸進的原則而確定。

人大常委會在二〇一四年八月三十一日通過的《關於香港特別行政區行政長官普選問題和 2016 年立法會產生辦法的決定》，是嚴格按照基本法及人大常委會二〇〇四年的《解釋》，根據香港特別行政區的實際情況和循序漸進的原則而作出，是「五步曲」憲制程序中的第二步。《決定》正式確定香港特別行政區可以在二〇一七年開始，實行「一人一票」普選行政長官，並為普選行政長官產生辦法定下清晰、明確的框架。

特區政府明白政制發展是極具爭議的議題。社會上不同團體、不同人士對此有不同看法，特區政府充分理解。但是，正如政務司司長在上月七日在本會就啟動政改第二輪諮詢宣讀聲明時清楚指出，政制發展必須建基於基本法和人大常委會的《決定》，否則是「無根之木、無源之水」，不切實際；普選行政長官的目標亦只會是「鏡中花、水中月」。對於有團體和人士要求人大常委會「撤回《決定》」及「重啟『五步曲』」等，無論在憲制程序上、在政治上、在時間上，都是不切實際及不可能的，亦只會令二〇一七年普選行政長官這目標落空。

代理主席，要落實二〇一七年全港五百萬名合資格選民以「一人一票」方式普選行政長官，絕對是一項艱巨的工作，更不是特區政府獨力可以完成，而是需要在座各位議員、市民，以至整個社會共同努力，求同存異，凝聚共識。特區政府已在二〇一五年一月七日發表《行政長官普選辦法諮詢文件》，正式開展為期兩個月的行政長官普選辦法公眾諮詢。我們期望社會各界能夠在基本法和全國人大常委會《決定》的框架下，理性務實地討論，以凝聚共識，共同建立一套適合香港的普選制度。

在公眾諮詢結束後，特區政府會盡快完成歸納意見的工作，並爭取在今年第二季向立法會提交修改基本法附件一有關行政長官產生辦法的議案，即政制發展「五步曲」的第三步，爭取立法會全體議員三分之二大多數通過，如期落實廣大市民期盼的行政長官普選。

代理主席，「盡快實現以普選產生行政長官和立法會全部議員」，是市民大眾的願望。人大常委會的《決定》已清楚規定，從二〇一七年開始，香港特別行政區行政長官選舉可以實行由普選產生的辦法。根據《決定》，亦只有在行政長官由普選產生以後，立法會選舉才可以實行全部議員由普選產生。從立法程序的實際角度來看，要實現二〇一七年普選行政長官，時間上亦不容許所謂「重啟『五

步曲」」。而不爭的事實是，根據《決定》，「假如行政長官普選的具體辦法未能經法定程序獲得通過，2017 年行政長官產生辦法須繼續沿用 2012 年行政長官的產生辦法」，政制發展將只有原地踏步。我相信這並非市民樂見的結果。因此，特區政府反對何秀蘭議員提出的議案，亦反對梁家傑議員的修正案。

梁繼昌議員：

當我們要討論何謂普選時，我承認在選舉制度的設計上，的確沒有一個劃一的國際標準。毫無疑問，各國政府可按當地的政治、經濟、文化及實際情況去設計合適的選舉制度，但當我們要衡量一個選舉制度是否一個普選制度時，國際間的確有規定訂明，必須具備一些基本的特質，才可稱為普選，而這些特質我稱之為普選的最低國際標準。正如李飛主任當天所說，奧委會其實提出了一個最低的國際標準，換言之，他也承認有國際標準。

代理主席，聯合國《公民權利和政治權利國際公約》第二十五條指出，公民應有權利及機會直接或經由自由選擇的代表參與政事，而這權利不應受無理限制；公民亦有權利在真正、定期的選舉中投票及被選，而選舉權必須普及而平等，選舉應以不記名投票方式進行。

聯合國人權事務委員會亦指出，在落實《公約》第二十五條的權利時，不應以政治立場阻礙一名候選人參選；而候選人的參選權，亦不應受到不合理的限制。如果選舉的程序規定候選人必須取得一定數目的支持者提名，即一如現時提名委員會的門檻，有關的要求亦必須合理，以及不應該以此程序作為阻礙參選人的手段。

每當有人提出普選必須符合上述聯合國《公約》的標準時，便會有另一些人說，普選並無國際標準，基本法提及普選的內容並無「國際標準」這四個字。但是，代理主席，基本法亦沒有訂明不能談及國際標準。其實，香港早於一九九一年制定的《香港人權法案條例》，已把《公約》納入本地法律，而基本法第三十九條亦訂明，《公約》適用於香港的規定繼續有效。由此可見，這個最基本、最低的國際標準，已透過本地立法成為香港法例。代理主席，我說的只不過是一個最低的國際標準。現時中央官員稱所謂「一人一票」便是普選，其實，普選這

個概念也是一個國際概念；既然中國從來沒有普選制度，為何要是「一人一票」呢？這不就是一個國際標準嗎？

此外，我想重申，我對全國人民代表大會常務委員會八三一決定是否符合基本法的要求，存有很大的質疑。基本法附件一《香港特別行政區行政長官的產生辦法》第七條清楚指出，而二〇〇四年人大常委會的解釋亦規定，「2007 年以後各任行政長官的產生辦法如需修改，須經立法會全體議員三分之二多數通過，行政長官同意，並報全國人民代表大會常務委員會批准」。故此，不論採用甚麼框架也好，這個方案也應該由香港特區政府報人大常委會批准，而並非由人大常委會訂下一個框架。政府可否解釋一下，報人大常委會批准，與由人大常委會訂下一個框架，究竟是否兩個不同的情況？如果是不同的情況，人大常委會的這個決定是否與基本法有所抵觸？

由此可見，人大常委會在政改「五部曲」的第二部曲中只擁有確定權，而沒有決定權去規定香港特首的選舉方案，但如今在八三一決定中，人大常委會的確對行政長官的選舉方法設下了三道關卡，包括訂明提名門檻是提名委員會委員過半數支持，以及特首候選人數目必須為兩至三人，而且我認為這個決定在法理上、在基本法的基礎上，實在是違反基本法的精神。當然，人大常委會有權作出決定，這在內地法律上有其法律地位，但的確與基本法有所抵觸。

一九八四年五月，時任總理的前中共總書記趙紫陽說過，「將來香港特別行政區實行民主化的政治制度，即你們所說的『民主治港』，是理所當然的」，這是當時趙紫陽總理在回覆港大學生會的一封信件中指出的。主權回歸後落實民主普選，是回歸之前中央政府給予香港人的莊嚴承諾，亦是不少香港人願意接受回歸的重要條件。所以，代理主席，我們今天在此要求重新啟動政改程序，並不是叫價過高，其實只是想中央人民政府兌現當年的承諾。……

王國興議員：

代理主席，兩位的原議案和修正案中所謂的民意、所謂香港市民的意見，其實對民意是選擇性收取，選擇性使用。其實他們是真正的誤導民意，以偏概全。

代理主席，我在這裏舉一些例子，說明現在香港市民的主流民意是甚麼。有

一百八十三萬多人簽署反對佔領，支持保普選的民意，他們當然不會承認，但由多項民調所顯示的民意，他們又是否認同呢？

譬如去年十二月十八日，中大新聞與傳播學院轄下的傳播與民意調查中心的「香港民意與政治發展專題研究小組」就佔領和普選進行民意調查，結果是 42.3% 的受訪者不支持佔領行動，33.9% 受訪者支持，為甚麼他們不承認這項民意？

今年一月十一日《明報》發表對於特首選舉的民意調查，其中問題二相當清楚顯示，56% 的受訪者接受方案，讓市民「一人一票」選特首；34% 反對方案，寧願政制原地踏步，這是一個由中立報章所進行的民調，為甚麼他們看不到？

最近一月二十七日，即數天之前，中央政策組發表一份支持政改的佔中後民調結果，當中顯示超過五成受訪者支持通過政改，反對的有三成多，其餘一成受訪者表示未有決定。這三個民調，先後顯示了香港主流民意，並由不同組織做的。但是，為甚麼他們視而不見呢？

暫且不說民調，說他們在二月一日，民陣舉行的所謂遊行，聲稱會有五萬人參加，但最後他們說有一萬多人，警方說有六千至八千人。老實說，這顯示他們不得民心，如果這一點他們都不承認，便應該照一照鏡子。

港大民意調查中心 —— 內容今天見報 —— 就十大立法會議員的民望進行調查，十位排行最前的議員中七位是泛民陣營的議員，他們的民望「大插水」，這些都是不爭的事實。所以，我很希望他們認清楚現在香港的主流民意是甚麼。他們的原議案和修正案，對於所謂民意，其實是斷章取義，「輸打贏要」。

此外，他們的原議案和修正案最錯誤的就是，指鹿為馬、顛倒是非、混淆黑白，要行政長官促請人大常委會撤回決定。老實說，這做法完全違反憲法、違反基本法的相關規定。從法、理、情，都不能夠做，亦不應該做，因為我們香港這個議會是一個地方議會，我們怎能夠反對人大的相關決定呢？這是誤導香港市民，這是中央和地方的關係。

再者，這亦是上級議會架構跟下級議會架構的關係。所以，他們的原議案和修正案要求人大常委會撤回八三一決定，重啟政改程序，老實說，這是絕對不可以做，不能夠做，是違憲、違法的。但是，他們偏偏想帶領香港市民走上一條違憲違法的不歸路。

何俊仁議員：

代理主席，自從回歸以來，中央政府一個最嚴重的政治錯誤，便是通過全國人民代表大會常務委員會的八三一決定，原因有三個，我簡單重述以作為歷史紀錄。

第一，這個決定違反原本基本法修改的一些原則和精神。其實由「三部曲」轉為「五部曲」已經非常牽強，是「僭建」。即使按照「五部曲」中的第二部曲，中央政府只能夠確認或不確認特首的報告，無權在第二步曲上僭建一些框架，從而使香港議會實際上失去真正透過通過動議立法以制訂選舉制度的權力。

第二點，中央政府一直以來再三強調人大常委會所公布二〇一七年至二〇二〇年的時間表是莊嚴的承諾，中央政府知道香港是國際都市，亦知道香港是《公民權利和政治權利國際公約》的締約成員，所以，他們知道我們所要求的是真正有競爭的選舉，是有意義的選擇。

但是，八三一決定實際上使中央可操控行政長官「入閘」人選，引用何秀蘭議員所舉的一個很好的例子，這是政治上的「圍標」，而實際上是共產黨所操控的「政治圍標」。中央分明知道香港人、民主派人士不會接受這樣的「政治圍標」方案或「假普選」的建議，仍然要向立法會硬推，這是變相收回普選時間表的做法，是背信棄義的舉動。

第三點，其實整項建議漠視香港的現實，亦漠視香港市民長期以來要求實行真普選的民意。這樣強硬推出方案，剝奪香港人普選權利，令香港無法長治久安，若社會不穩，何來發展經濟？香港也難有有效的管治。相信大家都能明白，如此發展下去，政改方案會被否決，香港市民在政改問題上便會對中央政府完全失去信心，將來的局面會如何？

我相信政治局面不穩，對香港和國家未來的發展都是負面和不利。我們認為人大常委會有責任和有權力來糾正自己的錯誤。在未來的人大常委會會議中（即將在三月舉行），我們希望他們會重新檢視這個決定，撤銷這項歷史上犯了嚴重政治錯誤的八三一決定。

代理主席，現在有很多人告訴我們，其實八三一決定不可更改，不如香港市民「袋住先」。大家很清楚，一項假的普選方案，要香港人「硬啃」等於要我們

接受指鹿為馬、認假當真。我們接受這樣的方案，以後便會被人指香港實際上已經有普選，那還有甚麼可投訴？還有甚麼可要求？如果這樣，我們憑甚麼相信日後的日子會更好？憑甚麼相信未來的選舉會優化？今天失信，教我們如何再相信一些完全是空言的未來承諾呢？

林鄭月娥最近表示，如果「袋住先」，有數百萬人可以投票，總比一千二百人投票更佳。我可以告訴大家，在這樣的制度下，五百萬人的投票，實際上是被魚肉和蒙騙，因為這種選舉制度等於北韓式或伊朗式的「假普選」。如果這樣，我對林鄭月娥的回應是，五百萬人被政府魚肉、蒙騙是較一千二百人被人魚肉、蒙騙更悲慘。所以，我們怎可能接受「假普選」的方案，使更多人受到恥辱？

王國興議員在此大罵為何我們不要諮詢。在八三一決定下的諮詢，便等於「假諮詢」，「假諮詢」就不如不要諮詢，因為這是侮辱市民的智慧，我不知道王國興議員是否聽得明白。代理主席，真普選的制度會成為我們未來繼續爭取的目標。我亦希望透過各種的方式，用和平、理性，但能夠匯聚民意和社會力量的方式來爭取真普選。

現時很多人仍表示，我們看看民意調查，其實很多人也認為應該「袋住先」，其實我不相信那些調查真的可以很科學地反映民意，不過，如果真的要用最科學、最客觀的方法，便應該是公投。政府現時挑戰我，問我為何不是在表決政改議案前進行公投，我現在反向政府挑戰，如果政府「認帳」，接受公投的結果，我便立即辭職，這是最科學、最客觀、最有法律基礎的公投。我挑戰政府，政府「認帳」，我便立即辭職。

陳健波議員：

……我認為反對派可能真是活在現實世界之外，他們應立即返回現實世界才行。

反對派的言論顯示他們對中央不理解。有議員說，到了最後階段，中央就會讓步，過往也是這樣的。他們又說，如果政改不獲通過，香港會變得難以管治。以上說法只是自欺欺人，誤導市民。事實上，有不少人均認為回歸後十七年以來，中央太過忍讓，結果令香港與內地越走越遠，只談「兩制」，不理「一國」，

退讓的政策證明失敗。近期中央對香港的政策明顯收緊，在這種背景下，面對佔領行動這大事件，中央亦不為所動，現在又怎會讓步呢？至於難以管治，相信無論如何也不會較管治十三億人更加困難，即使真是難以管治，也只會是香港人受苦而已，這點又怎可用作談判籌碼？

有議員可能不同意中央的決定，剛才亦有議員長篇大論談到國際標準，至今仍不明白中央根本對香港的反對派缺乏信心，所以大家一定要逐步來，如果連這樣的道理也不明白，真是教人感到奇怪。此外，我們必須明白，香港不可以自視與中央是對等關係，以為可以要求對等式的談判，如果大家不認清這事實，談判便會用錯方法，而且一定會進入死胡同。我相信，只有當中央信任香港，香港才會有較八三一決定更好的選舉方法。同時，我們亦要考慮一個重要問題，如果今次否決政改方案，估計在往後十年間，政制發展也不會有任何改變，屆時已至二〇二七年，距離二〇四七年即五十年不變這個期限，實際上只剩下二十年，屆時「一國兩制」是否延續下去也成問題，香港怎麼還有議價能力談論普選呢？

究竟現時香港的民意又是怎樣？《明報》曾在一月十一日公布一項由香港大學進行的民意調查，調查發現有多達 56% 受訪市民認為立法會應通過政改方案。民調更發現，如果政府承諾在二〇二二年特首選舉進一步民主化選舉制度，支持的市民更升至 64%。反對派一向喜歡講民調，現在民意這麼清楚，但剛才卻有議員說民調未必科學化，那麼是否真的可以不予理會呢？我相信，隨着政府展開工作，市民便會更加清楚事件的真象，屆時應會有更多市民支持香港「行咗先」。正如民調顯示的趨勢，將來支持率動輒高達三分之二，甚或更高。根據傳媒報道，有外國政府代表近期已勸諭反對派不要再反對政改方案，當全世界都表示支持，為何反對派仍要執意反對？有市民向我說，如果有數以百萬計市民支持通過，議員憑甚麼否定市民的意願？

黃碧雲議員：

人大常委會的八三一決定，令香港政改現時進入了一個僵局，沒有人能夠突破。根據基本法的附件，政改要得到三分之二立法會議員大多數支持才可以通過，但泛民議員已經清楚表示，如果不撤銷人大常委會八三一決定或修訂該決

定，我們基本上必定會行使否決權。所以，如果要政改走前一步，我希望所有官員和建制派議員支持這項議案。

始作俑者是人大常委會的八三一決定，我們為何認為不可以接受？因為這個決定必然導致政治篩選，把提名變為初選，由提名委員會挑選二三個人成為候選人，讓市民選擇。還有，參選門檻這麼高，現時使用的是特首選委會的架構——四大界別、一千二百人——門檻由原先的八分之一提高到現時的二分之一，基本上是一個篩選的格局，「阿爺」不喜歡的人無法參選。如果說讓一些參選人「入閘」，但他們始終都不可以成為候選人。代理主席，我們不想要這些完全受操控、經篩選的候選人、「阿爺」揀選後才讓我們挑選，我們不要這樣的民主。香港爭取民主三十年了，中央卻給我們這樣的選舉，我們怎樣接受呢？我最近經常落區，在紅磡也好，在深水埗的街市也好，街坊都對我說「不要轉軚！不要『袋住先』！」他們不想要這樣的選舉。

如果中央要做把關，基本法其實已經有條文訂明在普選結束後，中央是有任命權，而且是實質的任命權。中央已經可以做最後「守尾門」的把關，但現時卻在普選之前，在提名時已落閘，要把不喜歡的人全部篩掉。「守頭門」、「守尾門」都由中央把守，變相是排斥「阿爺」不喜歡的人，即使市民很喜歡的人，也不會有機會成為特首。由於八三一的決定如此不合理，所以我們要否決。

關於候選人或特首應該具備甚麼資格，其實基本法已經寫得很清楚。基本法第四十四條訂明：年齡是四十歲以上，最低限度在香港連續居住二十年，更是沒有外國居留權等香港特區永久居民的中國公民，寫得這麼清楚，但中央卻突然不斷加上一些東西，「僭建」一些東西。基本法沒有提及一些東西，但國務院突然在去年六月推出白皮書，提及「一國兩制」時，說治港者——當然包括特首，還有立法會議員、高官，還有司法機關的人員——全部治港者都一定要愛國愛港才可以擔任這些職位。基本法第四十四條原本沒有這些條件，是中央突然「僭建」的，曾否諮詢香港人呢？當然，我們會認為任何人願意投身服務市民、參選、擔任如此重要的職位，當然都是愛國愛港的，但建制派便會說：「他們愛國愛港，你們還用擔心嗎？」然而，問題是由誰解釋何謂「愛國愛港」？本星期二上課的時候，我曾問學生對加入「愛國愛港」這項條文作為特首候選人的資格有甚麼意見。他們問如何界定何謂「愛國愛港」？在全班同學中，沒有持相同看法的人。

所以，我們有很大疑問。

再者，中央經常添加東西，但我們便希望是「無添加」，按照基本法辦事，我們不是不接受基本法，但中央卻添加一些東西在其中，添加這麼多不合理的限制。

此外，代理主席，我感到非常遺憾的是，特區政府官員為求通過政改，簡直不擇手段，在此開動「宣傳輿論機器」，好像在販賣假藥般，我看到官員以這樣的嘴臉發言，覺得他們真的對不起學生，為何官員說的話與我們唸的書完全不同？劉江華議員最近說 —— 劉江華不是議員，是前議員，現時是官員了 —— 他說普選其實沒有國際標準，有權投票便是真，無權投票便怎麼說也是假。當然，每個所謂民主國家的政治制度在技術細節上的安排都有不同，但何謂民主卻不是沒有國際標準的。如果你在提名過程中已經封殺政府或中央不喜歡的人，然後才再讓市民選擇，這樣還算是民主選舉嗎？我相信沒有人會說這是民主選舉，只會說是個受操控的選舉。

譚志源局長說過急的民主是虛浮的，如果這麼急進地推動民主，會令到社會動蕩等。代理主席，香港說要推動民主說了三十年，回歸十多年了，自一九九七年回歸至二○一七年實施普選，是多少年呢？是二十年，這還算是過急嗎？現時似乎不是因為有了民主便會引起動蕩，而是因為沒有民主、無法解決八三一決定，令香港產生很多不滿的情緒。林鄭月娥司長還說政府理直氣壯，因為政府是根據基本法和人大常委會的決議辦事，但問題是，道理並不在司長而是在市民那方，我們現時說的是民主和普選，我們要求的是一些很謙卑、卑微的東西，即除了給我們投票權外，也不應該不合理地剝奪市民的參選權，這些東西在共產黨年代、一九四四年二月二日《新華日報》中已經指出，我們需要維護市民合理的參選權。

劉慧卿議員：

代理主席，剛才陳健波議員的發言，大部分我都不同意，但有一點我是同意的。他表示如果政改方案不獲通過，全香港都沒有人得益。這是鐵一般的事實。我亦多次請特區政府與建制派和保皇黨將這個殘酷的現實告訴北京。因為若政改

方案不獲通過，便萬劫不復，特區政府亦不能管治。這些話是建制派「領頭人」說的，而且已經說了數年，後果非常嚴重。

我們可以討論這項議題，是因為民主黨支持二〇一二年的政改方案。當時，北京推翻自己的決定，最初不接受胡志偉議員提出「一人兩票」的建議；曾蔭權召開記者會表示沒有商量餘地，喬曉陽於同日下午在北京亦表示沒有商量餘地，後來卻「轉軚」，梁愛詩出來說：民主黨的建議沒有問題，於是大家便很尷尬地「轉軚」，通過北京所說符合有關基本法第四十五條中「循序漸進」的原則的方案，所以二〇一七年可以普選行政長官，然後 —— 大家當作是二〇二〇年 —— 可以普選立法會。

這些是北京對香港人的莊嚴承諾，但大家絕對有理由相信，北京可能感到很後悔，甚至從來不打算讓香港有普選，讓選民有真正的選擇，選出心儀的候選人，而不是如剛才陳議員或自由黨鍾國斌議員所說的。鍾國斌議員昨天在「城市論壇」亦說：即使你們不能參選，也可以做「造王者」，說服支持者把所有選票投給某人，他便會勝出。

我們爭取普選數十年了，不是要說服人家把票投給別人，我們真的希望有權去選出一個心儀的人當行政長官。為何不可以呢？我當天亦問李慧琼議員 —— 她即將成為民建聯主席 —— 我叫她告訴所有無線電視的觀眾，為何普選行政長官會危害國家安全，她說來說去都說不出。當時有學生問她究竟是代表北京說話，還是代表香港人。

所以，問題是大家都不知道為何不准許我們有普選，並搬出國家安全為理由。中央不准許我們有普選，我當然明白，向共產黨爭取普選等於與虎謀皮。但是，中央已作出承諾，於是我們對中央說，既然這是一個莊嚴承諾，便要履行，於是人大常委會便作出八三一決定。

剛才有議員提到，當局提交的報告沒有載述市民提出的多項建議，找遍整份報告都找不到，這樣做完全是侮辱香港人，侮辱特區政府。當局進行了五個月諮詢，原來甚麼建議都不提出，只提出自己那項建議。

代理主席，特區政府怎可以這樣？官員們領取高薪，現在卻時常走出來說政改方案沒有可能獲通過，通過的機會是零。怎可以這樣？無論當局提交甚麼議案、條例草案或預算案，官員有責任令有關議案等獲得通過，但現在卻將責任推

到我們身上。沒錯，我們是要否決政改方案，但令方案通過，是官員的責任。如果這麼重要的方案也無法通過，應該怎樣做，代理主席？當然是引咎下台吧。

林大輝議員：

代理主席，我很希望何秀蘭議員明白一點，不管香港在殖民地時代，以至回歸後在「一國兩制」的模式下運作，香港始終是一個現實的社會，特別是我們從政的，應該明白政治是十分現實的。從政者每做一件事情，都必須考慮現實的情況，亦必須明白實際的政治局勢及政治環境。

（主席恢復主持會議）

須知道實際情況和實際環境往往與心中所想並不一樣，可能會有距離、有落差，但是，既然我們生活在一個現實的社會，我們必須就着現實的情況和落差去生活、工作、求同存異、凝聚共識，不能只懂抱怨、逃避、搞不合作、搞杯葛、搞對抗、搞玉石俱焚，因為這樣做不但於事無補，反而令事情更加糟糕，效果適得其反。

主席，香港已經回歸十七年，容我大膽說一句，香港的管治確實做得很差，十分不暢順，我相信是無法達到中央政府和香港市民的要求。香港的管治之所以如此失敗，我認為有兩大原因：第一，我們真的沒有卓越的政治人才，帶領香港踏上持續發展之路，不能做到真真正正的「港人治港」、「高度自治」；第二，泛民主派不斷跟政府對抗，特別是外國勢力不斷干預香港的內部事務，導致香港施政困難，以致社會嚴重撕裂、對立，出現跨階層、深層次的矛盾，結果令香港的經濟發展停滯不前，民生問題一大堆，政府卻無法解決，我肯定中央政府對香港目前的情況感到非常失望和擔憂。

主席，據我理解，中央政府有十足誠意在二〇一七年落實行政長官普選，亦很希望繼續讓香港維持「港人治港」、「高度自治」。可是，眼見香港目前如此紛亂的政治局勢，社會充滿怨氣和不滿，試問又怎可令中央政府完全放心讓特區政府自把自為地推動政改呢？因此，在推動政改的過程中，中央政府必然有其考慮和顧忌。中央政府一定不會容許在普選過程中有任何機會，選出一位不愛國愛港和沒有能力的特首來管理香港，令香港出現失控的情況。特別是現在國家迅速和

平崛起，面對如此多外國勢力的挑戰和衝擊，中央政府必須捍衞國家安全、主權統一和領土完整，所以才會出現人大常委會八三一的決定。我深信人大常委會這個決定絕非毫無根據，肯定是經過深思熟慮才作出的。

主席，我希望何秀蘭議員和各位泛民主派的議員，均可正確、全面和深刻地理解人大常委會八三一決定的背後意義和考慮。歸根究底，這個決定也是從香港社會的整體福祉、根本利益以至國家安全、主權統一和領土完整的角度出發。⋯⋯

郭榮鏗議員（譯文）：

⋯⋯在眾多就行政長官選舉的相關憲制及法律規定進行分析的文件中，最全面並相信業經充分研究的，應該是香港大律師公會在政府首輪諮詢時所提交的意見書。剛卸任的大律師公會主席曾經說過，「由於大律師公會的意見已在意見書內表述，所以在作出八三一決定後再無須重複。」恕我難以苟同。我想任何盡責的家長都知道，有時重複是無可避免的，而有時多番重複才能弄清事實。如果將大律師公會提交的意見書與八三一決定作比較，便會發現人大常委會的決定違反憲法，公然違抗基本法。此外，意見書亦清楚闡明為何我們指出，任何在八三一決定的框架下提出的建議，皆談不上真普選。

首先，必須注意的是，人大常委會的八三一決定完全沒有提及基本法第三十九條，當中訂明《公民權利和政治權利國際公約》適用於香港。大律師公會由這項條文推斷，行政長官選舉不應存在任何歧視性的區分或不合理的限制，同時必須確保每位香港特區永久性居民在真正的、定期的選舉中，擁有選舉及被選舉的權利和機會，並透過普及而平等的選舉權，保證選舉人可自由表達意志。大律師公會進一步補充，任何人必須如《公約》第二條所述，無分種族、膚色、性別、語言、宗教、政見或其他主張民族本源或社會階級、財產、出生或其他身份，享受《公約》所確認的權利。這項容許任何人有權在沒有歧視性區分或不合理限制的情況下參加行政長官選舉的規定，當然是我們在過去兩年不斷向特區政府及中央人民政府強調的國際標準。人大常委會的決定有何實質作用？這項決定對下一任行政長官的選舉方案施加了不合理的限制，藉要求提名委員會遵從非常

嚴格的規定，實際上對候選人加設障礙，而這亦是大律師公會特別警告要避免
的。我們或有需要逐項研究人大常委會所訂的規則，以瞭解各項規則如何達致
〔至〕大律師公會所指在基本法下所訂的基本憲制規定。

首先，應組成一個有廣泛代表性的提名委員會。至於提名委員會的人數、
構成和委員產生辦法，應按照第四任行政長官選舉委員會的人數、構成和委員產
生辦法而規定。換言之，提名委員會將同樣是由現時選舉委員會的四大界別所組
成。就此，大律師公會表示（我引述）：「……在界別組成中，如被認為不當地偏
袒富裕階層或某些功能界別，或歧視某部分社會人士，則從平等或公平……的種
種角度上，皆可引起憲法性爭議。如果提名委員會在選民分布或反映選民情況兩
方面均引起不公平的質疑，亦會對選民在提名後所享有『對於候選人的自由選擇』
造成困難。」

人大常委會決定訂下的另一項遊戲規則，關乎提名程序。提名委員會須根據
民主程序提名二至三名行政長官候選人，而每名候選人必須獲得提名委員會全體
委員過半數通過。這是人大常委會決定的規定。然而，大律師公會在意見書的第
68 段指出（我引述）：「……有關《基本法》第四十五條第二款提述的『民主程
序』，不過是意味提名委員會須在會議上以集體或團體方式，按簡單多數或某種
形式的多數選出若干獲提名候選人（例如 2 至 4 人）的說法，面臨限制投票人在
眾多選擇中自由選擇的嚴重風險，並削弱有關行政長官選舉必須是真正的、定期
的、並無不合理限制的，以保證選舉人的意志可自由表達的各項標準。」另一個
法律觀點是，人大常委會在作出八三一決定時，顯然已違反其就正式解釋基本法
所訂的程序。根據人大常委會在二〇〇四年就基本法附件一第七條及附件二第三
條所作的解釋，所謂的「政改五部曲」包括：第一，行政長官提出報告；第二，
人大常委會因應香港特區的實際情況作出決定，然後特區政府才可提出修改產生
辦法的議案。無論是「determination」或其中文解釋「確定」，均顯然是指關於附
件是否可以修改的問題，人大常委會只須簡單回答「是」或「否」，而非決定選
舉程序的內容或實際框架，原因是香港人在這方面已擁有決定權。

主席，我支持這項由博學的何秀蘭議員在今天的立法會會議上提出的議案，
並要求有關當局將這項人大常委會的決定裁定為違憲，然後由人大常委會撤回。

林健鋒議員：

泛民早在未開始第二輪諮詢前，已表明會投反對票，皆因人大常委會的決定不符合他們所謂的國際標準。他們一邊說要杯葛第二輪諮詢，一邊又要求特首在無任何前設的情況下與之對話。他們表示隨時隨地都願與特首商討，但前提就是要推翻八三一決定。

其實，真正設下溝通前提的是泛民自身。特首及政務司司長均多次重申，政府願與泛民對話，不過必須在基本法與人大常委會相關決定的基礎上進行。這並非特首所設的前提，而是人大常委會依法作出的一項決定。對話如果是討論不符合基本法規定內的事情，那便是天馬行空，浪費光陰。

按照泛民所說，要求特首推翻八三一決定才算有誠意的溝通，不但是強人所難，更是視國家法律如無物。不過，泛民中的不少律師、大律師和專業人士，往往都視法律如無物，由他們慫恿市民參加違法佔領運動，破壞社會秩序就可見一斑。

其次，就是泛民經常提及的國際標準。主席，由三十年前國家提出「一國兩制」這個史無前例的構思開始，香港的制度就沒有任何國際標準可遵循。世界各國的選舉制度亦是各有不同，即使有《聯合國國際人權公約》，世界各國亦非全部都把《公約》套用在自己國家的選舉制度之上。各國的選舉制度無優劣之分，亦沒有真假之分，只有是否適合之分。不是只有泛民心目中那套才是真的，標準並非由外國勢力來定，亦不是由泛民來定。

主席，我還記得在就任立法會議員時的誓詞為：「定當擁護《中華人民共和國香港特別行政區基本法》，效忠中華人民共和國香港特別行政區」。基本法是根據國家憲法所規定，所以要效忠的是國家和憲法，並不是效忠所謂的國際標準。

達致〔至〕「一人一票」普選是民主的一大步，而且大家也知道今次不是終極方案，日後還可以根據基本法循序漸進，完善我們的選舉制度。民主派多年來都以落實普選為目標，現在只欠臨門一腳，香港便可以在二〇一七年「一人一票」普選特首。究竟民主派是想為市民爭取一票在手，抑或要逼所有香港市民繼續做「花生友」呢？究竟他們真的是推動香港民主政制的推手，抑或是剝奪市民權利，阻礙民主步伐的罪人呢？

梁美芬議員：

主席，為何會有八三一決定？時序十分重要。記得在二〇一三年年初，當時戴耀廷提出非法佔領中環，癱瘓警隊等驚人言論後，我與他辯論過很多次。其中二〇一三年三月的《明報》引述了我的話：「如果戴耀廷繼續說這些話，這樣下去，中央必定會變得更保守，政改必然會倒退，停滯 5 年至 10 年。」當時他們找人猛烈攻擊我，因為他們不相信。

究竟由二〇一三年一月到二〇一四年八月三十一日在香港發生了甚麼事，令中央和地方關係走入冰河時期？首先，泛民一開始便計錯數，叫價太高，跳出了基本法的軌跡來開價，包括公民提名和國際標準，這兩點正正在基本法沒有提及；而我們看中英聯合聲明，當中也沒有提到普選，其主要的宗旨是維持香港作為資本主義，繁榮穩定等五十年不變。再看基本法第四十五條，當中提到普選，但沒有時間表，只說最終達致〔至〕普選。何謂「最終」，當時很多人說，最早當然可以是一九九七年，但最遲可以是二〇四七年甚至以後都可以。

經過多番爭議，二〇〇七年全國人民代表大會常務委員會提出了時間表，「開綠燈」，說我們最早在二〇一七年可以普選行政長官，二〇二〇年立法會可以普選。在二〇〇七年，人大常委會並沒有提出路線圖；二〇一四年的八三一決定是政制發展至今唯一比較清楚的路絡圖，但泛民卻說要取消。如果議員瞭解「一國兩制」下政改問題專家的想法，便知道他們認為這是中央最大的誠意，希望真的在香港推行普選。對於不瞭解的人，我們不能怪責他，但若有人瞭解後仍裝作不知道，我便要怪責他們了。

現時是甚麼情況？泛民對於中央所做任何事都是「補品當毒藥」。反之亦一樣，任何事由泛民提出來，也不用指望中央會聽，中央會覺得他們提出的可能全部都是「山埃」，因為他們爭取的內容、方法、方向都是錯的。泛民做過甚麼？我認為泛民先搞佔中，後搞公投，而且一直誤導羣眾，認為這樣做可以爭取到普選，但整個判斷都是錯誤的。我一開始便知道他們如何誤導羣眾。戴耀廷一開始便十分高調表示，他希望找一萬人，令兩萬八千名警員要四個人抱走一個人，這樣便能癱瘓警隊。但是，毛孟靜議員說她從來沒有聽過這些言論。她說如果這樣便如同打家劫舍、殺人放火，癱瘓警隊和社會，是不可能的事。我也不明白，這

些真是低級的錯誤。但是，我相信她可以好像真的沒有聽過，她不知道戴耀廷真的想這樣做。究竟泛民欺騙了多少默默支持他們的人和年輕人加入令人生厭的佔中行動？

此外，政改未開始，佔中這種脅迫性行為便破壞了溝通的氣氛。我可以百分百肯定，二〇一三年三月我們和內地專家討論政改與八三一決定時的氣氛是截然不同。中央態度的強硬比我們想像中更甚，因為泛民的行徑令中央保守、不信任泛民的人最後獲得認同。他們挖了一個坑，一個一個跳下去，還要搞公投，沾沾自喜有數十萬人參與，最後雪上加霜，令中央和地方關係進入冰河時期。非法的佔領行動令市民反感，生活不便，他們還搞甚麼「購物行動」，最後，中央認為泛民提出的普選只是損害香港。這一點不能怪人。

泛民一直將提名委員會妖魔化，我倒認為提名委員會是非常好的設計，實在有利香港發展。很多人說提名委員會是為了保障中央利益，事實上，如果你細心研究提名委員會的組成，便會發現其優點。在一九八五年至一九九〇年，爭取提名委員會的人來自香港各行各業，因為他們很擔心香港會實行社會主義，為要平衡各方利益，提名委員會當中要有商界、專業界、地區和政界的代表，以確保香港繼續實行資本主義和低稅政策等，同時亦要兼顧勞工界、宗教界，這是當天提名委員會的成員組合。由於中央在基本法第四十五條已有保障，擁有否決權；而市民則有「一人一票」的投票權，提名委員會實際上是保障香港各行各業維持現狀的最佳保障，令我們的特首候選人既有政治，亦有經濟能力，既可平衡香港各界的利益，亦能好好處理中央和地方的關係，亦瞭解資本主義的運作，維持低稅政策，同時維持香港的穩定。

我認為泛民的議員應該有勇氣承認判斷錯誤，錯誤支持了佔中，向他們的選民好好地承認錯誤。不然，支持你們的市民，我相信他們會認為所託非人，作出破壞，但最後甚麼也爭取不到。因此，我希望以 Mary Parker 的一句說話作結："The world will be regenerated by the people who courageously seek by whatever way the methods by which people can agree."（譯文：「因有人勇於探求獲其他人認同的方法，世界因而得以重生。」）

涂謹申議員：

……我希望從法律角度來解釋為甚麼八三一決定其實是違反二〇〇四年全國人民代表大會常務委員會的解釋，違反《中華人民共和國立法法》，亦違反基本法，欠缺法律依據，必須予以撤銷或修改，才能夠讓特區重新按照基本法，推進二〇一七年普選特首。

首先，八三一決定是違法的。八三一決定就特首選舉辦法加了三項具體的框架決定，而這個框架明顯超越了二〇〇四年人大常委會釋法的法律依據。

二〇〇四年，人大常委會曾對基本法附件一關於特首選舉的修改辦法，作出討論。在正式提交人大常委會的草案中說明，曾提出有關把特首產生辦法「是否需要修改」及「如何修改」的決定權放在中央的問題。但是，為了貫徹「一國兩制」、「高度自治」，以及符合基本法附件一的規定，人大常委會最後通過解釋，訂定二〇〇七年以後各任行政長官的產生辦法是否需要修改，須由特首提呈報告，由人大常委會確定，而修改行政長官產生辦法應由特區政府向立法會提出，獲立法會全體議員三分之二多數通過，行政長官同意後，再交人大常委會批准，即政改「五部曲」。

換言之，「是否需要修改」的中央決定權，體現於政改「五部曲」的第二部曲，由人大常委會通過確定，而「如何修改」的中央決定權，則體現於第五部曲，由人大常委會批准。八三一決定落了三道閘，在第二部曲先「框死」特首選舉方法，明顯超越了二〇〇四年人大常委會釋法的依據。過去人大常委會的決定都沒有訂出修改框架，例如提名委員會委員人數由八百人增加至一千二百人一事，並沒有在二〇〇七年人大常委會的決定中作出規定。

第二，八三一決定違反《立法法》。《立法法》第八條規定一系列事項只能透過制定法律作出規定，其中第三款訂明特別行政區制度是其中一項，即凡特區制度只能透過制定法律作出規定。根據《立法法》第九條的規定，就第八條所規定但尚未制定法律的事項，全國人民代表大會及其常務委員會有權作出決定，授權國務院可根據實際需要，對其中部分事項先制定行政法規，但是對公民政治權利的強制措施和處罰、司法制度等事項除外。

特首產生辦法是特別行政區的制度，亦是特區的公民政治權利事項，屬於

《立法法》第八條和第九條的除外事項。也就是說，人大常委會根本沒有法定權限在依據基本法的法定程序之前，就特首產生辦法作出決定，亦不能夠授權作出行政法規。

第三，基本法規定行政長官產生辦法須根據「香港實際情況」和「循序漸進」的原則，落實普選。但是，八三一決定的框架卻規定提名委員會須按現時選舉委員會組成的方法組成，候選人須獲提名委員會委員過半數支持及只有二至三人。這個修改辦法若非停步不前，就是大倒退，由八分之一的提名門檻，變為須獲提名委員會委員過半數支持才可以「出閘」，徹頭徹尾違反基本法第四十五條規定的上述原則。

八三一決定的框架是違法產物，不具法律約束力，亦不能對特區政府有行政法規的約束力。

湯家驊議員：

我必須表明，我在政改立場上確實跟我的戰友（即泛民主派的同事）有點不同，當我在八月三十一日說要否決政改方案時，我承認我當時確實非常悲憤。但我後來想到，泛民主派在議會中手執否決權，這可說是唯一在憲制下正正當當的政治力量，何不利用這個否決權？我們說要否決人大常委會決定，重啟「五部曲」，說了一大堆說話，其實都是指一件事，就是將政改方案否決。因為否決後，我看不到八三一決定除了可能有一點歷史價值外，還有甚麼政治或憲制上的效力。為何我們不好好利用這個否決權力？

我在數月前（不是上星期）已率先提出利用這否決權去爭取取消功能界別的目標，而為了這目標，我們已為香港人努力了二十多年。但很奇怪，我覺得這些事只會在香港發生，當傳媒覺得這是一個「熱」話題，特區政府連同特首和建制派突然跳出來，很驚奇地問：真的要取消功能界別？好像是第一次聽到般，我覺得這有何奇怪？香港人追求取消功能界別已二十多年了。基本法清清楚楚寫明，全體議員要由普選產生，是全體，不是一半。

人大常委會在二〇〇七年十二月二十九日已說得很明白，普選特首後便要普選立法會。現時中央指二〇一七年的方案已是普選特首，我們不同意，但不要

緊，我就當是真的。站在中央的立場，中央說這便是普選特首，特首由普選產生後，為何不能普選立法會？好了，我叫他再說一遍，說清楚會普選立法會，取消功能界別，但他卻對我說，不，不能這樣做，功能界別有存在價值，要千秋萬世，那為何要我「袋住先」？

既不能普選立法會，又不能普選特首，然後又要求我「袋住先」，這是甚麼邏輯？有何說服力？如果大家互相信任，要求我們「袋住先」，可能還有些微機會，但現在大家毫無互信，對嗎？當然，很多民主派議員罵我，說我為「轉軌」鋪路，不要緊，這些話我每天都聽到。又有人問我是否太傻，竟然相信共產黨？我說對不起，你說我太天真，那麼香港人爭取取消功能界別二十多年，豈非天真了二十多年？還有，如果說相信中央是太天真，但我們每天都生活在一個「一國兩制」的政治環境之下，我們是否都太天真？我們相信基本法會保障我們的基本權利，是否又是太天真呢？現在有些人撰文說要武裝抗共，是否更天真？

所以我認為政治沒有天真或不天真，政治只能是死馬當活馬醫。當遇到困局時，從政者有責任想辦法跳出這個死胡同。無論這辦法被認為有多無稽或多不可信，但這是我覺得唯一勉強可以令民主派覺得值得考慮的問題。可是，如果政府一開始便說不可以，功能界別要千秋萬世，那麼，請收回，不要叫我們「袋住先」，也無須向立法會提交有關的議案，因為這樣是侮辱了泛民主派、侮辱了全香港人、侮辱了我們過去二十多年爭取取消功能界別的努力。

田北辰議員：

我希望大家看清楚基本法第四十五條，該條訂明：「行政長官的產生辦法根據香港特別行政區的實際情況和循序漸進的原則而規定，最終達至由一個有廣泛代表性的提名委員會按民主程序提名後普選產生的目標。」我反覆琢磨該條文後，認為最值得牢記的是「循序漸進」四個字。

民主過程從來都是一條漫長的路，沒有一個國家在歷史上有巨大的 quantum jump，一定是逐漸改變。此外，在「一國兩制」下，香港必須得到中央首肯，才可實現普選。反對派議員有權不同意我的說法，但他們心裏知道，這是不可以不接受的現實。簡單而言，沒有中央同意，香港難以落實普選，否則怎會出現二

〇〇七年人大常委會的決定？

泛民議員要求自治而不是獨立，但中央政府認為港人只可按他們定下的框架來自治，如果另搞一套，便是挑戰中央政府的權威，實際上等同要求獨立。我與區內市民聊天時發覺，很多人明白這項條件和這個實況，也知道中央對香港的憂慮。我個人認為，香港反對派議員不認同中央看法，並不代表中央會因此而改變他們的看法。

中央會否因佔領運動而改變人大常委會的決定，我〔＋認為〕肯定不會。很多泛民議員心裏有數或是「啞子吃黃蓮，有苦自己知」。就中央對香港的信任，可以用父女關係來形容。這亦讓我想起妻子生第一名女兒，即我初為人父的時候。女兒八九歲的時候要到朋友家中玩耍，我和妻子駕車送她到朋友家中，她玩夠了，我們便駕車接她回家。一兩年後，她要到海洋公園，我們便駕車送她到海洋公園，遊玩過後再接她回家。再過了一兩年，我們只要駕車送她到港鐵站，她便會乘搭港鐵到朋友家中。再過了一兩年，我們甚麼也不用做，她只會告訴我們會外出，然後便離家。

這個過程在某個程度上是循序漸進，這涉及父母子女雙方的互信。同樣地，如北京和香港其中一方拒絕溝通，例如，去年四月，北京邀請泛民議員進行商討，大家都應邀赴京，但結果怎樣？一些泛民議員派發宣傳單張，另一些泛民議員基本上不想商討，只提出公民提名和國際標準等。怎能建立互信？

主席，關於香港的政制發展，我今天帶來一個簡單圖表。你也知道我是工程師，最喜歡看圖表。從圖表中顯示，一九九七年、二〇〇二年、二〇〇七年、二〇一二年及即將來到的二〇一七年。我們看到一九九七年至二〇一二年這五間的民主進程，選舉委員會人數由四百人增至二〇〇二年的八百人。二〇〇七年，選舉委員會人數由八百人增至一千六百人。由於泛民議員否決了當時的方案，政改原地踏步。在那十年期間，選舉委員會人數維持在八百人，二〇一二年，選舉委員會人數不再是一千六百，而是變回一千二百人。我們現時希望將來繼續按圖表所示的直線走下去。不過，香港人會否接受這種民主步伐？

我希望能夠按照圖表顯示的紅線前進，並在二〇一七年出現突破，發生巨大的改變。這樣，我認為我們可以在二〇二〇年按照這條紅線繼續走下去。如果香港的民主步伐能夠這樣走下去，我認為這是值得驕傲的，也是香港的民主進程應

該依循的圖案。我們不要一條很長的線，在八至十年後也沒有改變。

林鄭司長多次提到，她對今次政改感到不樂觀，因為泛民議員都怕接受今次的政改方案後便要「袋一世」，所以他們都不肯妥協。有泛民議員更表明，在否決政改後便會辭職，發動公投，但這在時間上根本無助解決紛爭，我也不明白這舉動有何意義。似乎他們是在錯誤的時間做錯誤的事。我真的想不通，可能因為我的政治資歷尚淺。

上個月，香港電台聯同香港大學民意研究計劃進行政改民調，結果顯示，從社會整體考慮，四成三的受訪者支持政改向前走，三成二的受訪者則反對，兩者的差距相當大。最近有消息透露可以改善二〇二二年的普選，提名委員會委員人數可增至一千六百人或兩千人，亦可加入青年界別，以及可能會有三至四名行政長官候選人。我認為特區政府應作出承擔，向中央遞交意見書時，提出這些訴求。這絕對有助提升支持政改的民意，屆時部分泛民議員也會被迫再三考慮。

鍾國斌議員：

剛才湯家驊議員說，「死馬都當活馬醫」。他的話讓我覺得有討論空間。我很尊重這類泛民朋友，如狄志遠。他們都肯傾談一下。我不知道這樣做結果如何，但我經常告訴副局長，諮詢十大商會或八大商會的作用不大，因為他們肯定支持他。副局長應深入對方陣營進行討論，如果他不肯深入對方陣營，怎知有沒有討論餘地？一人讓一步，說不定可以把事情辦妥。

就第二論諮詢，一個很寬鬆的「入閘」機制是十分之一、八分之一或十二分之一，無論如何，我相信會有泛民背景的參選人可以「入閘」。

有一次我和梁家傑議員一起出席一個午餐飯局，我不詳述當時的情況。剛才林大輝議員說，香港沒有政治人才。不對，梁家傑議員說他們有很多政治人才，他還跟我打賭，表明他可以找到卓越的政治人才出來參選。如果泛民真的找到卓越的政治人才，包括他們的團隊，正如剛才劉慧卿議員所說，屆時再加上梁振英和蔣麗芸議員。如果她認為這兩位候選人那樣不濟，而屆時找到一個卓越的政治人才。在沒有選擇下，那一千二百人可能會讓他「出閘」。如果他真是那麼卓越，

我都會投他一票。

泛民是有機會「出閘」的。是否零機會「出閘」？我相信不是。諮詢文件寫明，中央可不委任當選的人，即中央可否決有機會當選的人。如果全部候選人都是建制派便不用否決或不委任那人了。所以，機會是否真的等於零？我不相信，但可能存在困難。如果梁家傑議員說有一些卓越人才可以出來參選，那便應在選舉時比拼一下。

最初很多人問這是否終點站，但大家現在都知道，政治或民主化進程不會有終點站，這只是 100% 的中途站。我不知道這算不算外國勢力，我曾參與為英國外交及聯邦事務部國務大臣 Hugo Swire 而設的飯局。他說雖然英國經歷了數百年的民主進程，但現在仍不斷作出修改。所以，民主進程永遠不會有終點站。

如果這是一個中途站，是否表示過了這關以後，下一站便要再改進，令大家更為滿意？我相信應該這樣做。所以，話不要說得太死，因為話說得太死並不是好事。最近譚局長說，就 50% 落閘這一點沒有討論餘地。我不肯定，不過，到了二〇二二年，我不知道譚局長是否仍然在位。屆時人大會否考慮到過了這一關後大家相安無事，因而作出更寬鬆的規定？為甚麼預期人大一定會作出更緊的規定？政治變化萬千，屆時人大的規定可能會寬鬆到令人詫異。我覺得話不應說得太死。

廖長江議員：

主席，今天這項議案其實是泛民議員一而再、再而三地想挑戰、否定人大常委會八三一決定的搞作之一。我們暫且撇開這個訴求缺乏根本的正當性、合理性一事不談，由八三一決定宣布至今，他們提出這個訴求都已經快半年了，固然未看到有任何成果，亦不見得得到社會廣大市民的廣泛支持。但是，他們仍然鍥而不捨，用盡一切辦法，想引領社會走向這個方向。既然這樣，主席，我亦想藉此機會發言，希望大家都認清楚這個方向實際上是「此路不通」的。

大家要知道，香港的特首和立法會可以由普選產生，都是源於國家按照「一國兩制」，在基本法第四十五條及第六十八條作出的規定。中國是一個單一制國家，在這個普選進程中，中央擁有一個毋庸置疑的憲制角色，而全國人大是國家

的最高權力機關，人大常委會作為國家最高權力機關的常設機構，對於香港政改所作出的解釋和決定，具有憲制性的法律效力。

正因為人大常委會在二〇〇四年通過對基本法的解釋，確立了政改「五部曲」，並在二〇〇七年通過有關香港政改問題的決定，確立了香港的普選時間表，即二〇一七年的第五任特首可以實行由普選產生的辦法，之後立法會亦可以實行全部議員由普選產生的辦法，才有今天政府進行的二〇一七年特首普選辦法的兩輪諮詢。人大常委會去年所作的八三一決定進一步為香港普選特首定下了清晰明確的框架。如果你否決人大的決定，亦即否決二〇一七年普選特首，還請三思。

八三一決定寫明是規管「從 2017 年開始」特首選舉實行由普選產生的辦法。如果真的未能落實八三一決定，人大常委會自然會問為何決定未有落實。雖然我們不能確定人大常委會在未來不會就有關決定作出修改，但八三一決定是根據香港的實際情況、循序漸進地發展民主制度的原則，以及充分考慮了香港社會的意見和建議後擬定的。相信除非將來出現很重大的變化，否則八三一決定若在二〇一七年不能落實，到二〇二二年再下一屆特首選舉都會繼續沿用。換言之，根本不會如議案的誤導性描述般，「撤銷人大常委上述決定」後就可以「重新啟動政制改革的法定程序」。屆時，香港原地踏步了五年後，想在政制發展的路上再出發，起步點可能都是一樣，那為何要白白浪費這五年呢？

議案重彈泛民的舊調，指稱八三一決定令提委會可篩選參選人，不是真普選。其實，泛民口中所謂的「真普選」只是要確保泛民可以參選，但一個地區的政治制度是從來不會亦不應該為某部分人而設計，或確保某類人士獲得提名，而是應該以整體社會的長遠發展和利益為依歸。如果今天不理憲制、不顧社會上其他人的意願就撤銷人大常委會決定，遷就泛民來擬定選舉方案，到了二〇二〇年，又有另一羣人提出要求，是否又要設計另一套選舉方案，令他們「入閘」、「出閘」都「出入平安」？

主席，近來多項民調結果都顯示，大多數市民都希望政改在八三一決定下能邁出歷史性的一步，盡快實行「一人一票」選特首，顯示大家最想看到的是香港的政制能夠上軌道，穩步向前。所以，現時大家最應該做的，是要在憲制基礎上積極就政改方案凝聚社會共識。但是，泛民提出的這項議案、修正案與民意背道

而馳，以「真普選」這個偽命題，妄圖在憲制以外另闢途徑，實際上卻只會把港人拉向蹉跎歲月的歧途，我是不能支持的。

姚思榮議員：

⋯⋯就這項議案，我有一個疑問，如果何議員不是沒有看懂基本法，便是不瞭解人大常委會在國家與香港憲制中的地位，更沒有充分瞭解八三一決定的精神。

在國家和香港的憲制中，人大常委會具有十分重要的作用。從香港基本法的有關規定看到，人大常委會有對香港特區政府的條例擁有發回權，以及把全國性法律列入香港基本法附件三的權力；有對香港特區政府頒布緊急狀態權及對最主要法官的備案權，以及有對香港基本法的解釋和修改提案權等。從憲法的有關規定看來，人大常委會有解釋憲法、監督憲法實施權、國家立法權及法律解釋權等職權。中華人民共和國國務院、中華人民共和國最高人民法院及中華人民共和國最高人民檢察院等中央國家機構亦在其監督之下。因此，人大常委會的八三一決定具有等同全國性法律的地位，如同香港的基本法一樣，所以如果沒有特殊原因，是不能夠隨意修改的。普選行政長官是「一國兩制」及基本法實施過程中的一個重大政治問題，人大常委會對這個重大政治問題所作的決定具有十分重要的意義，是一件相當嚴肅的事情。反對派試圖以不同的手段迫使人大常委會改變決定，可以說是不可能的。

至於有人提到八三一決定扼殺了落實真普選的空間，這亦可以說是謬誤。實行普選行政長官是香港民主發展歷史性的進步，亦是香港特別行政區在政治體制上的重大變革。八三一決定為香港未來進一步的民主政治體制發展定下基調，除了要合法、合理和合情外，更要審慎，不能夠有任何閃失。只要香港政治體制改革能夠繼續維持在基本法的框架內，按照目前提出的諮詢內容，政改其實已向前邁進一大步。如果其他的反對建議脫離政治現實、違反八三一決定及基本法，並妄想一步到位，亦只會弄至頭破血流。

李卓人議員：

主席，我們今天希望在此清楚解釋，為何一定要否決現時在全國人民代表大會常務委員會八三一決定下的政改方案及一定不可以「袋住先」，其中一個基礎很簡單。聽罷建制派的發言，我認為他們的立論很簡單，就是「中央有權，一國『大晒』，不服從是活該」。根據他們的立場，一國「大晒」，兩制並不重要，香港最重要的是服從中央，這樣便有運行。如果大家相信這番說話，我真的無話可說，亦可能無法說服大家。

然而，我相信香港大多數人都不是這樣想。香港存在的緣由是甚麼？香港之所以存在，是很多人因不信任共產黨而來到香港，包括我們的上一代。他們在香港接受教育，並感受法治和自由的重要性，感受香港的核心價值，而這亦是令香港成為香港而不是中國另一個城市最根本的基礎。如果大家相信建制派所說的「一國『大晒』」，香港不需要民主，依照中國的話按鈕〔按鈕〕……我覺得很可笑的是，猶記得「『一人一票』選特首」是全部泛民主派高呼十多年的口號，建制派竟突然在今年開始高呼同一口號，還有很多相關的橫額，為甚麼會這樣呢？因為「阿爺」已經批准這做法。為甚麼以往我們高呼這口號時不見他們跟隨？現在之所以可以高呼這口號，原因是所提供的只是「假普選」。不過，他們都立即表明喜歡「假普選」和「一人一票」。總之，甚麼事情都跟着中央走，便是這麼簡單。

可是，他們不要迫香港人也要這樣做。我們都很清楚，反對八三一決定的第一個理由是為了法治。人大常委會的八三一決定根本違反基本法的「三部曲」，亦違反人大常委會於二〇〇四年就基本法所作的解釋。其實，香港人十分可憐，因為基本法對「一國兩制」的保障相當有限，尤其是在民主發展方面。本來已經保障不足，還要再加上人大常委會的解釋，其後又再「僭建」人大常委會的決定。人大常委會於二〇〇四年所作的解釋只是很簡單地指出，人大常委會只是確定是否修改，但現在卻變成如何修改，由「是否」變成「如何」。請大家看看人大常委會的決定，有關的決定已被「僭建」，現時又再度被「僭建」。如果每次也說是根據憲法，那麼我們的法治何在？坦白說，我們的憲法基本法本身已經「搵笨」，但即使多年來被「搵笨」也算了，現在竟還要再增加其他要求。所以，我

們不可以接受人大常委會決定的第一個理由，就是為了法治。

第二個理由是，我認為香港人都不想將假的當成真的，我們不想指鹿為馬，更不要做趙高的奴才。趙高指着一隻顯然是鹿的動物說是馬，但身邊的人都說「是的，是的」。香港人是否也要這樣呢？明明是假的也要說是真的，提名委員會明明已經篩走中央不喜歡的人，然後讓中共所欽點的候選人「出閘」，再給大家挑選。這明明是「假普選」，所謂的「一票」只是將市民淪為投票機器。葉國謙議員剛才要求何秀蘭議員道歉，指她侮辱了香港人的智慧，但他才侮辱了香港人，因為他要香港人充當投票機器。何秀蘭議員並非第一個人提出「投票機器」的說法，而是中國共產黨於一九四四年在《新華日報》提出的，指如果沒有選舉權和被選舉權，「假普選」只會令市民淪為投票機器。如果香港人相信真理，認為真的要加以維護，而假的則要直斥其非，那麼我們一定要否決「假普選」。

第三個理由是，我們不想有假授權。現時「689」做的很多事情，我們都指責他只取得 689 票，但將來當選的可威風了，因為那一千二百人將會選出多名「689」讓市民投票，即是說「689」將會變成「689,000」。這個取得 689,000 票的當選人會說他有民意授權，所以要為基本法第二十三條立法，並即時按吳秋北所說，把國家安全法引進香港。他甚麼也可以做，因為有民意授權，他是被推選出來的，這不是更恐怖嗎？

另一個我們一定不可以「袋住先」的理由，是政府經常哄騙香港人將來可以進行優化。不過，不要騙人了，真的可以優化嗎？大家都知道，這次沒有真普選是因為國家安全問題，難道五年後便沒有國家安全問題？十年後便沒有國家安全問題？那甚麼時候才不會有國家安全問題呢？就是當中國共產黨結束一黨專政、走向民主，那時候便不會有國家安全問題。然而，只要一天有一黨專政，只要一天它不相信香港人，它仍然會說有國家安全問題。如果它一直以國家安全為借口，試問我們怎能相信五年後不會有國家安全問題？是問題消失了還是已經優化？結果還不是一樣。這基本上是兩個制度的衝突，所以我們希望市民明白為何不可以「袋住先」。

馮檢基議員：

眾所周知，啟動香港的政改程序，始於人大常委會的決定，這所謂政改「五部曲」隨後展開。這「五部曲」是：第一，特首向中央提出政改方案；第二，經中央同意；第三，經立法會通過；第四，特首同意；第五，中央批准。很明顯，這「五部曲」中有三個主要持份者，即特首、立法會及中央政府。這三者中，中央和特首的權力似乎較大，因他們有創制權，能提出建議，決定新制度或作出修訂，而立法會則沒有創制權，只能投票表決，一是全盤接受，否則是全部否決。在這情況下，三個持份者若要完成這工作，便必須尊重其他兩個持份者，三個持份者同時同意方案，「五部曲」方能通過。

作為立法會的泛民議員，我們可在第三部曲（即立法會通過）發揮作用。如果泛民議員連三分之一的票數都不夠，那泛民議員在整個政改議題上基本是無話可說。我們手握三分之一的票數，在第三部曲中有否決權，這是制度使然，亦是人大常委會的決定使然。這既是我們的權利，亦是我們的責任。我們要通過的是香港人真正想要的真普選特首方案。

究竟我們這些泛民議員做過甚麼，為何大家都在罵我們？政府和建制派是否對我們以前做過的事充耳不聞、視而不見？主席，相信你也知道，去年四月十二日，泛民議員到上海，雖然剛才有人提到這件事，並罵我們去派單張。然而，眾所周知，這是泛民議員自一九八九年以來第一次正式公開與中央級的官員討論政改問題，這是十分敏感的時刻。泛民在這敏感時刻有不同行為，實在不足為奇。總的來說，泛民議員同意留在上海，代表市民反映對政改的意見。是次行程和討論，我們達到了目的。

第二次，是在八月十八日。透過林鄭司長的安排，泛民議員分成四個組別會見張主任，我屬於第四組，組內共有六名泛民議員。我們原定與張主任談一小時，最終談了一小時四十五分鐘，其中一半時間是談論國家安全。對我們而言，那是一道新鮮的議題，讓我們詳細瞭解中央政府對國家安全的看法和重視程度。起碼，過往我並不知道這新議題竟如此重要，而這重要的新議題，從我的角度來看，是可以每日、每年、每世紀都存在。我們該如何處理呢？

第三次，是八月二十一日前往深圳。通知期很短，但泛民仍派出了十五人，

這十五人代表了全部二十三名泛民議員。在那次討論中，我們用盡所有時間，說到出牙血，努力希望說服中央在八三一決定中落閘不要過重，給大家留一些討論空間。

大家認為我們沒有努力嗎？大家認為我們不願與中央政府談嗎？大家認為我們沒有提出可行的方案嗎？不願跟我們談的，是中央政府。王國興議員說要看民意，但特首梁振英先生所寫的報告又是否代表民意？人大常委會所決定的方案與所有人提出的（包括林鄭司長所作報告提及的）都不一樣，那人大常委會決定又是否代表民意？當日，建制派議員默不作聲，但今天為何要疾言厲色斥責泛民議員？因為我們是泛民議員，而那是中央政府。王議員指有五成多市民支持「袋住先」，為何他們卻不「袋住先」？大家都知道，還有四成多市民是反對「袋住先」的。泛民議員只能反映 30% 多議席所代表的公眾人數，我覺得還不足夠，應該有二十八、二十九個議員反對，才能反映那 30% 至 40% 反對這方案的公眾人數。

主席，林鄭表示方案將來是可以優化的，那麼，我們可以把這點寫在條文內嗎？今天林鄭如是說，明天譚志源局長可能會說：「對不起，毫無商量餘地」。這邊廂表示將來可開閘完善，那邊廂卻表示這道閘不能更改。這是優化嗎？這是有條件的優化，是沒有真民主的優化。主席，這個球不在泛民議員手上，而是在特區政府和中央政府手上。

吳亮星議員：

主席，我們在這裏討論民主的道理，不能不談到香港相關歷史的上文下理。回顧香港在英國百年的殖民統治當中，實行的都是高度集權政治體制。英國從來都是派港督來獨攬行政和立法大權，殖民時期的每一分鐘時間，香港人從未有過半點民主，直到中英聯合聲明簽署後，即是殖民統治一百四十年後，準備回歸的一九八五年，當時的港英政府才推出香港立法局第一次間接選舉。

在一九九七年回歸祖國之前的任何一天，本港從來沒有人正式能夠說一句，提出「一人一票」選舉當時的行政長官或港督，反觀……

主席，我們回顧歷史，中央人民政府在三十年前同意在中英聯合聲明中提出，行政長官在當地（即香港）通過選舉或協商產生。中央政府其後還將「普選」

加入基本法內，將向香港人作出的普選承諾演化成可以執行的憲制性條文。回歸至今不二十年，今年便可以通過立法普選我們的行政長官。中央政府讓香港實現「一人一票」普選的誠意，確實毋庸置疑。如果手握關鍵票的議員，對立法投反對票，便會否決政府的普選方案，所有香港人便會知道誰是真正扼殺香港普選的劊子手。

世上的普選基礎就是普及平等的一票，根據瑞典國際組織（International Idea）的研究和紀錄，從來只有「有普選」與「無普選」，找不到所謂的「真普選」或「假普選」。只有香港反對派合意的方案就是「真普選」，否則就叫「假普選」。

至於民主，就是讓人民作主，少數人民要服從多數。在佔領運動發生前後所作的民意調查都顯示，過半數的市民支持先接受政府方案。根據《明報》委託香港大學民意研究計劃在一月十一日的調查顯示，有56% 市民接受政府提出的方案，一再反映大多數市民認同「一人一票」選特首；再者，若政府承諾於二○二二年特首選舉進一步民主化，在這個條件下，民調更顯示有多達64% 市民支持所謂「袋住先」。在一月三十一日，由香港電台與港大民意研究計劃合辦的直播節目「眾言堂」就「你是否支持立法會通過政改方案」所進行的民調亦顯示，支持通過政改方案的受訪者較反對的多。加上大家今天看到議員的排名，以上證據一一證明，大多數市民均希望在二○一七年以「一人一票」選特首，而打着「民主」旗號的議員可否言行一致，在行動上支持民主？是真民主還是假民主，很快便可以真相大白。

主席，作為居於香港特區的中國人，大家應遵守基本法，言行也應遵循中國憲法。根據憲法，中華人民共和國全國人民代表大會是最高國家權力機關，人大常委會是其常設機關。人大根據憲法第三十一條有權設立香港特別行政區，並頒布基本法讓特區實行現有的相關制度。有政治常識的人應該知道，香港特區是中國單一制國家內的特區，直轄於中央人民政府，而立法會享有的職權是由人大透過基本法所授予的。立法會又何來任何質疑人大常委會決定的地位及權力？反而立法會議員就職時曾公開宣誓維護香港基本法，如今言行不一，實屬違背誓言，應被公眾譴責。因此，任何尋求撤銷人大常委會決定的企圖與行為於法、理、情都絕不符合。既無程序根據，更無法律基礎。這樣做，只能套用一句，便是無法無天。

盧偉國議員：

我認為這些政治口號對推動普選並無幫助，而且關於所謂真普選或國際標準這類的說法亦是似是而非。普選無所謂真假，如果二〇一七年香港可以成功落實普選特首，五百萬名合資格的選民均可以「一人一票」選特首，與現時由一千二百名選舉委員會選出的特首相比，是跨出了一大步。普選也從來沒有所謂普遍適用的國際標準，就香港而言，更必須按照香港的憲制地位，根據基本法和社會實際情況，循序漸進，達致〔至〕普選的目的。

主席，人大常委會八三一決定莊嚴並具有憲法地位，隨便要求修改或撤銷，顯然是不切實際。關於香港行政長官普選辦法的任何改變，都必須經過整個「五部曲」，既不應中途放棄，亦不可能輕言重新啟動，時間上也不可行。我希望泛民的議員放下成見，多聽市民的意見。

主席，究竟市民對此有何意見呢？根據《明報》委託香港大學民意研究計劃的民調顯示，56% 的受訪者認為立法會應該通過政改方案，我最近先後參加由工商界、專業界別部分團體舉辦的研討會，大多數的意見均希望二〇一七年可以普選行政長官，亦期待立法會議員支持通過政改方案。不少的專業人士都表示，現時社會上對政改是糾纏在無謂的爭拗或停留在空喊口號，甚至提出不切實際的要求，於事無補。

反而，大家應該把握時機聚焦討論，共同探討可行的空間，尋求共識，例如未來行政長官參選人需要提名委員會具名推薦，每名參選人所需推薦的數目是否應該降至一百票？又是否應該為每名參選人所能夠取得的提名設定上限，例如二百票，以便讓更多有志參選者「入閘」？政府如何提供適當的平台，讓所有「入閘」者都有機會解釋其政綱和理念，以提高選舉的透明度。要成功落實二〇一七年普選特首，這些關於具體產生辦法的討論是十分必要的。

李慧琼議員：

主席，香港及國際社會都很清楚中央政府對政改的立場及原則。中國在香港管治上容許普選，本來便是中國歷史上的大事，是六十多年來第一次在中華人民

共和國治權下有全民普選。在中國實踐民主方面香港確實發揮先行先試作用。

中國政府提出的核心價值包括民主，但亦有安全系數考慮，因為中央政府一向認為，西方有動機推翻共產黨政權，而且會利用香港的自由和法治建立反中國羣體和勢力。有了這種顧慮，中央政府便不容許普選被操控，從而產生亂局，也不容許選出與中央對抗的人成為行政長官。所以，中央政府作出八三一決定，使敵對者或與中央對抗的人不能被提名。

中國期望香港的民主進程循序漸進，維持社會均衡，以及在不斷實踐中改進，免得落入西方操控或產生埃及、烏克蘭或泰國的亂局。主席，香港的反對派不會考慮香港實踐普選的歷史意義，亦不會關注中國對安全的擔心。他們對中央缺乏基本的尊重，亦不學習與中央溝通，只懂得責罵、妖魔化中央政府和抗爭，自然得不到應有效果。主席，聰明、務實的香港人都明白，如要推動香港政制發展向前走，我們不能不思考或不理解中央的顧慮，也不能不學習與中央溝通，否則，普選永遠只會停留在喊口號爭取的階段。

2015 年 2 月 5 日
恢復議案辯論：尋求撤銷人大常委會決定，重新啟動政改程序

單仲偕議員：

主席，昨天我出席了中央人民政府駐香港特別行政區聯絡辦公室的酒會。在出席酒會前，我向他們遞交了一封信，內容如下：

……

「民主黨深信，特區政府無法在 8.31《決定》的框架下設計一個讓市民有真正選擇的 2017 年行政長官普選方案。因此，我們已反覆表明，民主黨 6 名立法會議員將會在議會與其他民主派議員一起投票，否決特區政府以 8.31《決定》為基礎的政改方案。

「自北京作出 8.31《決定》之後，香港風起雲湧，追求真普選的市民接連和平抗爭。示威和罷課一浪接一浪，最終引發大規模公民抗命的雨傘運動。相信閣下……」——這是指人大常委會委員長張德江先生——「相信閣下亦知悉，泛民主派於去年 12 月 30 日已發表《香港最新民情報告》，詳述雨傘運動的起因和過程，報告亦已交給中央政府。概而言之，運動中大部份市民嚴守非暴力原則，展示良好公民素養，而他們爭取的訴求亦相當明確，他們只是促請中央政府恪守向香港人許下的莊嚴承諾，令 2017 年的行政長官選舉符合普及而平等的原則，讓不同政見人士可以參選。

「閣下於去年 9 月會見香港工聯會訪京團時表示，人大常委會的《決定》具有最高法律權威，不可撼動。但是，《中華人民共和國憲法》第 62 條第 11 款載明全國人民代表大會的其中一項職能為：『改變或者撤銷全國人民代表大會常務委員會不適當的決定。』因此，8.31《決定》是可以修改的。

「2004 年 4 月第十屆全國人民代表大會常務委員會第八次會議通過的《關於

香港特別行政區基本法附件一第七條和附件二第三條的解釋》，為香港的政制改革訂下了「五步曲」，而第二步為全國人大常委會決定是否可就產生辦法進行修改。在提交人大常委會的草案說明，曾有提出過就『是否需要進行修改』及『如何修改』的決定權放在中央的問題。最後人大常委會通過，訂定 2007 年以後，各任行政長官的產生辦法是否進行修改需由人大常委會確定，而修改行政長官選舉產生辦法應由特區政府向立法會提出，獲立法會全體議員三分之二多數通過，行政長官同意，再交人大常委會批准。這即是說『是否需要進行修改』的中央決定權，體現於政改「五步曲」的第二步，而『如何修改』的中央決定權，則體現於政改第五步。8.31《決定》訂行政長官的選舉產生方法，明顯超出了 2004 年人大常委會釋法的依據。

「人大常委會的 8.31《決定》既然違反人大常委會釋法依據，亦直接促成了香港現時的政改困局，因此，民主黨認為解決的方法，是按照憲法，……」——即第 62 條第 11 款 ——「撤銷或改變《決定》，並重啟政改「五步曲」。

「重啟政改之後，由人大常委會嚴格依照人大常委會釋法的依據，先『決定』2017 年行政長官選舉產生辦法可以修改，再由特區政府諮詢香港市民，達成共識後，訂出一個符合《基本法》和《公民權利和政治權利國際公約》的行政長官選舉方案。我們相信，若選舉辦法是符合普及而平等原則，容許不同政見人士參選，政改方案將會得到廣大市民支持，並獲立法會全體議員三分之二多數通過，經行政長官同意後，報全國人大常委會批准。

梁君彥議員：

……香港經濟民生聯盟認為，八三一決定是人大常委會經參考行政長官的報告及根據香港社會的實際情況所作出的決定，是莊嚴而有法律基礎的決定。有關決定亦已考慮香港是國家範圍內第一次實行普選制度，不能一蹴即蹴，並符合循序漸進的原則，為落實普選提供了憲制的基礎。故此，經民聯絕不認同撤銷八三一決定和重啟政改的建議。

何秀蘭議員的原議案指出，八三一決定扼殺了落實真普選的空間，我想反問何議員及其他泛民議員：今天二〇一七年「一人一票」選舉特首的機會就在前

面，我們是否仍要放棄這個觸手可及的機會，堅持從頭開始，然後一直重複地做，直至可以一次過達到他們想要的普選模式，也不肯向前走一步呢？泛民的態度才真正扼殺了普選的空間。我想強調，世界上並沒有單一的民主制度，不同國家和地區必須因應本身的實際情況，決定本身的民主選舉制度。香港並非一個獨立的國家，而是國家內的一個特別行政區，因此政制發展必須根據基本法和人大常委會決定的框架進行。

泛民議員認為八三一決定操控提名委員會，必須按照北京的旨意篩選候選人，這是重大的謬誤。提名委員會由四大界別組成，用意是體現香港不同界別的利益均有代表，符合基本法和人大常委會決定中廣泛代表性和均衡參與的精神，確保普選產生的行政長官符合香港的整體利益，避免民粹主義的出現。參選人只須年滿四十周歲，是香港永久居民，過去二十年在香港通常居住，並在外國沒有居留權，符合愛國、愛港的基本要求。中央和特區政府從來沒有否定哪些人可成為參選人和候選人，亦沒有對選舉權和被選權作出限制，這是十分清楚的。此外，在八三一決定的框架下，提名委員會的組成和產生辦法、提名程序和普選的投票安排仍然可以進一步討論，只要選舉制度設計得宜，選民絕對有力左右選情，提高選舉的競爭性。相反，泛民議員堅持討論未來選舉制度的細節安排，肯定無法做到他們所說的反映市民的真正意願。

梁志祥議員：

政改現時才剛走到第三步，正進行第二輪政改諮詢，還未走到第四步，泛民議員便已經說要煞停、重新來過，這種想法與他們之前在政改剛開始諮詢的時候，提出以所謂公民提名來壓制基本法所規定的提委會的做法，恰好是背道而馳，對整個政改諮詢造成了極大障礙。他們做了很多不同動作，包括雨傘運動，甚至現時提出全面杯葛諮詢，都清楚顯示他們對待整個政改諮詢，甚至在表達意見時，均完全沒有依照法規和基本法的規定。

我認為他們提出的所謂公民提名，將會直接令這次政改拉倒。對於這結果，我是不會支持的，除非有任何理由令我信納現行由一千二百名選委選特首的做法較政府按八三一決定提出的方案更好，否則我不會認為一千二百人投票選特首的

安排能夠切合香港未來政制發展的需要。

按現行做法，特首候選人由選委會提名，而根據政改方案，特首候選人則由提委會提名，然後經「一人一票」選出行政長官。從理性角度考慮，大家都明白擬議的選舉特首做法較原來選舉方法更理想。因此，我確實不明白為何他們要否決現正進行諮詢的方案。

反對派議員經常說現時的政改方案是「假普選」，難道任何有別於反對派的說法或其認為是正確的主張，便全部都是假的？在「一國兩制」原則之下，香港的政治體制受基本法規限。如果說基本法所規限的都是假，是否只有他們所說的才是真？同樣地，難道不跟從法律行事，才是真的？我覺得任何不符合基本法和人大決定的主張，才是真正的假。

基本法第四十五條寫得很清楚：「行政長官的產生辦法根據香港特別行政區的實際情況和循序漸進的原則而規定，最終達至由一個有廣泛代表性的提名委員會按民主程序提名後普選產生的目標。」這項由六十八個字組成的基本法條文，有數個重點：首先是循序漸進，意思是按部就班，非一步到位。當中又提到提名委員會，即必須要有提名委員會。所以，不是循序漸進，沒有提委會，便不符合基本法。這就是為甚麼他們所說的公民提名，才是一個假命題。

資深民主黨黨員羅致光先生在二月三日撰文指出，「爭取民主是要寸土必爭，哪怕它只是一小步」。政務司司長林鄭月娥早前亦表示，普選制度「沒有最民主，只有更民主」，並要求反對派勿停留在口號式討論，爭拗何謂真普選。很多香港人都希望可以跨出這一步，機不可失，在二〇一七年投票選特首。

葉劉淑儀議員：

我曾仔細閱讀何秀蘭議員的議案措辭，發現她提出這項議案的理由源於八三一決定，她認為八三一決定「扼殺落實真普選的空間，容許提名委員會按北京旨意篩選行政長官參選人，令選舉無法準確反映市民的真正意願，全港選民淪為投票工具」。經過細心考慮和思量她的理據之後，我認為是完全不成立的。第一，雖然泛民人士經常提及真普選，但是他們從來沒有為真普選下定義。

其實，普選就是普及與平等的選舉權，英文是 universal suffrage。相信在座

的議員，特別是擔任教授的也知道，英國在十九世紀曾經出現一次轟烈地爭取政治權利的活動，那便是由 Emmeline Pankhurst 女士和其女兒帶領的 suffragette movement，她們爭取的是甚麼呢？就是女性投票權。第一次世界大戰期間，很多男性均前赴戰場，英國政府需要靠女性工作。戰爭結束後，政府給予女性投票權，但並不是平權：男性年屆二十一歲便可以享有投票權，但女性則要到三十歲才可享有投票權。當時的執政者害怕女性較男性多，恐怕男性會失去地位，這就是著名的 suffragette movement。

在這百多年間，我們有沒有聽過女性或其他少數族裔、族羣爭取被提名權？根本沒有。大家也認識美國的希拉莉，她多次爭取參選美國總統，但也選不到，她何曾到過國會抗議，要求確保她能夠「入閘」，確保她能夠參選？也是沒有的。何謂沒有篩選呢？選舉一定有篩選，行政長官的職位只有一個，最終只有一個人得到，篩選是無可避免的。因此，提出落實真普選其實是欺騙市民，因為篩選是無可避免的。

至於何秀蘭議員有關「容許提委會按北京旨意篩選行政長官參選人」的指摘，第一，我認為這種說法對於將來的提委會或目前的選舉委員會成員並不公道，何議員假設他們純粹根據北京的旨意而作出選擇。當然，我也不排除在目前的選委會或將來的提委會中，有些委員比較接近北京的想法，比較願意支持北京，但大家也知道，即使是愛國、愛港的陣營，經常也有人不按北京旨意行事，還把自己當作英雄，對嗎？

我們不要忘記，根據目前由一千二百人組成的選委會，當中最少有三百人屬於第二界別的專業人士，是由個別的專業人士選出來。我們怎可以在提委會尚未成形時，便假設那些委員不會根據選民 —— 香港市民 —— 的意願來投票呢？為何有些泛民同事在尚未選出提委會，而政府亦尚未提出方案之際，便假設自己一定無法爭取到足夠的提名？在座每位也曾經參與選舉，難道不知道需要拉票嗎？有時候拉票成功，有時候會失敗。我們每位也知道要做選舉工程，要有政綱和宣傳，要打造個人形象，並且要參與很多選舉論壇或接受人身攻擊的洗禮，為何他們尚未努力，便說自己不可以，要別人降低門檻遷就自己呢？這好比老師尚未決定試題，學生便先說自己不及格，要求老師降低程度，好讓自己考得上，我覺得這是完全不合理的。

現時還餘下少許時間，既然泛民主派的議員這麼喜歡打「民主牌」來反對人大常委會的決定，我想在此引述一位美國學者的意見。十月四日，我和梁家傑議員有幸獲芝加哥大學學生會邀請，透過視像參加一個有關香港民主化過程的會議。出席的還有一位普林斯頓大學教授 Prof. Lynn T. White III，由於他經常來港，因此十分熟悉香港的情況。他指出，香港的辯論談的是民主化，而不是絕對的民主制度，他認為民主制度根本沒有 absolute thorough popular sovereignty，即絕對由人民當家作主。他表示，凡是研究政治的人也知道："[E]lites, founding fathers and mothers, made decisions first about the boundaries of their polity, and then within those boundaries where ordinary citizens may or may not help to choose its officials. Even a decision for more democracy gets made, it never results in full popular sovereignty. All polities, public or private, are hierarchal. Companies, churches, schools, universities, political parties, all have leaders, but very few of these are directly elected. Democracy is semi-sovereign."（譯文：「精英分子和建立政治制度的人首先為這個制度設定界限，在這些界限的規範下，普羅大眾或者會有機會選出官員。不過，即使決定要把政治制度變得更民主，他們也不會由人民絕對當家作主。所有政治制度，不論是公共或私人政治制度都劃分階級。公司、教會、學校、大學或政黨裏都有領袖，但由直接選舉產生的領袖卻絕無僅有。民主具有半宗主性質。」）。他的意思是，所有政治制度也是由精英決定，劃定界線後才讓市民參與，其實民主是由半宗主國決定的。

香港有哪些精英呢？有些親中，有些親港，在這些精英決定界限後，便可讓市民參與。該名教授最後呼籲梁家傑議員和所有泛民的議員，千萬不要否決八三一決定的框架，因為他認為該框架有助香港的民主化向前推進一大步。雖然是有限的提名，但有普及的選舉，香港的民主仍然可以踏出一大步。因此，我呼籲泛民的議員不要用一些似是而非的理由來否決政改方案。

田北俊議員：

主席，關於普選，雖然我是直選議員，但我很多想法都是傾向保守的工商界的想法。工商界看到今時今日全世界能普選總統、首相等的地方，擔心普選後的

社會過於民粹。以歐洲國家為例，每次選舉提供多點福利，令政府破產，或不斷加稅。當年我們對普選行政長官有點抗拒，便是從這個角度出發，而沒有考慮究竟是否「愛國愛港」。行政長官不論是否「愛國愛港」，如果大派福利、大幅加稅，商界對普選產生行政長官是有相當保留的。

但是，我們也留意到，現時最大的問題是管治問題。管治出了大問題，是由於行政長官沒有公信力，由一千二百人選出來。如果行政長官由五百萬人選出，開始有公信力，會否管治得較好呢？我們也覺得是這樣。由普選產生的行政長官需要平衡各階層的利益，在提供福利方面不要過於民粹，而加稅也不要太激進。當然，香港與其他國家不同，我們的外匯基金，即「積穀防飢」的倉庫有很多米，可能派發數次，都不會立即出事。

......

如果泛民否決這個方案，一千二百人如何選舉是一千二百人的事，未必一定選出現任特首，可能會選出另一位。但是，泛民時常暗示中央政府對那一千二百人的影響力較大 —— 我認為這也是事實 —— 對五百萬人的影響力當然較小。所以，泛民更有理由「袋住先」。泛民不肯「袋住先」，卻反指全國人民代表大會常務委員會的決定不恰當，要它重新啟動。我要看看這是否實際。從時間表來說，「五部曲」要做多久？如果現在取消人大常委會決定，再由第一部曲開始，要重新廣泛諮詢，到第二部曲由人大常委會再作出決定，第三部曲再在香港進行諮詢，然後在本地立法，時間上根本不容許我們在二〇一七年三月選舉產生行政長官。

「一國兩制」的概念在全世界獨一無二，人人都認為「高度自治」不代表獨立。在這種情況下，中央的權力有多少或如何運用其權力？自由黨認為，由中央認同的人士出選，市民選出後中央一定任命，比泛民議員的主張好，即讓市民選，選出後中央可以不任命。中國今時今日在世界上屬於堂堂大國，選出後不任命，會為香港管治製造極大混亂，是不可取的方法。所以，我覺得從這方面來說，我們應該支持人大常委會八三一決定。

是否這次先接受，下次一定可以獲得更多呢？我覺得中央不可能全面滿足泛民的期望，即任何人都可以成為候選人，市民選出後，中央便任命。這真的與獨立沒有太大分別。我覺得中央最終只是放寬「愛國愛港」的定義，容許某些溫和

的泛民議員，即不是時常嚷着要結束一黨專政、打倒共產黨的人士出選。這可能便是所謂「循序漸進」，這次先接受，將來獲得多些的概念。

主席，尚有少許時間，我要說說湯家驊議員提出的建議，即以二○二○年全面普選立法會換取二○一七年的直選方案通過。我覺得這也是不切實際的。首先，現屆立法會或現屆政府，以及現屆人大常委會，不可能代表下屆人大常委會、下屆立法會或下屆政府作出這個承諾。況且，如果這個承諾是由政府作出的，究竟是否有人在下屆落實呢？我相信泛民亦會有質疑。

謝偉銓議員：

主席，法治是香港的核心價值。在憲法上，全國人大和全國人民代表大會常務委員會是國家最高立法機關，人大常委會作出的決定具有法律效力，必須予以遵守和受到尊重。不少法律界人士和基本法專家，包括有基本法委員會的委員，先後就撤銷人大常委會決定的要求作出回應。他們認為，人大常委會作出的決定是經過深思熟慮，是合法、合情和合理的。所以，要求撤銷人大常委會決定是不可能的事情，若堅持要撤銷人大常委會決定，根本是脫離現實，不切實際。

再者，修正案提到「香港市民已透過雨傘運動清楚表達反對八三一決定框架內的政改方案」。事實上，不少人認為所謂的雨傘運動其實是一場徹徹底底的非法佔領運動，組織和參與者藉公民抗命之名，口講尊重法治，實則罔顧法紀、衝擊法治，完全將公眾利益置之不理。他們非法霸佔道路，令各階層市民蒙受不同程度的影響和損失。非法佔領行動對香港人和香港整體都已經造成了不可挽救的傷害。對於那些仍然堅決要為非法佔領行動架上道德光環，並強行以違法行為挑戰人大常委會決定和挑戰法治的反對派，不少人都擔心他們的行動可能會令香港整體利益被無辜賠上，結果令香港「一鋪清袋」。反對派能否揹起這麼大的責任呢？屆時，他們又會如何向香港市民交代呢？

此外，特區政府已根據基本法附件一及附件二，正式啟動政改「五部曲」，現在已經走了兩步。不少法律界人士及基本法專家已表明，中央已就行政長官普選辦法作出決定，要求重啟政改「五部曲」並不合情理，亦無這個需要。即使政改方案被否決，人大決定也不會被推翻，而只會令到香港政改無法繼續向前走。

所以，我認為重啟政改程序是不合理的要求，現階段我亦完全看不到有重啟「五部曲」的空間。

胡志偉議員：

……即使否決「假普選」的「袋住先」方案會帶來選舉大敗，我們仍然要說清楚是非黑白，仍然追求一個很重要的政治原則。

中央政府在二〇〇七年許下了一個莊嚴的承諾，我們不會容許中央違背承諾，亦不會容許中央莊嚴的承諾以一個「假普選」方案來作替代品。有建制派說普選並沒有真假之分，但李慧琼議員清楚說明，中央就是要把守前門，確保其所擔心的外國勢力無法成功利用香港建立危害國家安全的橋頭堡。這正是徹頭徹尾的篩選想法。根本沒有任何證據可以證明候選人會如李議員所指危害國家安全。如果未能指出有甚麼地方會危害國家安全，又如何設立一個制度，透過提名委員會協助中央守前門呢？

更可悲的是，正如我剛才所說，這種篩選根本沒有任何客觀標準，完全依靠提名委員會過半數委員說了算，令提名委員會超越「一國兩制」總設計師鄧小平。當年鄧小平對愛國者有以下的界定：「愛國者的標準是，尊重自己民族，誠心誠意擁護祖國恢復行使對香港的主權，不損害香港的繁榮和穩定。只要具備這些條件，不管他們相信資本主義，還是相信封建主義，甚至相信奴隸主義，都是愛國者。我們不要求他們都贊成中國的社會主義制度，只要求他們愛祖國，愛香港。」（引述完畢）換言之，鄧小平設計的「一國兩制」對香港人有無限的信任，亦相信香港人有能力選擇愛國愛港的人管治好香港。

著名的《六國論》指出「六國破滅，非兵不利，戰不善，弊在賂秦」。「港人治港」、「高度自治」得到今天的下場，正是由於懂得愛國者多如汗毛，以各種花言巧語，說明「一國兩制」必須要以「一國」為先；除了國防、外交外，中央政府還可以透過釋法來介入香港事務。其實，井水從來都不可能犯河水，亦不可能影響河水，這是一個自然的定律。如果河水不約束自身的力量，井水必然會失去光彩。但是，八三一決定清楚說明，井內的管治選擇只能由河水為香港人決定，因為河水覺得這樣做才能維護國家安全。試問作為井水的香港，憑甚麼可以影響

大河滔滔的河水呢？

事實上，「港人治港」、「高度自治」是我們必須堅守的原則和核心價值，也是整個「一國兩制」設計上最重要的原則。建制派在這兩天的討論中經常都是怒氣沖沖，說泛民主派阻礙香港人得到「一人一票」的普選。其實，建制派真的不用太緊張。如果香港人真的要「袋住先」，建制派便應該接受何俊仁議員的挑戰，跟何俊仁議員對決。特區政府如果相信香港人需要「袋住先」，是否可以接受何俊仁議員的挑戰，讓我們跟從投票的結果來作決定。如果建制派連應戰也沒有膽量，就很隨意說民意在他們那邊，是否公道呢？其實，建制派不用太擔心。正如我剛才發言時說，如果民意真的像建制派所想，二〇一六年的立法會選舉，建制派必然大勝，屆時「袋住先」便可以成為他們的夢想和事實。不過，作為泛民主派，我們有責任把我們所信和所想的事情說清楚，因為我們要分清是非黑白，不容指鹿為馬。多謝主席。

莫乃光議員：

⋯⋯二〇〇七年全國人民代表大會常務委員會決議，表示「二〇一七年香港特別行政區第五任行政長官的選舉可以實行由普選產生的辦法；在行政長官由普選產生以後，香港特別行政區立法會的選舉也可以實行全部議員由普選產生的辦法」，寫得很饒舌。結果，當年大家均以為決議所述的所謂普選便是我們理所當然的普選，怎料原來是有篩選的。原來承諾可以變質、可變成這樣。

過去如此，又怎可以再有互信呢？沒有互信，又怎能「袋住先」？因為政府表示「袋住先」是好東西，但如果說要「袋住先」，即是說那並不是甚麼好東西 —— 我的說話又不清晰了 —— 如果下一步的承諾同樣是會變質的，又何必呢？

不過，主席，我的確着緊於取消功能界別這事。香港人討論了二十年，都表示要取消功能界別。這的確已經在政府官員的詞彙中消失 —— 又或者你可以說這從未說清楚過 —— 所以大家都特別留意到，官員只表示立法會透過普選產生。既然行政長官的普選可以重新定義為有篩選的選舉，立法會的所謂普選一樣可以重新定義成為有篩選的。這數年討論的功能界別提名並由全香港市民投票，即是等

於不能取消功能界別。

劉兆佳今天上午已經公開表示短時間內不會取消功能界別。我不知道他是代表他個人或中央，但如果你接受二〇一七年「假普選」的行政長官，二〇二〇年嗣後的也會是「假普選」立法會議員，往後亦不用詢問我是否接受二〇二〇先普選立法會，因為劉兆佳和建制派議員已經向我們 say no。無論如何都不由我們選擇。

主席，香港現時的政改討論的確處於僵局，但奇怪的是為何香港的行政長官和政府官員只是叫我們「袋住先」，卻不願意就着大量香港人的要求向中央反映，爭取一個無篩選的普選？反而，他們只是幫助中央推銷一個「篩完又篩」的「假普選」。究竟他們是站在哪一方？無他，香港今天的特首不是由市民參與提名並投票選出；換言之，特首是由中央欽點。這樣你知道特首的實際老闆是誰了吧？當然不是市民了。

毛孟靜議員：

魯平說過，香港的政改是香港人的事，但田北俊議員及葉劉淑儀議員之流卻變相否定了「高度自治」，這是非常可恥的。梁振英政府以前說過談本土等於排外、歧視，他現在已懶得解釋，直接指出這是在搞港獨。他以為這是最有力的武器，但對於香港年輕一代爭取本土利益，他根本完全無法否定。他只要稍稍出力，年輕人便看得一清二楚，且看看香港大學學生的反應便會明白。

主席，他們說普選無分真假，那我亦姑且不談真假的問題，只着眼於世界上的普選和中國式的普選。正如中國知名的知識分子韓寒，他說世界上只有一套邏輯，相對於中國邏輯，即是說「阿媽是男人」也可以，總之「他說了算」。

一向被認為是泛民主派中較溫和的湯家驊議員，也不再糾纏於是否「袋住先」或承諾日後進行優化，而是重點要求政府承諾在二〇二〇年取消功能界別，這樣才有商量的餘地。可惜，湯議員話音未落，梁振英便立即公開表示現屆政府不能作出這樣的承諾。以我認識的湯家驊議員，也許天真是他的一大弱點。試問普選還有甚麼可以商量的？只有中國式的普選。各位香港市民，功能界別是不會取消的，他們是要求我們普選功能界別，這已是清楚不過。事到如今，大家看清楚了

嗎？各個界別的選民就像俱樂部般，自行推薦一兩名候選人，然後再由全港市民「一人一票」選出，皆大歡喜。其實，又豈止「一人一票」呢？每人動輒有最少三十票，足以令大家眼花撩亂，這就是中國式普選。一人何止一票，而是最少三十票，甚至更多。試問怎能相信這種普選呢？

主席，一種老生常談的說法，指政治是妥協的藝術，意思是不能過分堅持己見，否則便沒有商量的餘地。然而，民主派的妥協 —— 這與我無關，因為我沒有參與其中 —— 正如大家所見，民主派已經妥協四分之一個世紀，不斷妥協換來了甚麼呢？請香港市民憑良心說，那些建制派議員究竟為大家爭取了甚麼？可是，是否「有總比沒有好」？政治從來不會完美，所以千萬不要做完美主義者。主席，我並非完美主義者，完全不是，因為人生是充滿缺憾的。有人可能會說，現時政府的方案也有缺憾，不如大家「袋住先」，但問題是當中的缺憾足以癱瘓整個香港。香港可能會從此消失，變成大家不再熟悉的香港。

謝偉俊議員：

主席，從八三一決定的相關文件可以看到，顯然是由於當時有較多爭議，故此為了令核心問題能更聚焦地凝聚共識，所以除了確認是否有普選外，大家也加了一些意見。主席，八三一決定的性質為何？如果與二〇〇四年及二〇〇七年的決定比較，二〇〇四年的決定顯然是一種解釋，而且完全依足程序，是在諮詢基本法委員會後才作決定，這是很清楚並根據基本法而作出的解釋。二〇〇七年的決定則只是一項決定，完全沒有依照程序，亦沒有經過諮詢基本法委員會的過程。至於二〇一四年的八三一決定，同樣沒有真正解釋基本法，純粹是基於二〇〇四年的解釋和二〇〇七年的決定而在二〇一四年再次作出的決定，其間只諮詢了基本法委員會的代表，但卻沒有正式諮詢整個基本法委員會的過程。所以，在法律上，有人會說這項決定似乎未能如釋法般撼動法律，而事實上這方面確有瑕疵。

然而，政治的現實是，對人大、國情及現況稍有認識的人都會明白，現時提出任何議案只是一個過程，完全不會有政治上的實果。即使如郭榮鏗議員所說，甚至香港大律師公會也指出這可能違反憲法，亦只能於日後依據法律提出挑戰。

然而，這是完全不可以在政治上提出挑戰的決定，即使有瑕疵，但人大常委會亦會在將來利用日後的程序，例如法律上所謂的「ratify」予以追認。所以，我覺得那說法十分無謂，對政治現實根本毫無幫助和影響。

主席，我們在日常生活中看到，無論是招標、獵頭公司招聘人手甚或最近的選美，也有初步篩選的過程，即 shortlisting，問題只是在於是否做得好。其實，有篩選往往較完全沒有經過篩選或初選的過程為佳，因為後者可能會令到最後的決策更混亂。

主席，即使在美國建國最初的一百年，由於當時的政黨仍未有認受性，他們基本上也是採用一種類似我們現時的做法。現代的美國當然有所謂的「party primary」，即是先由政黨進行初選，但由於美國建國的最初一百年未有這個過程，他們是採用所謂的公開篩選過程（public primary），由社會賢達進行非正式的篩選過程，然後才由選民直接「一人一票」投票。當然，我們可以參考這個過程，但亦不等於任何篩選都有壞處。

何秀蘭議員在議案中指出，我們設有這樣的框架，卻沒有能夠真正反映人民意願的選舉。事實上，即使今時今日的美國選舉制度，大家仍清楚記得在數年前戈爾和小布殊之爭，雖然人民的意願顯然是屬意由戈爾當選，但機制上的問題卻令小布殊當選，這些例子證明根本沒有正式或真正十全十美的制度。

如果與立法會或區議會比較，有人會問為何這些選舉可以有人民提名，但特首的選舉卻不可以。其實，道理十分簡單，就是因為特首太重要。由於他是地方的元首，所以關乎到這個位置，我們不能隨便讓任何人提名。我曾聽到自由黨一名副主席提出一個可笑的例子，他說如果數字可以降低，倒不如容許所有人提名自己，即是只有一人的門檻。這當然是說笑，但卻不是沒有這個可能性。

主席，更重要的是，如果有了篩選機制，那些在社會較多參與政治、熟習香港情況和比較關心香港的人，他們在篩選或預選的過程中就是屬於所謂的「in the know」，即比較知道實情和內情及比較懂得選擇的人。正如美國的情況，雖然現時 97% 並非某政黨的黨員，因為黨員一般最多只佔 3%，兩個政黨亦然，但為何要先由他們進行預選過程，然後才讓全國選民投票呢？這是由於美國至今已發展多年，人民相信政黨可以替他們做好初步預選的工作。這些都是其他國家採用有關過程的例子。

很多反對聲音，包括梁家傑議員，曾多次解釋為何我們不可以「袋住先」。他首先表示恐怕中國屆時不可以隨便向國際社會交代已經完成有關工作。可是，他完全低估了現時中國的自信，並高估了美國及英國對香港情況的關注，亦沒有好好瞭解香港以往，包括香港的縱、橫相對於其他國家選舉制度的情況。

第二，他說如果擴大選民基礎，屆時特首便可以做很多壞事，包括就基本法第二十三條立法。可是，我覺得這低估了現行制度甚至「689」在質量上的代表性 —— 雖然在數量上不多，但在質量上是多的 —— 亦高估了一個由普選產生的首領的代表性。以普選產生的總統馬英九及奧巴馬為例，他們同樣非常不受歡迎，而不受歡迎的政策亦不會隨便獲得通過。又例如在英國由普選產生的 Margaret Thatcher，她提出的 poll tax 同樣不獲通過。所以，我們不應單以數字作為根據。

張超雄議員：

……談到選舉，他指全世界都設有預選或篩選，即所謂 shortlisting，即使選美都要有，無論你找一個 CEO 或總經理，你登報請人也要有 shortlisting，首先篩走不太像樣的人，這麼做也十分合理。現在有一個提名委員會作為預選機制寫進基本法內，這個提名委員會幫我們進行預選，然後提交人選讓市民進行「一人一票」選舉，做法簡直「正到痺」，對嗎？謝偉俊議員說得真的厲害。如果他開一間公司，然後我對他說，「我揀三個人讓你選，你可從中揀一個人當總經理幫你全權管理公司。」他一定不肯，因為他會說，張超雄是誰？他懂甚麼？為何要他幫我揀三個人才輪到我挑選？

究竟這個提名委員會如何組成？根據人大常委會八三一決定，無論人數、構成或產生辦法，都要參考第四屆行政長官選舉委員會，那選委會是甚麼？其委員來自四大界別，總共一千二百人，每個界別三百人。那四個界別是甚麼？第一，是工商界，包括飲食、商界（第一）及（第二）、工業界（第一）及（第二）、香港僱主聯合會、金融界、金融服務界 —— 我弄不清明白為何有這麼多界別，除了男界、女界，為何會有這麼多界別 —— 還有保險界、地產界、紡織界、旅遊界。究竟紡織和製衣業現在還有多少從業員，我也不太清楚。總言之，總共有

三百名這類選委，其選民總數在上一屆只有兩萬零六百名，這兩萬零六百多人是甚麼人？他們大多數是公司、團體。好了，到漁農界，有六十席，其選民又有多少？是一百五十九人。至於勞工界，厲害了，香港有多少「打工仔女」？有三百多萬，勞工界有多少人可以選這六十個選委會委員？只有六百二十六人，那當然是一些團體票。還有是不知由誰選出的人大代表有三十六人，政協委員有五十一人，我們真的不知道他們是由誰選出來的。代表專業界別的選民就最多，在二〇一二年時已有超過二十萬人，但代表他們的選委會委員仍是三百人。

其實，可以參與投票選出選委會委員的人也只有二十五萬人而已，絕大部分的香港市民並無資格選出提名委員會或選委會委員，兩者都一樣，人大「落閘」時已說明兩者一模一樣。委員是甚麼人？有八成是由「阿爺」控制的，他們選出候選人後以普選名義供我們選擇，這豈不是「搵笨」？何秀蘭議員說得最清楚，這絕對是政治圍標，很多業主委員會就很清楚，因為有切身感受，被人圍標。根本全部就由他人控制，然後就佯稱可讓你揀，那根本不是選擇。

基本法訂明行政長官及立法會最終可由普選產生，二〇〇七年的人大常委會決定已訂明，我們在二〇一七年可以普選行政長官，隨後的一屆立法會（即二〇二〇年）可以普選，但到了今天，我們的特區政府竟然仍要告訴「阿爺」，未來二〇一六年立法會選舉辦法無須改變，仍然是一半議員來自功能界別，一半議員由直選產生。如果我們今次通過這政改方案，又怎能在二〇一六年之後一步到位在二〇二〇年全面直選立法會議員呢？你問那些吃慣免費政治午餐的人是否願意？他們是甚麼人？他們是那三十席傳統功能界別的議員。

在二〇一二年一屆的立法會選舉，竟然有十六席功能界別議席是自動當選的。這羣人無須經過選舉，可享用免費政治午餐。我們參與直選的人，可否自動當選？你有否聽過世界上會有直選的選舉，竟會有人自動當選？傳統功能界別的三十位議員，竟然有超過一半自動當選，這是甚麼意思？意思是他們全部已「講掂數」，否則怎麼可能會這樣？你只要看看他們的選民基礎便知道。數百人選出一席，根本不用選，因為那些團體大部分是他們自己控制的，只要在酒樓筵開數席，大家談一輪便可決定下一次是誰當選了。鄉議局不用說了，傳統已是這樣。保險界的陳健波議員自動當選；航運交通界的易志明議員零票當選；代表三百多萬名「打工仔女」的勞工界代表，三席也都自動當選。我無謂再數了，這些事眾

所皆知。靠這羣吃免費政治午餐的人來替我們爭取普選？大家不如「早啲」，當然沒有可能。他們只會向權力靠攏，難道他們真的會把權力交回給市民？「阿爺」在二〇〇七年的決定已答應，但現在卻反口「落閘」。我們唯一的出路，便是把八三一決定撤銷，唯一的出路，是盡快重啟政改程序，這一點十分清楚，否則香港如何走下去？他們這羣人如何繼續管治香港？

我曾聽湯家驊議員說過一句話 —— 他十分有智慧 —— 他說：「如果沒有民主，我們便會 at risk of being ruled by the inferior。」我不想用這個字，不過這是事實。……

陳志全議員：

……我們認為人大常委會八三一決定違反廣泛代表性，提名委員會的人數、構成和委員產生辦法按照第四任行政長官選舉委員會的人數、構成和委員產生辦法而規定，即是在四大界別中選出一千二百人的提名委員會。就此，我們多次詢問政府，為何公民提名、政黨提名，甚至有人提出的全民直選提名委員會，其廣泛代表性會不及由四大界別組成的提名委員會？當人數越多，甚至等於人口本體時，即每名市民也有均等提名權，為何其廣泛代表性會不及提名委員會？後來，我從林鄭月娥司長身上學懂一件事，原來是因為未能達致〔至〕均衡參與。為何全部香港人也有份提名但仍未能達致〔至〕均衡參與？這是由於當中欠缺界別代表性。界別均衡與香港人認知的人人平等那種均衡並不相同。有些人說這關乎對GDP 的貢獻，但其實是關乎對維持中共政權穩定所作的貢獻。

八三一決定亦違反循序漸進的原則，提名委員會按民主程序提名兩至三名行政長官候選人，每名候選人均須獲得提名委員會全體委員半數以上的支持，再交由全港合資格選民以「一人一票」選出行政長官，最後由中央政府任命。相比現任「689」梁振英當時由一千二百人組成的選舉委員會中取得八分之一支持即可提名的做法，其實這是更大的倒退。

主席，你最聰明，又有政治智慧。你曾說梁振英是「一人出閘制」，而未來的則是「二至三人出閘制」。有二至三人「出閘」，當然較只有一人「出閘」為佳吧？主席，你也應知道，三道大閘中最厲害的閘門是「須獲得全體提名委員會

半數以上的支持」才可「出閘」。因此，不論有二人、三人、四人或五人「出閘」，其實結果也是相同的，就是中共不喜歡的人就不能「出閘」，這是相當清楚的。

即使提出放寬「入閘」條件，將八分之一改為十分之一提名，甚至放寬至一百人提名，即十二分之一，也是相當荒謬。正如謝偉俊議員剛才提到不知道哪位自由黨的副主席曾說人人提名、一人提名也是假的，因為他們最終也無法「出閘」，這便是全香港市民看到的現況。

葉建源議員：

主席，我想回應全國港澳研究會副會長劉兆佳教授，他最近說中央短期內不會取消二〇二〇年立法會內的功能界別，並說最有可能的是制訂一套制度，在功能界別中加入普選成分。

其實，香港的政制改革，是否應該嚴謹，並有正式文件作為依據？二〇〇七年十二月二十九日第十屆全國人民代表大會常務委員會第三十一次會議通過：「2017 年香港特別行政區第五任行政長官的選舉可以實行由普選產生的辦法；在行政長官由普選產生以後，香港特別行政區立法會的選舉可以實行全部議員由普選產生的辦法。」

現在政府說，二〇一六年的行政長官由普選產生，那麼二〇二〇年的立法會選舉，是否全部議員亦由普選產生？文件說得清楚不過，怎可以隨便演繹？劉兆佳教授的說法，必須明確反對。

半年前，人大常委會就香港政制發展落了三重大閘。我不厭其煩在此重申，三重大閘是：（一）無代表性的提名委員會的人數、構成和委員產生的辦法不變；（二）行政長官候選人只得二至三名；（三）每名候選人均須獲得提名委員會全體委員半數以上的支持。其實，很多議員都提過，候選人需要提名委員會過半數委員支持的規定是大閘，是非常嚴厲的大閘。經過這三重大閘，提名委員會「揀完揀剩」才讓香港人所謂「一人一票」選出新行政長官，完全是「真篩選，假普選」的行政長官選舉。最要命的是，將來這位選出來的行政長官會享有全香港人普選支持的名份，被視為得到百萬港人投票授權，確立了他的認受性，但這完全扭曲了香港人的真正意願，因為三個「爛橙」的選舉，最終也只會選出「爛橙」，無

法選出香港人真正希望有的行政長官。

　　……

　　政務司司長林鄭月娥出席一個啟動禮致辭時說，目前距離二〇一七年落實普選特首只是「一步之遙」。但實際上，由第二部曲行到第三部曲的這一步，我們看到真普選與假民主之間的一念之差；所謂「一步之遙」，可能行錯了，便恨錯難返。

　　主席，我們促請特區政府嚴格按照基本法及《公民權利和政治權利國際公約》，讓香港如期依法落實二〇一七年普選行政長官。這是中央政府的莊嚴承諾，也是特區政府的憲政責任和香港市民的共同願望。因此，政府有責任讓立法會通過政改方案……這個政改方案，應該是一個真正的普選個案。

梁國雄議員：

　　我聽到很多保皇黨談到國家安全或中國人的問題，我也想談一談。第一，中共答應中國人有普選──我上次引述了《新華日報》的社論──已經七十年有多。由一九四四年二月二日至今，已七十一年了。有人說不是中央欠了你們，「老兄」，事實是中共欠了中國人。沒有人叫中共說要實行憲政，沒有人叫中共在其黨報上說任何篩選候選人的選舉都是假選舉，拿人民來做投票工具，沒有人這樣做，是它自己說的。因為當時不是由它執行，而是國民黨把持着國民大會，對嗎？

　　一九四四年後，事隔一年，一九四五年大戰結束。在國家安全受到威脅，日本軍國主義侵略我們時，中共為了反對國民黨一黨專政，向全國人民承諾。一九四六年一月開始，國民黨應中共之邀舉行政治協商會議，那是第一屆，又是共產黨說國民黨一黨專政不對，要全國實行普選，對嗎？你們沒有耳性的嗎？你們做共產黨的走狗也要知道主人拉屎還是撒尿才行。

　　我們這些住在香港的中國人問共產黨取回它七十年前答應中國人的事，有何不對？他們經常問，難道我們不是中國人？「老兄」，不好意思，我現在又想聽聽建制派說些甚麼。葉劉淑儀議員認真離譜，「愛港、愛國、愛黨」這種話也說得出，她根本是中毒太深。此其一。

　　第二，泛民主派有何痴心妄想？泛民主派是違反自己對普及而平等的選舉原則，開出一個所謂的「三軌」方案。我們能阻止你嗎？我能阻止提名委員會的一千二百人私立一個候選人嗎？我們阻止得了嗎？我們只是說任何人只要取得一定數量的選民提名，例如十萬名或五萬名，便有權與由中共控制的提名委員會所提名的候選人競爭。即是在一百米的跑道上，我們自綁雙腳與你賽跑，這樣你也怕輸？再者，比賽後，我綁着雙腳跑贏你，還有一個公證人說，「長毛」，你剛才賽跑時不合規則，不能取得冠軍。那公證人就是人大。「老兄」，你們現在說甚麼？拍馬屁也請拍得好一點。

　　主席，令尊翁如果相信共產黨，一晃眼已七十一年了。現在我們有苛求嗎？是中共答應給中國人的，我們是否中國人？他們又說我們是中國人。主席，他們實際上是語無倫次。還有一點，吳亮星議員基本上是「上腦」了，他說人大常委會通過的事，我們在立法會否決，便是違背了我們的誓言。即使大陸也不會這樣說，人大常委會通過的事，人大可按照指定的程序推翻。我們將來在這裏行使否決權，是共產黨莊嚴承諾的。特區政府提出的政改方案如果不行，我們有權否決。現在你僭建了特區政府，諮詢後再交給人大常委會違法地加入不必要的條件，即「落大閘」。根據喬曉陽於二〇〇七年的釋法，人大常委會只是根據當時的實際民情，表示應否開始實行政制改革。

　　吳亮星議員，你是否共產黨員？共產黨民主集中制也有權保留意見，也有權向上級申訴，也有權更改不合理的決定，對嗎？你是否認為一個國家的國民或議員只可以對政府或獨裁者惟命是聽，才夠資格做狗？究竟你是做人還是做狗？這樣恐嚇我們。

政制及內地事務局局長：

　　自從全國人民代表大會常務委員會於去年八月三十一日公布《決定》後，特區政府明白社會各界對香港的政制發展，以至《決定》的內容有不同意見。事實上，在剛才的討論中，議事堂內亦有議員發表了不同的看法。

　　然而，正如特區政府反覆強調，政制發展必須建基於基本法和人大常委會的《決定》。這個是可以實現二〇一七年普選行政長官的唯一途徑。目前，政制發展

「五步曲」已走了兩步。接下來的，就是關鍵的第三步，即立法會全體議員三分之二的支持。我希望在座各位議員都不要在這個階段放棄任何可以促成二〇一七年普選行政長官的機會。特區政府亦會努力到最後一刻，爭取在座各位的支持。希望各位議員不負市民的期望，支持政制發展，不要虛耗光陰。

如何在基本法和人大常委會《決定》的基礎上，設計一套最適合香港的普選制度，正是特區政府現在進行第二輪諮詢的目的。最近，特區政府樂見一些有心人士，包括在座的一些議員，努力在人大常委會《決定》的框架下，尋求最大可行空間落實普選，而並非如剛才何秀蘭議員所說的政府並無興趣，並非如此。所以，我們衷心希望各位議員能夠從務實角度出發，積極參與討論，尋求共識，讓市民期待已久的普選、五百萬名合資格選民的投票權利，以至民主進一步發展的機會不至落空。只有這樣，我們才能夠踏出普選的第一步，才能夠真正邁向「盡快實現以普選產生行政長官和立法會全部議員」這個目標。

主席，正如我在開場發言提到，特區政府認為，原議案及修正議案的內容不但無助實現普選目標，反而令到實現普選遙遙無期，因此反對原議案及修正案，並呼籲各位議員投反對票。

2015 年 2 月 13 日
恢復致謝議案辯論

梁君彥議員動議的議案如下：

「本會感謝行政長官發表施政報告。」

（主席宣布就議案及各項修正案進行合併辯論。）

（編者註：此議案在原始會議過程正式記錄中位於 2015 年 2 月 11 日本議案所有議員及獲委任官員發言之前，考慮到讀者方便及全書體例統一，特移到此處。）

（代理主席梁君彥議員代為主持會議）

劉慧卿議員：

代理主席，政改問題，民主黨知道是非常重要的，亦明白政改應該通過，因為正如剛才我談及的競爭力，無論香港大學或其他大學的學生、年青人均十分期望香港可以政通人和，各方面都有暢順發展。但可惜人大常委會去年八月三十一日作出決定時，連司長提交的報告中的方案都沒有考慮。人大常委會提出的方案比港府按十二萬份意見書所提的方案更為保守，完全是摑了香港人和政改三人組一巴。即是說，他們做了五個月的諮詢，取得那麼多意見，無論是多民主或多保守都不行，始終是要人大常委會那極度保守的方案。

為甚麼要這樣？這便是要控制，中共便是要控制我們。即是說，讓港人「一人一票」也無所謂，不過參選人是我可以接受成為行政長官的人，你們便選個夠吧。這樣怎算是選舉？怎算是真正的選舉？更令人感到恐怖的是，中央說，如果真的任由港人自由選擇行政長官，便會危害國家安全。如此一大頂帽子套下來，為的是甚麼？現在有多位官員在座，請他們稍後向立法會和香港市民解釋，為甚

麼香港普選行政長官會危害國家安全？

兩星期前的「城市論壇」上，快將成為民建聯主席的李慧琼議員便答不出這問題。學生還問她是代表北京還是代表香港人？北京有甚麼想法，我覺得無可厚非，但北京亦要解釋為何有這想法，而更重要的是，特區政府有責任告訴北京，它的想法不太合理，香港很多人難以接受。我不知道各位官員有沒有這個膽量和承擔，將香港人的憂慮和期盼告訴中央。

張華峰議員：

代理主席，政改如今已到了關鍵時刻，亦到了我們要有所抉擇的時候，但現時的情況一點也不樂觀，甚至有點悲觀，只因泛民只想推翻全國人民代表大會常務委員會八三一的決定，不肯遵從大多數的民意，接納以現時的方案作為起步點，日後再逐步優化。

面對嚴峻的政改局勢，特首在今年的施政報告開宗明義，指明香港要實現行政長官普選，必須符合基本法的規定和人大常委會相關的解釋及決定，並提醒要警惕偏離基本法的主張。我認為這有助引導民眾循正軌討論政改，以致最終達到普選。

我只想提醒泛民，人大常委會作為國家最高權力的機構，其決定具有不可撼動的法律地位和法律效力。如果泛民真的想推動民主政制向前發展，便應重返正軌，回到八三一決定的框架，理性務實地討論政改。若不停以爭取所謂的「真普選」為題，興波作浪，只管挑戰和對抗中央，這只會挑撥香港市民和中央政府的矛盾，令中央和香港的關係更趨緊張。

……

（主席恢復主持會議）

……

主席，大家都說政治是妥協的藝術，我由衷地希望泛民的議員同事能夠明白，世界沒有一個國際普選標準，亦沒有完善的方案，當前的政改方案也不是十全十美，但只要大家能心平氣和地坐在一起，有商有量，凝聚共識，便能推動民主政制向前。

事實上，眾多的民意調查均顯示，對於政改方案，約六成市民認為可以接受。民陣在二月一日發起爭取普選的遊行，亦只有約一萬人參與，跟他們預期的五萬人相去甚遠，這足以證明泛民「企硬」杯葛政改是不得民心的。我由衷希望泛民議員能以民意為依歸，重返正軌，好好商量政改方案，不要剝奪廣大市民在二○一七年普選特首的權利。

何俊仁議員：

在政改問題上，政府完全沒有為香港人全力爭取應有的政治權利。關於二○一七年和二○二○年的普選時間表，是人大於二○○七年透過常委會的決定作出的一個莊嚴和公開的承諾。多年來，在議會上，兩任局長經常掛在口邊說，我們已有時間表，大家不要着急，只要按照時間表循序漸進，便會實現普選，沒有甚麼好爭論的。在二○一○年，立法會通過了過渡方案，很多人希望藉着那次成功達成的協議，可以順序在二○一七年及二○二○年實行普選。

我相信除了特區政府外，中央政府也知道，香港人所要求的普選制度是甚麼。香港作為一個國際大都會及金融中心，我們要求有公平的競爭和有意義的選舉，更絕不應該對候選人作出不合理的限制和篩選，這樣的一個制度才符合國際人權公約，即《公民權利和政治權利國際公約》的要求，即符合所謂的國際標準，香港人這個要求是理所當然的。

可是，由於八三一決定，香港人所有期望也付諸東流，很多人士及專家也指出，這個決定甚至是違憲、違法和違理的。我已解釋過八三一決定違理的原因：香港人從來沒有想過，中央竟然給我們一件贗品，處處「落閘」，令香港人無法憑藉合理、公平及有意義的競爭來選舉特首。

八三一決定如何違憲和違法？既然是循序漸進，為何現時的提名制度竟會越走越窄？在二○○八年和二○一二年，持不同政見的人士，即所謂反對派和民主派，還可以參加競逐，但現時這些人全部也會被掃諸門外，因為人大常委會提出了 50% 的提名門檻，而且只會有二至三名候選人，這些規定絕對可以對哪些候選人可以參與選舉進行操控。

再者，相關安排須符合實際環境，劉慧卿議員在剛才代表民主黨發言時已指

出，在諮詢期間，香港很多團體，包括不少與中央關係良好以至密切的學者，也提出了大量意見；有些意見甚至被專家認為符合國際標準，但這些意見完全不被接納，甚至連工聯會和民建聯也沒那麼「左派」了。

現時的八三一決定，對香港人是一種極大侮辱，變相收回了普選時間表，但卻把責任諉過於香港人不願意接受該方案。這種由中央畫地為牢的制度，預先選定候選人，然後讓選民進行所謂投票的選舉，與北韓或伊朗式的選舉並沒有分別，這是香港人絕對不能接受的。

根據二〇〇四年通過的政改「五部曲」的第二部曲，人大常委會只須就特首要求啟動政改作出一個決定，即批准或不批准。現時有些人提出，八三一決定只是稍稍增訂一些條件，但其實質意義絕非如此簡單，而是落下了三道大閘：第一，提名委員會必須參照以往的模式；第二，只可以有二至三名候選人；第三，提名門檻為 50%。既然訂下了如此嚴苛的框架和條件，又怎會是第二部曲應該做的事情？又怎會符合當時決定的基本精神？

政府經常叫我們「袋住先」，將來會慢慢變好，但一件贗品絕不會變成真品。如果想讓我們「袋住先」，基本上必須有一個真正的選舉，或許細節安排不盡完美，例如針對提名制度必須普及這一點，現時未必可以完全做到，但最低限度也要讓選民有所選擇，這樣我們才可以考慮是否接受。可是，放在眼前只是一件贗品，怎能叫市民接受一個指鹿為馬、認假作真的方案，然後「袋住先」便會變成「袋一世」？

所以，我想告訴政府不要有任何幻想，我絕對相信無論是泛民或我們，都不會有任何議員會給政府一票，支持「袋住先」方案。如果不撤銷八三一決定，我堅信政改方案必定會被否決。在人大會議即將召開之際，我們呼籲及要求各人大代表考慮修改，甚至撤銷八三一決定，讓香港重新進行有意義的政改程序。

梁繼昌議員：

有本地學者指出，香港至今只擁有虛擬自由。甚麼是「虛擬自由」？本地學者羅永生教授提出的「虛擬自由主義」（cyber-liberalism），是指半假當真、畫餅充饑式的自由主義實踐，當中充滿高度儀式性的消費符碼。一個最簡單的例子，

是很多同事也在談論的政改。現時香港特區政府根據人大常委會八三一決定提出的「袋住先」政改方案，市民會有「一人一票」的選擇，但這並非真正的選擇，而是經過篩選的。如果政府就普選所界定的定義是「一人一票」，不如採納我提出的方案，以免浪費太多社會資源，就是只有一名候選人。何必要有兩至三名候選人呢？我想袁司長回答我，一個候選人是否符合人大常委會的決定？我們同樣是「一人一票」，而如果我們不喜歡這名候選人，大可以投白票。其實，這也是普選，但為何政府不敢向全港市民提出這個方案？

最近，政府鋪天蓋地進行宣傳，表示雖然這個選舉制度並不完美，但畢竟人人有一票，已較以往進步。因此，我向特區政府提議只需一名候選人，這樣可以節省很多社會資源。

在人大常委會決定和特區政府如此扭曲普選的定義的情況下，香港市民非常失望。根據中英聯合聲明和基本法，中央人民政府對香港市民作出了莊嚴的承諾，讓我們推行「一國兩制」，保護我們的言論、新聞及個人自由，也給我們普選，同時亦答應最終會取消立法會的功能界別，並全面普選。可是，主席，這次人大常委會的八三一決定已毫無餘地地令行政長官的選舉方法變成設有不合理限制的選舉，根本完全稱不上普選。如果基本法內沒有採用普選（universal suffrage）的定義，那便沒有問題，但大家在八十年代從基本法得知是有選舉的，而大家亦相信並認為香港會是一個可安居樂業之所，所以便繼續留港發展，這是我們的選擇。然而，政府為何要在基本法內訂明會有普選呢？

我曾在深圳跟李飛主任就普選的定義進行很詳盡的對話，而我記得當天李飛主任曾以奧運跳高比賽的入選標準為例。他說即使是運動比賽也有篩選，而篩選的程序就如奧運的男子跳高比賽，未能越過一點七米的參賽者便不能進入決賽。這是甚麼標準呢？主席，李飛主任所說的其實也是國際標準，是奧委會的國際標準。

此外，主席，我想你也知道，普選並非只在中國這片土地上出現，相反，普選一向是西方概念。我承認每個國家都可以有不同的普選制度，並因應其經濟、文化、政治結構而有所不同，但這個制度必須符合最基本的特質，而這只是最低標準。我說的是標準，主席，只不過是一個很低的標準。

何俊仁議員剛才提及《公民權利和政治權利國際公約》，《公約》第二十五條

及聯合國人權事務委員會的第 25 號一般建議均已說明何謂最低標準。我說的是最低標準，但沒有說這是唯一標準，請大家聽清楚，這是最低標準。我想袁司長對此已經耳熟能詳，普選的最低標準應是普及而平等的，投票權、被選權和提名權均不應受到不合理的限制，而最重要的一點是，《香港人權法案條例》已將《公約》內的有關普選的條文引入本地法例中。嚴格來說，香港人所爭取符合國際標準的民主選舉，其實是受香港法例保障的香港標準。

主席，面對政改的困局，特區政府和中央政府是否有責任告訴香港市民，現時所說的八三一決定如何符合最基本的標準。我實在想不出答案。主席，坊間倒有些說法，我希望特區政府可以考慮，並研究會否採納這三種說法。不過，我敢說特區政府一定不會採納。事實上，這三個方案跟八三一決定可能並行不悖。第一個坊間的說法 —— 這並非我的意見 —— 就是當政府最終推出政改方案時，不如舉行一個沒有法律約束力的全民公投，讓全港市民就這個方案投票。這可能是一個出路，同時亦沒有違反八三一決定。

主席，第二個坊間的說法是，由於現時的建議包括 50% 的提名門檻、兩至三名候選人及由一千二百人組成的提名委員會，所以如果選舉委員會的組合基本不變，是否可以將這一千二百人的選民基礎擴大至五百萬名選民？這樣會否違反基本法和八三一決定？如果沒有，局長有膽這樣做嗎？

第三個坊間的說法是，是否可以將現時建議的 50% 提名門檻提高至 90%，令到只有獲左、中、右派別接受的候選人才可以「出閘」？無論 50% 或 90% 均屬同一方向，為甚麼我們不要求人大常委會將提名門檻調高至 90%？這個 90% 的門檻不是更能照顧提名委員會內各委員不同背景的利益和傾向嗎？這兩至三名獲得 90% 提名的候選人不是更有認受性嗎？

很可惜，主席，這可能是天方夜譚，只是大家在睡不着時因過分擔心政改而作出的幻想，政府是不會採納的，因為事實上政府並沒有這樣的決心、意志力和承擔。

（代理主席湯家驊議員代為主持會議）

田北俊議員：

代理主席，我接下來的發言重點是政改方案。自由黨已多次重申立場，我們對政府的說法感到很奇怪。在八三一決定後，我也弄不清「袋住先」這說法，究竟是政府想出來，還是泛民想出來？自由黨經常想，政改方案是否應說「袋住先」？如果叫一名五歲小孩把一件東西給我「袋住先」，是否表示他稍後會取回？那麼，既然現時政改方案是不會收回的，我們認為便不應說「袋住先」，而是「袋咗先」。現時有一項方案，大家「袋咗先」吧，那方案並非暫時放在大家的袋裏，而是大家已經袋下了，是屬於大家的。然後，到下屆政府上台，我們又能否全部袋下？或是可否再多袋一點？那要留待日後再談吧。

如果要求今屆政府代下屆政府，或要求今屆人大常委會代下屆人大常委會作出承諾，以便大家「袋咗先」現時的政改方案，這是不切實際的。大家都知道，下屆政府可以修訂選舉條例，而人大常委會每五年就會作一次決定，我們沒有可能要求下屆政府或下屆人大常委會作出承諾。如果要求他們只是「講住先」，那口頭承諾大家都不會相信。但如果要白紙黑字寫下承諾，這是不可能發生的。

那麼，現時餘下有甚麼選擇？我一直在想，泛民與作為特首的梁振英，由於雙方不咬弦，故無法合作。泛民對特首的成見，比我對特首的成見更大。我對特首的成見只是出於他無法治理好香港，如果梁特首可以治理好香港，而他與泛民和學生之間又關係良好，我絕對支持梁振英當特首。那麼，既然泛民對梁振英有此意見，何不「袋咗先」方案？袋下後，把投票權給香港五百萬名選民，屆時如果這五百萬人支持梁振英連任，而泛民又最支持民主，他們便無法提出反對，因為梁振英得到選民支持，他們又有何話說？屆時梁振英作為特首，亦有公信力。

可是，按照現時的民意調查，這情況可能發生的機會並不大。既然可能性不大，正正就符合泛民一直所要求的特首下台。我只叫梁振英考慮辭職，但他們卻要求他下台。既然如此，為何他們不「袋咗先」這方案？反過來，如果他們不「袋咗先」這方案，堅持否決，這是沒有中間點的。一旦方案被否決，相信各位議員也明白，就是在二〇一七年，我們將會繼續按照二〇一二年的選舉方案進行選舉，而在過程中，現時情況將會翻版，即只會由一千二百人投票。屆時，相信很多市民會問，明明現時可以讓他們像那一千二百人般有投票權，為何不讓他們投

票？我相信很多市民在五、六月投票時，便將表達這看法。

我期望市民看過政府近日在電視上播出的眾多廣告後，要求大家不要再「袋住先」，而應該要「袋咗先」，然後再慢慢談。當大家袋下了方案後，便一定不會再只有一千二百人可投票。泛民既然如此抗拒一千二百人的提名委員會要有一半人以上支持的「出閘」關卡，那麼他們亦應計算到，在這一千二百人中，泛民支持者可能只有百多二百票，其他絕大部分不是泛民的支持者，變相建制派或中央政府的影響力更大。屆時的結果可能便不再是「689」，而是「889」或「989」，他們又將如何應對這情況呢？難道屆時又繼續與下屆行政長官不合作？我相信他們也不想這樣做。他們期望在二〇一六年的立法會選舉可以改變一切，但我認為他們也明白屆時是無法改變一切的。

立法會選舉較行政長官選舉先進行，如果現時這政改方案獲得通過，我再作一個假設，就是泛民有那麼多支持者，他們一定可以「入閘」，「入閘」後通過與其他數位建制派候選人進行辯論，各大報章和大學一定亦會進行民調。屆時的結果將會顯示，某位泛民候選人——抱歉，我看一看，我說了十七分鐘，還有三分鐘時間——某位泛民候選人隨時會獲得 40% 的市民支持。若建制派有三位候選人，包括現任行政長官梁振英，而假設他們每人獲得 20% 支持率，屆時政府會如何處理？我認為也是相當困難。

屆時如果大學、報章或傳媒界的民調，都說這泛民候選人的支持率有 40%，其他候選人則是 20%，他們要獲得一千二百位提名委員會委員中過半數即六百人支持，如果提名委員會委員全部選擇了三位建制派候選人（每位只有 20% 的支持率），擯掉支持率有 40% 的泛民候選人，那麼香港人又有何反應？我相信在真正選舉進行時，泛民一定會再次發起運動，說他們那位只有 40% 支持率的候選人無法「出閘」，支持他的票便等於變成白票，因而呼籲市民投白票，等於是支持泛民的候選人，因為他入了閘卻無法「出閘」。如此一來，白票的數量絕對有可能多過三位建制派候選人中勝出者所得的票數。如果白票數目較當選行政長官候選人所得票數多，那樣從管治危機和公信力的角度而言，新當選的特首該如何管治香港？我希望特區政府和中央政府可以想清楚此一情況。

2015 年 2 月 13 日

黃碧雲議員：

　　大家留意到，近年來，特別是在二〇一四年的雨傘運動後，較多青年人感到非常失望，並出現分離主義傾向。一些議員亦提到這問題。我們應如何正視所謂分離主義傾向？代理主席，我不認為可以採用打壓的手法，我們應要探討現時青年人為何那麼憎恨政府、討厭警察和不滿中央。最近我感到十分難過的是，我聽到一些二三十歲的年青專業人士，例如建築師、金融界和銀行界從業員表示，為了他們的下一代打算移民，一定要離開香港。他們告訴我，原因是香港已沒有前途。

　　那麼多青年人站出來，只為了一個很簡單的要求 —— 我要真普選。真普選的意思是透過市民授權，揀選一位他們支持的候選人，成為特首，管治香港。透過「一人一票」，揀選全體立法會議員，取消功能界別。可是，如此卑微的政治平權的訴求亦被打壓，最後他們吃了多枚催淚彈。他們露宿街頭七十九天，換來了甚麼？他們被抹黑、被打壓、被追擊，他們還要承擔刑責，所以他們感到非常失望。

　　我相信眾多上街的「雨傘青年」，不是十居其九均打算移民，但的確有人想移民，因為他們感到失望。我們是否流失了人才？我們確實流失了精英人才，也流失了社會很珍貴的勞動力。是誰令他們死心？還有很多人堅持留在香港，但這些青年充滿憤怨、不平和怒火。在連續兩個星期六舉行的政制聽證會中，大家完全可以感受市民的憤怒。問題是，我們如何正視這些不滿？促成這些不滿的因素是甚麼？這是政府需要面對的問題。

　　問題的根源是政府完全沒有尊重他們的意願，他們想要投票選出自己的政府，而不是「阿爺」揀選的政府。這個卑微的訴求能否得到滿足？代理主席，我希望政改三人組，在司長領導下，能夠在餘下的極短時間內，多聆聽年青人的聲音，並多明白他們的心情。

　　我相信很多人不是一開始便想香港走向獨立，這根本是一個極為小眾的市場，但是誰令這個市場日漸壯大？是政府。政府應疏解不滿的情緒，我認為最適當的做法是重新展開政改「五部曲」。如果人大常委會不撤回八三一決定，我們討論的只會是有篩選的「假普選」。

我的修正案「促請行政長官提請中央政府，重啟政改五部曲，落實普及而平等的行政長官選舉制度，讓不同政見人士可以參選，並全面普選全體立法會議員，讓全港 500 萬名合資格選民有真正的選擇」。我也希望在座各位議員支持這項議案，但我當然知道機會甚微。

黃碧雲議員動議的修正案如下：

「在緊接句號之前加上『，但對施政報告點名批評香港大學學生會官方刊物《學苑》的文章表示遺憾，而行政長官此舉無疑是要為大學的言論自由和學術自由設立禁區，令大學師生失去寶貴的自由探索與學術討論的空間；此外，本會促請行政長官提請中央政府，重啟政改五部曲，落實普及而平等的行政長官選舉制度，讓不同政見人士可以參選，並全面普選全體立法會議員，讓全港 500 萬名合資格選民有真正的選擇』。」

（編者注：此修正案在原始會議過程正式記錄中位於五個辯論環節之後、梁君彥的答辯發言之前，並被單獨付諸表決。考慮到讀者方便及全書體例統一，特移到此處。）

（編者注：修正後的議案內容如下：

「本會感謝行政長官發表施政報告，但對施政報告點名批評香港大學學生會官方刊物《學苑》的文章表示遺憾，而行政長官此舉無疑是要為大學的言論自由和學術自由設立禁區，令大學師生失去寶貴的自由探索與學術討論的空間；此外，本會促請行政長官提請中央政府，重啟政改五部曲，落實普及而平等的行政長官選舉制度，讓不同政見人士可以參選，並全面普選全體立法會議員，讓全港 500 萬名合資格選民有真正的選擇。」）

吳亮星議員：

代理主席，從「政制發展」在今次施政報告中的篇幅、編排及編寫，均看到政府表露出優先處理政制發展的決心。至於屬政制發展一部分的二〇一七年行

政長官普選，去年年底有人組織了一場佔領運動，帶來不少負面影響，既損害經濟、民生，更令社會不斷撕裂，這場運動最終因被社會唾棄而告終。事實上，社會上確實有一撮人鼓吹絕不可取的主張，例如施政報告所點出的「港獨」行為。部分人亦對中央和香港特別行政區的關係，以及對政制發展的憲制規定，在認識上的確存在明顯偏差。他們不尊重「一國」，只力求他們想得到的「兩制」；這種危害社會的情況如果繼續而不加以遏止，後果可謂不堪設想。

藉政制為理由，立法會反對派議員亦不時發起所謂的不合作運動，導致社會開始退步，把本港經濟、民生作為賭注，不斷推向負面。為此，各方相關團體及人士皆有權有責，支持行政當局依法施政，而且要及時發聲制止這種破壞行動，令社會運作得以撥亂反正。

香港政改民意關注組剛剛發表了新一輪意見調查，值得關注的一點是，在某些特定條件下，合計有七成市民希望政府的政改方案得以通過。民調結果更顯示，部分泛民主派的支持者並不贊成泛民主派議員杯葛第二輪政改諮詢。由此可見，原先反對通過政改的市民，較反對派議員更為理性。對此，各方理應在第二輪政改諮詢中善用尚餘的討論空間，爭取早日為市民達成更需要的共識。

郭榮鏗議員：

……無論根據任何民調，社會上根本沒有廣泛共識；有些民調顯示支持政改通過的市民比較多一點，而另一些民調則顯示反對的比支持的多。無論如何，現時社會上很明顯缺乏一個廣泛共識。基本法的框架在設計上要求任何政改方案均須獲立法會三分之二議員通過，正正就是因為一個政改方案、一個改革憲制的方案如果得不到社會的廣泛共識，是不可以通過的；一旦強行通過，對香港的穩定繁榮造成的破壞將會更深。

現時傳媒、政圈正流傳一個經常提出的問題，就是究竟我們的代理主席湯家驊議員會否「袋住先」？我覺得提出這個問題的人太不瞭解湯家驊議員，亦太不瞭解我們法律界人士看問題的方式。現在不是要根據民意的比率來決定是否接受「袋住先」，更重要的是法律界從來不會進行民調以瞭解為何或是否有法律界人士支持或不支持「袋住先」。為何法律界不會進行民調，亦不會受民調影響？原

因是法律界與其他界別有一個不同之處，就是我們重原則多於一切。關於現在這個八三一決定，大律師公會已多次指出，它根本不能符合基本法第四十五條中普選的定義。一個這樣的方案，在這樣的框架下提出，法律界人士是不會接受的。雖然代理主席和我被一些人稱為溫和民主派，但無論如何，如果這個方案受制於八三一決定的框架，我相信代理主席和我，以及所有泛民主派議員都不會接受在上述框架下提出的這個方案。有些人勸我接受政治現實，而政治現實就是北京不會改變八三一決定。如果是這樣，大家亦要接受另一個政治現實，就是泛民主派議員不會接受在八三一決定的框架下提出的方案。如此一來，我們的確可能要沿用現行的政制來進行二〇一七年的特首選舉，但問題是市民最終在二〇一六年的立法會選舉時有機會告訴本議事廳的所有官員和議員，究竟我們否決這個方案的決定是對還是錯。這是最公平也是最民主的方法，決定香港在政制改革路上應該走一條怎樣的路。

郭家麒議員：

大家可能也有留意到今年施政報告的引言，在引言中，梁振英並無談及民生，亦沒有就持續七十多天的雨傘運動等問題作出回應。他聰明地揀選了一個偽命題，以《學苑》作為主要的討論話題。⋯⋯

（主席恢復主持會議）

⋯⋯

⋯⋯ 他這些做法絕對懷有目的，我們沒有可能接受他把爭取普選的雨傘運動，說成是一個爭取「港獨」的運動，其人居心叵測。為何會有人做這些事來抹黑爭取普選的運動，以致讓人忘記爭取普選的背後原因？這真是十分過分。

普選、三權分立等並非編造出來的東西，基本法已有清楚描述，每個香港市民也都知道。基本法並非在說獨立或者「港獨」，除非你說基本法是在討論「港獨」，但梁振英說給予普選便等同「港獨」，這是他現時的說詞。世上真的沒有其他人較梁振英更壞，他批評《學苑》違憲、利用《文匯報》和《大公報》的做法實在很聰明，他甚至利用《香港民族論》這書來刻意製造中港矛盾，目的就是要打壓民主派或爭取普選的人。

基本法第四十七條規定，特首必須廉潔奉公、盡忠職守；就任時應申報財產，記錄在案；而第四十八條則列出特首的十三項職權，他應該正面面向公眾，開誠布公，交代收受外國利益的所有轇轕，但是他沒有這樣做，他選擇了轉移視線。他無法為香港帶來真正的普選，因此他便利用一些相當陰毒的方法，將爭取普選改頭換面變作「港獨」，這個人真的是黑心得不得了。

……

至於其他官員，特別是林鄭月娥司長，我也感到十分失望，她做了公務員這麼多年，應不會連是非黑白也弄不清，或者不把我們現正走上歪路的話說出來。大家已清楚看到，全國人民代表大會常務委員會的八三一決定，一些香港的左派也沒有想到人大常委會會這麼絕、這麼盡，但是司長並沒有說過任何一句公道說話。

人大常委會的決定並非不可撼動。根據國家憲法，人大常委會的所有決定都是臨時性的，要由人大常委會全體委員決定，可是她連這些常識也不願說出來。怎麼會是不可撼動呢？如果真心想為大家爭取普選，為何不在這個時候說出真話，指出事情尚可轉圜？

雨傘運動是新世代青年學生的運動，他們只是希望保留一些本地的優良傳統，例如廉潔的制度、良好的政府，他們不希望這些最根本的核心價值，被梁振英和擁護他的民建聯等保皇黨摧殘，以致蕩然無存。他們更不希望言論自由、學術自由被一些身居要職的「梁粉」肆意踐踏和幹預。

近日，「左報」瘋狂攻擊佔中學者，包括陳文敏、戴耀廷等，我期望特區政府有人走出來，包括剛才在席的教育局局長或林鄭月娥司長說句公道話，但很可惜，我的願望一一落空。其實，二〇一七年的行政長官產生辦法是有「五部曲」的。第一、二部曲涉及行政長官提交的報告，但人大常委會將這事情備案，並成為人大常委會的決定，此做法是違憲和違法的。以小圈子產生提名委員會的這個決定，只會令普選陷入萬劫不復的境地，而香港當前的政治僵局亦難以突破。

今時今日要求如此黑心的梁振英作出改變是相當困難的。正因如此，我希望市民能看清楚一點，香港必須落實普選，找出真正能夠為市民做事，為改善施政及保留這些制度的人，而不能讓像他如此陰險的小人繼續管治香港。

我謹此陳辭，希望議員支持我的修正案，多謝。

郭家麒議員動議的修正案如下：

「在緊接句號之前加上『，報告第 10 段表達了行政長官對香港大學學生會官方刊物的關注，喚起市民思考及討論該刊物提出的政治立場，以及本港言論自由及學術自由日漸萎縮的情況；此外，對於行政長官拒絕回應市民的訴求，包括重新啟動政制改革程序、即時落實全民退休保障計劃、徹底改革公共醫療服務，以及即時增加房屋供應等，本會表示遺憾』。」

（編者注：此修正案在原始會議過程正式記錄中位於五個辯論環節之後、梁君彥的答辯發言之前，並被單獨付諸表決。考慮到讀者方便及全書體例統一，特移到此處。）

（編者注：修正後的議案內容如下：

「本會感謝行政長官發表施政報告，報告第 10 段表達了行政長官對香港大學學生會官方刊物的關注，喚起市民思考及討論該刊物提出的政治立場，以及本港言論自由及學術自由日漸萎縮的情況；此外，對於行政長官拒絕回應市民的訴求，包括重新啟動政制改革程序、即時落實全民退休保障計劃、徹底改革公共醫療服務，以及即時增加房屋供應等，本會表示遺憾。」）

馮檢基議員：

……眾所周知，政改有「五部曲」：「第一部曲」是由特首先提出啟動政改的建議；「第二部曲」是由全國人民代表大會常務委員會同意；「第三部曲」是由立法會通過議案；「第四部曲」是特首簽署；及「第五部曲」是由人大常委會批准。在這「五部曲」中，主要包括三個持份者，分別是人大常委會、立法會和特首。顯而易見，在這三個持份者之中，人大常委會和特首均有權制訂新的政治制度，有權作開頭和最後的把關，立法會只是在「第三部曲」才獲授予權力。這項權力只有一種可能性，若立法會同意人大常委會或特首的建議，其實便是與中央政府同一陣線，我們唯一可以做的，就是否決議案，因為我們連提出修訂也不可以。因此，在這三者之中，立法會的權力最小。即使我們希望使用否決權，亦要在議

會內獲得二十四票。換言之，不是你個人想要否決便可以，必須取得二十四票或以上才能成事。

泛民手握二十三票，我可以告訴大家，泛民可以亦願意就政改作出商討。二〇一四年四月十二日展開的上海之行，雖然過程中有些變化，大家應該可以理解。相信大家也知道，這次上海之行是部分泛民成員自一九八九年六月四日後首次與中央官員舉行的正式會議，過程中的一些變化，大家應該可以接受，最重要是我們願意溝通，亦達成了共識。上海之行後，張主任約見泛民議員在中聯辦單獨會面，但其實大家應該知道，與中聯辦進行如此敏感的單獨會面，實在令不少泛民議員卻步。

我相信林鄭月娥司長也記得，去年八月十八日，泛民議員在她的安排下被分為四組與張曉明主任舉行會議，我所屬的一組共有六名議員。當天的會議很清楚突顯了國家安全問題，這點對我而言是十分新鮮的，我亦感到中央政府強烈認為普選和國家安全是對立的。如果林鄭月娥司長還記得，當時我花了相當多時間與張曉明主任討論，普選對國家安全是有利的，總而言之，普選的問題可再作商討。

八月二十一日的深圳之行，參與者包括十五名泛民議員及代表各黨各派的議員，眾所周知 —— 特別是林鄭月娥司長，因為她亦在場 —— 我們曾強烈要求人大常委會不要「落閘」，這才可讓商討得以繼續進行，因為一旦「落閘」，商討的可能性便會消失。

人大常委會於八月三十一日決定「落閘」，該三道閘明確反映人大常委會的立場：第一，二〇一七年的特首選舉已有相當清楚的結論，就是特首的提名須經過篩選；第二，沒有任何商討餘地；及第三，香港人的意見，無論是泛民或建制派的意見，也沒有反映在人大常委會的決定內，換言之，人大常委會基本上並無聽取香港人的意見。究竟在這情況下，最強硬的人是誰？有說是泛民，有說是香港的民主派，有說是佔中三子，有說是學生，但我卻說是中央政府，他們十分強硬，那三道閘讓我們無法呼吸，簡直要把我們焗死，所以現時泛民堅決反對八三一決定，這是可以理解的。請問特區政府（包括林鄭月娥司長在內）做了這麼多工作處理政改問題，有否取得成效呢？

馮檢基議員動議的修正案如下：

「在緊接句號之前加上『，但對於施政報告未有回應市民透過雨傘運動提出真普選的訴求，甚或未有從中汲取教訓，以緩解社會緊張氣氛；相反，行政長官卻以政治鬥爭為綱，吹噓「一國」、貶低「兩制」，還製造出鼓吹「港獨」的假想敵，亂扣帽子，打壓言論自由和學術自由；在具體民生問題上，施政報告所提建議更是藥石亂投和毫無承擔，例如在全無諮詢下建議把新建公屋出售予公屋租戶及綠表人士，無視有關措施會減少可出租公屋總數，以及延長公屋的輪候時間；以及在處理全民退休保障的問題上，施政報告以社會上有人反對為藉口，把退休保障的未來發展定性為非全民和在財政上不可持續的計劃，無視早前委託周永新教授研究團隊所作報告，更以諮詢為由繼續拖延推行有關計劃等，本會深表遺憾』。」

（編者注：此修正案在原始會議過程正式記錄中位於五個辯論環節之後、梁君彥的答辯發言之前，並被單獨付諸表決。考慮到讀者方便及全書體例統一，特移到此處。）

（編者注：修正後的議案內容如下：

「本會感謝行政長官發表施政報告，但對於施政報告未有回應市民透過雨傘運動提出真普選的訴求，甚或未有從中汲取教訓，以緩解社會緊張氣氛；相反，行政長官卻以政治鬥爭為綱，吹噓『一國』、貶低『兩制』，還製造出鼓吹『港獨』的假想敵，亂扣帽子，打壓言論自由和學術自由；在具體民生問題上，施政報告所提建議更是藥石亂投和毫無承擔，例如在全無諮詢下建議把新建公屋出售予公屋租戶及綠表人士，無視有關措施會減少可出租公屋總數，以及延長公屋的輪候時間；以及在處理全民退休保障的問題上，施政報告以社會上有人反對為藉口，把退休保障的未來發展定性為非全民和在財政上不可持續的計劃，無視早前委託周永新教授研究團隊所作報告，更以諮詢為由繼續拖延推行有關計劃等，本會深表遺憾。」）

林健鋒議員：

　　主席，在政改問題上，二〇一七年如果落實「一人一票」普選特首，特區政府的施政將翻開全新的一頁；由一個有全港五百萬名選民投票的選舉產生的特首，在組成他的施政班子、落實施政理念的時候，他的承諾和理念會受到全港選民的監察。然而，反對派卻表示，由一千二百人提名委員會提名特首候選人，之後再由全港選民普選，是賦予了普選產生的特首虛假的認受性。

　　恐怕虛假認受性只是藉口，他們心中虛怯才是真相。一來，特首候選人由提委會按民主程序提名，是基本法列明的規定，並不能繞過這個程序。一些派別的候選人恐怕得不到提委會過半數的支持，所以他們乾脆反對方案，此其一。

　　二來，因為將來普選產生的特首有市民的授權，當選所需的票數，絕對比某一地區選舉的票數更多。反對派或許是怕其直選議員的光環被特首的認受性所掩蓋，難以再挾民意而制約政府，難以為反對而反對。今天，我們看看我們立法會的運作。在立法會內，我們一定要抱持為市民利益着想的心和嚴正的態度處理政府提出的議案和政策，但反對派議員卻不是這樣，他們表明凡是梁振英提出的事，他們都會反對，市民的福祉與他們無關。我們是否想看到這樣的事情發生？市民不想看到，但反對派議員仍然如此行事，每天都在立法會上「燒銀紙」，而這些錢若用於其他社會工作其實更好。他們又害怕失去市場，難以再累積反對政府的籌碼，因此對他們而言，反對任何落實普選的政改方案，才能獲得最大的籌碼。

　　有最新的民意調查指出，有接近一半的市民支持現時框架下的政改方案，遠較反對的三成八為多。特區政府在未來數月的任務，除了要與立法會各黨派保持溝通，游〔遊〕說議員支持之外，還要盡力到各區宣傳，向市民痛陳利害。如果失去了二〇一七年這個普選的機會，原地踏步只維持由一千二百人的選舉委員會選出特首，屆時特區政府恐怕只會更難管治，市民關注的民生問題及深層次矛盾，都會因為行政立法關係的僵持而更難解決。只要得到民意的支持，令一些民主派議員能夠審時度勢，華麗轉彎，才可以令政改方案通過，讓市民普選之夢得以實現，這是市民的願望。我很希望大家不要胡亂作夢，正如我們的國家領導人

所說，「中國夢」是需要大家去完成，如果經常想着「外國夢」，認為外國的月亮較圓，我們便難以完成這個「中國夢」。

張超雄議員：

政府究竟在搞些甚麼及要將香港帶往哪裏？正如梁美芬議員所說，政制發展是死路一條，但這條死路不是由我們帶領的。誰有權發展政制？是中央「話事」的。自八三一決定落閘後，政制發展便被帶進一個死胡同。吳靄儀在今天發表的一篇文章中說得很清楚，在八三一決定下，第二輪諮詢還剩下多少空間？我們實在看不到。政府說甚麼增加一兩個界別或放寬「入閘」，根本無關宏旨。政府指這是均衡參與，簡直是荒謬，試問有甚麼比「一人一票」更能達致〔至〕均衡參與？大家是在中央揀卒後才會有「一人一票」的。這無疑是中央利用我們，利用我們手上的一票成就受中央控制及中央已有預知結果的選舉，我們的「一人一票」只不過是陪襯。對不起，我們是不會參與這個「搵笨」的遊戲的。試問哪裏還有空間？唯一的空間是，把提名委員會的選民基礎盡量擴大至全民，屆時才有機會真正達致〔至〕均衡參與。現時建議的界別，我們過去已清楚討論過，例如漁農界有六十席選舉委員，即是將來大致上也會有六十名提委，而他們是由一百五十多人選出的，豈不是貽笑大方？我認為這連小孩也騙不到。

大家看看今天站出來的年輕人，難道大家還以為他們沒有思想嗎？在雨傘運動期間，我曾跟很多年輕人傾談，其中確有一些打算以武抗暴，於是我勸阻他們，因為我不想他們受傷，但他們反問我，他們會有前景嗎？面對政權的限制，他們會有機會嗎？大家也要想想。……

（代理主席梁君彥議員代為主持會議）

李慧琼議員：

代理主席，民主制度是一個持續發展的過程，西方民主較成熟而成功的典範，是重法律、重理性、重溝通，變革是要經過多方的自由討論，達致〔至〕社會中不同羣體均同意而形成共贏的後果。我們可以看看很多民主國家，例如美國

的情況。美國在立國後，也要經歷一百八十九年的時間，直至一九六五年，才讓絕大部分黑人在實際上擁有選舉權，這確實是一個很漫長的過程。所以，我經常說民主制度是一個可持續發展的過程，並非踏前了一步便永遠不會再改變。

我們再看一個反面例子。在我們鄰近的泰國，最近軍人推翻了民主選舉產生的政府而當權，這便是反民主的例子，證明民主也是會倒退的。簡單而言，政治制度的產生以至變化，是社會力量鬥爭和文化價值取捨的綜合結果。因此，如果我們經常以一些口號，或幻想有一個適合任何時空背景的理想政治制度，把很多事情理想化，到頭來可能只會一事無成。

政治是妥協的藝術，互相尊重、找出共贏方案，才可以變成現實。很可惜，部分激進議員在首輪政改諮詢開始時，便已提出公民提名這個違反基本法的建議，甚至說公民提名必不可少，對基本法和中央政府多次提出的擔憂缺乏基本尊重，亦不去理解中國的國情。在人大常委會作出八三一決定後，他們更以佔中要脅中央政府，認為「自己全對，對方全錯」，而非以「雙贏」的角度出發，自然無法爭取到任何實質的民主進步。

葉劉淑儀議員：

⋯⋯ 我剛才聽到一些同事發言，說不可以接受八三一決定框架下的普選方案，認為這並非真普選。我曾接觸過一些市民及泛民同事，經討論後，我認為他們的反對理由大致可以分成兩點，有些市民認為如果沒有開放式提名，便不是真普選。

我想再次重申，國際上的普選，便是普及而平等的投票權。在世界的民主大國中，沒有任何地方有完全開放式的提名權。近日澳洲總理捱過了不信任議案，但他能否繼續留任，也是由他所屬政黨決定，而且是由黨內很少數人決定。在英國或日本的首相選舉中，一直也是由政黨提名，是由政黨決定的。美國即將在二〇一六年進行總統選舉，候選人仍然是由兩大政黨決定，而目前浮出的名字不外乎克林頓與布殊之爭。即是說，在政治現實下，市民可以有普及而平等的投票權，但提名權從來也是由政體及政治現實決定，只有在很少地方才會讓每名市民有提名權。所以，按八三一框架決定的普選方案，其實完全符合國際慣例。

我亦曾與一些泛民議員對話，他們有些人認為，如果泛民政黨或政團的人無法參與，便不是真普選。我對於這種觀點不能苟同，因為第一，某些政黨把自己的標準當成真普選的標準；第二，為何要求有一種制度，可以確保某些人獲得提名？在任何選舉中，有意參選的人也要自己爭取提名和選票。為何我們要訂立一個制度，確保某些黨派可以獲得提名？再者，成立提名委員會之事仍為時甚遠，我不認為任何一個黨派應該在今天便斷言自己不會獲得提名，從而放棄向中央爭取獲得提名，我認為這做法相當不公道。

局長曾說在五、六月期間，便會向立法會提出決議案，讓我們投票。決議案獲得通過與否，究竟會帶來甚麼後果？我相信若政改方案獲通過，肯定會對香港的管治有幫助。將來選出的特首，亦必定獲得更大的民意授權，市民的參與感覺亦會更大。將來經普選選出的特首，無論是在他個人鍛鍊、組成領導班子，以至日後施政等各方面都有幫助。

但是，倘若政改方案不獲通過，情況又如何？我們有必要從歷史背景的角度來思考這問題。作為一個古老文明大國，中國數千年來在其本土，即除了台灣以外，根本沒有任何民主或普選的經驗。對於普選的民主制度，我們環顧世界都知道，並非每個地方都成功，很多有普選的地方，無論在非洲、亞洲或拉丁美洲，純粹靠普選的制度可以很脆弱，亦不一定能夠為人民謀福利、推動經濟或改善民生。普選亦時常有很多不可預知的結果。

在這種情況下，中央政府仍肯冒着莫大風險，在二〇〇七年給出一個時間表，讓香港最快在二〇一七年實行普選，因為它實在不能預知香港在實施普選後，會出現甚麼不可預測的結果；這亦可以說是中央向香港特區人民送出的一份大禮，把國家本土（除了台灣以外）都沒有的安排給香港先行先試。

我相信，如果香港普選行政長官的制度，在實施後獲得成功，中央政府一定會願意與時並進，與特區政府一起檢討日後的政制發展。至於成功如何量度？我覺得不應該純粹着眼於權益、人權方面，因為香港已有高度的人權和自由。如果普選行政長官真的成功落實，社會便會穩定、經濟可以發展，社會很多難題，例如退休保障、醫療、房屋、土地，以至各樣經濟民生的問題，都可以獲得改善。

但是，如果我們今年放棄支持普選行政長官的機會，我相信普選特首的機會，不止是政府「放風」所說的十年後也沒有，甚或在二〇四七年也沒有。如果

香港在二〇四七年之前沒有普選,這個機會可能永遠不會再有。換言之,如果我們今年支持普選方案,才能踏出第一步。有些人或會擔心在基本法失效後,在二〇四七年會否出現制度上的改變?我相信普選制度是不會 roll back,即不會被推倒、推翻或向後退,但如果我們不能踏出這一步,便很難預測在將來,無論是二〇二七年或二〇四七年,是否還有普選的機會。

毛孟靜議員:

(主席恢復主持會議)

葉劉淑儀議員剛才的發言,真是「鬼拍後尾枕」,即西方人說的「弗洛伊德式的漏嘴」。她忽然提到,普選確實有很多不可預知的後果,但北京已甘冒大風險,讓香港人「一人一票」選特首,但她沒有提到當中有篩選,例如候選人要「愛國愛港」這個突然出現的條件,她隻字不提,就像沒有發生一樣。她又說,提名委員會尚未組成,我們便已諸多意見,但那一千二百人從何而來,不是顯而易見嗎?莫非她真的把香港人全部看作為住在動物園裏不懂思想,但求有人定時餵飼、有瓦遮頭便非常快樂的動物?

她用英國、日本甚至美國來做例子,為何不提北韓?北韓也是「一人一票」選出國家最高領導人,「一人一票」不是挺好嗎?說到底,這就是北韓式的選舉。

政府不停吹噓「二〇一七,機不可失」,所謂的「機不可失」是抓緊機會,將香港一下子打沉、一次過連根拔起,完全沒有轉圜餘地。剛才有建制派議員說,希望泛民議員認真考慮,華麗地轉彎 —— 我說沒有華麗的轉彎,只有荒涼的沉淪;我們不可能轉彎,任何人如果真正為下一代着想,便不會有這種念頭。

謝偉俊議員:

……現時坊間對政改第二階段諮詢相對冷淡,我留意到政府官員不斷放出「冷空氣」,覺得政改獲通過的機會很低。對不起,我曾批評官員不應不斷說機會等於零,或說方案不可能獲得通過。如果這是期望管理,我們可以明白,但負責任的官員應該推動政改。

恐怕我們在這時候應十分積極，即使困難重重，也要據理力爭、力爭上游，而非留下伏線。也許他們為了自己的職位及將會遇到的攻擊預先「打底」，適當控制市民的期望，或為了預先就政治對手的立場封後門，使他們日後不能推卸責任。大家都明白他們都有可能考慮這些因素，但如我們真的希望政改方案有機會獲得通過，恐怕我們要更為積極。

坊間不斷有人提出「袋住先」、應否「袋住先」或不應「袋住先」的說法。我留意到政務司司長覺得這些說法不一定是最好，但卻比較傳神。如果大家有留意，古今中外，在人類歷史和智慧發展方面都因為「袋住先」的做法而取得進步。假如沒有這種「袋住先」的態度，恐怕我們便不能進步或有可能因為所謂理想或原則而不能生存下去。

我想舉出一個大家可能認為不恰當的例子，現時換手機是很普遍的做法。我剛換了一部 iPhone 6，但可能不足半年或最多十二個月後便會有 iPhone 7。如果我們要一個真 iPhone 或最好的 iPhone，我不知道要等多久才能有所謂的真 iPhone，因為 iPhone 不斷改革；政治制度亦同樣不斷改革。

主席，很多朋友批評所謂篩選制度完全不合理，或只是為了篩選泛民參選者或有某些政治立場的人而設。過往的政治歷史或經驗的確證明，選舉委員會的組成和決定往往傾向保守或向工商界或資本主義傾斜。由於香港以往一直重視工商專業，對基層福利仍在不斷改進中。所以，在歷史或政治進程中，如我們在這個階段要有選舉委員會或提名委員會的機制，這種過濾性機制會令某些有政治立場的候選人吃虧。這是可以明白和理解的。

不過，大家只要參考一下中外社會的一些縱橫事例，「縱」是指香港由過去至現在的事例，「橫」是比較其他社會的現象或歷史事例。我們經常與美國比較，因為美國是在民主政治方面走得最前的社會。美國立國首一百年，當時的政黨政治未獲市民充分接納 —— 大家不要忘記，即使美國憲法從來沒有提過 party（政黨）這個字 —— 所以，政黨政治是後期慢慢演變出來的。

在早期美國的政治社會，由於沒有政黨得到市民充分信任，在一百年或更長時間內，有所謂 public primary（公眾初選），由每個地方的仕紳、長老進行預選。這個做法的好處是，這些人士一般來說比較關注和熟悉社會、經濟及政治運作，能夠幫助社會上其他為了生計而不太留意政治的人作出初步判斷。

我曾舉出一個例子，即 short-listing 方法。張超雄議員曾質疑我有沒有用過 short-listing 方法。我有用過這種方法，管理階層或像我一樣做過小老闆的人都清楚知道，我們很希望有也很歡迎預選機制，因為 short-listing procedure 替我們選擇或篩選一些我們根本不會考慮的人。

當然，所謂 short-listing（預選）的過程是否公平或符合每個人的政治立場或意願是值得爭議的。撇除以往香港的政治環境和形勢，理論上，試選、預選或篩選的過程，應是政治上相對中立的遊戲規則。理論上，任何政治背景人士都可以在兩方面努力爭取。第一，爭取盡量加入這個篩選機制，成為一千二百人中的一人。很多人說，根據以往經驗怎能做到或設計都一樣。恐怕這是政治現實，是「拗手瓜」的問題。在權力轉移的過程中，香港社會從高度資本主義及重視工商專業的社會慢慢轉型成為相對上向左走的社會。這個過程需要時間，遇到阻力亦可理解，大家都應明白。另一方面，大家可以爭取在選出一千二百人後，理論上，任何背景人士也可以爭取得到這一千二百人的提名。

表面上這些設計相對中立，但大家都明白，這是關乎以往香港社會的政治組成。如果馮檢基議員突然發現深水埗區會被劃分到九龍西選區以外，他便會跟你拼命。理論上，他在選區分界方面不應太緊張，但他明白到選區分界在政治上的含意，所以會有政治上的考量。在理論和實際上我們都應盡量理解，這個制度的基本設計是中立的，只因為以往紀錄，導致我們覺得公道或不公道。

主席，有人評論為何我們在立法會或區議會選舉中曾進行公民提名，但為何在特首選舉中不能這樣做？第一，最重要的是，我們明白也經常強調，在基本法的框架下，政改並不等於法改。一個完全主權獨立的地方、任何國家或任何自主地區，透過適當法律程序，理論上都可以修改憲法，以改變選舉制度。

但是，香港並非完全獨立的地方，恐怕我們要改變憲法上的設計或制度，不能像部分同事或市民所說，只要全民制憲，不用理會基本法的規定，可以進行公民提名。這些說法不單漠視法律原則，甚至完全漠視政治現實。

很多市民問為何不能修改基本法。除了因為基本法比較複雜、較難作出修改外，我經常反問他們：今時今日，如我們要在香港重新商議基本法的制定，你們認為更改基本法會為香港帶來好處還是困難？與二三十年前，即八十年代比較，香港對國家的重要性逐漸下降。

可能大家都要問自己這個問題，但從常識來說，今時今日的中國是多麼自信的主權國家，反而香港現時在經濟實力方面正走下坡，中國很多大城市認為它們的憲制地位不應與香港相差太遠。在政策上，中央政府亦不應偏愛香港，反而應在盡量平等的情況下，提出修改基本法的建議。我相信除了在法治和法律基礎上有困難外，在政治上也有值得小心考慮的因素。

主席，在香港現時面對的問題當中，很多人以為「一國兩制」已清楚落實，香港已成功回歸。早前有些國家領導人提出香港市民要就基本法和「一國兩制」接受再啟蒙，令很多香港市民感到不高興。但我認為我們從沒就「一國兩制」和基本法接受充分啟蒙，所以也許這不是再啟蒙，而是第一次啟蒙。很多時候，我們就很多事情假設表面的條文，很多市民和很多同事並不理解我們所說的「一國兩制」不等於基本法的規定。

「一國兩制」只是一個大原則、一個政治理念，而執行及落實這個政治理念的其中一套法律條文是基本法。大家留意到，國家領導人包括習近平主席，都會分開談論基本法和「一國兩制」。在這種情況下，我覺得北京政府不斷提供信息，香港人不會接受，並會認為這是政治不正確的干預香港的做法。

我認為香港政府沒有勇氣就「一國兩制」的定位提出妥善的方案。我認為在政制上最急切要處理的問題是，由政府大力支持的民間或半民間組織，就「一國兩制」和基本法如何向前走開始對香港人啟蒙。這個基礎打得不好的話，便會導致很多問題不能夠解決。香港有很多了不起的經濟和專業人才，但政治人才恐怕非常缺乏。我希望我們在政改和政治方面多留意這點。

梁君彥議員：

在去年八月三十一日之前，大家談論政改時都可以天馬行空；但人大常委會八三一決定一出，香港作為特區政府，便必須遵從及尊重基本法和人大常委會的決定，把二〇一七年特首選舉方式做到最符合香港整體利益。第二輪政改諮詢在三月初便會結束，我們的政制要向前走出一大步，政府便要在五月、六月向立法會提交法案，時間相當緊迫，我們必須務實和聚焦地討論如何在人大常委會八三一框架下優化下屆特首選舉的安排。

可惜，泛民至今仍然堅持不符合基本法的公民提名，甚至在這個關鍵的時刻，要求重啟政改「五部曲」，企圖推翻人大常委會八三一的決定，反映他們只顧講求自己的夢想，無視「一國兩制」的事實及香港社會的實際情況，甚至犧牲香港七百萬人的利益。政改方案不獲通過，二〇一七年特首選舉將會沿用現有的產生辦法，連二〇二〇年立法會普選亦會因而告吹，政制發展只能原地踏步。

對於有意見說要中央承諾在二〇二〇年取消功能界別，以換取部分泛民議員支持政改，我認為是行不通的。首先，現時叫價如此高，要政府在無諮詢、無討論之下，在短期內作出承諾，根本是罔顧政治現實。第二，今屆政府的任期只有五年，即只剩下兩年多任期，有否能力為下屆政府任期內的事作出承諾呢？每個國家和地區的民主都有其進程，大家的步伐有快有慢，步幅亦有大有小，沒有一個單一的方式可以套用在不同國家或地區之上，只因為大家的情況不同，而民主的程序亦在一直進化，沒有一個方案可以一直使用下去。正因如此，大家便要冷靜磋商，尋求一個適合香港現時政治環境的方案。

經民聯在第一輪政改諮詢的時候曾諮詢成員和業界，對於特首的選舉方式，我們建議寬鬆處理「入閘」，容許只要有一百個提名委員會委員支持便可以「入閘」，而候選人在競逐提委會委員選票時，應該有機會向全港市民闡述其理念。我們希望讓候選人更早面對七百萬市民，因為我們相信只有更早讓市民接觸候選人的政綱，才可以讓大家對候選人及其治港理念有更好的認識。透過公開和透明的選舉方式、不同的選舉論壇、大型民調，民意便會清晰地告訴提委會委員，哪個才是民意所屬的候選人。他們自然要選出兩至三位特首候選人，讓香港市民「一人一票」選出特首，亦只有這樣才可以提高當選特首的認受性，令以後的施政更暢順。

石禮謙議員（譯文）：

主席，還有三個星期，有關落實二〇一七年普選行政長官的第二階段公眾諮詢便會結束。屆時，如果政改方案被否決，後果會不堪設想。香港會再次陷入社會內耗、意見分歧和互相對立的困局，最終對各行各業造成不良影響。

多年來，政制發展引起的衝突已阻礙香港在社會、經濟及政治各方面的發

展。如果不能取得突破，不但香港市民會感到失望，香港在社會、經濟及政治各方面亦會變得不穩，因而被競爭對手超越，令香港淪為二等城市。所以，香港能否突破僵局，在歷史上展開新的一頁，關鍵肯定在於能否推行政制改革。政治局勢瞬息萬變，一天可以發生很多事情。還有五個月，本會才就政改方案進行表決，甚麼事情都可能會發生，因此，官員應繼續努力。不過，我們現在仍未看到任何曙光。我深信特區政府應一方面作最壞打算，另一方面鼓勵眾官員積極推動政改方案，否則，正如我剛才所說，香港的政治及經濟發展只會原地踏步。

全國人民代表大會常務委員會八三一決定顯然是不可能改變，而且根據全國人民代表大會在二〇〇七年所作決定，八三一決定亦是不能改變的。倘若即將提交立法會的政改方案被否決，在維護國家主權和統一的原則下，香港在落實普選行政長官前，將不會有任何改變——不論二〇一七年、二〇二二年或二〇二七年都不會有任何改變。人大常委會在八三一決定中已為香港制訂最有利的條件，這個做法絕對合理，而且可以理解。如果我們現在便放棄這個機會，日後將更難落實普選。我知道特區政府面對泛民議員的種種批評，仍然努力推動二〇一七年普選行政長官的方案，但我希望他們可以採取更積極的做法。政府應再給泛民議員多一次商討和溝通的機會，藉此瞭解在八三一決定的框架下，怎樣的政制改革他們才會接受。可悲的是，非法佔中後，香港社會已四分五裂。政府必須檢視現行政策及策略是否有助社會團結。

主席，強硬的政治作風不一定是堅強的表現，妥協亦不一定等於懦弱。考慮到社會上現時緊張和敏感的氣氛，行政長官及主要官員應盡力化解對立、推動合作。在一個四分五裂的社會採用對立戰術，只會令管治難上加難、毫無成效。我衷心希望行政長官不斷評估自己的工作表現，並加以改善。這樣做不是為了面子和政治利益，而是為促進社會團結，促進香港整體的利益。正所謂「團結就是力量」，「家和萬事興」。

最後，主席，我是香港大學校務委員會的立法會代表。我想指出，直至今天，行政長官不論在任何晚餐或午餐聚會中或有高級官員出席的會議上，都沒有告訴我在校務委員會會議上應如何投票，而其他人亦沒有真的這樣做。所以，我可以為政府辯稱，其實政府已盡量避免捲入大學的政治漩渦。

（代理主席梁君彥議員代為主持會議）

陳鑑林議員：

中央給予香港市民的普選安排已清楚寫在基本法中，在香港進行民主選舉，便要完全依照基本法的規定：提名委員會負責提名，而市民以「一人一票」的方式選舉特首。人大常委會的八三一決定完全符合基本法的規定，並不是像一宗布匹買賣如此簡單，也根本不存在白變黑或黑變白的問題，究竟是誰把白說成黑呢？恰恰就是梁家傑議員，因為他堅拒按照基本法及人大常委會的決定普選行政長官，他提出的是根本不存在於基本法的所謂公民提名。梁家傑議員顛倒是非黑白，這不是表露無遺了嗎？莫非只有透過公民提名的民主選舉才算是真普選？難道美國的總統、英國的首相也是透過公民提名選出來嗎？梁家傑議員曾否說過那些選舉不是真普選？

代理主席，我想起最近看過的一幅漫畫，便是這幅「泛民鳩嗚團」，他們站在一個分叉路口，一邊是「二〇一七普選」，另一邊是黎智英及一袋美金，反對派議員選擇了走向黎智英、美金這條路。漫畫的題目名為「誤入歧途」，我認為這幅漫畫的諷刺實在是太準確了。反對派議員若真心發展香港的民主，便應極力促成「一人一票」選特首。

何秀蘭議員：

代理主席，剛才陳鑑林議員提到「愛」國的選舉制度，是「外」國的選舉制度。

我希望他先搞清楚資料，因為他說「難道美國有公民提名嗎？」美國是有公民提名的，並且不僅有公民提名，他們甚至可以跳過提名程序，讓選民可以在選票上寫上自己屬意的候選人。這個程序稱為「write in」（譯文：「任意填名」），是可以這樣做的，非常開放，不會有一個提名委員會，要過半數委員支持才可成為候選人。當然，美國的選舉制度亦有一些不公道之處，但普羅大眾有機會選擇一些無財、無勢、無政黨背景而他們信任的人，是有這個機會的。

……

代理主席，如要問民主是甚麼一回事？當然有很多不同的選舉制度，但目標

是一致的，便是取消特權，讓普通人都有一個制訂公共政策的機會。一九四四年《新華日報》的社論說得很清楚，民主的選舉除了投票權和選舉權外，還要有被選舉權。這是周恩來當時主理的《新華日報》在一九四四年未獲得政權前說的。他說如果人民的被選舉權被剝奪，人民只會淪為投票的工具，被他人利用，不會有真正選擇。

我相信民建聯的議員其實都應該熟讀共產黨以往一向的主張，他們又如何回應這篇一九四四年的《新華日報》社論呢？

返回我今天的修正案，我想政府回應年輕一代，為何這是那麼重要？其實，年輕人（即十八歲至三十歲）只佔兩成人口，他們不是香港的大多數，但十五年後，他們便會成為社會的中堅分子。多項調查顯示，這個組別有超過七成人支持雨傘運動、反對篩選、要突破小圈子提名委員會的限制及要求有真正的民主選舉。這羣年輕人不是政府心目中所想的「宅男」、「廢青」，亦不只是教育制度下製造出來的犧牲者，其實當中有很多是高學歷、專業及中產人士。他們不會因為自己三十歲已經有樓有車就不理社會事務，因為他們看到即使自己生活不錯，但「覆巢之下無完卵」。即使他們今天有一份好工作，有不錯的經濟環境，但只要香港一天沒有民主，政府的透明度不高，會逐漸被貪腐腐蝕；即使今天有好日子過，將來也未必有。他們看到香港現時貪腐死灰復燃，新聞及言論自由的評級又不斷下跌。無國界記者的調查顯示，香港的新聞自由的評級下跌至第七十位，是前所未有的低。國際機構作出的貪腐指數評級，亦將香港的名次越排越後。政府很喜歡說的傳統基金會，也將香港的清廉指數下降兩級。

年輕人就是看到香港沉淪得太快，如果他們再不出來爭取，恐怕他們及其子女都要生活在一個沒有公義的社會，他們亦看不過眼現時的高官指黑為白，大規模為香港的市民進行「洗腦」。所以，政府不要以為借錢給年輕人創業，不要以為搞青年宿舍，解決一小部分人的住屋問題，便能哄騙年輕一代。大家知道惟有政制完善，其他住屋和貧富懸殊問題才能較容易和公平地獲得解決，因為最低限度要消除選委會、將來的提名委員會和政府官商合謀。他們看到如果權力集中在一千二百名提名委員會委員手上，而任何要成為候選人必先要巴結、討好這一千二百人的過半數，他推出的政策也不能向廣大市民交代。

何秀蘭議員動議的修正案如下：

「在緊接句號之前加上『，以遵循立法會的慣例；但就施政報告沒有回應年輕人要求落實真普選的訴求，甚至點名批評《學苑》，展開文革式的批鬥，本會深表遺憾』。」

（編者注：此修正案在原始會議過程正式記錄中位於五個辯論環節之後、梁君彥的答辯發言之前，並被單獨付諸表決。考慮到讀者方便及全書體例統一，特移到此處。）

（編者注：修正後的議案內容如下：

「本會感謝行政長官發表施政報告，以遵循立法會的慣例；但就施政報告沒有回應年輕人要求落實真普選的訴求，甚至點名批評《學苑》，展開文革式的批鬥，本會深表遺憾。」）

律政司司長：

（主席恢復主持會議）

第三，政改問題。在政制改革方面，我留意到何俊仁議員和李卓人議員都提及全國人民代表大會常務委員會八三一決定是違憲。何議員更說這人大常委會的決定違憲、違法、違理。我希望在這裏重申，任何地方的政改問題，除了政治考慮，亦必定有法律考慮。在香港，基本法的憲制地位和相關條文，以及人大常委會相關的解釋和決定，必須得到充分尊重和落實。由於人大常委會在去年八月三十一日就行政長官的產生辦法已作出決定，在現行憲法和法律框架下，我們必須跟從這個有法律效力的決定的框架來進行特區的政制發展；亦正因如此，特區政府一直呼籲個別議員回歸到基本法和人大常委會的決定上，探討我們如何可以落實在二〇一七年普選行政長官。

政制及內地事務局局長：

主席，在政制發展方面，大家也知道特區政府已在今年一月七日發表諮詢文件，正式展開為期兩個月的行政長官普選辦法公眾諮詢，諮詢期至下月七日為止。正如特區政府反覆強調，政制發展必須在基本法及全國人民代表大會常務委員會的決定的基礎上進行。我們期望社會各界在這重要的法律基礎上，理性務實地討論，以凝聚共識，共同建立一套適合香港的普選制度，讓五百萬名合資格選民可於二〇一七年開始，以「一人一票」方式普選行政長官。

在公眾諮詢結束後，特區政府會歸納收集所得的公眾意見，隨後會向立法會提交修改基本法附件一有關行政長官產生辦法的議案，爭取立法會全體議員三分之二大多數通過，完成政制發展「五步曲」的第三步。

就有議員在發言時提到撤回人大常委會的決定或在修訂案中提到重啟「五步曲」，剛才律政司司長已經就人大常委會決定的法律效力和地位作出表述。我想在此再三強調，有關所謂「撤回人大常委會決定」或重啟「五步曲」的要求是不切實際的，亦不會有此可能，更無法使二〇一七年行政長官普選得以落實。

在憲制程序上，有關修改行政長官產生辦法的「五步曲」已經走了兩步，下一步是特區政府向立法會提出方案，爭取立法會全體議員三分之二多數通過。憲制程序上不存在所謂「撤回人大常委會的決定」。

再者，假如行政長官普選的具體辦法未能經法定程序獲得通過，人大常委會決定已經明確地規定，二〇一七年行政長官產生辦法須繼續沿用二〇一二年行政長官的產生辦法。換言之，如果特區政府向立法會所提交的方案得不到全體議員三分之二多數通過，二〇一七年行政長官產生辦法將會是原地踏步，在二〇一七年七月一日前是不存在「重啟『五步曲』」的空間。

何俊仁議員提到計劃辭去議員的職務，利用補選作為所謂「變相公投」。特區政府重申，香港的憲制和法律體系中並不存在「公投」制度，所謂「變相公投」既無憲制基礎，亦無法律效力。

如果立法會有議席出缺，特區政府會依法處理補選的事宜。二〇一〇年因為五名地方選區議員辭職引發的補選，所涉及的開支是一億二千六百萬元。假如現時要舉辦規模相若的補選，計及通脹等因素後，相關開支更可達至兩億元。可供

議員表達意見的渠道十分多，應否選擇動用大量納稅人金錢的方法，這真值得大家三思。

我留意到自從何俊仁議員提出這個想法後，社會上有不少輿論和市民對於這個做法也感到莫名其妙，不少市民對於這種浪費公帑的行徑感到非常憤怒。我希望何議員和民主黨能夠放棄這個錯誤的想法。

主席，特區政府明白，政制發展是極具爭議性的議題。香港是一個多元社會，不同團體、不同人士對如何落實普選行政長官有不同看法，特區政府非常理解。可是，特區政府必須重申，即使任何人有不同的意見，在表達意見時均應該以互相尊重、互相體諒、互相包容的態度來看待其他人。和而不同，本來就是香港人的高雅素質。

落實二〇一七年普選行政長官，是廣大市民的心願。在座各位議員手中的一票，主宰着數以百萬計香港市民能否行使他們唾手可得的一票。我衷心希望各位議員能夠拿出政治道德勇氣，回應時代的呼召，讓廣大市民普選行政長官的心願成為現實。

政務司司長：

有關政制發展，剛才政制及內地事務局局長已作回應。現時距離第二輪諮詢完結尚餘三個星期，我希望社會各界把握機會就諮詢文件表達意見。透過我近日出席各場政改諮詢座談會和在地區派發宣傳單張，我深深感受到，香港市民都熱切期盼可以在二〇一七年普選行政長官。每一次的政改諮詢活動，我都認為是為我們的工作注入新的動力。正如我在一月七日啟動政改第二輪公眾諮詢的工作時表示，我們會堅持到最後一刻，只要有一線的機會，我們都會努力去爭取，不會輕言放棄。

2015 年 4 月 22 日
聲明：行政長官普選辦法公眾諮詢報告及方案

政務司司長：

主席，特區政府今天發表《行政長官普選辦法公眾諮詢報告及方案》。我希望用以下時間向立法會各位議員簡介《諮詢報告及方案》的內容。

全力推動落實二○一七年普選行政長官，是本屆特區政府最重要的施政目標。行政長官已多次表示，全港五百萬名合資格選民，可以在二○一七年歷史性第一次以「一人一票」選出下一任行政長官，不僅是香港政制發展的重大跨越，也是國家的歷史大事。因此，行政長官和特區政府會以最大的決心和誠意，盡最大的努力完成這任務，讓廣大市民普選行政長官的願望可以如期依法實現。

特區政府於今年一月七日發表了《行政長官普選辦法諮詢文件》，就二○一七年行政長官普選辦法展開為期兩個月的公眾諮詢。諮詢期於三月七日結束。《諮詢文件》嚴格按照基本法、基本法所規定特區政治體制的設計原則，以及全國人民代表大會常務委員會於去年八月三十一日通過的《決定》的框架，就行政長官普選的重點議題諮詢公眾。

在諮詢期間，由我領導的政改諮詢專責小組透過不同渠道進行廣泛的公眾諮詢，蒐集立法會、區議會、社會不同界別的團體和人士的意見。專責小組除了與不同黨派會面及出席由不同界別團體舉辦的論壇和座談會，交流對政改的意見，我們亦親身到多個地區直接聽取市民的意見。

在短短的兩個月諮詢期內，我們共出席了八十八場諮詢會及地區活動，以及共收到超過十三萬份來自不同團體和人士的書面意見。特區政府亦留意到在諮詢期內，有學術、民間及傳媒機構進行相關的民意調查。我代表特區政府感謝市民和社會各界所提出的寶貴意見。

特區政府已經完成整理及歸納所蒐集到的意見，詳情載於諮詢報告內。我們

會將所有蒐集到的書面意見，以及相關的民意調查載列在報告的附錄，並全數上載至政改網頁 www.2017.gov.hk，供公眾查閱。

　　主席，在我介紹《諮詢報告及方案》的主要內容前，我想特別指出，自從二〇一三年十二月開展第一輪公眾諮詢，直至第二輪諮詢期蒐集到的意見，以及專責小組成員親身與市民和社會各界直接溝通的體會，有一個客觀事實是非常突出：就是廣大市民一直都十分期盼在二〇一七年能順利落實普選行政長官。而這個社會的普遍期盼，也在社會上由多個不同機構進行的民意調查長期顯示出來。

　　另一個不容漠視的客觀事實是行政長官普選源於基本法的規定，是香港特別行政區政治體制的重大變革，關係到中央與特區的關係。因此在制訂行政長官普選辦法，必須嚴格按照「一國兩制」的方針，符合基本法的有關規定，符合香港特別行政區的憲制和法律地位。而這個憲制上的要求，正好凸顯中央在決定行政長官產生辦法的話語權。

　　儘管市民對普選行政長官有共同期盼，而普選方法有基本法為依歸，香港社會在過去一年多就政改的討論，仍然是極具爭議。作為一個多元開放的社會，對政制發展這議題有各種不同意見是可以理解的，但政制要向前發展，大家就必須求同存異，放下成見，尋求共識。特區政府的工作，就是要嚴格依法辦事，同時要充分顧及政治現實和實際操作等因素，設計一套合憲、合法、合情、合理的行政長官普選方案，竭盡所能爭取如期實現二〇一七年「一人一票」的普選目標。這正是專責小組過去十多個月的工作目標。

　　主席，有部分政黨、立法會議員和個別團體早在第二輪諮詢展開前，已公開表示反對八三一決定，要求撤回八三一決定，重啟「五步曲」，並杯葛是次諮詢。縱使專責小組多次呼籲有關政黨、議員和團體不要杯葛諮詢，可惜我們都沒有得到正面和積極的回應。今天，我們實實在在提出了以市民的意願和香港社會整體及長遠利益為依歸的具體方案，我誠心希望有關議員不要採取消極的態度，而是與特區政府和廣大市民齊心合力，落實一個公平、公開、公正及具透明度的行政長官普選制度，我相信這是普羅市民對你們的期望。事實上，政制發展已到了關鍵時刻，究竟是向前走抑或原地踏步，掌握在每一位立法會議員手中。既然基本法賦予了在座各位議員憲制權力審議政府提出的方案，你們便當然需要承擔這個憲制責任。這是時代對你們的呼喚，是歷史把這責任放在你們的肩膀上。

主席，以下我重點介紹政府提出的具體方案。首先，我想講解特區政府在考慮行政長官普選辦法的各項議題時，充分考慮過的原則和因素：

（i）正如特區政府一直再三強調，方案是符合基本法和八三一決定的有關規定，是貫徹落實「一國兩制」方針和符合香港特別行政區作為直轄於中央人民政府的地方區域的憲制地位；

（ii）方案是符合基本法有關特區政治體制設計的四大原則，即兼顧社會各階層利益、有利於資本主義經濟的發展、循序漸進，以及適合香港實際情況；

（iii）方案在實際操作上是切實可行、具透明度，並有利於確保選舉能公開、公平、公正地進行；

（iv）方案能有助回應社會各界人士要求如期落實行政長官普選、讓香港政制向前發展，不要原地踏步的強烈訴求；及

（v）方案在眾多不同的意見中力求平衡，能爭取多數市民、立法會、行政長官及中央接受，讓普選行政長官的目標得以落實。

可以說，特區政府所提出的方案是合憲、合法、合情、合理。我們衷心希望能夠得到廣大市民和立法會各位議員的支持。

主席，根據基本法及八三一決定的框架，提名委員會人數維持在一千二百人，並須按照選舉委員會的四大界別同等比例組成。在這個前提下，如果要修改界別分組的數目，將無可避免需要調整個別現存界別分組的委員數目。特區政府留意到，社會上就應否增加或改變界別分組數目、各界別分組的委員數目，以及擴大個別界別分組的選民基礎，既沒有社會熱烈討論，亦沒有任何明確共識。因此，如果貿然提出改變，只會引發更多爭議，無助社會早日凝聚共識。

有見及此，就提名委員會的構成及產生辦法，我們建議由一千二百人組成的提名委員會按照現時選舉委員會四大界別共三十八個界別分組組成；各界別分組和界別分組的委員數目維持不變。此外，在本地立法階段，我們亦將建議維持現時選舉委員會三十八個界別分組的委員產生辦法不變及選民基礎大致不變，只作必需的技術性修訂。

在落實行政長官由普選產生時，提名委員會須按民主程序，作為一個機構整體提名行政長官候選人，與現時選舉委員聯合提名行政長官候選人的安排不同。在設計具體提名程序時，我們應確保每名提名委員會委員的權利平等，以及符合法定資格的人士向提名委員會爭取提名的權利和機會平等。

提名委員會的運作亦應具透明度，讓參選人有公平及充分的機會向提名委員會全體委員以至市民大眾解釋其政綱和理念。

所以，就提名委員會提名行政長官候選人的程序，我們建議具體提名程序分為「委員推薦」和「委員會提名」兩個階段。此外，我們認為可考慮為提名委員會提供秘書處，向提名委員會委員提供相關參考資料，以協助提名委員會依法順利進行提名程序。有關建議可透過行政安排處理，無須立法，可容後處理。

在委員推薦階段，我們認為可採取一個較現時須獲得選舉委員會一百五十名委員聯合提名為低的推薦門檻，以鼓勵更多有志之士可以成為參選人，但參選人數目不應太多，以免對市民大眾造成混淆，以及確保參選過程能有效和有秩序地進行。故此，我們建議獲得一百二十名提名委員會委員以個人身份記名聯合推薦即可成為行政長官參選人。為了容許更多有志之士參與選舉，以給予提名委員會有較多選擇，我們特意建議每名委員只可推薦一名參選人，並設立現行制度沒有的推薦上限，每名參選人可獲得的委員推薦數目上限為二百四十名。這代表制度可容許最少有五個和最多十個參選名額。

在「委員會提名」階段，由於提名委員會必須產生二至三名候選人，而該二至三名候選人須獲得提名委員會全體委員半數以上支持，故此提名程序的設計須有利於為提名委員會提供足夠選擇，同時有利於提名委員會順利提名二至三名候選人。為此，特區政府在《諮詢文件》中，就「委員會提名」階段的提名程序提出四種不同的投票程序，包括「一人三票」、「一人二至三票」、「一人最多三票」及「逐一表決」，以供考慮。

特區政府現建議，提名委員會採用無記名投票方式提名產生二至三名行政長官候選人，以有利於委員可就每名參選人作逐一考慮，參選人可更公平地向委員爭取提名。每名委員最多可投票支持所有參選人，但亦可只支持部分參選人。為使提名委員會委員更好地履行提名職責，以便全港合資格選民在普選階段有充分的選擇，並為確保提名程序能夠更順利產生二至三名獲過半數提名委員會委員支

持的候選人，每名委員最少應支持兩名參選人。獲得提名委員會全體委員過半數支持並獲得最高票的三名參選人成為候選人，或如果只得兩名參選人符合這些條件則該兩人成為候選人。如沒有參選人、只有一名參選人，或超過三名參選人獲得提名委員會全體委員過半數支持，具體處理程序由本地法例規定。

在行政長官的普選階段，全港五百萬名合資格選民可從提名委員會提名的二至三名候選人中，以「一人一票」方式選出行政長官人選。在考慮不同的投票制度時，我們需考慮該投票制度是否有利於選出獲社會認同的人選、在實際操作上是否切實可行，以及是否簡單易明，有助選民清晰表達其投票意向，以及選舉所需的時間及資源亦較少，這對行政長官產生辦法本身已涉及不少程序（包括選民登記、組成提名委員會、推薦階段、提名階段、普選階段等）來說，較有利選舉過程的實際運作。

就普選的投票安排，特區政府將建議全港合資格選民從提名委員會提名的二至三名候選人，以「得票最多者當選」的方式選出行政長官人選，即只舉行一輪投票，無須要求當選人取得半數以上有效票，而未經填劃的選票則繼續被視作無效選票處理。此建議不涉及基本法附件一的修改，具體投票安排由本地法例規定。

此外，我們建議，提名委員會的任期維持現時選舉委員會五年任期的安排。因應提名委員會的任期為五年，如果出現行政長官未任滿基本法第四十六條規定的五年任期導致行政長官缺位的情況，我們亦建議沿用現行規定，新的行政長官的任期應為原行政長官的剩餘任期。

就假如行政長官人選不獲任命的重選安排，特區政府將在進行本地法例修訂時，考慮如何因應中央的任命決定處理這個問題。

總括來說，特區政府在制訂方案時，是嚴格按照基本法和人大常委會相關決定，同時充分考慮了社會各界的意見和詳細分析不同的角度。對於政制發展這個既複雜又具爭議的課題，期望一個方案都能符合每一個人心目中不同理想尺度的一套是不切實際的，是不可能實現的。我們的方案所包含的元素，已在眾多及不同的訴求和觀點中，嘗試尋找最大的共同點及平衡點。

正如我在不同場合多番強調，縱使八三一決定提供「法律空間」，讓我們在本地立法層面探討普選行政長官的具體辦法，現實問題是我們能否在制訂具體方

案中爭取到最大的「政治空間」，凝聚最大的政治共識。社會上不同政治光譜和不同持份者就某些議題的立場和意見可說是南轅北轍，要收窄分歧實在是困難重重。值得欣慰的是，在過去兩個月的諮詢，有不少有心的社會人士花盡心思，提出一些具創意的建議讓社會討論，務求拉近不同政治立場的人士的距離。雖然他們的建議最後未能獲得各黨派的支持，而政府亦未能採納，我仍然想在此對他們努力不懈的決心，表示衷心的謝意。在未來數個月，我們仍然需要這些有心人士繼續支持推動落實二〇一七年普選行政長官。

要成功落實二〇一七年普選行政長官，讓五百萬名合資格選民透過「一人一票」普選行政長官，我們必須得到全體立法會議員三分之二多數通過方案。特區政府今日已提出具體方案。我們希望立法會能盡快展開審議程序，務求在立法會暑假休會前完成表決程序。

主席，中央領導人已多次公開表示，中央是抱着最大誠意和決心推動香港落實普選。中央領導人已非常清晰及明確指出：落實二〇一七年普選行政長官是中央的莊嚴承諾，是基本法和全國人大常委會有關決定的基本要求，更是廣大香港同胞的殷切期望。香港邁向普選的道路已經走到今天，要堅定不移走下去。中央希望我們能全力以赴，努力工作，爭取實現二〇一七年普選行政長官。

自特區政府在二〇一三年十二月啟動政改第一輪諮詢，到今天特區政府提出行政長官普選辦法的方案，我們已經在這個議題進行超過十六個月廣泛而深入的討論，這還未計及我們自回歸以來香港社會就普選時間表及相關議題的多年討論。走過那麼漫長的「普選之路」，我相信大家和我一樣充滿期盼，希望在香港政制發展之路能樹立一個新里程碑，可以讓普選在二〇一七年付諸實行。

在展開政改第二輪諮詢時，特區政府已經強調「2017，機不可失」。我們眼前最重要的目標，就是按照多數市民的意願，如期依法落實普選，讓五百萬名合資格選民可以在二〇一七年以「一人一票」方式選出行政長官。如果二〇一七年普選行政長官方案被否決，錯過了今次的黃金機會，不但政制發展原地踏步，更無法估計要到何年何月才會再次啟動「五步曲」，實現普選行政長官。相反，若二〇一七年能夠落實普選，由普選產生的行政長官及其領導的特區政府將有所需要的政治能量，進一步推動政制向前發展，包括實現全部立法會議員由普選產生的目標。

社會上有部分人認為，中央或特區政府應該承諾將來選舉辦法可以優化，以增加市民對落實方案的決心。事實上，行政長官實行由全港合資格選民以「一人一票」方式普選產生後，即已實現基本法第四十五條的規定有關行政長官產生辦法最終達至由普選產生的目標。至於普選制度確立後的優化問題，基本法附件一第七條及全國人大常委會二○○四年的《解釋》已清楚提供可啟動進一步修改行政長官產生辦法的法律基礎。當然，是否有需要進行修改及啟動相關修改程序，要視乎當任行政長官根據當時的實際情況，作出考慮。

立法會在香港的政制發展擔當重要的憲制角色和責任。我在此呼籲各位議員，特別是泛民主派的朋友，要停一停、想一想：假如立法會否決方案，「一人一票」選行政長官的願望落空，廣大的市民將會多麼失望；假如政制發展原地踏步，對香港政制民主化怎可能有利呢？社會上有不同機構進行的民調，大部分反映一直以來有一半或以上的受訪者接受按照基本法和八三一決定落實普選行政長官辦法。民意的取態是非常清晰的。我懇請議員和政黨在這關鍵時刻展示政治勇氣和決心，以香港整體和長遠利益為依歸，在追求自我理想的同時，務實地、負責任地考慮多數市民的意願和政治現實。

在這個歷史性的關鍵時刻，我和廣大市民一樣期望議員作出應有的承擔，顧全大局，讓香港的民主發展可以繼續向前走，立下最重要的里程碑。有部分的黨派和議員往往只着眼於按照基本法和八三一決定框架下的行政長官普選辦法與他們認為是理想的選舉模式相比有甚麼不同。這種想法不但無助社會凝聚共識，對推動香港的政制發展亦毫無幫助。環顧世界各地，民主發展往往需要經歷一個過程，逐步邁向共識，而制度確立後亦需要時間逐步演進及改善。我們應該好好整體衡量方案獲得通過，抑或原地踏步，哪一個結果對香港社會整體及長遠利益比較好。

主席，從第一輪諮詢「有商有量，有根有據，實現普選」，到第二輪諮詢的「2017，機不可失」。香港經歷了不平凡的十六個月，包括七十九天的非法佔領行動。在這段時間，社會爭拗不休，甚至出現社會秩序及法治被衝擊。不過，香港廣大市民的理智、堅毅、務實、守法等素質也展露無遺。我為每一位市民能緊守崗位，市民生活和社會秩序能迅速重回軌道而感到驕傲。今天，政府已實實在在提出具體方案，回應廣大市民對落實普選的強烈訴求。我深信這是為香港政制長

遠發展向前跨出最大、最堅實的一步，也是經歷眾多艱辛的每一步後，能踏出最勇敢的一步。

　　主席，最後，就讓我以今次《諮詢報告及方案》封面的口號作結語：「2017，一定要得」。

2015 年 6 月 17 日
發言：2017 年行政長官產生辦法方案小組委員會報告

譚耀宗議員：

主席，本人謹以二〇一七年行政長官產生辦法方案小組委員會主席的身份提交報告。

小組委員會曾舉行八次會議，討論政府當局就普選行政長官產生辦法的建議方案，以及政府當局向立法會提出修改基本法附件一行政長官產生辦法的議案草擬本。小組委員會亦接見了二百三十六個團體及人士，聽取他們的意見。小組委員會商議的事項，已詳細在書面報告中交代，本人今天只會重點報告其中數項。

在提名委員會的構成及產生辦法方面，部分委員不滿全國人民代表大會常務委員會在二〇一四年作出的決定，規定提名委員會的委會人數須維持在一千二百人，並須按照現時選舉委員會的四大界別同等比例組成。這些委員亦對當局提出的建議，包括各界別分組和界別分組的委員數目維持不變，以及維持現時三十八個界別分組的委員產生辦法不變及選民基礎大致不變，表示失望。他們指出，現時的選舉委員會由少於二十五萬名投票人選出，其中不少議席更只由公司票選出。他們又認為，現時選舉委員會界別分組的議席分配並不公平，工商界在選舉委員會的影響力亦過大。他們擔心，日後的提名程序會完全受中央所控制。

其他部分委員認為，沿用現時選舉委員會四大界別的框架組成的提名委員會，可以平衡各界的利益，並可以確保香港的資本主義制度得以保持。部分委員建議當局考慮，在符合基本法及全國人大常委會二〇一四年的決定的前提下，就一些界別分組的選民基礎作出若干調整，以爭取立法會支持政府當局提出的方案。

政府當局指出，對於增加或改變界別分組的數目、各界別分組所產生的提名

委員會委員人數，或擴大個別的界別分組的選民基礎，社會上既無深入討論，亦沒有任何明確共識。政府當局認為，如果貿然提出改變，只會引發更多爭議，對於凝聚共識和爭取立法會議員支持落實二〇一七年普選行政長官並無幫助。

關於提名委員會提名行政長官候選人的程序，部分委員擔心，一千二百人的提名委員會將會進行政治篩選，以確保只有中央屬意的人士才可以成為候選人，泛民主派人士不可能獲得提名。他們強調，在政府當局現時提出的方案下，被選舉權將會受到不合理的限制，以致基本法第二十六條所訂的被選舉權會被剝奪。此外，他們指出，由於選民的選擇亦受到很大的限制，因此基本法第二十六條所訂的選舉權亦被削弱。

其他委員則支持政府當局提出的建議方案，他們認為，在二〇一七年以「一人一票」方式選出下一任行政長官，必定較現時由一千二百人的選舉委員會提名和選出行政長官的制度更加民主。而且，香港市民渴求以「一人一票」的方式選出行政長官的意願亦非常清晰。他們認為，普選行政長官的具體辦法，應該嚴格遵循基本法及全國人大常委會的相關解釋及決定。

政府當局解釋，根據現時的方案，任何人如果符合基本法第四十四條所訂有關出任行政長官的資格要求，即可以享有平等的權利和機會，向提名委員會爭取提名。獲得提名委員會提名的人士可以平等地公開競選，爭取約五百萬名合資格選民的支持，享有平等的被選舉權。參選人不論政見如何，都可以參與選舉，憑實力爭取提名委員會的提名。

關於普選行政長官的投票安排，有委員認為，按當局的建議，依照「得票最多者當選」的投票制度選出行政長官人選，未必能確保獲選的行政長官人選有足夠的認受性，因為得票最多的候選人，實際獲得的有效票數可能並不多。這些委員亦不滿政府當局沒有考慮所謂「白票守尾門」的建議。當局解釋，這項建議在諮詢期內並未獲得社會廣泛討論和接受，而且該建議會否因為削弱了提名委員會的提名權而不符合基本法，在法律上亦有爭議，因此當局認為難以進一步處理該項建議。

部分委員擔心，政府當局提出的方案如果獲得立法會通過，中央與香港特區政府便會認為基本法第四十五條所訂明的普選已經實現，因而不再尋求改善二〇一七年之後的普選制度。但其他委員認為，政制發展會循序漸進和持續演變。

他們相信，選舉安排可在二〇一七年落實普選行政長官後繼續優化。政府當局表示，二〇一七年落實「一人一票」普選行政長官後，可根據香港的實際情況，以循序漸進的方式進一步優化選舉辦法。當局指出，根據基本法和全國人大常委會在二〇〇四年四月六日作出的解釋所訂明的政改「五部曲」，已提供明確的法律基礎，日後可依據這個機制提出進一步修改行政長官產生辦法。

2015 年 6 月 17 日
議案辯論：修改香港特別行政區行政長官產生辦法

政制及內地事務局局長：

特區政府在今年四月二十二日發表了《行政長官普選辦法公眾諮詢報告及方案》，在嚴格按照基本法及全國人民代表大會常務委員會的相關解釋和決定的基礎上，並在充分考慮兩輪公眾諮詢所收到的意見，以及顧及法律、政治和實際操作等因素後，提出了落實普選行政長官的方案。

普選行政長官的目標，源於基本法第四十五條的規定，而基本法則是香港特別行政區的憲制性文件，是香港特別行政區實行的各種制度的依據，是「一國兩制」的基礎，是香港賴以成功的基石。根據基本法第四十五條，「香港特別行政區行政長官在當地通過選舉或協商產生，由中央人民政府任命。行政長官的產生辦法根據香港特別行政區的實際情況和循序漸進的原則而規定，最終達至由一個有廣泛代表性的提名委員會按民主程序提名後普選產生的目標。行政長官產生的具體辦法由附件一《香港特別行政區行政長官的產生辦法》規定。」

就普選時間表而言，全國人大常委會於二〇〇七年十二月二十九日通過決定，正式確立二〇一七年香港特別行政區第五任行政長官的選舉可以實行由普選產生的辦法；在行政長官由普選產生以後，香港特別行政區立法會的選舉可以實行全部議員由普選產生的辦法。

二〇一四年八月三十一日，全國人大常委會在審議行政長官提交的報告及廣泛聽取了香港社會各界人士的意見後，通過《全國人民代表大會常務委員會關於香港特別行政區行政長官普選問題和 2016 年立法會產生辦法的決定》（下稱「八三一決定」），正式確定從二〇一七年開始，香港特別行政區行政長官選舉可以實行由普選產生的辦法，並為普選行政長官的具體辦法定下清晰而明確的

框架。

本屆特區政府的目標，是在嚴格按照基本法和八三一決定的規定下，提出切實可行的普選行政長官方案，爭取全港五百萬名合資格選民能夠如期於二〇一七年以「一人一票」普選行政長官。

主席，我現在介紹議案的內容。根據基本法附件一第七條的規定、全國人大常委會二〇〇四年四月六日關於基本法附件一第七條和附件二第三條的解釋，以及八三一決定，特區政府動議通過就修改行政長官產生辦法提出的議案。倘若議案獲得立法會全體議員三分之二多數通過，載於議案附件的《中華人民共和國香港特別行政區基本法附件一香港特別行政區行政長官的產生辦法修正案（草案）》，將會呈請行政長官同意，並由行政長官報全國人大常委會批准。

根據《附件一修正案（草案）》，從二〇一七年開始，行政長官將由一個有廣泛代表性的提名委員會按民主程序提名後普選產生，取代現時由選舉委員會負責提名和選出行政長官人選。提名委員會將由一千二百人按照現時選舉委員會的四大界別同比例組成，而提名委員會的任期將為每屆五年，提名委員會委員將以個人身份履行職責。同時，如因行政長官缺位而依法進行補選，新產生的行政長官的任期將為原行政長官的剩餘任期。至於提名委員會各個界別的劃分、每個界別中何種組織可以產生提名委員會委員，以及委員的名額和產生辦法，則會在本地立法階段處理。

在提名程序方面，正如我們在《諮詢報告及方案》中提及，特區政府建議分為「委員推薦」和「委員會提名」兩個階段，並採用較現時選舉委員會為低的推薦門檻和為每名參選人設置推薦上限，以鼓勵不同背景和更多人士參選，從而增加提名過程的競爭性。因此，我們在《附件一修正案（草案）》建議不少於一百二十名且不多於二百四十名提名委員會委員可以聯合推薦產生一名行政長官參選人，每名委員只可推薦一人。提名委員會從上述獲推薦產生的參選人中，以無記名投票方式提名產生二至三名行政長官候選人。提名委員會每名委員須投票支持最少兩名參選人，最多全部參選人，每名候選人均須獲得提名委員會全體委員半數以上的支持。特區政府認為，這個提名程序既符合基本法和八三一決定的規定，亦較有利於順利產生二至三名獲過半數提名委員會委員支持的行政長官候選人，同時又提高提名程序的競爭性，並有利於參選人更有機會和更公平地向

提名委員會委員爭取提名；而委員亦可更自由地就每名參選人本身的條件作出選擇。有關提名程序的具體安排，將會在本地立法階段處理。

香港特別行政區依法登記的合資格選民，將從提名委員會提名的行政長官候選人中，以無記名投票方式選出一名行政長官人選。具體選舉辦法將由本地立法規定。行政長官當選人須由中央人民政府任命，才正式成為候任行政長官。

主席，特區政府在四月二十二日提出方案之後，立法會內務委員會隨即在四月二十四日的會議上，成立研究有關方案的二〇一七年行政長官產生辦法方案小組委員會。小組委員會由譚耀宗議員出任主席及謝偉俊議員出任副主席，合共召開了八次會議，包括分別在二〇一五年五月十六日及二十三日會見了二百三十六個團體和人士。我在此謹代表特區政府感謝譚議員、謝議員和所有參與小組委員會的議員的參與，以及立法會秘書處提供的協助。

主席，市民大眾普遍對按照基本法落實普選的目標，是殷切期待的。我們在二〇〇七年爭取到普選時間表，八三一決定亦正式確定香港可於二〇一七年實現普選行政長官。此外，按照政制發展「五步曲」的憲制程序，行政長官和全國人大常委會已分別完成了第一步和第二步的工作。如果今天的議案獲得立法會全體議員三分之二多數通過，我們便能夠完成「五步曲」中最關鍵的第三步。接下來，《附件一修正案（草案）》在得到行政長官同意和全國人大常委會批准後，全港五百萬名合資格選民將可如期於二〇一七年以「一人一票」普選下一任行政長官，香港的政制可進一步向前發展。如果今天這項議案被否決，根據全國人大常委會二〇〇四年的解釋和八三一決定，二〇一七年的行政長官選舉則只能沿用二〇一二年行政長官的產生辦法，即繼續由一千二百人的選舉委員會選出。

為如期依法實現「一人一票」普選行政長官，為使香港的政制得以繼續向前發展，我懇請各位議員支持通過議案。

政制及內地事務局局長動議的議案如下：

「根據《中華人民共和國香港特別行政區基本法》附件一第七條的規定、2004 年 4 月 6 日《全國人民代表大會常務委員會關於〈中華人民共和國香港特別行政區基本法〉附件一第七條和附件二第三條的解釋》，及 2014 年 8 月 31 日《全國

人民代表大會常務委員會關於香港特別行政區行政長官普選問題和 2016 年立法會產生辦法的決定》，本會現以全體議員三分之二多數通過載於附件的《中華人民共和國香港特別行政區基本法附件一香港特別行政區行政長官的產生辦法修正案（草案）》。

附件

《中華人民共和國香港特別行政區基本法附件一香港特別行政區行政長官的
產生辦法修正案（草案）》

一、從二〇一七年開始，行政長官由一個有廣泛代表性的提名委員會按民主程序提名後普選產生，由中央人民政府任命。

二、提名委員會委員共 1,200 人，由下列各界人士組成：

工商、金融界　300 人

專業界　300 人

勞工、社會服務、宗教等界　300 人

立法會議員、區議會議員的代表、鄉議局的代表、香港特別行政區全國人大代表、香港特別行政區全國政協委員的代表　300 人

提名委員會每屆任期五年。在提名委員會五年任期內，如因行政長官缺位而依法進行補選，新產生的行政長官的任期為原行政長官的剩餘任期。

三、提名委員會各個界別的劃分，以及每個界別中何種組織可以產生提名委員會委員及其名額和產生辦法，由香港特別行政區根據民主、開放的原則制定選舉法加以規定。

各界別法定團體根據選舉法規定的分配名額和產生辦法自行選出提名委員會委員。

提名委員會委員以個人身分履行職責。

四、不少於一百二十名且不多於二百四十名提名委員會委員可以聯合推薦產生一名行政長官參選人。每名委員只可推薦一人。

提名委員會從上述獲推薦產生的參選人中，以無記名投票方式提名產生二

至三名行政長官候選人。提名委員會每名委員最少須投票支持兩名參選人，最多可投票支持全部參選人。每名候選人均須獲得提名委員會全體委員半數以上的支持。具體提名辦法由選舉法規定。

五、香港特別行政區依法登記的合資格選民，從提名委員會提名的行政長官候選人中，以無記名投票方式選出一名行政長官人選。具體選舉辦法由選舉法規定。」

政務司司長：

主席，今天是我在立法會會議上第四次就政改發言，目的是呼籲各位立法會議員支持特區政府提出修改行政長官產生辦法的議案，落實基本法第四十五條普選行政長官的目標。

今天是香港民主發展的一個關鍵性日子。各位擁有憲制權力推動政制發展的議員，很快便要投票決定全港五百萬名合資格選民能否在二〇一七年首次以「一人一票」方式選出行政長官。無論投票結果如何，二〇一五年六月十七日的立法會會議對香港政制發展都有深遠的歷史意義。為了確保會議能夠順利進行，立法會行政管理委員會及秘書處作出了適當的安排，特區政府在此表示謝意。我亦呼籲在立法會大樓外，無論是支持或反對政改方案的人士要保持克制，以守法、和平和理性的方式表達他們的意見，不可破壞社會秩序。

主席，按照基本法及全國人民代表大會常務委員會的相關解釋和決定，落實二〇一七年「一人一票」普選行政長官，是本屆政府的憲制責任及首要工作。自行政長官於二〇一三年十月十七日宣布成立政改諮詢專責小組至今天，律政司司長、政制及內地事務局局長和我工作了整整二十個月。為實現普選行政長官的目標，這二十個月以來，專責小組就行政長官普選辦法進行了廣泛有序的公眾諮詢，包括於二〇一三年十二月開展為期五個月的第一輪公眾諮詢，以及二〇一五年一月開展為期兩個月的第二輪公眾諮詢。

在展開每一輪公眾諮詢前，我都不厭其煩地說明以下數點原則及立場：

（一）政制發展必須建基於基本法和全國人大常委會的相關解釋和決定，

否則將無法凝聚共識，收窄分歧；

（二）中央真心誠意推動香港的民主發展，希望香港各界能把握歷史機遇，依法落實普選行政長官；及

（三）落實普選行政長官是政制發展的歷史性進步，是回應市民對普選行政長官的清晰訴求，是實現全體立法會議員由普選產生的先決條件。社會必須理性地互相體諒和接納，在「求大同、存大異」的大前提下展開討論。

在兩輪公眾諮詢期間，專責小組成員和相關官員出席了多場立法會相關會議、十八區區議會的相關會議、超過三百場不同形式的諮詢及地區活動，廣泛聽取社會各界不同團體和人士對政制發展的意見。特區政府在兩輪公眾諮詢合共收到二十多萬份書面意見，並把收集到的意見如實收納在兩份諮詢報告中，連同諮詢期內收集到的各項相關民意調查結果，悉數上載至政制發展網站，供公眾查閱。

在充分考慮所有收到的意見，並在顧及憲制、法律、政治和實際操作等因素後，特區政府在今年四月二十二日發表了《行政長官普選辦法公眾諮詢報告及方案》，提出一套合憲、合法、合情、合理的行政長官普選方案，以實現於二〇一七年「一人一票」普選行政長官的目標。

主席，縱然在過去二十個月社會紛紜的討論中，專責小組成員面對了不少批評、嘲諷，甚至謾罵和侮辱，但作為特區官員，我們必須嚴格依法辦事，並本着以香港長期繁榮穩定、以市民大眾的福祉、以社會的整體和長遠利益為宗旨，推動政制發展。因此，我必須在此再次向公眾解釋普選行政長官的相關憲制和法律規定，以及為何我們提出的方案是切實可行、符合香港目前實際情況。

香港是中華人民共和國的一個地方行政區域，並根據中華人民共和國憲法制訂的香港特別行政區基本法，實行「一國兩制」、「港人治港」和「高度自治」。根據憲法及基本法，中央在決定香港實行何種政治制度，有其憲制上的角色和權責，這是毋庸置疑的。特區政府提出的方案，不可能偏離基本法及全國人大常委會的相關解釋和決定。

主席，我在四月二十二日於本會作出聲明，介紹特區政府提出的方案時，清楚交代特區政府充分考慮過的因素，包括香港特別行政區作為直轄於中央人民

政府的地方區域的憲制地位、基本法有關特區政治體制設計的原則、方案須切實可行、能夠回應社會各界對如期落實行政長官普選的強烈訴求，以及在眾多不同的意見中力求平衡，有利於方案獲得市民接受、立法會支持、中央批准等。在考慮以上各項因素後，特區政府已在全國人大常委會去年八月三十一日通過的《決定》的框架下，盡最大努力，創造最大空間，設計出一套公開、公平、公正及具競爭性的行政長官選舉制度。這方案可說是現時最好和最有機會得以落實的普選方案。

為了讓廣大市民更瞭解特區政府提出的方案內容，除了發表諮詢報告、製作宣傳短片、印製宣傳單張外，特區政府整個政治委任團隊都不遺餘力，透過不同方式直接接觸市民，向市民講解特區政府的方案，聆聽市民的意見，爭取市民的支持。我們確切體會到香港大部分市民是理性和務實，仍然支持政府提出的方案，希望立法會通過方案。

在過去二十個月，我共出席了一百二十四場諮詢會及論壇、約二十次落區進行宣傳，也先後約一百次會見傳媒回應有關政改的提問，其他與立法會議員、專業團體和學者的會面更是不計其數。在落區的經驗中，我深深感受到普遍市民對於二〇一七年能夠親自投票選出行政長官的熱切渴求。即使不同人士對特區政府提出的方案有不同意見，但如期落實普選的願望，毫無疑問是大多數香港市民的共識，是最堅實的民意。

我們明白有些市民，包括在座的部分議員，認為普選方案與他們心目中的理想方案還有一段距離。他們透過各種不同途徑，多次表達他們的意見和立場。香港是一個多元社會，特區政府絕對尊重不同人士的不同意見，但對於有些人質疑特區政府對這些意見充耳不聞，以至誤導中央，誤導市民，我絕不能夠認同。事實上，專責小組在去年七月和今年四月發表的諮詢報告，以及行政長官去年提交全國人大常委會的報告中，均如實反映我們在諮詢期間收到的各種不同意見，包括那些認為方案不符合他們理想的意見；而所有收到的書面意見亦已悉數原文收錄在諮詢報告的附錄內，並上載至網站供公眾參閱。

我們亦先後多次安排包括泛民議員在內的立法會議員與中央負責政改的官員會面，包括去年三月由我主持的早餐會、去年四月的上海之行、去年七月在政府總部與中聯辦主任會面、去年八月的深圳座談會，以及剛在今年五月三十一日舉

辦的深圳會面，確保立法會內不同黨派和議員有充分機會向中央官員直接表達意見，因此並不存在中央被誤導的情況。

雖然社會上不同人士或許對他們各自認為是「理想」的政改方案有不同的期望，但民意是清晰的：大多數香港市民仍然希望在二〇一七年能行使他們渴望已久的投票權，希望看見香港的政制可繼續向前發展，不要原地踏步。這項清晰的民意，在不同機構過去二十個月所進行的民意調查結果長期而毫不含糊地表達出來。

主席，特區政府在推動今次政改工作的目的只有一個，正正就是把選票送到全港五百萬名合資格選民手上，讓大家在兩年後，可以到票站投票，「一人一票」選出下一任行政長官。多項民意調查亦清晰顯示大多數市民是支持立法會通過政改方案的。所以，我很希望各位議員，特別是那些經常強調民意的泛民議員，能夠以實際行動反映社會上大多數市民的意願，令政改方案得以通過。

反對政府提出的方案的人說，方案只會帶來「假普選」和「虛假認受性」的特首。政府絕不認同這些觀點。手中有一票，一定比沒有票好。有普選，一定比原地踏步好。這張選票，代表的不止是數以十萬、百萬計的選票中的其中一票。這張選票，代表的是五百萬人的選舉權。這張選票，代表的是整個行政長官選舉制度的重大變革，是香港民主發展的重要里程碑。

由普選產生的行政長官，改變的不單是選民數目的「量變」、由一千二百人變成五百萬人，更是選舉生態的「質變」。落實普選，參選人要爭取的，將不單是一千二百人名選舉委員會委員的支持，而是全港五百萬名合資格選民的支持。落實普選，參選人的施政理念及政綱必定會更貼近民意，想市民所想，急市民所急。全港市民向普選產生的行政長官問責將會更直接及更有力。落實普選，將來的行政長官將會有更穩固基礎和政治動力推動香港民主繼續發展、推動經濟發展及社會民生的改善。這些豈不是各泛民主派朋友多年來爭取和推動民主政制發展的目的嗎？為甚麼今天泛民主派的朋友要反對民主普選的來臨？到目前為止，我仍聽不到具說服力的論述。

反對政改方案的議員近日不斷重複一項指控，說目前特區政府提出的方案落實後，日後便沒有優化的機會，亦即所謂「袋一世」。律政司司長稍後在他的發言中會就這項不實指控和其他與政改相關的法律問題作清楚說明。

主席，能夠有機會落實普選，原本是香港人一直期待的事，也是一件非常值得高興的事，可惜越來越激烈和兩極化的討論，不但沒有令真理越辯越明，反而令分歧越放越大，蠶食了不同意見人士彼此間的互信。「公民提名」或「三軌制」窒礙了依法落實普選的理性討論。七十九天違法佔領行動，令持不同意見人士之間的矛盾加深，破壞了中央與特區的互信，社會不斷內耗，以至幾近撕裂，社會秩序及法治受損。原本邁向普選的「大直路」，變得荊棘滿途、舉步維艱。

雖然社會就政改的意見南轅北轍，收窄分歧看似是沒有可能的事，但在這段期間仍然有不少有心人和愛香港的朋友，不忍失去這次難得的機會，為着香港的未來，花盡心思、努力奔走，積極尋找有助凝聚共識、收窄分歧的出路。我希望藉此機會，向他們表示由衷的謝意。無論政改通過與否，我相信這些有心人，在往後的日子仍然會是社會溫和理性包容聲音的燈台。

主席，五百萬名合資格選民可否由二○一七年開始行使行政長官普選權，現在就取決於在座每位議員今天所投下的一票。如果今次特區政府提出的議案獲得通過，我們便會立即着手本地立法的相關工作，讓二○一七年可順利舉行普選行政長官。如果方案不幸被否決，八三一決定已清楚規定二○一七年行政長官的產生辦法須沿用上一屆行政長官的產生辦法，亦即繼續由一千二百人組成的選舉委員會選出下一任行政長官。本屆特區政府無論在法律上或立法時間表上均不會，亦無法重啟「五步曲」程序。政制發展將無可避免再次原地踏步。

無論這項議案的表決結果為何，特區政府和立法會在未來都需要重新聚焦處理各項經濟發展、社會民生議題；社會亦需要癒合傷口、重新出發。極端和不理性的行為在過去一段時間不斷蠶食理性討論的空間，亦令社會付出了沉重代價。我希望各位議員以香港的整體和長遠利益和福祉為依歸，重回務實理性的正軌，互相尊重，實事求是，以溝通取代抗爭，以互信代替猜疑，我深信這才是市民之福、香港之福。主席，為香港的民主發展，為五百萬名合資格選民的投票權，為全港市民的利益和福祉着想，我再次呼籲各位議員投下神聖的支持票，支持特區政府提出的議案，如期落實普選行政長官。

律政司司長：

主席，每個地方的選舉制度，均以其憲制及法律制度為基礎。作為國家的一個特別行政區，香港普選行政長官的制度必須貫徹「一國兩制」的大原則，同時亦必須符合基本法及全國人民代表大會常務委員會的相關解釋和決定。

全國人大常委會於去年八月三十一日作出決定，確定從二〇一七年開始，香港特區行政長官可由普選產生。基本法附件一第七條規定，二〇〇七年以後各任行政長官的產生辦法如需修改，最終須得到全國人大常委會批准。在處理最近兩宗司法覆核申請時，高等法院原訟法庭亦指出，全國人大常委會有權處理二〇〇七年以後的行政長官產生辦法的修改。今次政府就行政長官產生辦法提出的修正案，充分利用八三一決定的空間，亦完全符合基本法的相關條文。

基本法有多項條文與普選行政長官有關，包括基本法第二十五條、第二十六條、第三十九條，以及第四十三條至四十八條。上述條文一方面為普選行政長官的制度提供穩固的法律基礎，另一方面亦就特區及行政長官的獨特憲制情況作出相應的規範。當中有幾個重點，我希望大家留意。

首先，行政長官的憲制地位特殊，有別於一般的地方行政首長。基本法第四十三條第二款訂明，行政長官須同時向中央人民政府及香港特區負責。基本法第四十五條第一款亦規定，行政長官在特區通過選舉產生後，由中央人民政府任命。換言之，基本法第四十五條既包含在香港進行「普選」的元素，同時亦存在最終須由中央「任命」的元素。在落實普選行政長官時，相關的制度設計必須同時兼顧這兩方面，從而減低憲制上的不穩定性，否則將不符合香港特區的長遠利益。

基本法第二十六條和第四十五條涉及三項與選舉有關的權利，即選舉權、被選舉權及提名權。這三項權利在法律上是三個不同的概念，在基本法下亦有不同的處理。

基本法第二十六條訂明，香港特別行政區永久性居民依法享有選舉權和被選舉權。政府今次提出的修正案第五條訂明，依法登記的合資格選民，可從候選人中以無記名投票方式選出行政長官人選。因此，若修正案獲得通過，全港合資格的選民便可在二〇一七年行使他們的選舉權。

值得留意的是，基本法第二十六條只涵蓋選舉權和被選舉權，而完全沒有提及提名權。這情況與香港人權法案第二十一（乙）條或《公民權利和政治權利國際公約》第二十五（丑）條無異。相反，基本法第四十五條就提名權有具體的規範，明確規定行政長官候選人由一個有廣泛代表性的提名委員會按民主程序提名。由提名委員會提名候選人的制度並不是一個新的決定，而是在制定基本法時經廣泛諮詢和商討後作出的決定。在一九八八年四月，香港基本法起草委員會公布的《中華人民共和國香港特別行政區基本法（草案）》徵求意見稿附件一對行政長官產生辦法列舉了五個方案，其中提名委員會的方案最終獲採用。

基本法第四十五條涉及提名委員會的文字非常清晰，明確規定進行普選行政長官時，由提名委員會行使提名權。換言之，在基本法之下，提名委員會是唯一有權提名行政長官候選人的機構。提名委員會以外的任何機構、單位或個人也沒有提名權。故此，公民提名、政黨提名等削弱提名委員會的權力或繞過提名委員會的建議，均違反基本法第四十五條。這些違反基本法的建議不應被提升為反對今次修正案的理據。

此外，基本法第四十五條所指的，是一個有「廣泛代表性」的提名委員會。依據基本法第四十五條及八三一決定，政府今次提出的修正案第一條，建議從二〇一七年開始，行政長官由一個有「廣泛代表性」的提名委員會按民主程序提名後普選產生。「廣泛代表性」一詞並非新的概念，而同樣是在制定基本法時經商討後決定採用的概念，其涵意與現行基本法附件一規定選舉委員會的「廣泛代表性」的內涵是一致的，即由四個界別同等比例組成，目的是體現均衡參與的原則，兼顧香港社會各階層的利益。

社會上有意見認為提名委員會的組成向建制派人士傾斜，不利泛民人士爭取提名，甚至有意見認為提名委員會的制度構成不合理篩選。這類意見忽略了兩個重點。

第一，只要符合基本法第四十四條及其他相關法律要求的人士，均可向提名委員會爭取推薦及提名。因此，從制度設計的角度而言，所有合資格人士均有機會爭取推薦及提名。

第二，尤為重要的是，提名委員會的職能只負責提名行政長官候選人，不負責選舉行政長官。提名委員會的工作，是審議有意參選的人士是否值得推薦，然

後決定獲推薦的參選人是否適合成為行政長官候選人。因此，在決定是否投票支持某人成為行政長官候選人時，提名委員會的職責是考慮香港整體利益，以客觀和持平的態度審視獲推薦人士是否適合成為候選人，而並非單純依據委員個人的喜好、政治傾向或黨派利益作為提名的準則。

政府提出的修正案第四條亦在這方面作出相應配合，包括：

（一）不少於一百二十名且不多於二百四十名提名委員會委員可聯合推薦一名行政長官參選人，而每名委員只可推薦一人；

（二）提名委員會以無記名投票方式產生行政長官候選人；及

（三）每名提名委員會委員最少須投票支持兩名參選人，最多可投票支持全部參選人。

以上的建議有利不同政見人士爭取推薦，同時便利提名委員會委員在無記名的情況下行使投票權，提名最合適的行政長官候選人。

社會上有另一些聲音指稱，若然今次政府提出的修正案獲得通過，以後便沒機會再爭取普選制度的進一步改善。這類所謂「袋一世」的論點，在法律上不正確，在實際上也不可能出現。

首先，根據基本法第一百五十九條，基本法的修改權屬全國人民代表大會，並必須通過第一百五十九條列舉的程序，才能作出修改。此外，基本法附件一第七條則訂明，「二〇〇七年以後各任行政長官的產生辦法如需修改，須經立法會全體議員三分之二多數通過，行政長官同意，並報全國人民代表大會常務委員會批准」。

正如基本法起草委員會主任委員姬鵬飛在《關於〈中華人民共和國香港特別行政區基本法（草案）〉及其有關文件的說明》中指出，行政長官的產生辦法由附件規定比較靈活，方便在必要時作出修改。此外，全國人大常委會獲全國人大授權處理附件一有關行政長官產生辦法的修改，程序上亦較由全國人大處理更簡便。

從以上的立法安排可見，基本法的原意是便利附件一有關行政長官產生辦法的修改。

第二，基本法附件一第七條的文字清晰，明確適用於二○○七年以後各任行政長官產生辦法的修改，因此必然適用於二○一七年以後各任行政長官產生辦法的修改。換言之，只要附件一第七條不作修改，特區政府往後在有需要時仍可啟動政改「五步曲」，為行政長官產生辦法作進一步修改。由於今次政府提出的修正案不會刪除或修改附件一第七條，因此不會影響第七條的法律效力。

就此，全國人大常委會副秘書長李飛在去年九月一日（即作出八三一決定之後的一天）在香港發表題為「深入理解人大常委會決定依法落實行政長官普選」的演說時，亦曾作出相關闡述。此外，根據傳媒昨天的報道，國務院港澳事務辦公室王光亞主任日前接受專訪時，亦明確反駁「袋一世」的說法。

從實際角度考慮，行政長官產生辦法也不可能在落實普選後，永遠不作任何改動。證諸東、西方歷史，人類的社會不斷往前發展，各種制度亦不斷演進。因此，實際上普選制度不可能在二○一七年落實普選行政長官後，便不再向前發展。相反，在落實普選後，整個政治環境將會更加有助催化普選制度的進一步演變，令香港的民主步伐加快向前，並有望在二○二○年落實立法會全體議員由普選產生。

主席，我以上的發言主要是從法律角度出發。我當然明白普選行政長官涉及的問題不單是法律問題，亦同時是政治問題，更可能延伸至民生、經濟等不同層面。可是，不論是從任何角度考慮普選這個議題，最終的標準必然是香港的整體利益、香港社會的福祉，以及香港的未來發展。以此標準作理性、務實的思考，答案亦只有一個，即各位議員應該支持通過政府提出的修正案，令香港可以在二○一七年進行普選行政長官，為香港未來的民主發展打通經脈，達至行政長官及立法會全體議員均可由普選產生。

梁家傑議員：

主席，政改來到即將表決的時刻，否決一個「指鹿為馬，得不償失」的「爛方案」，不足惜；最重要的是立足原則，守住「一國兩制」的初衷。

莎士比亞名劇「王子復仇記」有一句膾炙人口的話：「To be, or not to be」。何文匯博士翻譯為「忍辱偷生，還是一死了之？」今次政改同樣面對一個「to be, or not to be」的局面。

中央提出來的人大八三一決定，不可撼動，與香港人無商無量，擺明不讓香港人有真選擇，擺明是香港人如把這個制度「袋住先」，便會「袋一世」。明知是這樣，我們應該忍辱認命，還是否決了之呢？To be, or not to be？我的決定十分清楚，不會動搖，必定投下反對票。這一票對得起歷史，對得起香港民主運動的先驅及後來者。

上星期，一千多名公務員無懼秋後算帳，在聯署公開信中有以下的說話：「我們不認為否決政改方案就可以解決香港面對的問題，我們只是認為，通過了目前的政改方案，更會令這個璀璨都市，光輝到此。」這段說話十分觸動我。對於我這些生於斯、長於斯的人，眼見光輝的香港近年不斷沉淪，怎會沒有感觸呢？如果我們今次通過政改方案，便連拒絕「指鹿為馬」的尊嚴都會喪失，以後便不能再有自己的思想，香港人便從此沉淪。中央今次迫香港人接受的不單是一個選舉方案，而是盲目順從的態度，放棄自己的認知與是非之心。

（代理主席梁君彥議員代為主持會議）

一九九七年回歸之後，官商勾結變本加厲，民怨沸騰，現行政制是問題的根源，亦是幫兇。中央極左思維主導，誤判形勢，摧毀與港人的互信，不斷消耗這一代與下一代香港人對基本法、「一國兩制」、「五十年不變」的信心。處理香港普選問題的專橫態度等於說不等五十年這麼久了，中央要名義上的「一國兩制」，實際上是「一國一制」。

中央背信棄義，以人大八三一決定回應香港人的普選期望，「港人治港」、「高度自治」半途而廢。一紙白皮書，一道八三一大閘，令香港人極度失望及消沉，引發的一場雨傘運動，見證新世代對實現普選再無耐性和信心。

普選特首和立法會不是香港人一廂情願的非分之想，而是基本法白紙黑字答應香港人回歸後將會享有的選舉權利。基本法在二十多年前寫得不算差，多項條文以中央自我約束精神為本，香港內部事務不受干預，香港制度與價值得以保留。坦白說，當年如果不是這樣寫，會有這麼多人選擇留下來而不移民嗎？一九九七年回歸之後會如此順利嗎？可惜，中共政府過橋抽板。

中央逃避兌現普選承諾，其實是有跡可尋的。保皇派所謂如果沒有佔中、沒有公民提名的主張，中央便不會如此強硬的說法，全部是藉口。代理主席，澳門

夠乖了吧？澳門有普選嗎？

中國外交部曾經披露回歸前中英談判的信件，引述談判期間，英方問中方能否保證二〇〇七年後香港有普選？中方回答：「中央不用保證，因為這是特區自治範圍內的事務，會由特區作主。」

基本法起草委員會主任委員姬鵬飛一九九〇年三月在人大發言，亦證明基本法只規限一九九七年回歸後最初十年的選舉辦法。換言之，本應最快在二〇〇七年及二〇〇八年便可以普選特首和立法會，但中央一直拖延、「搬龍門」、加強干預。二〇〇四年人大釋法，政改「三部曲」變為「五部曲」；二〇〇七年又一次人大決定，終於說二〇一七年可以普選特首，二〇二二年可以普選立法會。香港人又懷疑又期待，但很快便「見真章」，這又是一個騙局。

去年六月，國務院發表《「一國兩制」在香港特別行政區的實踐》白皮書，宣示中央對香港的全面管治權，這是一個伏線，要香港人準備對政改認命。兩個月後揭底牌，全國人大常委會通過八三一決定，一錘定音，只准許香港實行「中國式」普選，中央要控制選舉結果。

中央一意孤行，要利用提名程序，篩選剩下二至三個共產黨認可的人「出閘」成為特首候選人。香港人走入投票站投的一票，實際只是被利用來把篩選合理化，給予一個假借普選之名，實為中央欽點之實的特首虛假的認受性。最糟糕的是，香港一旦把這個制度「袋住先」，便是千秋萬代。王光亞主任十分哲學地說：「修改前，長期有效。」

今次政改一旦通過，中央政府可以向全世界宣稱已按基本法第四十五條履行它的責任，兌現了普選承諾。既然交了功課，何來誘因亦沒有壓力將來要作出修改，交第二份功課有甚麼用呢？

既得利益「特權者聯盟」近親繁殖的特首，一旦可以利用選票獲得虛假的認受性，在得其所哉後，還有政治上的理由、誘因和動力改變嗎？

政府推銷政改，「呃、氹、嚇」甚麼招數也用上。官員和建制派更經常說「袋住先」，說制度將來會優化，其實旨在「洗腦」。「袋住先」便會「袋一世」，這是中央定調，根本「無得兜」。林鄭月娥司長又說，政改不獲通過便是民主退步。我必須更正她，以正視聽。讓我作一個簡單的比較。要成為特首候選人，現時只須八分之一的選委提名，即要從一千二百名選委中取得一百五十個提名便可以成

為候選人，但根據人大八三一決定，卻須取得六百零一個提名，門檻高出四倍之多，這究竟是退步抑或進步呢？

……

梁振英說否決政改後會專注民生，但民主與民生根本不可分割，梁振英這樣說是不切實際。也許他並不介意，因為社會矛盾越深，便越是他的政治本錢。很多人問，在「後政改」階段，民主運動的路應該如何走下去？首先，我認為爭取真普選的人，包括泛民議員在內，應該各自穩守崗位，確保立法會今天否決這個「爛方案」，在否決後咬緊牙關，繼續向中央展示香港人爭取民主普選，以處理深層次矛盾的決心，說服中央普選不會危害國家安全，只有政通人和，香港才可以安定繁榮。另一方面則發展公民社會的潛在力量，對各項本地民生議題密切把關，作出反應，維護「一國兩制」，以及人權、法治、平等和廉潔等核心價值，防止香港繼續沉淪。

有句說話是這樣說的：當上天關上一道門，同時必會打開一扇窗。過去一年，我看到很多年輕、專業的新興力量，百花齊放如雨後春筍，老懷安慰。只要人心不死，縱使障礙重重，我對香港的民主運動依然抱着希望。政改一役，民間覺醒後的座右銘是「自己香港自己救」，代理主席。在未來三十二年，新世代為二○四七年香港前途而發出的命運自主呼聲只會越來越響亮。不論屬於哪個世代的香港人，都應該分擔這個責任，維護自己的價值和制度，目標是「一國兩制，跨越 2047」。

李慧琼議員：

代理主席，自從二○一三年十月政改諮詢專責小組宣布成立，至今天立法會即將要就政改方案表決，香港經歷了不平凡的二十個月：兩輪政改諮詢收到超過二十六萬份意見書；數百場的諮詢會、公聽會；不同形式的民意調查；佔中、反佔中、撐政改、反政改──這一切都會記錄在香港民主發展的歷史。若然今天能夠通過政改方案，我們將會一起創造歷史。香港在回歸後二十年，即二○一七年，市民可歷史性自己投票選出行政長官。

代理主席，這項安排是香港有史以來最民主的一個行政長官選舉辦法。從國

家層面來看，成功落實普選，香港便可以成為中華人民共和國治權下第一個實行普選的城市，意義深遠。在這個歷史時刻，民建聯十二位議員必定義無反顧，負責任地投下支持票。然而，很可惜，我們這十二票不足以讓政改方案獲得通過。在今天之前，政改方案在捆綁反對下很有可能被否決。很多市民也會問：為何香港的民主路會走到如斯困境？已經在手的投票權為何沒有了？我們一起回看過去二十個月的情況，心中便自有答案。

早在政改首階段諮詢之初，反對派已揚言發動佔中抗爭，擺出一副戰鬥姿態，並且提出不符合基本法的公民提名及政黨提名；再透過所謂「民間全民投票」，把公民提名變成必不可少，提出發動佔中，企圖令中央政府就範。這種不尊重憲法及基本法的抗爭手段是「超錯」的策略，亦直接導致八三一決定出台。

代理主席，全國人民代表大會常務委員會於八月三十一日作出決定後，香港經歷了兩個月的佔領。在此，我要再次譴責佔中的發起人：佔中撕裂社會；佔中令中央更擔心香港的情況；佔中把違法的暴力抗爭合理化；佔中推遲了第二輪政改諮詢；佔中捆綁了反對派議員。總而言之，佔中這個自殘行為，不但不能為香港爭取到更大的民主空間，反而引發了一連串反效果及副作用。若然今天政改方案被否決，佔中有着不可推卸的責任。

代理主席，兩個月的佔領行動失敗後，反對派未有總結經驗和教訓，亦未有調整錯誤策略；反而一錯再錯，第二輪政改諮詢尚未展開便再次捆綁、盲目杯葛和盲目反對，一直沒有在八三一框架下提出實質可行的建議。大家試想一下：兩個多月的違法佔中在前尚且不能動搖中央的決定，反對派的杯葛和反對，以至在議會搞其不合作運動，癱瘓施政，這些自殘行為，難道真的可以幫助香港爭取更大的民主空間嗎？

事實證明，這種玉石俱焚、寧為玉碎不作瓦全的行為，大量浪費了二十個月政改討論的時間，無法達致〔至〕任何效果。這些對抗行為不但破壞中央與香港的互信，亦只會令中央更擔心香港的情況。就在反對派的「四個沒有」之下 ——即「沒有」從「一國」的角度思考普選、「沒有」在相互尊重下尋求共識、「沒有」準確判斷形勢，以及「沒有」適時調整策略 —— 香港市民唾手可得的普選，現在變成遙遙無期。

代理主席，越來越多市民質疑這種反對、抗爭及自殘的策略和成效。市民希

望看到對話溝通和政制向前發展，並認為香港應先要落實普選才再爭取優化。

代理主席，支持政改方案的理由其實大家也很清楚，但我今天也要再次強調，很希望反對派議員在最後按鈕時想清楚，回心轉意，還本來已屬於廣大市民的投票選舉權。

首先，政改方案合憲合法。香港在「一國」之下，走普選的民主路，法理依據來自基本法。今次政府提出政改方案，完全以基本法和全國人大常委會八三一決定為基礎，是合憲、合法和穩步推進香港民主發展的方案。至於中央在「一國兩制」下的普選不容許與其對抗的人出任行政長官，以及希望香港民主一步一步地走，完全是合情合理。難道中央要讓一個否定「一國」、「反華」，甚至策動「港獨」的人出選行政長官，才是合理的制度，才是符合你們所說的普選安排嗎？

第二，廣大市民期望立法會通過政改方案。代理主席，在這個問題上，民意十分清晰，不同機構進行的民調都反映出，對於立法會是否應該通過政改方案，得出的結果幾乎一致，便是要求通過的市民佔大多數。此外，「保普選、反暴力大聯盟」在早前的政改簽名運動中，於短期內便收集到一百二十一萬個支持者的簽名；十八區區議會先後以大比數通過支持落實普選的議案；加上我們落區的直接感受──這些事實都清楚反映出，通過特首普選方案符合廣大市民的期望。

第三，通過方案讓香港民主向前走一大步。政改方案肯定是一個民主進步的方案。由過去的一千二百人改為五百多萬名市民選出行政長官，無論大家怎樣說，這個改變本身都是一個實實在在和民主的進步方案。況且，否決方案等於否決立法會和行政長官的普選，令行政長官及立法會的普選變得遙遙無期，是自製的民主退步。

第四，通過方案後爭取優化才是正路。李飛主任多次說過──我們都記得──五月三十一日，他與立法會議員會面時再次重申，全國人大常委會的八三一決定是一項審慎的決定，不存在未實施便加以改變的可能性；以及八三一決定的框架不僅適用於二〇一七年，若然政改被否決，下次重啟時八三一決定仍然適用。所以，如果有人聲言要改變八三一決定，其實正路不是否決政改，而是先實踐再爭取優化。

代理主席，第五，通過方案後讓市民有所選擇。現時，行政長官選舉只是由一千二百人選出；通過方案後，廣大市民便可以用選票選出行政長官，亦可以用

手上一票否決不稱職者的連任。

第六，通過方案後，行政長官的認受性得以提升，有利政府施政。由五百萬人選出行政長官，政治格局必定有根本的變化，有利於社會集中精力處理經濟發展及其他迫切的民生議題，亦讓社會有更大的政治空間討論其他改善管治的建議。

代理主席，今天我和很多香港市民一樣懷着沉重的心情，等待政改的投票結果。一旦投票方案被否決，香港的民主進程便停滯不前，五百多萬名合資格選民將失去「一人一票」普選行政長官的權利，普選立法會及特首更變得遙遙無期；中央與立法會 —— 特別是部分反對派議員 —— 的關係一定會變得更差。失望的情緒將會籠罩整個香港社會，屆時所有香港人都要承受這些結果。

代理主席，放在大家眼前的是一個抉擇。香港人要抉擇，立法會議員也要抉擇。大家要在「先實踐，後優化」與「繼續蹉跎」之間作出抉擇；要在民主向前與原地踏步之間作出抉擇；要在由五百萬名市民還是繼續由一千二百人選舉行政長官之間作出抉擇；要在與中央關係上的一個合作溝通新起點，還是繼續杯葛抗爭之間作出抉擇。

我期望反對派議員能夠懸崖勒馬，拿出勇氣，支持政改方案。

何秀蘭議員：

代理主席，這兩年是香港最嚴峻的時刻，亦是香港人的信心和核心價值受到最嚴峻考驗的時刻。早兩天，有一千多位公務員鼓起很大勇氣，一起刊登一篇廣告，從他們多年的管治經驗，說出在一九九七年後，我們的核心價值、程序公義和管治質素如何慢慢一點一滴被破壞，每個字也是痛心地寫出來的。我們民主派議員今天身處這一刻，有一項歷史責任，便是忠於信念，分清是非黑白，拒絕謊言，否決鞏固小圈子特權的方案，半點都不會含糊，亦拒絕「指鹿為馬」。

香港人渴求民主，尤其是在特區成立之後，大家看到官商勾結的情況較以前殖民地時期更甚，較英國人於殖民地管治後期對香港人的欺壓更甚，貧富更懸殊，貪腐再度蔓延，高官尸位素餐，了無遠見，守着一套所謂「小政府」市場經濟，結果造就了地產霸權，民不聊生，中產變基層，新一代沒有明天，沒有將

來。今天，我們負起香港市民對我們的信任和託付，反對方案。原因，我簡述有三。

第一，中央政府在基本法中承諾會落實普選。但是，這次方案竟然沿用選舉委員會，以功能界別為骨幹，變身為提名委員會，並且僭建了在基本法第四十五條中並沒有的所謂「機構提名」程序，規定必須得到這個特權小圈子過半數同意，然後才交給選民確認。這種由特權小圈子交給市民確認的三選一的方法，在西九文化區已證實行不通。所以，今天香港人很爭氣，我多謝香港人在二〇一二年的選舉選了我們進來，仍可把住三分之一的關，否決假選舉方案。這個假選舉方案其實並沒有增加市民選擇的權力，相反，它鞏固了一千二百人特權小圈子的選舉結果，然後借市民的一票來確認這個小圈子選舉。民意是不能夠讓你這樣利用的。

第二，我反對的原因是拒絕謊言。我從來未在香港見過如此大規模的集體說謊，尤其是由一批受過高等教育、高薪厚祿、讀書多年的高官帶頭說謊，指鹿為馬，包括剛才數位高官的發言內容在內，仍然漠視反對「袋住先」的民意，仍然透過有很大缺憾的電話民意調查來製造這個方案得到大多數市民支持的假象。他們此舉其實令很多香港市民大為失望。一九九七年之前，大家說香港的政務官是全世界最優秀的隊伍，今天卻淪落至集體說謊。堅守誠信、拒絕謊言，是維持每個人的基本尊嚴之道。社會能夠走向前和維持公義，亦是基於我們必須誠實，不能眼睜睜看着這批高官說謊和誤導市民，卻視若無睹。市民正是要直斥其非，否則，我們便會成為一起自欺欺人的共犯，以後確實不知怎樣教育下一代。

反對這個假普選方案的第三個原因，便是我們不想進一步撕裂社會。整個政府在推動假普選方案時，不但歪曲道理和事實，更不惜撕裂社會。他們不斷叫民主派順應民意，但為甚麼不肯進行公投？為甚麼只是靠一些仍然有很大缺憾的電話民調，甚至有誤導性的問題來營造壓力？其實現時有很多「劏房」戶、貧窮戶、深受官商勾結和地產霸權之苦的人根本不會有固網電話，很多長時間工作的勞工以至專業人士亦不能在晚上十時前回家，無論怎樣抽樣也不會抽到他們進行調查，而年輕一代不與長輩同住的，亦只會使用手提電話。這些固網電話的民調其實有一個很大的缺憾，為甚麼政府不指出這一點事實，反而利用這些民調的結果來製造壓力？

......

至於誰要為否決政改負責？其實，我覺得這是一個十分差勁的問題。我們應該問的是，誰應該為香港民主沒有進步負責？香港市民看得很清楚，有 54% 受訪者認為，兩個政府（中央和特區政府）要為民主毫無寸進負責，有 35% 覺得泛民要負責。這個結果已經清楚告訴所有人，兩個政府才是阻礙民主進程的最大石頭。香港市民亦不用建制派負責 —— 只有 3.5% 的受訪香港市民覺得建制派要負責 —— 因為他們知道，建制派只是「『阿爺』吹雞，趕快跪低」。市民看得到，而且也不期望建制派有獨立自主的能力。但是，我請市民不要忘記，建制派在這裏有四十二票，其實他們絕對有能力，亦絕對有責任跟香港市民站在一起，向謊言說「不」，他們絕對可以選擇站在誠實的一方。但是，過去我們聽到一些建制派議員假裝弱勢，他們支持特權小圈子階級，卻在這裏叫我們「高抬貴手」？明明自己在欺壓香港人，還假裝自己是弱勢，這些謊話是最傷害人民感情的。

......

其實，香港現時面對很大的挑戰，便是要堅持向中央提出不同意見，保留向中央說「不」的聲音，敢於打破現時所謂的現實和困局，因為敢於打破困局，我們才真正有可能突破這些局限。試想一想，如果香港人接受這個謊言，甘於受騙或敢怒不敢言，整個香港只餘下一種聲音，中央政府、特區政府就更沒有需要、沒有動力落實進行民主選舉的責任。

如果當局告訴我，以後仍然會是這些八三一框架，中央不會改變的話，我在此要告訴官員和中央政府，若假選舉方案、八三一再來，我們會繼續否決，繼續說「不」。

劉慧卿議員：

代理主席，我代表民主黨反對由局長提出的議案，因為這是一個假的普選方案。

......

（主席恢復主持會議）

......

其實，今天是一個很傷感的日子。像我們這個年紀的人，爭取普選已有數十年，到了今天本應全城歡呼，共同支持一個方案，令市民真正可以得到真普選，選出我們的政府。我們又不是搞獨立，要求的只是在「一國兩制」、「高度自治」下選出我們的政府，而這亦是中央政府的莊嚴承諾。為何到了投票當日，政府官員會如此害怕呢？主席，有官員甚至表示一旦真的通過，他們也感到很憂心，因為香港可能會很混亂。我一定要問的是，為何政府當局將一個方案提交立法會表決，卻會導致香港出現混亂呢？

主席，如果大家有留意眾多民意調查，其實便會發現社會是非常撕裂的。我打從第一天已承認有很多市民要求我們反對方案，而同樣亦有很多市民要求我們走出一步，支持方案。但是，政府當局提出的方案卻令社會嚴重撕裂，人們互相攻擊。它是否要對此負上很嚴重的責任呢？在這二十個月以來，我看不到行政長官、司長和局長做過任何事以修補這道傷痕，令社會真的「有商有量」，達到共識，為香港尋求出路，反而只是壓迫一些真心希望有普選的市民，把他們迫得可能越來越激動、激烈，然後你們便走出來抹黑及譴責他們。主席，這些人有甚麼資格管治香港呢？

為何我們說這是一個假普選方案？原因是人大常委會去年八月三十一日的決定中某些部分是基本法第四十五條所沒有列明的。民主黨同意選舉要符合基本法，我們亦提出了「三軌方案」，其中一軌是按照第四十五條組成提名委員會。我們表示「三軌方案」並非缺一不可，當局可與大家一同討論如何在第四十五條關乎提名委員會的條文下操作，達致〔至〕公平、公正的選舉制度，令我們一方面符合基本法，亦符合公民權利、政治權利及《公民權利和政治權利國際公約》第二十五條，給予香港市民一個無不合理限制的制度，讓選民有真正的選擇。

......

我與林煥光、梁愛詩、陳偉業議員在五月一日出席香港電台一個節目，林煥光當眾表示在這個方案下的選舉，民主派是沒有希望參選的了，但它亦有其角色，就是扮演造王者。我當時對林煥光說民主派爭取普選數十年，並非要當造王者，亦非要爭取一個讓民主黨一定有人可以參選的選舉制度。主席，我們要的是一個無不合理限制的制度，可讓不同政見的人士有機會參選。無論你是支持民主或共產主義的商界人士、專業人士或獨立人士，均有機會參選。其實我不同意林

煥光的說法，因為雖然他認為制度如此，但仍尋求我們支持。

然而，數天前我與司長、局長會面，我說林煥光是前政務官，他們又是前政務官，為何他們不可以誠實點告訴市民實情，再請求香港市民「袋住先」。即使它是一個令某些人無法參選的方案，但也請求市民「袋住先」。如果他們這樣說，可能還顯得誠實點。但是，他們不肯這樣說，甚至對我表示其實我也可以參選，而其他人亦同樣可以參選。主席，梁家傑議員和何俊仁議員也可以參選，但卻是在小圈子裏參選。為他們塗脂抹粉的人便可以參選，而當所有人也有權投票時，便不會允許了。梁家傑議員和何俊仁議員如何影響國家安全和主權呢？你們一直也無法向我解釋。接下來，主席，他們又說有些人可能勾結外國勢力，因而令他們感到憂慮。他們經常指控我們勾結外國勢力，但當歐盟總領事在六月三日前來立法會時詢問我們為何不給予支持，便有社論和某些人表示要趕快聽聽外國勢力的說法。神又是你，鬼又是你，你們如此虛偽，又怎能得到市民尊重呢？

⋯⋯

主席，今天的表決一定會否決這個方案，這是一個悲劇的終結。但是，香港市民無須失望，因為我們會有一個新的開始。我們有這麼多青年朋友，又有這麼多充滿決心的市民，他們一定會一起爭取。主席，我亦希望中央政府願意與社會各界包括議會內各黨各派及外面的公民社會溝通和互動。主席，你向來也知道大家務必一同商討，尋求共識，這是我們在出訪德國後學到的。大家應一同商討和尋求共識，而在這過程中，雙方必須聆聽和接納對方的意見或作出妥協。然而，今次在整個過程中，沒有人作出半分讓步。北京當然要受譴責，但被指派管治香港的特區政府，有沒有一分鐘或一秒鐘代香港人發聲？還是只是一羣有如鸚鵡學舌的人？主席，這便是問題所在。我們沒有權選他出來，他只是由六百八十九票選出，為何當時人人也把他說成響噹噹的人物似的？因為他本來期望獲得九百多票，但有些人不肯投票給他。無論如何，這個不是我的政府。雖然這可說是特區的政府，但究竟何時它才會是我的政府？由我和人民親手選出來的才是我的政府。

我們走到這一步，真的感到義憤填胸。主席，我們爭取了數十年，竟然要親手否決一個所謂普選方案。我感到非常難過，亦非常憤怒，但我別無他法。我們民主黨亦非常一致，一定會盡力為香港市民繼續爭取。我們亦會看看特區政府和

北京是否一定要摧殘香港社會，現在我們的競爭力排名已落後於深圳，日後是否要令香港的排名比澳門更低，他們才會高興呢？我們一定會繼續爭取普選，重啟「五部曲」。至於其他問題，我們亦一定會盡力推動，包括經濟、民生及各項議題。但如果特區政府繼續虛偽、說謊和不做事，我相信它將會受到香港及國際社會的嚴正譴責。

王國興議員：

主席，香港工會聯合會全力支持政府這項議案。

主席，在二十五年前的一九九〇年四月四日，經過數上數下，終於通過了現時我手上的這本基本法。當中，第四十五條第二款的第二句，共三十四個字，是怎樣說的呢？「最終達至由一個有廣泛代表性的提名委員會按民主程序提名後普選產生的目標。」這裏指的是行政長官選舉。基本法第四十五條現在獲得不折不扣和準確地落實，因此，我認為政府提出的「二〇一七年行政長官選舉辦法」是合憲合法和合情合理的，值得我們支持。

主席，今天我繪畫了兩幅漫畫來展示和表達我的論述。第一幅漫畫的題目是「21世紀葉公好龍」。這幅漫畫有一副對聯，上聯是「葉公好龍怕真龍」，下聯是「泛民興選反普選」。主席，請你看看漫畫的中間：普選行政長官這條真龍按照基本法第四十五條，現在降臨香港了。如果在二〇一七年能夠實現普選行政長官，接着出現的龍便是在二〇二〇年實現普選立法會。

……

……因此，我希望泛民主派的朋友，如果他們真的愛民主、喜歡民主、支持民主和擁護基本法，這刻便是他們必須支持按照基本法，不折不扣地落實第四十五條第二款內的三十四個字的時間，而不是「說一套，做一套」。

……

主席，我今天亦帶了第二幅由我創作的漫畫到來，這幅由我創作的漫畫是有名字的，名為「泛民變臉把戲」。變臉是來自中國四川的國粹，變臉確實是很精彩，但在政治上變臉，今天大家可以在香港看到。今天變臉的主角是泛民主派的議員。我這幅漫畫亦有一副對聯，「民主推手名留青史，普選殺手遺臭萬年。」大

家看看這幅漫畫：它很清晰，也十分簡單，反映了政府提出二○一七年行政長官選舉辦法的是非黑白，並非如他們般胡說八道、指鹿為馬，欺騙公眾、欺騙市民和欺騙國際。這幅漫畫的好處是簡單而且一針見血。

各位，請看看這幅漫畫的右手方，這是泛民陣營，因為他們一向喜歡採用綠色，因此他們所戴的頭盔也是綠色的。為了反對這個方案，在政府提出方案後，他們便說：政府的方案是假的，他們提出的才是真的，他們提出的方案符合國際標準，他們提出的方案沒有篩選，他們的才是真普選。第一，他們標籤了政府的是假，他們的才是真。各位，不要被欺騙或被他們的大嗓門嚇倒，其實，泛民是沒有理論根據的，他們的理論是非常貧乏的。他們在理論貧乏的情況下沒有話好說，便指你是在說謊。剛才律政司司長的發言長達十多分鐘，說得十分精彩，他讀了多年法律，身為律師，今天去到主持和領導香港司法界的地位，但他們居然也面斥他說他在說謊，如果這不是指鹿為馬，又是甚麼呢？我覺得，有時謊言說得過了火，再說下去便會變得很可笑，即是嘲笑他們自己。

好了，他們指這是假普選，他們提出的才是真普選，然後，他們便開始變臉了。泛民變的第一張臉，是沒有篩選，按照國際標準。眾所周知，泛民一直也推崇美、英等西方國家的政治體制，以它們為師，經常把英國、美國掛在嘴邊，說它們如何如何好。但是，他們忘記了香港在一九九七年以前是英國的殖民地，被英國統治一個半世紀，所有港督也是英國派來的，我們不能選舉他們。在一九九七年，祖國收回香港，不費一槍一彈，透過落實「港人治港」、「一國兩制」和基本法，在十八年後讓全港市民以「一人一票」的方式選出行政長官，這樣難道不是普選嗎？這樣難道不是比維持現狀更好嗎？

泛民主派的議員表示因為是有篩選，所以他們不喜歡。各位市民，現在這樣才是真真正正的篩選。大家明白我的意思嗎？如今，政府把二○一七年行政長官選舉方案提交到立法會，必須得到三分之二議員的支持才能通過，如果有三分之一的議員反對便無法通過，這便是真正的篩選。現在我們「有選無選」，就要視乎泛民主派的議員了。在泛民主派的議員篩選後，在座的便沒有選的份兒，全部香港人也沒有選的份兒。各位市民，甚麼是篩選？泛民主派議員現在便做了個榜樣。甚麼是沒有篩選、真普選？泛民主派議員在稍後或明天或後天進行表決時，便會告訴大家甚麼叫做真正的篩選。

梁君彥議員：

主席，我今天帶着很沉重的心情發言，代表經民聯和香港工業總會支持修改香港特別行政區行政長官產生辦法的議案。

香港回歸將近十八年。在未回歸之前，香港人已盼望我們有天能夠以「一人一票」選特首。二〇〇五年，我們因為泛民議員的偏執，錯失機會；二〇一二年，我們踏出了一步，但與普選還有一段距離；今天，香港再次來到政改進程的關鍵時刻，我們要在立法會為香港可否在二〇一七年「一人一票」選出行政長官做決定。

中央和特區政府對落實普選的誠意非常清晰。其實民意也很清楚表示，大家都希望在二〇一七年可以「一人一票」選特首。在諮詢期間，面對無休止的政治爭拗，均令人感到厭倦和意興闌珊。這些都是我親身接觸市民，尤其是工商界和專業界背景市民的心聲。

早前，工總和五大商會就政改方案進行調查，向屬下會員蒐集意見，結果近九成一受訪會員支持特區政府按照基本法及全國人民代表大會常務委員會的八三一決定，提出二〇一七年特首普選的方法，而不支持方案的人只有 5.6%。我們認為立法會議員應該投贊成票通過方案，相信這樣才有利本港經濟及社會持續穩定地發展。

過去數個月，我看到三位負責政改的司、局長馬不停蹄地宣傳，更把握機會向泛民議員積極游〔遊〕說。不少工商界朋友和市民都對我說，這次如此難得可以走出第一步，必須投票支持，讓香港走出民主進程的第一步。這羣大多數都是中間派的選民，有工商或專業界的背景。他們雖然未必每個人都熱衷政治，但相信他們都關心香港的發展。

面對政改，大家都很實際地表示「有多少，先袋下；未有的，則繼續爭取」。大家看到，今屆特區政府拿出來放在大家面前的，是一個實際而可行的方案，通過後便不能抵賴。如果不通過，今屆政府已開宗明義不會再推出新方案；下屆政府會否推出政改方案，則是下屆特首的決定。但是，看到社會現時如此撕裂、分化、沒有共識，貿貿然拋出方案只會令社會更撕裂。如此一來，到哪一屆政府才能推出方案，帶領香港人做到普選呢？錯過這次機會，普選只會遙遙無期。

......

民主發展不可一蹴而就，每個政治制度都是按當地社會的環境和實際情況而改變和調整。這次政改方案或許不是完美，而事實上亦沒有一套符合全球各國的完美普選制度。然而，只要我們同心協力，不斷嘗試創新，總會有完善和進步的空間。

......

過去數年的政治爭拗一定程度上已影響經濟和民生。大會「拉布」，財務委員會又「拉布」，連財委會轄下的工務小組和人事編制小組委員會也「拉布」，令很多有助市民紓困的措施和有利營商及幫助中小企的政策都被一拖再拖才能實行。激進派議員表示抗爭有理；我們看到的是他們用市民、中小企和全港七百萬市民的福祉作為要脅，搞內耗。最後，全港市民均淪為大輸家，只令我們的競爭對手受惠。工商界最擔心的是政改方案不通過，香港的政治紛爭會越演越烈，直接削弱我們的競爭力。

......

在過去的政治爭拗中，激進派似乎刻意抹煞「一國兩制」中的「一國」，只是強調「兩制」，好像刻意將香港和中國切割；但事實上，香港是中國的一個特別行政區，我們有責任根據基本法推行普選，也有履行維護國家主權、安全、發展利益的義務。走激進路線可能有助從政者吸納支持者，但卻無助我們履行憲制責任。相反，只要有互動，大家未來願意坐下來討論，普選方案一定還有很多空間。

主席，我全部家人也在香港出生，我們以香港為家，也希望香港可以越來越好，但回看過去數年香港的發展，明顯被周邊地區、城市和國家趕過。當大家都發力向前衝的時候，我們卻因為各種爭拗而步伐緩慢下來，甚至停滯不前。香港需要穩定的政治環境，讓政府和民間齊心攜手，合作推動持續的經濟發展，改善民生。這些也要整個社會共同合作，運用整體智慧為我們在政改的三岔口找一條最適合香港的出路。

我希望大家按下按鈕之前想一想：今次政改方案無法通過，香港民主步伐毫無寸進，社會仍然處於內耗，激進派繼續抗爭，「拉布」和不合作運動持續出現，香港整體利益和七百萬名市民的福祉便會被擱置一旁 —— 這些是否各位議員所希

望看到的呢？今天在席的七十名議員，各自手握一票，決定二〇一七年香港是否有普選。我今天支持政改方案，便是希望香港的民主進程可以跨進一大步，兩年後可以普選特首，之後盡快普選立法會。

香港並非只屬於我們七十名議員，而是屬於全港七百萬名市民。既然基本法訂明我們有機會改變二〇一七年行政長官的選舉辦法，我們現在這一刻放棄，是否對得起我們的選民？是否辜負了市民對立法會的期望？是否對得起我們的下一代？

湯家驊議員：

主席，今天應該是我最後一次在這個議會就政制改革發言。主席，我加入議會已經十一年，我加入議會的目標是為了爭取普選，但最諷刺的是，我今天發言是為了否決一個不全面、不理想的政改方案。……

主席，直到這一刻，我仍深信在香港舉行普選，與「一國兩制」和基本法沒有矛盾，亦不應該有矛盾。一個最佳例子是我於二〇一三年提出的政改方案，不單符合全國人民代表大會常務委員會的決定和基本法的條文，亦得到國際專家認許。但令我感到痛心的是，不單中央沒有表示意見，泛民主派也沒有表示意見。一位泛民主派同事曾經對我說這個方案連中央也不接受，為何他要接受呢？

當然，這種說法公平地看有點本末倒置，因為這說法建基於一個假設，那便是中央政府渴望香港有一個接近西方民主模式的普選制度，而中央政府也會提出一個完美方案，哀求泛民主派接受。然而，政治現實並非如此。政治現實是民主派應該提出一個切實可行和符合基本法的方案，然後向中央爭取，並且說服它接受。但事實上，我們並沒有這樣做。

民主派以佔中要脅中央，推行一個中央認為是違反基本法的提名程序，結果落得一個八三一決定。主席，政治是互動的，我們的一言一行都可能會引起回應或反擊。其實，我們若要通過一個大家可以接受的方案，便不應採取這種方法。主席，我今天坐在這裏也聽到很多同事以一些我個人認為是比較尖銳和貶低性的語言，盡量奚落或打擊對方。在這種情況下，香港怎會達致〔至〕共識呢？議會裏其實也反映了議會外面的情況。

主席，我相信我應該是首位在公眾面前說會否決這個方案的立法會議員，因為我當時正在做直播節目，在八三一決定公布完畢那一刻，我已指出難以接受這個方案。但是，我其後仍以一位從政者應有的心態作出考慮——如果在憲制或政治角度來看，北京認為八三一決定不可動搖，我們可否在其他地方爭取最大的民主進度呢？主席，我也曾經考慮過我手上的否決權，其實最大力量便是利用它來爭取多一點民主進度。所以，我希望民主派能夠利用他們的否決權，爭取多一點民主進度。但是，如果民主派採取甚麼也不接受的立場，他們的否決權便形同虛設，因為對方會認為不能滿足民主派的要求。既然如此，有否決權也等於沒有否決權，最終只會「一拍兩散」。

主席，我在過去一段時間，特別是八三一決定公布後，已盡了最大努力希望能夠令北京決策者和泛民主派朋友在他們認為安全的情況下坦誠會面，為這個困局尋找出路。但很可惜，我完全失敗，我必須承認白費了所有付出的努力。可是，最令我感到痛心的是，在八三一決定公布後，特區政府和泛民主派都沒有用心考慮，我們在甚麼情況下可以為香港人尋找出路，而是將所有精力和焦點，放在所謂爭取香港市民的民意。

我們花了很多錢進行很多民調，每天都有關於民調的消息，但主席，我們不需要這些民調告訴我們香港社會正面對嚴重撕裂。這些民調對解決問題有甚麼幫助？能否說服你們？能否說服我們？更令我感到心痛的是，當民意比較接近的時候，甚至有一天出現了反對聲音超越支持聲音的時候，我們的同事歡天喜地，奔走相告。我問何喜之有？為何大家不問為甚麼我們會為此事而感到高興？

主席，我曾經寫過一篇文章，以所羅門王的故事作比喻。大家應該也記得這個故事——有兩位母親同時走到所羅門王面前說，聲稱自己是小孩的母親，小朋友是我的，所羅門王便對她們說會用劍把小孩一分為二，二人便可以各取一半，這樣做便可以皆大歡喜。主席，特區政府或泛民主派爭取到一半社會支持又如何呢？是否爭取到一半社會支持便表示取得成功呢？我們應否為此感到高興呢？主席，真正的母親一定不會為了取得一半社會支持而感到高興。

主席，此時此刻，我們仍舊是這個樣子。外面的人正在比較人數的多寡，這樣做究竟有甚麼意義呢？主席，要考慮支持或否決這個方案，我只有兩個原則：第一，方案是否符合我的政治理念和政治訴求。第二，方案對香港的影響。主

席，我無須詳細解釋，我可以說這個八三一方案並不符合我的政治理想，但如果方案可以令香港得到最大裨益，我會考慮暫時放下我的政治理想。然而，主席，我的評估不是民調評估，我看到的只是社會出現了嚴重撕裂和十分強烈的仇恨情緒。主席，報章數天前報道有人製造土製炸彈，把我嚇了一跳。香港人為何會變成這個樣子呢？但是，一些網民竟然指有人插贓嫁禍，以及警方和中央政府一起編故事。我不知誰對誰錯，但可以從這事件看到社會可能已到了一個無可救藥的地步。

主席，民主不應只重視數字，民主不表示如果出現了 51% 對 49% 的局面，佔 49% 的一方便要全面投降，而佔 51% 的一方便一定對。主席，民主最重要的一個原則便是尊重少數聲音，我們今天不單要尊重少數聲音，因為現時有三至四成香港人表現得極為憤怒，他們的憤怒已到了我們無法理解的程度。如果我們強行通過這個方案，將會造成甚麼後果呢？主席，我並非悲觀主義者，我站在這裏便表示我是一個十分樂觀的人，但若方案真的勉強獲得通過，外面這羣憤怒人士的反應一定會遠比他們最初聽到八三一決定的時候來的更激烈，香港屆時會變成甚麼樣子呢？在為期七十九天的佔中期間，香港幸運地沒有發生過大型的流血事件。如果佔中再次出現的話，香港會否如此幸運呢？主席，中央會否繼續保持不插手的取態呢？如果中央插手，認為香港必須維持社會秩序，「一國兩制」會否因而被拖垮，永遠不能實現呢？

主席，我不懂賭博，但我不會把香港的穩定、「一國兩制」作為賭注。我的想法也可能完全錯，但如果真的有這個機會，請議員撫心自問，你們的良心過意得去嗎？

主席，很多人認為中央與香港人或泛民缺乏互信，但我認為這只是表徵，核心問題其實來自回歸後，中央與泛民對「一國兩制」的理解和期望一直存在重大分歧。中央認為——袁司長剛才已指出這點——基本法第四十三條列明，特首必須向中央政府問責，而這是其他國家關乎元首責任的憲法沒有列明的條文。所以，中央認為它有權亦有責任介入選舉特首的問題。民主派卻認為根據「一國兩制」下的「兩制」，香港應該確立一個完全自主的民主制度。如果民主派對「一國兩制」的理解與基本法不符，那麼是否應把基本法置諸不理，甚或把它撕掉、燒毀、「推倒重來」呢？主席，大家有如此南轅北轍的立場和期望，我們怎可以說

現在已有足夠條件，對行政長官選舉辦法進行改革呢？主席，我覺得現在不是時候，強行通過只會帶來災難性後果。我希望將來繼續留在議會的同事想清楚，應如何理順大家對「一國兩制」的期望和瞭解的落差，我相信找到答案的那一天，香港便可以進行普選。

廖長江議員：

主席，這項有關二〇一七年香港特別行政區行政長官產生辦法的議案，是香港回歸十八年以來，循序漸進發展民主，得來不易的新里程。……

所以，在現時這個具備承先啟後意義的歷史關鍵時刻，我認為每位立法會議員所投的一票固然不應該為自己而投，亦不應該為自己所屬的政黨或派系，又或為中央或特區政府而投。我們應該為香港整體的長遠利益而投下這一票。

很遺憾，雖然有廣大民意支持通過這個按照二〇一四年全國人民代表大會常務委員會八三一決定而擬訂的政改方案，泛民議員仍然一而再、再而三地堅持要否決這個政改方案。簡單來說，泛民議員指這個方案有篩選，令泛民陣營中人出選機會不大，所以不是所謂的真普選。但是，泛民把自己陣營中人能否出選作為驗證普選真假的試金石，本身就是一個很大的謬誤，亦顯示他們根本不瞭解基本法。

主席，一個地方的政治制度從來不會亦不應為部分人而設。試想想，即使我們今天無視憲制、罔顧法律、不理會其他人的意願，完全遷就泛民議員來擬訂選舉方案，確保他們可以出選，以換取他們支持；如果下次另一臺人表示他們陣營的人若被「篩走」不能出選，就不是真普選，那麼選舉制度豈不是又要跟隨他們的意願來更改？

每個地方都應該以整體社會的長遠發展和利益為依歸，設計及制訂一套公平、公正的選舉制度。就香港來說，正正就是為了保障「一國兩制」下原有資本主義制度和生活方式不變而設定均衡參與的原則。基本法第四十五條規定，行政長官「最終達至由一個有廣泛代表性的提名委員會按民主程序提名後普選產生的目標」。這規定自一九九〇年基本法正式頒布以來，從未改變。全國人大常委會八三一決定明確指出提名委員會要按照目前選舉委員會的組成，就是要令提委會

與選委會一樣，維持其社會縮影，確保每個界別均衡參與，讓四大界別各佔的委員人數比例均等。換言之，沒有任何一個界別、組織、社羣、政黨或利益集團可以把持提委會。

綜觀歷史，在各地剛開始「一人一票」普選時，每每都會助長民粹主義抬頭，不利於資本主義制度。如果我們都想保障香港的資本主義制度五十年不變，便須要對民粹主義有一定的制衡。放在眼前的政改方案，便是為了平衡民粹，從而保障香港現有的制度而設。

在基本法均衡參與的設計下，任何人想要成為特首候選人，都要在社會各界取得廣泛支持，才可以獲得足夠提名，因此他的政綱不能夠向某方面傾斜，而將來的施政亦必須要照顧社會各階層的利益。故此，那些在政治光譜上抱有極端主張的人，無論是屬於建制派、泛民、極左、極右或其他陣營，也一樣會無緣問鼎行政長官之位。

舉例來說，如果有人走福利主義，他便未必能夠得到工商界別和專業界別的支持。倒過來說，有人如果走極端資本主義，他亦不能得到勞工界、社福界和代表基層的委員的認同。在基本法的普選設計下，最終獲得提名委員會提名可以參與選舉的候選人，將會是那些各方面和各階層都能夠接受的候選人。在目前撕裂的社會狀況下，亦只有這類人才適合擔任特區首長，領導和團結大多數人，以及能夠確保基本法保障的政治及經濟體制不會「走樣」，被帶至走向極端。

主席，全世界的首長選舉都會包含篩選，問題是篩選是否合理。中央提出特首候選人必須愛國愛港，不能夠與國家單一體制下的中央政府對抗。我想問問香港市民甚至國際社會：這又有何不合理之處？泛民人士如果想參選特首，便應與其他人一樣致力說服提委會多數委員、香港選民及中央政府信納他符合資格，而不是對號入座，硬要把自己打造成為不愛國愛港及要與中央對抗的人。

主席，香港特首和立法會可以由普選產生，都是源於基本法第四十五條和第六十八條作出的規定。在這個普選進程中，國家有一個毋庸置疑的憲制角色，而全國人大常委會作為國家最高權力機關的常設機構，對香港政改所作出的解釋和決定具有憲制性的法律效力。

正正因為全國人大常委會在二○○四年通過對基本法的解釋，確立了政改「五部曲」，以及在二○○七年通過有關香港政制問題的決定，確立香港的普選時

間表，再透過去年的八三一決定，進一步為香港普選特首訂下清晰明確的框架，隨後才有特區政府啟動政改「五部曲」，推動修改行政長官產生辦法，最終向立法會提交政改方案，讓香港有機會向實現普選的方向邁進。

所以，道理十分清楚，若泛民議員堅持否定人大八三一決定，即是摧毀香港實現普選的憲制基礎，自毀長城。如果硬要把「公民提名」僭建入基本法，只會帶領港人走入一條死胡同。更何況，實行普選是香港政制的重大變革，也是與國家攸關的大事，慎重行事是應有之義。堅持公民提名只會破壞各界別和階層均衡參與的機制，亦難以確保當選者愛國愛港和擁護「一國兩制」，最終會為本港社會以至國家安全和利益等方面帶來衝擊。

令人齒冷的是倡議公民提名的人常常滿口法治，但究竟公民提名如何符合基本法，公眾卻從來未聽過他們作出任何合理和具說服力的解釋。他們為了政治目的，不但鼓吹違法行為，甚至以身試法，七十九天的佔領行動便是鐵證。難道他們找到任何符合國際標準的法治是鼓吹犯法的嗎？但是，當他們遇到問題時，又會急不及待地尋求基本法賦予的法律保障，包括申請司法覆核、禁制令、人身保護令等。主席，你不覺得諷刺嗎？

按照人大八三一決定，有關普選安排的規定從二〇一七年開始長期有效，並不會因為今次政改方案遭否決而失效。中央亦解釋清楚，如果今次的政改方案被否決，下次重啟政改的起步點也一樣是八三一決定。泛民所謂「重新來過較有利」、爭取真普選、公民提名的說法，根本是自欺欺人。

但是，如果大家今天通過政改方案，讓有意參選特首的人士，可以透過更低門檻爭取「入閘」，再經過提委會過半數委員提名，讓獲得社會各界廣泛支持及有公信力的人士 —— 包括泛民人士 ——「出閘」成為候選人，並且經過五百萬名選民「一人一票」普選洗禮後才當選為行政長官，這個絕對是香港穩步發展民主的一大步。日後如果社會認為這個選舉制度需要進一步優化，大可以在這個基礎上謀求改進。

主席，無論今次政改能否通過，將來泛民也會繼續爭取修改特首選舉的方式。既然如此，先落實普選不是比不落實普選更為有利嗎？相信對聰明的香港人而言，答案是不言而喻的。

但是，泛民卻把這個進步的方案硬說成是退步，還說「袋了死得更慘」。試

問這種猜疑對立的心態，又怎會有利於跟中央建立互信？再者，希望他們不要再欺騙港人，說這條是和平抗爭之路。他們擁抱的本土主義已經失控，政改方案表決前夕便揭發了一個報稱為「全國獨立黨」的組織涉嫌製造炸彈，以圖製造恐慌，令社會震驚。環顧全球，本土主義恐怖活動可以令社會安定毀於一旦，如果泛民仍然執迷不悔，否決政改方案，助長本土主義，會將香港帶往另一條不歸路。香港政改的列車也會隨之脫軌，不知何時方可抵達終點，雙方的鴻溝將會更難修補。

主席，基本法保障香港原有的資本主義制度和生活方式五十年不變。現在距離二〇四七年只有約三十年，如果香港政制停滯不前，將來又憑甚麼跟中央商討二〇四七年之後的安排？到二〇四七年，香港特區又如何自處？請泛民議員明白，我們今天投下的一票實在是牽一髮動全身。為了香港的將來，為了整體社會的長遠利益，希望他們發揮獨立思考，鼓起勇氣跟我們一起投票通過議案。

梁耀忠議員：

主席，我參與民主運動已有三十多年，而街坊工友服務處亦已成立三十年。這三十年來，我們見證很多「打工仔女」的生活雖然有所改善，而事實上，他們過去為香港的經濟發展亦作出不少貢獻，但很可惜，在回歸前，他們的政治權利固然得不到尊重，而在回歸時，他們期望自己的政治權利能在回歸後得到尊重，可惜在回歸後，我們的民主權利只放在中英談判桌上。我們努力、艱苦地爭取，無疑爭取了一點東西，但這些爭取而來的東西和得到的承諾，今天可以說是全部化為烏有。你說在這種情況下，我們如何能繼續相信呢？

主席，為甚麼我說已化為烏有呢？如果大家還記得，一九九三年，魯平在《人民日報》發表署名文章，清楚表示第三屆特區政府以後的立法機關如何組成，將來完全由香港特區政府自行決定。只要三分之二的立法會議員通過，行政長官同意，報中國全國人民代表大會常務委員會備案便可以了，不必得到中央同意。香港將來如何發展，完全屬香港自主範圍內的事，中央政府不會干涉。主席，魯平的說話如今往哪裏去了？不知是否由於他已離世，他當年的這番話也隨之化為烏有呢？中央與特區政府表示，如這次有關行政長官選舉的政改方案不獲通過，

立法會將無望有任何更改。這不是中央的干預又是甚麼？這不是香港特區政府可自行決定的事嗎？當初的承諾往哪裏去了？

主席，時至今日，中央政府、特區政府，以及很多建制派議員不斷說這次「袋住先」的方案符合基本法。主席，其實這說法才是真正睜大眼說謊的事實。為甚麼這樣說呢？因為基本法附件一第七條說得很清楚，條文訂明二〇〇七年後行政長官的產生辦法如需修改，須經立法會全體議員三分之二通過，然後經行政長官同意，再報請全國人大常委會批准。主席，這項條文哪裏說明容許人大「落閘」？哪裏說明行政長官候選人須經過篩選？這些不是違反基本法的做法又是甚麼？當然，他們可以說人大已作出更改，現時亦不再是「三部曲」，而是「五部曲」。主席，這些做法不是「搬龍門」又是甚麼？這不是代表他們在有需要時便作出更改嗎？他們有尊重過香港市民嗎？對於寫明的條文，當他們認為需要更改，不也就作出更改嗎？

主席，這些做法給我們的感覺是他們的嘴巴比我們大，可以大聲說話，而我們的嘴巴小，不能說出話來。然而，主席，這些「搬龍門」的做法，真的沒有尊重香港市民，亦沒有尊重基本法。他們除了違反我剛才所說的條文之外，基本法內更清楚訂明，除國防和外交事務外，其餘的特區事務應由特區政府處理。為何人大這次要對特首候選人作出限制，包括限制參選人數，又限制哪些人才有資格參選，甚至限制提名委員會如何組成？這些究竟是甚麼行為？這些做法又如何尊重和依據基本法？此外，大家也知道，回歸前，中央政府令香港市民恢復信心的做法，便是提出「一國兩制」、「港人治港」、「高度自治」。現在如何「高度自治」？人大說甚麼，我們便要做甚麼，何來「高度自治」？

主席，最近國務院港澳事務辦公室主任王光亞表示，「袋住先」等於「袋一世」的說法是歪曲和誤導的。他說人大八三一決定的效力不限於二〇一七年的行政長官選舉，在未依照法定程序作出修改前長期有效。不過，他卻說不存在一成不變的法律制度，制度會隨着社會發展而發展，日後是否需要修改視乎社會的發展情況。他又說有關的修改仍然要依照「五部曲」來進行。他向我們呼籲，為了讓選舉邁出一步，便要通過這個選舉方案，讓這個所謂的普選成為事實。

主席，我剛才也說過，基本法中白紙黑字訂明的條文，你們說要改便改，但很可惜，修改出來的結果並非越改越好，並非按照基本法的精神讓香港得到

真正民主的修改，而是越改越差，香港市民的權利越被收窄，令我們的民主步伐減慢，甚至不容我們再走前一步。主席，我們實在很難再相信，因為今天王光亞說可以修改，也只是口說而已。當年魯平白紙黑字寫得清清楚楚，明言中央不會干預、中央會讓特區政府自行作出決定，連國家報章也清楚刊登的說話又如何呢？這些都往哪裏去了？所以，在這情況下，我們如何能相信王光亞的說話呢？

主席，不但如此，今次人大透過八三一決定「落閘」，它當然提出很多理由，其中一個理由是期望國家安全得以確保，確保當選特首的人愛國和愛港。主席，其實很多人也愛國愛港，但如果說這是為了確保國家安全，我便想問，今屆基於國家安全提出八三一決定，五年後可以怎樣放寬呢？如何能剷除八三一決定呢？難道屆時不再存在國家安全的考慮？國家安全是否只在今屆存在，下屆將不存在呢？大家要明白，其實國家安全的考慮是常常存在的。既然如此，如果這不是「袋一世」，那又「袋」多久呢？如果不是繼續「袋」下去，那又「袋」到何時呢？所以，主席，王光亞先生指「袋住先」等於「袋一世」這說法是歪曲和誤導，那我想反問，他如何能向我們證實不會「袋一世」，不會不作任何修改呢？他如何能告訴我們將來不再存在國家安全的因素呢？

方剛議員：

主席，雖然香港的媒體和部分香港人認為自由黨時常搖擺不定，但在二〇一七年政改方案的議題上，自由黨由始至終也堅定表示支持。原因並非我們突然想做好孩子，而大家更不會相信我們會因而得到很多好處。為何自由黨會支持呢？主要有以下三個重要原因：

（一）自由黨認同香港必須邁向民主化，但香港的民主發展絕對不適合「一步到位」，必須在基本法的基礎上循序漸進，最終達到普選的目標。

（二）今次的政改方案可能並不完美，但最低限度較現有的選舉辦法有所進步，讓全香港五百萬名合資格選民可以參與投票，總勝過以往只有一千二百人可以參與選舉的制度。

當人人也有投票權時，便會減少社會上的分化，加強香港人對香港事的關注。如果只有一千二百人有權投票，大家也會覺得特首選舉與自己無關，只不過是特權階級的遊戲。因此，選出來的特首的認受性相信亦不會高。

其次，如果五百萬人有投票權，特首候選人的政綱及整個選舉工程均必須面對全香港的群眾。一旦當選，便要向全香港市民實踐承諾。這點與過去只須向選舉委員拉票是截然不同的事。政改方案推出以來進行的多項民調均顯示，贊成將政改方案「袋住先」的市民佔大多數。我相信最大的原因是如果人人也有投票權，即使候選人不合心意，也可以投白票，而非如現在般只可對着電視機品評，甚至懶得理會。

（三）香港是一個經濟城市，自政改爭拗開始，香港的經濟發展受到極大影響。我們商界站在經濟發展的前線上，看到的情況是外商對投資香港猶豫不決、新增的大型基礎工程幾乎全部停頓、香港人人心慌意亂，以及內部消費非常謹慎。與我們的競爭對手相比，香港已節節落後。

有人提出，香港的普選方案要參考國際標準，我們對此完全不同意。國家或地方領導人的選舉方式根本沒有一套國際標準，即使是美國和英國的提名及投票方式，也各有不同。這個世界每天也在不斷發展，政治和民主的步伐亦不斷向前。因此，香港不應參照任何國家或地方的普選方式，而應在基本法的基礎上逐步發展出一套適合香港的普選制度，方為良策。

不過，自由黨對今天提交的政改方案亦非沒有意見，最簡單的一項是關於日後提名委員會的組成。我們希望將功能界別的公司票改為董事票，藉此擴大功能界別的選民資格及認受性，以及調整目前選民與選舉委員數目不成正比的界別，日後在組成提名委員會時，騰出部分名額予目前在選舉委員會中沒有代表的界別，包括婦女和青年團體等。

......

自由黨關注的最後一點是這套政改方案是否終極方案，以及所謂「袋住先」會否變成「袋一世」。我們很高興港澳辦主任王光亞先生昨天透過親中報章表示，「袋住先」等於「袋一世」是歪曲和誤導的。換言之，將來政改方案仍有修改和優化的空間。不過，將來的優化空間究竟是在八三一框架內，還是可超越八三一

框架呢？對於這一點，我並不知道。但我最不明白的是，為何中央官員要在這最後時刻才肯回應「袋住先」並非「袋一世」。

郭家麒議員：

主席，對我而言，這是一場良知的投票。當有些人告訴我們，將會有真普選時，大家需要看清楚，現時的方案並非向我們提供普選，而是選一個傀儡，一個如傀儡般的行政長官。……

在以往的制度下，只須有 1% 的選舉委員提名就可以參選。仍有候選人可以按自己的良心出來參選，以民為本、支持民主的人士可以當上候選人，但在現時這個所謂新制度下，「林鄭」及其三人組所鼓吹的，是一個倒退——我重申，這是一個「倒退」——因為現在他們要「落閘」，候選人需要一半委員支持。這些委員是原封不動地由選舉委員轉為提名委員，他們當中有一半人說某人可以參選，該人才可以參選，這不是傀儡會是甚麼呢？

所以，很奇怪，最近有甚麼人出來支持民主呢？從來沒有支持過民主的民建聯、工聯會和經民聯等人，他們紛紛走出來說支持民主，我真的感到好像正在做夢。然後，一些地產商，例如李嘉誠、李兆基及呂志和等亦輪流出來說支持民主。我真的想問，正在發生甚麼事呢？有時候我還會掐一掐自己的臉，看看自己是否正在做夢。數十年來，我們曾否見過這些人出來爭取民主？這些大財閥在哪一刻爭取過民主？他們爭取的是甚麼呢？就是在他們的土地上、在他們的小圈子中取得最大利益。後來有一個人提醒了我，他就是吳亮星議員。

吳亮星議員現時並不在席。他有一次說到，在香港，民主重要，但金錢更加重要。我頓然明白，原來這羣人是要告訴我們，金錢更為重要，所以一定要有這制度，因為這制度可以養活他們，有特權的人就會繼續保住特權。這一千二百人究竟是甚麼人呢？這些界別，我現在讀出來，看看大家有否機會有幸進入這些界別成為權貴。他們包括一些商會，大家可否進入香港總商會、香港中華總商會或香港工業總會，大家可否出任他們的委員呢？當然不行，因為有 82% 的票數屬於公司票和團體票。我們要開設甚麼公司才可以加入這些商會呢？當然是沒有可能的。在這種制度下，他們硬要告訴我們這是一個民主制度，比市民只能在電視上

觀看選舉更好。很抱歉，那些都是違心說話。

　　……

　　在二○一三年十月，我們聽到「有商有量，實現普選」，當時很多人信以為真，很多人以為會「有商有量」，而政府在電視上也一直重複說會「有商有量」。直至一名中央大員說出，其實一切也不會改變。我們的林鄭司長很厲害，說這就是一錘定音，於是大家恍然大悟。接着，又出現甚麼情況呢？去年六月公布的白皮書把「一國兩制」重新演繹，把「一國」置於「兩制」之上，這其實違反了中央在一九九○年的承諾。

　　在一九九○年三月二十八日第七屆全國人民代表大會第三次會議上，姬鵬飛先生清楚指出「『一個國家，兩種制度』是我國政府為實現祖國提出的基本國策。按照這一基本國策，我國政府恢復對香港的一系列方針、政策，主要是國家在對香港恢復行使主權時，設立特別行政區，直轄於中央人民政府，除國防、外交由中央負責管理外，香港特別行政區實行高度自治；在香港特別行政區不實行社會主義制度和政策，原有的資本主義社會、經濟制度不變，生活方式不變，法律基本不變」。可是，我們看到的是，所有事情都改變了，中聯辦可以隻手遮天，可以插手我們的選舉，可以在我們的諮詢中用盡方法，現時更親自落場。……

　　……

　　剛才有人對我們說這一千二百人具有廣泛代表性，我記得這是律政司司長所說的。幸好他說出了一點，原來這是一個概念，在一千二百人中，有四百九十五人在二○一一年是自動當選的，有 81% 是公司票，大部分與小市民無關。由數百萬人選出來的立法會只有七十席，但漁農界在選舉委員會中便佔了六十席。這也不是最差，一個商會開設數間公司便可以有五六票。在這情況下，竟然告訴我這具有廣泛代表性？不要說謊了。有人說，撒謊一次沒有人相信，兩次沒有人相信，但再說便會有人相信，我覺得有些香港人都是這樣的。

葉劉淑儀議員：

　　主席，我代表新民黨發言，支持政府提出的議案。

　　我在此也藉着最後一次就這議題公開發言的機會，呼籲泛民同事臨崖勒馬，

投票支持這項議案，因為我認為中央確實有誠意，而且下了很大決心在香港推行民主普選。由於何秀蘭議員剛才在發言中，多次提及港府政務官，讓我在此簡單回顧一下歷史。身為一九九五年加入港英政府的政務官，我可以告訴各位議員，在殖民地年代，香港人對我們的最高領導人人選完全沒有發聲機會。其實，如果不是由於回歸祖國而有「一國兩制」、「港人治港」的規定，以致公務員體制必須本地化，香港也不會有那麼多政務官得以晉升至司局級職位，坐在今天的議事堂裏。

中英聯合聲明其實並沒有提及普選，而只是列明行政長官須通過選舉或協商產生。普選其實是基本法賦予我們的權利，而中央政府更於二〇〇七年的人大常委會提出時間表，表示最快可以在二〇一七年普選行政長官，而本屆政府就任不久便可着手推動普選行政長官事宜。雖然普選方案或許不是泛民同事心中最理想和最自由放任的方案，也不能確保他們一定可以「入閘」，但無論如何，與殖民地年代比較，這個方案民主得多，也是全國除了台灣地區以外最民主的制度。如果香港可以成功落實這個普選方案，將來中國各地大有可能逐漸推行地區普選，從而推動國家政制現代化。所以，如果我們今天放棄這個機會，對香港、國家，甚至全世界來說，也會造成重大損失。

很多泛民同事指責八三一決定所說的是假普選方案，我想回應一下。民主制度由西方傳入，普選的英文是 universal suffrage，顧名思義指每一個人有普及、平等和票值相同的投票權。其實，先進西方民主國家的每名市民，也不一定享有普及而平等的提名權。雖然每名市民都有權爭取提名，但每個不同地區也有其提名方法，很多西方國家的提名門檻其實也非常高。

郭家麒議員剛才提及，提名委員會參照現時的選舉委員會是很不公平的做法。其實，我認為他沒有研究某些細節，特別是甚麼公司可以當香港總商會的會員。主席，不單匯賢智庫是香港總商會會員，連非牟利公司或政策研究組織也可以當會員，湯家驊議員的民主思路日後也可以申請成為會員，門檻可謂相當低。說到商界的功能界別，不知道郭議員或其他泛民同事是否知悉，例如屬於零售界的攝影器材界別的商會只要表示熱衷拍照，已經可以成為選民。其實，很多功能界別的門檻也頗低，界別成員也不是像馮檢基議員昨晚在電視節目中所說，全都是有背景、聽北京說話的人。馮議員更表示只有數十名成員經直選產生，所以受

到不合理限制。其實，提名委員會有三百名專業成員，而我們近日從不同民調也可以看到，很多專業界別也有許多年輕和思想獨立的從業員，他們不一定聽從中央政府指揮。

所以，今次中央政府給予我們的確實是「一人一票」普選特首的權利，這是一個真正的普選機會，而享有選特首權利（franchise）的選民更由一千二百人大大提高至五百萬人。所以，我呼籲泛民同事投下理性的一票，無負他們對歷史的責任。

我昨晚在某個電視節目中與數名泛民同事交換意見時，他們表示對八三一決定有所保留，我覺得一來由於他們認為自己不能「出閘」；二來由於方案不符合他們心中理想，那就是天馬行空的提名制度，而且完全不受中央制約。這種想法並不符合香港的客觀事實，因為在憲制、歷史和地理上，我們是中國的一部分，我們這個議會也是地區議會。作為一名稱職的議員或地區議會成員，我們應正確瞭解香港特別行政區與中央的關係，「一國」和「兩制」之間的關係，好好履行我們的責任，根據基本法落實普選。

至於普選落實後會否真的「袋一世」的問題，眾所周知，王光亞主任最近接受傳媒訪問時表示「袋住先」等於「袋一世」是歪曲事實的說法。事實上，我們看看香港便知道法律不會一成不變，所有法律都會根據實際執行經驗而演進。例如，香港法律改革委員會在法例實施一段時間後，便會研究有哪些地方可以改進。如果普選制度實施後明顯不理想，香港這個自由、開放的社會自然會出現很多聲音，很多人也會提出改善建議。所以，我相信如果能夠成功落實普選，不但可以改善香港的管治問題，而且可以令特區政府更有能力解決眾多迫切的經濟民生問題，與時並進。

關於打造香港的普選制度，有同事在昨晚的電視節目中指出不滿中央政府在作出八三一決定時，只着眼國家安全。我認為這做法無可厚非，一個國家若不關心國家安全，便是不負責任。如果國家整體不安全，香港作為其中一個特區也會變得不安全。其實，我們每一個人都應該關心國家安全和主權，以及國家的整體發展利益。

一個良好的民主制度，並非單指做好選舉制度。正如姬鵬飛主任在一九九〇年頒布基本法的發言中指出制訂「一國兩制」的基本方針，便是要確保香港長期

穩定。我在此讀出他的重要演辭——「香港特別行政區的政治體制，要符合『一國兩制』的原則，要從香港的法律地位和實際情況出發，以保障香港的穩定繁榮為目的。為此，必須兼顧社會各階層的利益，有利於資本主義經濟的發展；既保持原政治體制中行之有效的部分，又要循序漸進地逐步發展適合香港情況的民主制度。」

剛才發言的泛民同事也指出，我們的政務官的質素一向優秀，而且享有崇高聲譽。我們一方面應確保他們維持高效率和良好的士氣和聲譽，另一方面也要確保香港的資本主義經濟持續發展，因為我們不能單靠民主或選舉「吃飯」，我不是指吳亮星議員所說的「發財」。我們要制止香港經濟的競爭力持續下滑，我們的經濟增長在過去三四年已不能突破 3%，而今年第一季也只錄得 2.1% 的增長。如果香港繼續執迷選舉爭拗，甚至好像某些議員所說進行鬥爭，為了增加談判能力（bargaining power）而與北京抗衡，以求取得權力，這是對不起香港市民的行為。

所以，如果現在能夠實行第一屆普選，兼顧各階層的利益，讓商界、金融界、專業人士、社會福利界、文化界、藝術界和直選議員齊齊發聲，將會對香港的均衡發展起重要作用。雖然泛民議員多次表示要否決方案，但我仍然希望呼籲他們肩負歷史重任，為推動香港歷史性的民主過程投下支持一票。

陳鑑林議員：

主席，發展民主，實現普選，是所有香港人的夢想。特別是在港英時代，根本便沒有民主，回歸後，中央履行承諾，積極推動香港實現普選。在二〇一七年實現普選行政長官的機會就在眼前，政府做了很多的諮詢和溝通工作。王國興議員指劉慧卿議員沒有說謊，但她說政府沒有聽取意見，可是，在諮詢期間，反對派卻實行杯葛運動，只是提出了四個字：「公民提名」。這是一個違反基本法的提法，政府能夠採納嗎？

……

反對派口口聲聲爭取民主和自由，但本身卻是民主最卑劣的示範。黃成智因為說出了自己的意見，被民主黨標籤成「叛徒」，開除黨籍。最近，在網上有一

個連載很受歡迎，叫做「一個年輕公民黨員的心聲」。文章透露，公民黨內的一些「元老」分子實際上也認為，沒有理由對政改方案不採取「袋住先」的立場，因為「政改原地踏步，不利於培養下面的接班人」。湯家驊議員亦表達了一些理性的聲音，但最後亦演變成梁家傑議員和湯家驊議員公開火拼。可見他們黨內的是獨裁政治，連黨內民主都實現不了。

泛民數次聯署捆綁，強制否決方案，斷了溫和泛民「轉撐政改」的後路，剝奪了泛民議員自由選擇、自由投票的權利。社會上如果有人站出來支持政改，便要面對被「起底」和網上欺凌。作家屈穎妍小姐因為在報章專欄撰文為警察說話，遭反對者在網上恐嚇「滅門」。這些都是對言論自由打壓、排除異己、「有我講無你講」的姿態，其實是民主霸權。

……

泛民時常將「毋忘初衷」掛在嘴邊，但非事事從民主考慮，而是更多從個人政治利益出發，更以激進取代務實，贏取了鎂光燈，卻輸掉了香港的民主，從他們所謂的「初衷」越走越遠。以這種靠「激」上位，專搞抗爭的態度來爭取民主，香港的民主路必定會越來越渺茫。

此外，我們更要警惕，反對派將「爭取民主」變成「反中亂港」的借口，藉「民主」之由，行「港獨」、「本土主義」之實。反對派一直不把「一國」放在心內，即使在就職宣誓中宣讀「效忠中華人民共和國香港特別行政區」也是極不情願，甚至擅自修改誓詞。但沒有「一國」，哪有「兩制」？

在殖民時期，英國政府要派甚麼人來當港督，從不會諮詢民眾，更不可能放手讓香港市民提出意見，遑論甚麼選擇。中央政府為了維護香港繁榮安定，讓港人自行依法選舉行政長官。這是中央政府對港人莫大的信任，可惜的是反對派濫用了中央的信任，看成是自己可以任意妄為，而中央必然會事事遷就。普選有了路線圖和時間表，可惜的是，反對派還要度身訂造一套參選方案，非要把反對中央的人放到候選人行列不可。硬要把普選方案抹黑，說成是假普選，「指鹿為馬」的正正是他們自己。

主席，多年來，「實現普選」是我們的理想。但是，我翻查過二〇〇五年及二〇一〇年有關政改的辯論，沒有一位泛民議員提出過「公民提名」。現在政改方案提出了，普選有了，他們卻再加一個「公民提名」。況且，這個條件是明顯違

反基本法的，甚至在《公民權利和政治權利國際公約》和所謂的「國際標準」內，也沒有「公民提名」這四個字。為何泛民眼看爭取二十年的訴求快要達成了，卻又急急地「搬龍門」呢？

其實，只要明白泛民的出發點，就不難理解泛民為何要提出這些要求。立法會李卓人議員和何俊仁議員也曾經表示，爭取香港的民主和反對中國共產黨是同一件事情。因此，不管政府提出的是甚麼方案，他們也會用各種理由來反對。從當年的路線圖、時間表，到今天的「公民提名」，以及中央和特區政府一再解釋的「袋住先」不等於「袋一世」，還有現在又要求政府明確表示在二〇一七年後選舉辦法如何修改等，也只是他們絞盡腦汁想出來的一些藉口而已。很明顯，他們反共、抗共的立場，是決定了他們今天否決普選方案的最基本原因。

正因為反對派這樣的用心，我們更必須警惕「本土主義」、「港獨主義」的抬頭。「港獨」在香港其實並非新鮮事物，「港獨」暴行日益升級，從在網上煽動港人對內地的仇恨，直到發動欺凌弱小婦孺的「光復行動」，到七十九日的佔中行動，針對遊客的「鳩嗚行動」，以及各大小遊行示威中揮舞的龍獅旗也是。去年十一月底，警方已根據線報，突擊搜查大角咀一單位，檢獲三枝改裝氣槍及三十二件自製木盾，並拘捕五名男女，其中一名被捕男子在面對傳媒鏡頭時，還大叫「革命必勝，城邦會戰勝歸來，香港城邦建國！」前天，警方成功搗破位於西貢蠔涌的炸彈製造工場，警方起獲經改裝的氣槍、電腦、V煞面具、被稱為「撒旦之母」的炸藥原材料 TATP，還有標示了灣仔、金鐘立法會和炸藥庫的地圖。可見，「港獨」和暴力已在暗角裏蠢蠢欲動。

泛民雖然急急與今次的炸藥事件劃清界線，但當天示威者衝擊警方防線、破壞公物、佔據馬路，甚至撞擊立法會大樓，泛民也是全力支持的。本月初，學生及激進本土派更公然焚燒基本法，公開蔑視「一國」的主權及管治權。泛民主派不單沒有譴責一聲，反而何俊仁議員更為他們辯解。可見，這些激進的本土力量和「港獨」勢力，其實是反對派的同路人，是他們的別動部隊。

各位市民，普選如果有分真和假，「一人一票」有得投票就是真的；民主如果有分真假，合法的、可實現的便是民主；掛在嘴邊、天馬行空、無法無天的就是假民主。

實現普選，推動民主發展，不是泛民的專利，而是所有香港人的夢想和追

求。今天，一個實實在在的方案、實現普選的機會就在眼前，但反對派卻聲言要將它否決，阻止民主向前行，這說明了他們是反民主的。

主席，日前毛孟靜議員公開表示如果有泛民議員「轉軚」投支持票，就要「自殺謝世」，說話不單惡毒，兼且具恐嚇性。是甚麼原因泛民主派議員不可以自己決定投票呢？是甚麼時候自願投票竟然變成死亡的咒語？是甚麼時候民主竟然可以成為獨裁的遮羞布呢？今天，對於廣大追求民主的市民來說，問題在於二〇一七年有普選還是沒有普選，但對於民主派來說卻是生死關頭。反對民主向前行的便可以生存，支持民主向前行的便要死，他們還是民主派嗎？不是，他們是鐵價不二的反民主派。「自殺謝世」就像躲在魔鏡後面的巫婆祭出的咒語一樣，而今天反民主派投票否決方案已成為必然的結果。市民看清楚了，所謂民主派並不是真正的民主派，而是假民主派、反民主派！

主席，今天我們看到在各泛民主派議員的檯上好像放有一副假棺材般，我相信他們可能在投票後準備鑽進去。不知道他們是想投反對票還是支持票，但如果按照毛孟靜議員的說法，投支持票便得去死，可能這副棺材是為他們自己做的也說不定。

梁繼昌議員：

主席，過去一年，相信我已被社會部分人士認定為政府的「撬票對象」，亦是有機會「轉軚」的其中一名泛民議員。雖然如此，我始終認為「人在做，天在看」，到了投票一刻，真相自會大白，亦不需要陳鑑林議員擔心我們被捆綁。……

在全國人民代表大會常務委員會的八三一框架下，我覺得任何方案都會背離真正普及而平等的原則。主席，「普選」一詞並不是中文詞彙，universal suffrage 其實是西方的舶來品。根據基本法附件一和二〇〇四年全國人大常委會釋法下作出的規定，當中附件一《香港特別行政區行政長官的產生辦法》的第七條清楚指出，「二〇〇七年以後各任行政長官的產生辦法如需修改，須經立法會全體議員三分之二多數通過，行政長官同意，並報全國人民代表大會常務委員會批准」。

由此可見，根據這項決定，全國人大常委會在政改「五部曲」的第二部中只

擁有確定權，卻沒有任何權力規定香港特首選舉的方案。如果全國人大常委會的決定是一項政治決定，其實他們是可以做任何事的，但這的確已在基本法中非常清楚地訂明。如今在八三一決定中，全國人大常委會對行政長官選舉方法設下了三道關卡，這並不純粹是確定權，這些關卡包括訂明提名門檻為提名委員會過半數支持，特首候選人數目定於二至三人，以及將候選人數目作「入閘」和「出閘」的限制。在同一的法理基礎上來看，袁國強司長當然可以有另一番解讀，但我實在不敢苟同袁司長，甚至是李飛主任對八三一決定的解讀。

就我剛才提及的「普選」一詞，如果基本法中所用的字眼是「選舉」而不是「普選」，我早就支持這個方案了。……今年年底，北韓會舉行地方選舉，而這個也是普選，方法是每個地區的議員均由人民勞動黨提名，提名人數只得一人，人民要將選票投給這位獲提名人士，這就是北韓式選舉。

……主席，我以北韓作為例子，是要指出普選其實也有一個最低的國際標準，便是普及而平等的投票權和被提名權。如果符合一個國家或地區的實際情況和法律就是普選，我覺得這是說不通的。……

……

當然，中央提出國家安全的考慮，但為何這考慮不是由法例規範，而是由選舉制度來執行？我所說的是執行，而不是規範。若要顧及國家安全，為何不以法例規範某位行政長官候選人，甚至是整個問責官員團隊的思想和行為？如要向中央和港人負責，為何不是由法律規範，而要用一套 tailor made 的選舉制度，來選出一個聽話的行政長官？

另一方面，很多人質疑泛民議員對政改方案是否態度強硬、寸步不讓？主席，政治其實就是為了爭取一些不可能做到的事，it is about the art of getting the impossible things，或說政治是一種妥協。我們無從妥協，無從做一些不能實現的事，因為中央用一個鐵籠將自己困住了，那就是「八三一鐵籠」。在「八三一鐵籠」下，他們不會出來，因為他們早已「落閘」；只有我們逐步接近「八三一鐵籠」，才能達成所謂最終的普選方案。若說政治是妥協，不應是大家都向前走嗎？經過八三一「落閘」後，中央不會向前走，向前走的只有我們，逐步撞向鐵籠，難道這是應有的態度嗎？

吳亮星議員：

歷史上，香港地區的政權和管理權一直歸屬於國家。香港在過去百多年的殖民統治下，權力一直掌握在由英國政府指派的總督之手，百年以來，當局從沒有特別為民主提出任何安排。一九九七年，香港回歸中國，中央政府對香港行使主權和管治權，在這短短十八年中，以基本法條文對本港民主作出法律性的規範。

現實方面，回歸後，香港不論在地緣和政治上都緊靠祖國。中國經濟逐步發展及強大，而國際形勢亦迅速變化，多方面的信息足夠反映有外部勢力，正借助本港一小撮代言人，以民主之名實行顛覆國家政權的圖謀。為此，八三一決定清楚訂明：「實行行政長官普選⋯⋯關係到國家主權、安全和發展利益」；而為免由一小撮人產生負面影響，中央也提出以下要求：「行政長官必須由愛國愛港人士擔任」、「行政長官普選辦法必須為此提供相應的制度保障」，又特別提出有關普選「必須審慎，穩步推進」。這項決定的內容符合現實世界的準則，就是必須考慮國家主權、安全和發展利益，而在推行地區行政政制改革時，必須力保國家安全，才可確保「一國兩制」得以長期有效地實踐，最終可以保持香港的繁榮穩定。因此，這項八三一決定肯定是非常合情合理。

事實上，類似上述合情合理的提名權限制，在全世界的選舉中比比皆是。以歐美國家為例，他們是循政黨及篩選黨代表來提名候選人的。這種種國際標準，何嘗不是對參選人施加限制呢？那有所謂的公民自由提名參選呢？至於有關限制是否合理，議員應冷靜、理性地分析。

香港是中國不可分割的部分，香港特別行政區行政長官是依照基本法的規定，對中央人民政府和香港特別行政區負責。在選舉地區行政長官人選方面作出必要的維護國家安全限制，實屬合情合理，亦符合基本法第四十五條所訂明的規定，更與國際選舉標準無基本上的特別差異。

市民留意到所謂的國際標準，就是反對派經常要求的選舉提名要「無不合理限制」。對此，理性的市民亦都知道，問題在於「限制」是否正常合理。大家都瞭解，國際上例如英國、美國的首長選舉提名人初選，其實一樣可稱之為篩選，因其同樣是對不愛國家、不愛政黨的人施加篩選的限制。這再一次證明，事實上，雖然並無一套國際標準，但普世價值就是「黨、國安全」始終置於國家的第

一位。只不過接受者會稱此為「真普選」，而反對者則稱此為「假普選」。

　　主席，普選特首方案另一個爭論，就是會否「袋一世」，即八三一決定的內容是否永不能改進。依本人從本港過去政制發展的經驗來看，八三一決定只會是「袋一屆」。因為八三一決定的內容，清楚寫明是為二〇一七年選舉時間表而作出的。回顧回歸以來的十七八年間，香港經歷了數屆政府管治，政制改進明顯是一步一步向前走。以行政長官選舉來說，從最初的四百人推選委員會，到八百及一千二百人的選舉委員會，委員人數不斷增加，其代表性亦逐步拓闊，令更多不同界別及階層人士都能均衡參與。市民的眼睛是雪亮的，事實亦清楚，包括增加立法會超級議席等的改變，在在證明政制是以循序漸進的方式向前推進中，相關法例也是一直按實際情況的改變而作出修訂。

　　（代理主席梁君彥議員代為主持會議）

單仲偕議員：

　　代理主席，民主黨在諮詢期的首階段曾提出「三軌方案」，包括公民提名、政黨提名及提名委員會提名。當時，民主黨主席和我及所有黨友曾經特別就「三軌方案」召開記者會作出澄清，表示民主黨清楚知道「三軌方案」並非缺一不可，我們支持公民提名，亦支持政黨提名。當時是諮詢階段的開始，我們把所有覺得應該考慮的方案都提交特區政府。當我們要嚴格在基本法第四十五條的框架下討論政改的時候，要集中討論的是提委會提名。民主黨的「三軌方案」裏的提委會提名有數個重要的元素：第一是擴大提委會的民主成分及大幅擴大選民基礎；第二是要保留原有選舉委員會八分之一的提名「出閘」的要素。很可惜，這些要素不獲特區政府或中央政府接受。特區政府現時提交立法會的方案中有數個重要的元素，包括提委會的組成仍然是一千二百人，而他們的選民基礎基本上維持不變；第二，提委會的提名「出閘」要過半數 —— 可能要有六百零一位才能「出閘」；第三個要素是提名的最多人數是兩至三名。這數個重要的所謂關卡或門檻遠遠超越了民主黨當天提出「三軌方案」的提委會方案，在這個基礎上造成了很多不合理的限制，所以民主黨不能支持今天的方案。

　　民主黨曾多次指出，我們的底線是提名門檻不應設有不合理的限制。我們覺

得今次提委會的提名門檻實在不能讓香港人有真正的選擇，讓真正持不同政見的人參與最終的特首選舉。所以，在這個基礎上，我們不能支持今次的方案。

　　……

　　代理主席，我想借此機會談談對政改後的幾點感想。香港經過了這數年來的政治爭拗發展，已變成一個令我感覺陌生的香港。我現時看到的是一個相當撕裂的香港，兩陣對峙，甚至乎兩陣對壘，我希望不會出現流血的場面。民主黨昨天亦發表聲明，呼籲參與示威的人士保持克制，不要有任何衝突。民主事業並非一代人的事業，我自己在一九八四年有份參與當時民主派在紅磡高山劇場舉行的「高山大會」，爭取八八直選；後來在一九八五年參選區議員，一九九五年開始參選立法會，至今已超過三十年，我在從政生涯中感到最遺憾的事情，可說是在這三十年裏仍未能爭取到真普選，亦不能落實真普選。

　　我相信下一代人要加倍努力，承接我們未能完成的工作。不過，我亦想借此機會叮囑年輕人，過激的思想或行動並不能爭取真普選；在香港這特別的環境裏，更要理性務實地跟中央保持溝通，保持中庸之道，擴大市民的支持，才能夠達致〔至〕共識。另一方面，我亦希望透過幾位官員跟北京中央政府說，希望他們細心聆聽我們年輕一代的想法。其實，當兩方面越走越遠，非香港之福，亦不是國家之福。

　　年輕人的想法跟我們這一代人的想法已經有很大的轉變，思考如何能夠收窄分歧，減少兩陣對壘，令大家坐下來商量，達至共識，才能找到真普選的出路；否則，到了二〇四七年大家也未能落實真普選。

　　作為民主派的成員，我們可以培育新人接棒；作為官員，可能一任、兩任，便要把任務交給下屆政府。但是，香港在過去數年的變化，實在遠遠超越香港所能承受。簡單來說，已亮起警號。如果我們不能急忙處理由政制衍生出來的內部矛盾，便會令香港的問題變成一發不可收拾。

郭榮鏗議員（譯文）：

　　代理主席，我懷着沉重的心情，就這項議案發言；同樣地，我將會以沉重的心情，投票否決這項議案，但我對此舉問心無愧。

這一票無疑甚為重要，因為香港市民一直期盼能選擇自己的政治領袖及政治命運，而更重要的是，投票贊成或反對這方案的決定，代表「一國兩制」日後兩個截然不同的路向。

其中一個路向名為政治便利。立法會若通過這個政改方案，對中央政府而言是政治便利，因為它終於可以向全世界表示，已履行在基本法第四十五條內所作的承諾，而香港將於二〇一七年有普選。這是為了政治便利而犧牲良好管治，犧牲真正的民主價值，犧牲香港市民的利益。投票贊成這個方案，意味着我們將為了政治便利而走向沉淪。

另一個路向是堅守及捍衛港人的核心價值。香港於上一世紀發展成為數一數二的國際金融中心和貿易樞紐，毫無疑問，此轉變主要歸功於這些核心價值 —— 多勞多得和選賢任能等價值觀 —— 然而，這些價值觀不單已成為促進經濟發展的要素，亦已成為這城市本身的精髓，也是我們市民的重心。

香港有今天的成果，正正是因為這些核心價值：自由、平等，以及更重要的法治。這一切其實都是「一國兩制」的要義，儘管香港的主權已於差不多十八年前回歸中國，我們仍要堅守這些核心價值。「一國兩制」最重要的一點，是香港如何在回歸祖國及維護這些核心價值之間取得平衡，而這些核心價值一直是香港這城市賴以成功的關鍵。基本法就是把這巧妙的平衡編纂為成文法則。

基本法是「一國兩制」的體現。它為保障我們的核心價值奠立基礎，而這基礎同時讓我們向前邁進，更妥善地落實我們的核心價值，並步向全面真普選。

我們應該因應香港的實際情況，按基本法第四十五條的承諾，以適合自己的步伐行事。此事不單載於這條文，基本法第二十五及二十六條亦訂明，香港市民享有平等的選舉權和被選舉權。此外，第三十九條亦收納《公民權利和政治權利國際公約》的內容，確保市民享有權利和機會參與政事，以及在真正的選舉中投票及被選，從而保證選民意志的自由表現。

至關重要的是，《公約》第二十五條保證所有香港永久性居民均有權在選舉中投票及被選，這權利不受無理限制，亦無任何區別，包括基於政見或其他意見的區別。若反駁指普選純粹是任何符合某國憲法的選舉制度，是對法治的概念認識膚淺。

代理主席，不幸的是，去年發生的事件均明顯反映，「一國兩制」讓香港自

由發展的原意突然半途遭棄掉。隨着國務院發表白皮書，全國人民代表大會常務委員會作出八三一決定，以及北京各官員最近紛紛發言，北京顯然硬要把國家主權、國家安全及國家發展，即權力、維穩及既得利益的代號，置於對香港市民所作的任何承諾之上，凌駕基本法，亦凌駕「一國兩制」。

有人把這情況稱為政治現實，有些甚至稱之為進步。但屈從這種邏輯，等於漠視自己作為議員的首要職責，即捍衛支撐我們這個社會，並受基本法保障的原則、理念和核心價值。

此時此刻，我們必須保持警覺，制止任何企圖侵害基本法的舉動。事實上，基本法是衡量就行政長官產生辦法所作任何方案的唯一標準，我對此甚為同意。任何不嚴格遵守基本法規定的方案，均不應獲准在立法會通過，而我們面前正有這樣的一個方案。

我們所有人均渴望香港能踏出真正邁向政制和民主發展的一步，但按這標準，現時政府當局就二〇一七年行政長官產生辦法提出的方案，不但令我們大失所望，更糟糕的是，這方案實際上違反「一國兩制」的原有承諾及原意。

　　……

我們投票反對這方案。我們要向政府當局、向中央人民政府、向全世界，以及更重要的是，向作為香港市民的自己發出強烈的信息，就是我們必須重返「一國兩制」的正軌；我們必須首要關注「一國兩制」和基本法，以及堅守我們的核心價值；我們站出來支持的，不是最不堪的政治便利，不是經濟利益，而是我們珍視的原則和愛護的核心價值。

何俊仁議員：

代理主席，我自八十年代開始參與香港的民主運動，爭取民主，並於一九九五年加入立法局至現在，已經二十年。連同今次，我經歷過三次政改，所以我對香港整個民主抗爭的過程，感受非常深刻。

在這三十多年來，我一直非常關注香港人對民主的期望和訴求。其實，如果大家翻看紀錄便會知道，自九十年代開始，香港的民意機構已經不斷進行追蹤性的調查，所謂 tracking poll。雖然並非多年來不停地進行，但每隔一段時間便會進

行有關調查，而調查結果經常顯示，支持香港實行民主的人士佔受訪者六成多至七成，這個數字相當穩定，大約是 65%，而反對人士大約為 15% 至 20%，即是三對一。香港人清楚知道這是一個先進的地方，一般而言，我們擁有高的教育水平，經濟發達，而資訊亦相當先進。要令這地方長治久安，我們必須理順我們的管治，民主制度是必需的配套。

大家知道，在基本法頒布及實施後，於公元二〇〇〇年，立法會舉行第二次選舉。我清楚記得，當時香港三大黨派，包括自由黨、民建聯和民主黨，均一致在其政綱中，期待二〇〇七年和二〇〇八年實行雙普選，大家沒有想到雙普選至今會演變成爭論如此激烈的議題。普選便是普選，我們有眼睛可以看見在全世界文明進步的地方實行的普選是怎樣的，有何值得爭論的呢？

另一點是，即使在功能界別方面，也沒有太大爭議。大家可翻看香港特別行政區政府於一九九九年就《公民權利和政治權利國際公約》向聯合國相關委員會提交的報告書，當中有一段清楚表明：「功能組別是邁向立法會全面普選的過渡性安排。」這句說話在邏輯上是很簡單的，當立法會實行全面普選時，功能界別的過渡性功能便應該完結。

代理主席，所以，一切很簡單，普選是「一人一票」，以及有公平的參與，大家均有可以接受及公平的提名權和參選權，以「一人一票」進行選舉，而立法會則應完全取消功能界別，大家均期待政制朝着這目標發展。因此，其實在最初數年，整個社會就這個問題沒有太大爭議，所以，三大黨在二〇〇〇年就這個問題的政綱均相當清晰。

代理主席，無奈至二〇〇四年，全國人民代表大會常務委員會突然釋法，剝奪了香港人在二〇〇七年及二〇〇八年實現雙普選的機會，甚至立法會走向更民主化，即減少功能界別的發展方向亦被遏止。其實，在最初十年是很清楚的，直選的比例增加，功能界別的比例減少，難道這不是發展的方向？如果政府說這並非發展方向，便是欺騙人，對嗎？否則為甚麼會在最初十年如此清楚地改變兩者的比例？相對功能界別，直選的比例已有所增加，但是，二〇〇四年全國人大常委會釋法後的決定，竟然把這兩個比例凍結。所以，代理主席，在二〇〇五年，整個立法會明確地把政改方案否決。

接着，在二〇〇七年設有一個時間表，這時間表是就基本法第四十五條和第

六十八條所制訂的，訂明在二〇一七年可以實行普選行政長官，以及在二〇二〇年實行普選全體立法會議員。隨後，負責憲制的官員在立法會表示這就是普選的時間表，並多次表示我們可以期待實現普選的這一天。於是，大家便這樣期待。當然，我明白，有些人說這樣太遲了，他們不要，他們要在二〇一二年實行普選，是有這種情況。

但是，代理主席應該記得，到二〇一〇年，我們有一羣民主派人士接受一項過渡方案，當時這過渡方案由民主黨提出，要求增加十席（五個直選議席及五個超級區議會議席），這要求當然是為了向前邁進一步，但其實這並非最重要的考慮。更重要的考慮是，我們要保留這時間表，我們表示我們肯定這時間表，我們不想失去這時間表。就這一點，當然我們被人批評，民主黨被人批評放棄了二〇一二年普選的機會，我明白這點，但我們這樣做，是因為我們相信這時間表是莊嚴的，我們相信這時間表到期時，中央政府會兌現承諾。

代理主席，發展至今，中央政府如何落實其承諾？有否落實承諾？中央政府能否有尊嚴地告訴全香港、全中國，以至全世界，它有信守承諾、是有信用的？它知道香港人要求甚麼，香港人一定不想要北韓式的選舉，即已選定人選然後讓人民投票；亦當然不想要伊朗式的選舉，即由委員會挑選三人後讓人民投票。這是很清楚的。

所以，在二〇一〇年，當我們商討時，我們也希望中央說清楚，但他們說不用擔心，稍後時間再作商討。如果他們當時告訴我，原來需要提名委員會過半數支持才能成為候選人，便無須再商討，當時的談判會立即破裂。當時他們說仍然需要商討，慢慢地視乎情況再把建議具體化。

代理主席，今天香港市民非常憤怒，政府提交這樣的方案，在八三一框架之下，變相收回時間表，因為它知道香港人不會接受這樣的假選舉，這是侮辱我們的智慧。但是，我們否決方案後，北京不要以為它已盡了責任。對不起，基本法第四十五條仍然存在，在紀錄上，時間表是它訂下來的，現時它未能按社會上的合理期望作出有關安排，北京政府是失信於香港，而香港政府負責憲制的官員沒有盡力爭取，有負於香港人，這是第一點。

第二點，令香港市民極之憤怒的是北京背信棄義，破壞承諾，現在還要強詞奪理，指鹿為馬，告訴我們普選沒有真假之分，都是一樣的，有票便是真。正如

陳鑑林議員剛才所說，有票便是真，沒有票便是假，這真是十分侮辱香港人的智慧，真的怎會有顏面在鏡頭前向數百萬名市民說出這麼反智的說話？林鄭司長今天還說，走前一步較原地踏步好，但是否真的走前了？實際上，我們覺得是倒退了。正如我剛才指出，不單是提名倒退了，門檻的要求提高了四倍，而且所提供的是經篩選的候選人，然後迫香港人在當中選擇一個，給予他們假的授權，這不是倒退是甚麼？有票較沒有票好，但當選票並無意義，當選票是對你的侮辱，你要麼投票，要麼不投票，若你投票，你便被迫接受一些已為你揀選的人，為何會覺得這樣更好？有尊嚴的香港人、把這個局面看得清楚的香港人、清楚瞭解自己應有權利的香港人，怎會覺得接受這樣的制度是有尊嚴的呢？

現時方案否決在即，北京政府似乎真的使用一種鬥爭的面目，想懾服香港人。之前發表的白皮書清楚指出，中央政府有全面管治香港的權力，好像忘記了香港有「高度自治」的範圍，中央不應該干預，而實際上，到梁振英政府這兩三年不斷插手香港內政，每當發生甚麼事情，便上崗〔綱〕上線，說這涉及國家安全。坦白說，他在二〇〇三年提出要就國家安全立法，到現在已十多年，即使沒有立法，國家安全曾否受到威脅呢？他要執法便執法吧，香港有很多法律可以執行。若有人製造炸彈，可以控告他多達十條罪。我們覺得非常憤怒，因為我們被剝奪權力，別人向我們指鹿為馬，現在還試圖要震懾我們。

還有一點我需要與律政司司長談論的，便是法律。修讀法律的人都知道，基本法是最重要的。閱讀憲法的時候，「four corners of laws」是最重要的，這適用於整個 Basic Law。當然，如果我們想知道立法原意，也是可以的，但現時僭建了甚麼呢？第一是釋法，把「三部曲」變為「五部曲」；接着，備案等於批准。其實，這是兩個不同的詞語，有關修改基本法第六十八條和第四十五條的附件是不同的，但現時卻說原來是一樣的。再者，除了釋法之外，最大的問題是弄了一個決定出來，這個決定屬第三層，是釋法之外所作的決定，而這個八三一決定就好像立法一樣，還可以繼續存在，而不是針對一個程序。今次我們決定採用或不採用這項決定，過後便理應完結。然而，卻不是這樣，現在當局告訴我們，這是繼續存在的，就像立了法一樣。

律政司司長，請告訴我，全國人大常委會有否權力為香港立法？中國憲法訂明，只有人大或香港特別行政區才有權為香港特區立法。全國人大常委會有甚

麼權為我們立法？但是，現時變了與立法一樣。接着，大家知道，提名有同樣的問題。它的第二步應該只批准或不批准我們進行政改，但它竟然可以提出一套這樣的法律，完全超越其權限，還有甚麼法律可言呢？再者，高官可以不斷隨便發言，表示提名委員會與以往的選舉委員會相差無幾，說着說着，這些事情便成為法律。這是甚麼制度？無法無天，和尚打傘，我們怎可以接受這樣的安排呢？

葉建源議員：

（主席恢復主持會議）

從更宏觀的角度來看，這不單關乎我們無法在議會內達成協議的問題，而是「一國兩制」發展的一個重大挫敗。實施了十八年的「一國兩制」，至今仍然未上軌道，我們還未能找到一個可讓各方共同解決問題的方法。現在，我們只能否決方案，無法為香港長治久安這個如此基本的問題達成協議，這個問題才更值得我們探討。

對我來說，政制好比基本建設，它是社會權力分配、決策和操作的機制。在社會上，我們的公路可讓車輛每天暢通往來。在完善道路建設後，整體交通運輸便可按照這個方式運作。可是，我們這個有如公路系統的政制每隔數年就要重鋪一次，而且每次重鋪時，我們也不知道鋪設的範圍為何，令整個社會每隔數年就會陷入一片混亂當中，難以得到安寧。於是，整個社會的權力分配、決策和操作機制無法妥善運行。我曾希望今次能夠成事，但今天，基於我們稍後的決定，我相信我們無法完成這件事。為何無法完成呢？問題出在哪裏呢？

回顧八十年代至今，香港人前仆後繼地爭取民主制度，一刻不曾停止。我們的制度曾有莊嚴的承諾，一九九〇年頒布的基本法寫得十分清楚，第四十五條列明了行政長官產生辦法（我引述）：「最終達至由一個有廣泛代表性的提名委員會按民主程序提名後普選產生的目標」（引述完畢），而附件一亦列明二〇〇七年後可按程序作出修改，以達至這個目標，一切也是十分清楚的。

可惜，這個承諾在回歸後一波三折。首先是二〇〇四年人大主動釋法，將基本法的政改「三部曲」改為「五部曲」，加入了基本法不存在的「首兩部曲」，要求特首向人大常委提交報告，再由人大常委會頒令決定是否修改。結果，當年

的釋法不但否決了二〇〇七年、二〇〇八年雙普選的訴求，更對香港民主進程設下更多限制。去年，人大更就這「第二部曲」作出八三一決定。八三一決定是在第二階段對香港施以諸多規限，限制特首候選人的「出閘」必須經過提名委員會一千二百人的篩選，令真普選壽終正寢。

……

在政改爭論期間，有人說普選無分真假。作為教育界的代表，在這個問題上，我認為這是最令人痛心的。我們確實曾以為一些基本的民主概念不會被隨意扭曲，例如普選應包括選舉權和被選舉權，這些過程不應存在不合理的限制。但在過去兩年來的政改爭議中，我們看到一個又一個概念被扭曲，顛倒是非的說法層出不窮。梁振英甚至牽頭說「按當地憲法進行的普選就是真普選」、「英國首相也不是直選產生的」。為了合理化政改方案的篩選機制，不惜扭曲概念，玩弄語言「偽術」。此外，即使有些人分明知道自己擁護的並非真正的普選，卻大聲疾呼以民主之名為假普選方案護航，彷彿成為了民主的守護者，令人側目。在這個過程中，很多朋友不斷批評泛民議員指這只是意氣之爭，原因是未能放下成見或胸襟不夠廣闊。我想問的是，在整個過程中，不論是特區政府或中央政府，它有否認真地聆取泛民議員或泛民議員背後的支持者反對政改的理由，以及我們的訴求為何呢？其實，我們的訴求很簡單，只是要求一個沒有不合理限制的提名方式和真普選。把我們標籤成「為反對而反對」，實屬完全不合理的做法。我們看到的是它們不願意聆聽泛民的意見，而中央政府由始至終似乎如同一塊鐵板。由八三一決定至最近提出的方案，這塊鐵板往往也是在最後關頭才行動，於深圳與泛民議員會面，但這能否真正做到尊重泛民的意見，令政制方案可更加吸納港人的意見，從而把整項政改方案變成香港人也同意的方案呢？

我清楚記得大約於去年這段時間，我曾與中聯辦主任張曉明先生會面，當時他提出了一種我認為很有意思的說法，表示香港的政制方案必須能夠達到一個標準，就是要獲得「雙認許」，即中央和香港市民的認許。可是，我們其後看到的是「中央認許」似乎完全佔了上風，但「港人認許」呢？他們究竟有否認真地令方案真正成為港人認許的方案呢？

鍾國斌議員：

主席，今天聽了數小時的發言後，我覺得香港有些問題十分吊詭，即是泛民議員否決民主方案，但他們又責罵不支持民主的人支持民主，我真的不明白香港現時發生甚麼事。主席，如果這項議案被否決，當然我們會十分失望，因為三十年來很多香港市民都在爭取民主，現時已差不多放進口袋，卻可能會從口袋中抽出來。

……

主席，即使我們不能改變任何東西，泛民是否真的沒有機會參選呢？我覺得當然不是了。在現時這個提名委員會由一千二百人組成的方案下，只須取得一百二十票便可以「入閘」，我覺得泛民最低限度可以有兩個人「入閘」；至於能否「出閘」，則是現時最大的爭拗點。他們正是說沒有機會「出閘」，但是否完全沒有機會呢？大家未嘗試，又怎知道沒有機會呢？加上上次我們前往深圳時，王光亞主任亦說過很多泛民人士都是朋友，朋友又何以不能「出閘」？朋友是可以有機會「出閘」的，現時欠缺的是溝通和信任。所以，如果大家可以繼續保持溝通，令大家的信任度提升，是否完全沒有機會「出閘」呢？我不認為是這樣。

數月前，美國有一個紀念黑人的活動，原來他們在四十年前連投票權也沒有，但四十年後卻出現了一位黑人總統，即是所有事情皆可以改變。況且，泛民在第一屆特首普選可能未必有機會參選，但在八至十年的第二、第三屆，又是否完全沒有機會呢？我覺得美國在這方面已經是個很好的例子。

主席，如果今天這項議案被否決，下一步會怎樣呢？特首梁振英已表明不會再處理政改，只會搞民生和經濟；中央亦說過這次不要八三一的話，下次再來的也會是八三一，以此作為起步點或基礎；加上泛民又沒有提出方案，令大家可以坐下來討論，故我相信在未來五至十年落實普選的機會十分渺茫。到了二○二七年，香港已回歸三十年，所謂「五十年不變」的承諾只餘下二十年而已，屆時香港是否真的還有機會落實普選呢？這是大家都不知道的。主席，常言道「人生有多少個十年」，而我們只剩下沒有多少個十年。除非「五十年不變」的承諾屆時可再延長五十年，我們認為機會便會較高；假如只剩下二十年，我真不知道香港會否有落實普選的一天。所以，理性地想一想，今天當然要「袋住先」，之後再

談優化的問題。

......

主席，再者，現時特首只是由一千二百人選出。眾所周知，現任特首是在中央支持下才取得六百八十九票當選，他當然要聽中央的話；若然政改方案獲得通過，特首便會由五百萬人以「一人一票」的方式選出。主席，很多市民或會質疑手握一票的意義何在，但當中是有次序的，即是特首要先由五百萬人投票選出，然後才接受中央任命，因此第一關要通過的是香港市民，第二關才是中央政府的委任。這是很關鍵的，因為候選人一旦過不了香港市民那一關，即使中央如何鍾愛，也不能獲得委任，而「一人一票」的重要性正在於此。不論篩選出哪三位候選人，他們也要先通過香港市民那一關。

現行制度給人的感覺是特首側重一邊，只管向中央交代。如果特首先由市民選出，便一定要照顧香港市民的利益，這位特首才能成為橋樑，既對中央負責，同時亦要向香港市民交代，這樣才能真正地平衡現時需要面對的問題，而非如現在一樣，候選人只須獲中央支持便能當選，只須向中央交代。因此，五百萬人「一人一票」選特首的重要性就在於此。

張超雄議員：

主席，這次可能是今屆最重要的投票，我也懷着相當沉重的心情，因為這次我們會否決這個政改方案，而否決是沒有贏家，只有輸家的。

我們失去能夠真正讓香港達致〔至〕普及而平等的選舉的機會；我們失去香港人過去二三十年一直爭取的民主選舉制度。這種損失讓我們付上相當沉重的代價。不過，我們保住自己的尊嚴，保住我們的良知，保住香港人的「腰板」。我們沒有贏，只是在打防衛戰。香港現時面對各方面的壓力。未來政改之後，我們仍然在打防衛戰，這樣做一點也不容易。不過，剛才鍾國斌議員提及，不明白為何一些泛民議員說要爭取民主，今天卻竟然否決一個所謂民主的方案，還要罵從來不主張民主的人這次卻恍如大義凜然般爭取民主。如果這是真正民主的方案，我們怎不會是恨不得立即推行，不僅要贊成，更要盡心盡力推廣？便是因為這是一個不民主的方案。

......

此外，我們不想成為一個被一黨提名的工具。一九四四年二月二日《新華日報》的社論 —— 這個當然是共產黨的喉舌 —— 已經說得很清楚：「真正的普選制，不僅選舉權要『普通』、『平等』，而且被選舉權也要『普通』、『平等』；不僅人民都要享有同等的選舉權，而且人民都要享有同等的被選舉權……如果事先限定一種被選舉的資格，甚或由官方提出一定的候選人，那麼縱使選舉權沒有被限制，也不過把選民做投票的工具罷了」，這個正正是今天的方案，當局正正是想把香港市民的一票，變成他們的工具。一黨提名限制了誰會被大家投選，然後利用我們手上的一票得到整個制度的認許。這正正是一個陷阱，我們是不會踏進去的。當局不是提供真正的民主，但卻換取了民主制度的認受性，所帶來的災難將會更為嚴重。……

在二〇〇七年時，人大已經有一個決定，說明香港特區可以在二〇一七年普選特首，隨後 —— 即二〇二〇年 —— 的立法會也可以全部由普選產生，這就是普選。換言之，如果我們說自由戀愛，但現在母親說替我們揀選了三名候選人，在這三人之中可以選一人自由戀愛，但這是自由戀愛嗎？這比喻是吳亮星議員說的，說要給我們普選，說要讓我們自由戀愛，但臨門一腳卻說對不起，還是由它選三人給我們自由選擇，說這是有選擇，完全是自由意志；但請不要騙小朋友，這個道理連小學生也明白，政府揀選完才到我們選擇，怎樣叫自由呢？

李卓人議員：

這一票其實一點也不簡單，因為這是地方議會從未做過的事情 —— 一個地方議會首次否決中央人大專政集團強行加諸我們頭上的立法建議。我們爭取不到真普選，但取回香港人應有的尊嚴，也就是向強權說「不」和說真話的尊嚴，最低限度我們保持我們應有的尊嚴。有人說中央「受軟不受硬」，而且我們錯判形勢，因此爭取真普選失敗，但我認為這說法十分荒謬。中央真的「受軟不受硬」嗎？澳門不是態度軟弱嗎？澳門有沒有真普選？中央是否真的「受軟不受硬」呢？即使我們想討論，中央很多時候的態度卻比我們還要強硬，它的態度根本就很強硬。

中央經常表示自己有誠意在香港搞普選，但它態度這麼強硬，我很懷疑它其實根本沒有誠意，然後又錯判形勢，以為弄出一個假普選，便可以透過威迫、利誘、抹黑、分化，迫使我們就範。我們今天便是要告訴中央，我們絕對不會就範，我更懷疑中央是否真的有誠意——我其實十分肯定中央根本沒有誠意在香港搞普選。

我本來打算明天才發言，剛才梁家傑議員引用莎士比亞名劇 *Hamlet* 的其中一句：「To be or not to be」（存在或滅亡）。我也想把這名句改為「To be Hong Kong or not to be Hong Kong」（香港存在或香港毀滅），形容我們今天投的一票。我們要投反對票，香港才可繼續存在；否則，香港只會從此沉淪，因為香港人面對的是兩個對立而且截然不同的價值觀。每個香港人今天都要問自己站在哪一方：其中一方是「一國」的天朝文化，另一方是「兩制」的「高度自治」，你站在哪一方？一方是以謊言治港，另一方是堅持說真話，你站在哪一方？一方是官商特權聯盟，另一方是人民民主參與，你站在哪一方？我們工黨選擇「兩制」下「高度自治」，堅持說真話，讓香港人有權參與民主。

⋯⋯

我們這次清楚告訴中央，我們不接受天朝文化，不接受中共的最高指示，因為如果我們接受——其實他們全盤接受——從此便要向共產黨屈服，不能說「不」。共產黨的邏輯很簡單：不論你明白抑或不明白，都要執行指示。建制派必定會「跟足」指示，雖然我常常認為他們不太明白。不過，他們也無須明白，因為明白與否，也要執行中共的最高指示。

⋯⋯

我經常問大家，究竟要選擇聽從這些謊言，還是堅持說真話呢？我記得政改三人組說過的最大的一個謊言，就是提委會由一千二百人組成，而他們會按能力，為香港整體利益挑選委員，袁國強剛才也好像這樣說。可是，這確實是不折不扣的謊言。大家也知道，提委會的一千二百名成員必定會提名共產黨屬意的人選。有人又對我們說，如果泛民有能力的話，便應爭取這一千二百人的支持。

其實，王光亞摑了這些人一巴掌，大家是否還記得他的說話呢？他曾經說過「死硬派」既不能「入閘」，也不能「出閘」，即使意外當選也不會獲得任命。大家究竟知道他心目中的「死硬派」指誰嗎？即使林鄭月娥也可能被視為「死硬

派」，他可以隨便說。所以，大家根本不知道他指的是誰。其實，他就是要告訴我們，他們全都在說謊，而真實情況就是他正在控制大局，他可以隨意選擇「入閘」和「出閘」的人選。事實上，跟大家所說不同，提委會不會為全港整體利益着想，這根本就是謊言。提委會根本就是「官商特權聯盟」，他們並非復仇者聯盟，而是特權聯盟。他們壟斷香港的特首選舉和立法會功能界別選舉，以致香港整體的政治權力分配都握在他們手上，而政治權力分配也等於利益分配。

所以，香港的中產階級和基層市民一定要清醒一點，他們根本在鞏固這個「官商特權聯盟」，由選舉形式變為提名，究竟有甚麼分別呢？他們大權在握，雖然仍然要聽「阿爺」和中共的說話，但在這個聯盟控制下，大家無法有真正選擇。他們還說會照顧香港整體利益，這完全是一派胡言。

2015年6月18日
恢復議案辯論：修改香港特別行政區行政長官產生辦法

莫乃光議員：

普選的理念很簡單。除了「一人一票」的相同投票權外，還有平等和沒有不合理限制的提名權，以及被提名的參選權，缺一不可。共產黨在未當權時也是這樣說的。

然而，人大常委會八三一「落閘」，令我們根本不可能在這個框架下達到普選的條件。提名委員會的組成沿用選舉委員會的方式不變，雖然兩年多以來，社會上不論是泛民主派或部分建制派均提出很多擴大提委會代表性的方案，但特區政府和中央政府都是視而不見，聽而不聞，反而推諉泛民提出公民提名，浪費時間。不過，公民提名當時在社會上的確得到最多人的支持，況且，當別人提出公民提名時，政府有認真地與市民討論嗎？政府說一句「不符合基本法」，便把意見擱在一旁，這又浪費他們甚麼時間呢？公民提名之外，其他擴大提委會的方案，政府完全不理，所以，這些方案才真真正正被政府浪費。到頭來，政府一句「沒有時間」，竟然可以將這些討論和擴大提委會的方案置之不理。

此外，在八三一框架下的三項條件互相緊扣，不是擴充提委會便可以解決的，而「半數出閘」這個限制已經是最明顯了。除此之外，即使是兩至三名的候選人這個限制，其實也是非常「辣」，而大家也可以清楚看到，在數學上來說，這完全可以令選舉受到操控。所以，八三一框架一出，普選已經被人大常委會判了死刑。

……

……如果我們接受了八三一框架下透過篩選來處理行政長官選舉的模式，將來的功能界別亦會採用同樣的方式達致〔至〕所謂的普選。也就是說，每個功能

界別均可以設立更小圈子的提名委員會，篩選後再讓全港市民以「一人一票」普選功能界別議員，隨時較現時更差，更不民主，萬劫不復。所以，有些議員對我們說，如果你們現在不通過二〇一七年普選行政長官，如何在二〇二〇年全面普選立法會議員？這根本是騙人的。如果我們現在接受這個方案，二〇二〇年更不知道會以甚麼方法來進行所謂的普選，透過假普選選出立法會議員。

范國威議員：

主席，政府的方案強調可以讓五百萬合資格選民以「一人一票」選特首，但實際上只是指鹿為馬，顛倒黑白，因為政改方案中的提委會的組成方法，只不過是把現時一千二百人的選舉委員會照搬過來，加上「出閘」成為候選人須得到過半數提名委員支持，這種制度令北京可以輕易透過控制提委會，篩選北京領導人欽點的候選人「出閘」。香港人即使手握一票，亦根本不能擁有真正的選擇。只有篩剩的壞蛋和爛橙，香港人怎會有選擇呢？

去年六二二公投已經有八十萬香港市民用選票表態，支持特首選舉要有公民直接提名。但是，特區政府拒絕回應民意，亦沒有向北京如實反映香港人的意願。如今政改方案重重「落閘」，特區政府竟然仍可厚顏地指鹿為馬，顛倒是非，說「一人一票」的選舉就是真普選。梁振英為了硬銷政改方案，不惜說北韓的選舉也是普選，無疑是欺騙香港人，愚弄民意，欺騙小孩。

事實上，政府的方案與北韓、俄羅斯、伊朗等專權國家的政制相比，在參選資格或「入閘」門檻方面非常相似。北韓最高領導人的參選名單，由執政的朝鮮勞動黨決定；在伊朗的選舉制度下，由伊朗最高精神領袖委任的十二人所組成的憲法監護委員會，會審視參選人的政治及宗教背景，篩走異見者；俄羅斯的總統選舉雖然有公民提名，但由總統及議會委任的十五人所組成的中央選舉委員會，可以藉審核提名，阻止反對派「出閘」成為候選人。

主席，上述三個國家的選舉制度全部合法、合憲，不過，這些制度實際上是為了鞏固當權者的權力而服務，人民並沒有真正的選擇。「一人一票」只是實踐民主的方法，但在民主背後，更重要的理念是對自由、平等的堅持，而自由、平等的選舉權及參選權，亦是這次政府提出的二〇一七年政改方案最缺乏的元素。

雨傘運動的訴求，就是香港人要命運自主，我們要的民主政制是由下而上，透過公眾授予而獲得統治權力的健全政制，只有這樣，特區政府才能真正成為有認受性的政府，公平、合理地解決香港各種民生問題和社會矛盾。可惜的是，特區政府無視數以十萬計香港人在雨傘運動期間表達的民意。不少香港人開始對爭取民主有一種無力感，覺得公民抗命對專制政權起不到作用。亦有學者指出，香港在雨傘運動之後可能走向「犬儒化」，有人選擇訴諸勇武，亦有人灰心泄氣。部分年輕人認為遊行沒有用、議會抗爭沒有用、七十九天的佔領亦沒有用，認為與專制政府說道理是對牛彈琴。但是，我很想在這裏說，香港人千萬不要失去信心，更不可以絕望。

......

今次政改方案被否決之後，根據基本法，特區政府有必然的憲制責任繼續推動政改，否則，這個缺乏政權正當性、認受性的特區政府必然會進一步面臨管治危機。梁振英所謂專注民生、經濟發展，亦只會變成盲目「派糖」以籠絡民心的小恩小惠；香港重要的公共政策仍然會向既得利益者傾斜；經濟發展的成果仍然會由少數人壟斷，例如以「毀家滅村式」換來地產發展的新界東北發展計劃、有機會成為高鐵「一地兩檢」翻版的機場第三條跑道「大白象」工程，以及犧牲香港人生活空間以換取中港融合的自由行政策，將會繼續擴展；官商勾結、地產霸權、貧富懸殊的問題仍然會繼續。

所以，立法會今天否決政改方案之後，特區政府必須盡快重啟政改「五部曲」，人大要撤回八三一決定，令重新提交的特首選舉方案能夠真正反映香港人的民主訴求，加入公民提名，以健全的政制選賢與能，政府的施政才能符合香港人最大的利益，真正解決香港今時今日面臨的爭拗和撕裂。

主席，二〇一〇年，新民主同盟因反對當時的政改方案而創立，自創黨一刻，我們的政策綱領已經寫得非常清晰，就是要爭取實行全面的民主制度，讓所有公民有權參與選舉。我當選今屆立法會議員，其中一個最重要的選舉承諾便是要行使憲制否決權，投票反對假普選政改方案。時至今日，新民主同盟仍然沒有忘記初衷。

葛珮帆議員：

主席，香港的政改、特首的選舉方法當然與國家主權和國家安全有關，這是事實，連學生也「一點就明」。泛民議員卻堅持表示香港的普選與國家主權無關，無需考慮國家安全，要求完全無限制、完全自主的選舉。如果他們不是真正無知，便是扮作不知道，是有心誤導市民，不尊重「一國兩制」。

「一國兩制」是全球獨一無二的。在「一國兩制」下，香港有基本法，享有特別權利，例如香港財政獨立，無需上繳中央；香港的行政長官可以經選舉產生，再由中央任命。享有權利，亦應有責任，香港對保障國家安全就有根本的憲制責任。尊重「一國兩制」就必須尊重在「一國」下，國家對香港的主權。我們要清楚明白，香港並非一個獨立的政治實體，而是中國的一個特別行政區，香港人就是中國人，否則「一國兩制」便走不下去。泛民議員不尊重「一國兩制」，堅持要香港自主自決的話，其實是要香港獨立，試問中央又怎會對香港的民主發展放心呢？互信又如何建立呢？

我們當然要繼續爭取可行的民主發展空間，但亦要明白，無論做人或處事，從來也有一定程度的限制，亦沒有任何一個國家或地區對選舉權毫無限制，我們應該務實地在有限的空間內爭取最大的可能。自由從來不是絕對的，羅馬亦非一天建成。為何今天不給香港一個機會，通過政改，讓民主路一步一步走下去、一步一步地改善呢？任何制度也可以改變，只要雙方有誠意，便可以建立互信。怎可以硬說今天通過政改，便等於「袋一世」呢？請泛民議員不要再用這些似是而非的口號來欺騙市民。普選並沒有國際標準，不依足你的方案便稱為假普選？由五百萬名選民的智慧投票授權，怎可以稱為「偽民意授權」呢？昨天，何秀蘭議員竟然聲稱所有政府官員和民意調查機構集體說謊，她不相信大部分市民支持政改，真的十分荒謬。用這些顛倒黑白是非的理由來反對普選，根本就是假民主。

主席，過去二十個月，香港為政改的爭拗已付出沉重代價。今天的香港很亂，有人為了反對政改而不擇手段，七十九天的非法佔中不但破壞了香港與中央政府的關係，亦沒有空間讓香港理性地探討未來的民主路向。更有人用「本土」包裝「港獨」，行動一次比一次野蠻和暴力，對年輕一代帶來極壞影響。

這段時間，泛民反對派所謂爭取民主的方法，無論是非法佔中、「拉布」、不

合作運動、在立法會亂擲東西和叫囂，均已證實不但無法推動優質民主發展，反而是有破壞、無建設。他們把非法行為合理化，破壞香港的法治，煽動及縱容一些激進人士用暴力及非法行為來表達意見，荼毒我們的下一代，破壞數代香港人努力建設的香港。這段時間，我們看着香港沉淪。一部分激進人士令香港由一個包容、開放、文明及好客的國際大都會，變為充滿歧視、排外、粗暴野蠻及閉關自守的地方，泛民反對派議員難辭其咎。

陳健波議員：

今次的方案可能不是最理想的，但這是有原因的，因為現時中央和香港的互信程度不高，中央對於會影響香港和中央本身的重要決定，一定會步步為營，摸着石頭過河。老實說，香港有不少人並未接受香港已經回歸的事實，以為香港可以獨斷獨行，可以硬碰硬；但香港始終是中國的一個特別行政區，中央對香港沒有百分之百的信任，香港又怎會享有百分之百的自由度呢？

所以，現時中港關係如此緊張，香港行政長官選舉這麼重大的事情，怎可能一步登天，怎可能一步便修改至泛民心目中的理想方案？況且，大家放眼世界，世界各地有普選的地方，都有經濟衰退、貧富懸殊、年輕人失業率高和政府官僚腐敗等問題，他們的問題可能比未有普選的香港更多。普選不是解決迫切問題的萬靈丹，所以政改分階段實施，再予以優化，其實是走向普選的其中一個方法。

事實上，中央雖然「企硬」，但已先後多次釋出解決問題的善意。例如為了證明「袋一世」的指責是錯誤的，港澳辦主任王光亞近日清楚表明，「袋一世」的說法是歪曲、誤導，強調中央政府從來沒有這樣說過；他更指出，香港的行政長官選舉可以根據香港的實際情況作出修改。

王主任的言論釋出了善意，目的是解開泛民一直以來最大的心結，理應是泛民最好的下台階，因為早期的民調已經清楚顯示，如果中央表明可以修改，市民的支持率會上升至六成多。不過，很可惜，泛民不但沒有把握優化的機會，反而作出激烈的指責，這其實再次證明他們想消滅所有政改的生機，尋找種種藉口繼續反對。

有人說，現時香港政治氣氛不佳，不適宜推動政改，不如先加強跟中央的溝

通，建立好互信的關係，屆時再談政改，便會水到渠成。這種說法根本是似是而非，自欺欺人。事實上，通過政改才是建立互信的最佳方法，之後再談優化，一定會事半功倍。如果今次方案被否決，便等於關係破裂，只會加劇中央與香港之間互不信任的情況，日後要建立良好的互信關係，恐怕難上加難。

謝偉銓議員：

主席，過去多年，香港的政改都是一步一步地向前邁進。六十年代以前，在殖民地專權制度下，不止總督是由英國政府委派，所有公務員和司法人員，以及行政局和立法局議員，均是由總督委任。立法局要到一九九一年才設有地區直選議席。一九九七年香港回歸後，香港特區按照基本法進一步推動民主政制發展，立法會地區直選議席亦增至目前的三十五席。全國人民代表大會常務委員會在二○○七年十二月二十九日作出的決定亦表明，「在行政長官由普選產生以後，香港特別行政區立法會的選舉可以實行全部議員由普選產生的辦法」，即如果香港能夠在二○一七年落實普選行政長官，在二○二○年進行的立法會選舉便有可能實行全部議員由普選產生的辦法，這個普選時間表是清晰的。

至於特區行政長官的產生辦法，相比回歸前香港總督的產生方式，在民主發展方面是大有進步的。如果這次政改方案獲得通過，全港五百多萬名合資格市民就可以在二○一七年「一人一票」普選特首。

主席，任何國家或地區的政制發展都不是一朝一夕的事，需要經過長時間演變，香港的政制發展亦是一樣。基本法第四十五條為香港提供了這方面的保障，當中列明「行政長官的產生辦法根據香港特別行政區的實際情況和循序漸進的原則而規定」，目的就是要香港的民主政制發展穩步向前，不會因為走得太急、太快，而影響香港的整體發展，損害港人的利益。主席，我深信民主政制發展要以市民的福祉為依歸，良好的政治制度能讓市民享有更優質的生活。

　……

主席，我曾撫心自問，今次政改方案無論能否獲得通過，這又將如何呢？對於那些追求理想的人來說，我覺得現時的方案可能並不是他們理想中的方案；如果政改方案獲得通過，香港的政制發展便能向前邁進，市民普選特首的願望既能

實現，同時亦不會影響那些追求理想方案的人繼續追求理想。相反，如果政改方案未獲通過，不少市民在二〇一七年「一人一票」普選特首的願望便會落空，基本法和人大常委會訂定的普選時間表亦會被摧毀，嚴重損害香港政制向前發展的步伐，可見否決方案絕對是不明智、損人不利己的決定。

對於部分人士擔心接受政府現時提出的政改方案，便等於接受了一個終極方案。但是，綜觀過去政改演變的情況，我察覺每次特區政府提出政改建議而又獲得立法會通過之後，政改便能向前走一步，反之便是原地踏步。所以，我深信如果今次政改方案獲得通過，往後政府將會按照基本法，在適當的時候提出另一次政改的建議，循序漸進地優化現時的方案，因此終極方案的說法是毫無理據的。

盧偉國議員：

最近有一份法官判詞頗具啟發意義。事緣學聯前常委梁麗幗申請司法覆核，認為人大常委會違反了人大二〇〇四年釋法中關於政改「五部曲」中第二部的角色，宣稱八三一決定在香港沒有法律約束力，要求頒布特區政府的政改諮詢無效。但是，高等法院區慶祥法官頒下判詞，拒絕給予司法覆核許可。

我認為判詞內容比判決結果更值得大家思考。判詞指出，香港法院沒有司法管轄權挑戰人大二〇〇四年的釋法及人大八三一決定。根據「五部曲」，獲得立法會通過的政改方案，最終要得到人大常委會批准才可生效。不論八三一決定是否如梁麗幗所言般在香港沒有法律效力，但人大在八三一決定中已清楚列明它可接受的政改框架，而此框架以外的方案均非切實可行，特區政府亦沒有責任就不可行的方案進行諮詢。

這份法官判詞顯示了理性審慎的取態，既如實反映了香港在「一國兩制」中的憲制地位和政治現實，亦確認了人大對香港基本法的解釋權和八三一決定的法律約束力。在此大前提下，無疑肯定了特區政府的政改諮詢和政改方案合憲、合法。

由此可見，由立法會通過政府提出的政改方案，本來是目前最切實可行的選擇。香港大學民意研究計劃的「慎思民調」在六月十四日公布的結果發現，如單從「個人考慮」，有 49% 受訪者表示應該支持通過方案，反對者則有 39%。但如

從「社會整體考慮」，支持方案者增加至 50%，反對者則顯著減少 6% 至 33%，正反民意相差 17%。調查結果顯示大多數香港人理智與務實的一面，一旦涉及整體社會利益，他們願意放下個人成見，作出符合現實需要的選擇。這是我們可以尋求的最大公約數，是爭取特首普選向前邁步的基礎。

主席，我們不應抽離香港的歷史脈絡和現實處境，試圖「一步到位」地尋求某些人心目中「完美的民主方案」，而忽視其他重要的政策目標，例如保障香港的長期繁榮穩定、維持中央與特區的良好關係、達致〔至〕有效的特區管治等，這些均關乎香港前途和市民福祉。特區政府中央政策組前首席顧問劉兆佳教授對香港的政治和社會發展研究多年，著有《香港的獨特民主路》一書，十分值得大家參考。他認為我們必須找尋一種切合香港具體現實情況的民主改革方案（我引述）：「其他社會的民主發展經驗不能硬套到香港，而必須通過中央與香港人的共同探討來尋求在『一國兩制』下對國家和香港都有利的民主發展路向。誠然，這個漫長的探索過程是相當痛苦的，最後的結局對所有人來說未必是最理想的，但卻肯定對減少分歧和摩擦，以至香港的長治久安和長遠發展有正面意義」，又補充說：「對追求民主政治的人來說，維持理性、耐心、希望、鍥而不捨和包容共濟的精神不可或缺」。（引述完畢）我認為，民主制度的建設與理性包容的文化素養都應該同樣受到重視。

張華峰議員：

我支持通過政改方案，因為現時放在眼前的政改方案是合情、合理和合法的。方案根據全國人大的八三一框架制訂，符合基本法，亦充分考慮了民意對普選的訴求，並吸納了社會各界的合理建議：一百二十個提名的低門檻「入閘」、暗票提名選出候選人、五百萬名合資格選民「一人一票」選出特首，這些都是民主的一大進步。我相信大部分市民都不會否認，這是香港歷史上最民主的政改方案。

主席，香港不能憑空發展民主，必須腳踏實地。我們腳下的土地是中國香港特別行政區，如果脫離基本法、離開中國去談民主，便是一點意義也沒有的。香港想發展民主，必須要循序漸進，正如已故民主黨元老司徒華先生所說，飯是一

口一口吃的。泛民議員要求政制發展一步到位，便是不切實際。主席，我確實看到中央和香港政府在香港落實普選的決心和誠意，中央官員多次主動邀請泛民議員就政改問題對話，而以政務司司長林鄭月娥為首的政改三人組，亦在二十個月間馬不停蹄地出席超過三百場活動，處理了二十萬多份意見書，最終才提出這個政改方案，目的只有一個，就是希望香港市民可以「一人一票」選特首。

陳志全議員：

……我今天會親手否決這個方案。民主派議員不是不想香港實行真普選，而是北京政府、特區政府沒有拿出一個真普選方案，讓香港市民有所選擇。縱使我們批評北京政府甚至梁振英政府指鹿為馬，也沒有人敢膽說現在提出來討論的方案是真普選方案，雖然梁振英曾經說過，所有地方或國家根據其法律推行的普選便是真普選。現在最多人的說法跟梁美芬議員一樣普選不分真假，也即是說沒標準。

……

剛才有人質疑是否有真普選標準，而且難以為真普選下定義。不過，困難不等於無法做得到。王國興議員指出，民主派爭取普選欠缺理論基礎；葉劉淑儀議員又說真普選沒定義。讓我談談理論基礎。其實，昨天張超雄議員和梁國雄議員已提出理論基礎，我也把有關文章印了出來。一九四四年二月二日，中共黨喉舌報《新華日報》在社論中指出，「真正的普選制，不僅選舉權要『普通』、『平等』，而且被選舉權也要『普通』、『平等』；不僅人民都要享有同等的選舉權，而且人民都要享有同等的被選舉權」。此外，最後一段指「如果事先限定一種被選舉的資格……那麼縱使選舉權沒有被限制，也不過把選民做投票的工具罷了」。這也是其中一把可以量度真普選的尺，而且共產黨在一九四四年已承認「真正的普選制」有真假之分。……

……

今天，我要把謊言逐一拆穿，不過時間恐怕不足。我想拆穿的其中一個謊話，刊登於林鄭月娥於六月十五日星期一在各大報章發表的一篇題為「望泛民議員回心轉意通過普選方案」的文章，大家以為這篇文章的目的在於是要說服民主

派嗎？她只不過意圖繼續說謊，以欺騙香港市民。其中一個謊話便是在文章中提到方案有三個民主開放的元素，而第一個謊話便是「『入閘』門檻低，利更多競爭」。根據現有的選舉委員會制度，提名門檻無疑是一百五十人，跟眼前這個政改方案建議的一百二十人相比，門檻確實看起來比較低，而且她還說上限為二百四十人，所以「林鄭」說「利更多競爭」，因為容許最多十個參選名額，提高競爭性。其實，這全是謊言，一百二十人只是「入閘」要求，除此以外還有一個十分高的門檻，那就是為數六百零一人的「出閘」門檻。我其實不用理會提名人數是一百二十人還是十人 —— 我也經常說，即使所有人都可以提名，甚至我可以提名自己「入閘」也沒用 —— 因為即使能夠「入閘」也無法「出閘」，這便是篩選。她所說的更低「入閘」門檻，利更多競爭，都是語言「偽術」。

分明是篩選，又不肯承認，還要歪理連篇。有人形容這是精選，不是篩選。如果有太多選擇，大家便要勞神，現在提委會替我們精選參選人。有人終於承認有篩選成分，為何要篩選呢？現在終於「畫公仔畫出腸」，篩選不但防止那些反中、反共、亂港、不夠愛國愛港的人當選，他們連「出閘」、競選、攪局的機會也被褫奪，因為關乎國家安全。

我押後發言便是由於想多聽一些建制派議員的歪理，今早終於等到葛珮帆議員發言，她坦言自己如何欺騙小朋友，跟他們說釣魚台的比喻，把爭取普選提升至國家主權層次，釣魚台可以放棄嗎？香港主權可以放棄嗎？葛議員的意思是如果沒有篩選，中共便等於要放棄香港主權，這是甚麼邏輯？她簡直妖言惑眾。

梁美芬議員：

普選制度的確不應以真假來討論，我們應該檢視這是否符合當地的憲制法律；亦不應採用務虛的口號，例如真假和國際標準等，其實正是這些務虛的口號搞垮了這次政改。就政改而言，我認為我們要看的是有關制度是好是壞，是否適合我們使用，是否適合國情和香港民情。即使把大家認為是完美的美國制度全套搬過來香港，可能最後也會水土不服，搞垮香港。泛民胡亂爭取，最後只是自己說自己，完全不知道知己知彼的道理，我認為溫和的泛民更是完全中了激進派的計。

......

在手法上，他們在未開始討論時便發起佔中，令中央和地方關係的信任從薄弱跌至谷底，促使北京頒布《「一國兩制」在香港特別行政區的實踐》白皮書和人大常委會八三一決定，他們認為這些都是保守，但中央卻認為是安全和穩妥的。在內容上，他們提出的公民提名本身便違反了基本法，但他們一直把注碼押下去，提出「三軌方案」，但最後自己仍脫離不到，沒有勇氣站出來表示往後的時間不會用來討論佔中，而是一起討論如何改革提名委員會。在方向上，今天何俊仁議員仍在電台節目上表示，否決政改便等於否決八三一決定，這根本是他自己的空談。香港立法會自行否決政改，又怎算能否決人大常委會的決定呢？他們繼續藉此誤導他們的羣眾，而我們的羣眾已不會那麼愚蠢。我們的羣眾便是被他們迫出來，這羣沉默的大多數走出來叫他們不要再搞垮香港。反對派是否真的想「否一世」？

其實他們對這個方案最不喜歡的地方，便是他們無法派出他們的特首候選人。他們來來去去總是說不接受不合理的限制，卻又提不出更好的方案來說服中央、香港和三分之二立法會議員，一味地空談，更排除他們當中的一些人，例如黃成智提出一些不同意見後便被踢出黨。聽過梁繼昌議員、湯家驊議員和李國麟議員的發言後，我更覺得溫和泛民真的承受了巨大壓力，特別是梁繼昌議員提到如果方案不是以「普選」之名提出，也可以考慮通過。一句到底，主要的原因便是泛民人士不能「出閘」，所以他們不能同意。

......

我個人是同意和支持提名委員會制度的，由當天制定基本法至今，我認為提名委員會是一道安全閥，既合乎基本法，亦可以在政治和經濟上確保特首候選人不會令香港社會走向民粹。縱觀而言，普選不一定會令一個社會或國家變得更好，南歐便差不多弄致破產，新興的普選國家很多都無法維持，甚至走上非常民粹的路，無可挽救。因此，我認為特首候選人需要經過提名委員會提名，絕對是個非常良好的規定。或許有意見指當中的選民基礎不夠廣闊，我對此也表示同意，故我們應該集中精力，在踏出這一步後，才再討論提名委員會的組成可否改進，卻不是因此而否決了今次的方案。

八三一決定提到特首要愛國愛港，這是無可厚非的。香港政改可以向前走，

但一定要走得穩當，而不是帶領香港走向亂局。看到佔中，所有人都害怕，誰會不害怕呢？為何不要那道安全閥呢？其實他們都有責任，他們若不檢討自己的策略，我恐怕以後他們只會繼續這樣盲撞，屆時便真的只會「否一世」。香港人是中國人，我認為特首要愛國愛港是理所當然的。

馬逢國議員：

昨天我讀到一位我認識多年及其本身非常尊重和支持民主發展的朋友，即提出了「13 學者方案」及百人一匯發起人之一的關品方教授，前天在《明報》論壇版發表的文章。我以為他對民主發展及政改的觀點，應該可以在這會議廳內從代表他這類朋友的泛民議員口中聽到，以表達這些溫和理性市民的心聲，但很可惜，直至這一刻，我仍聽不到。

……

文章的題目是：「表決前向溫和泛民最後進言」。文章節錄如下：「一國之下，有兩制比只有一制好，有競爭比沒有競爭好，選民基礎愈普及愈好。普選特首給全港市民參與的機會。出選的特首候選人經過爭取全港選民投票支持的選舉洗禮，這個過程本身可以改變政治制度的文化和選舉生態，讓香港變得更加民主，民主之路走得更堅實，是民主派的真誠追求。」

「上世紀 80 年代中英談判以來，務實的民主派，兢兢業業努力了近 40 年，長期堅持不懈，到今天香港的民主進程其實已經取得可觀的成績。8.31 框架下的政改方案儘管還不如理想，2017 年如有特首普選，溫和泛民實在已可光榮宣布：爭取民主已經取得階段性的勝利，日後將再接再厲，……繼續爭取優化特首普選的制度，充分運用本地立法空間擴大提委會的民主元素。」

他指出：「作為中國一個特區，在香港推動民主，有一個基本立場問題。那就是：是否承認一國，是否接受人大決定的法律地位。泛民議員表決政改方案時投反對票，中央或會視同挑戰一國，與中央為敵，日後更難溝通。因此，除非激烈泛民鐵了心要搞切割，燒基本法，去中國化，本土主義，否則宜乎冷靜思考日後的政治出路，不要走太遠了。」

關教授的文章進一步說：「筆者歷來支持香港的民主運動，算是溫和民主派。

政黨的終極目的，應是取得執政權。泛民各黨派如果真以香港的長期福祉為念，就應該認真思考如何爭取中間理性溫和務實的市民，亮出政見，指出前路，顯示熱誠和決心，給香港市民一個願景。」

他亦指出：「提委會制度本身無可非議，關鍵是應該如何組成，才充分體現普及民主的元素。這方面，泛民從來沒有一個說法，只懂得否定這個否定那個，口號空洞，說來說去，就是『我要真普選』和『公民提名』，而且綑綁起來立場僵硬，這是中間派沉默大多數不滿泛民的主因。溫和泛民要爭取他們，就要讓政改方案通過，一步一步往前走。如果有朝一日，溫和泛民取得三分之二的立法會議席，那就自然可令政改五部曲得以重啟。」

他的文章向泛民的朋友提問：「溫和泛民朋友們要撫心自問，是不是在不該模糊的地方模糊了，在應該妥協的地方忘記妥協了，在不該姑息的地方姑息了。而它的原因是什麼？是不是我們的中心思想沒有了？我們是不是在『國家定位』上迷失了？試問我們還有沒有追求建設民主中國的勇氣，有沒有奮鬥奉獻的精神，有沒有執政的理想？還是已變得像激烈泛民那樣，只想着守住立法會的席位，醉心於街頭運動，變成了只懂得甚麼都罵，凡政府必反的『作秀議員』？」

黃毓民議員：

主席，過去兩年多來，政界關於政改方案的爭議，一直聚焦於「入閘」的問題。二〇一三年八月，民主黨的劉慧卿議員及何俊仁議員先後表明，最重要的是泛民主派能否「入閘」，即持不同政見的人能否「入閘」。此底線其後亦得到另一些泛民人士和應，民主黨並不執着於是否有公民提名，最重要的是可以「入閘」。二〇一四年八月三十一日，全國人民代表大會常務委員會在僭建了的政改第二部曲，把「確認行政長官提交的政改報告」變成「確定政改框架」，共產黨透過幾乎可以完全操控的提名委員會，實行「一黨提名」行政長官候選人，然後由香港三百多萬登記選民做橡皮圖章；這就是最近喊得震天價響的「『一人一票』選特首」。

特區政府在今年四月發表《行政長官普選辦法公眾諮詢報告及方案》，現正審議的方案，細則沿用上述諮詢文件：特首提名將分為「入閘」及「出閘」階段，

參選特首者須先取得一千二百名提名委員其中一百二十人提名，取得後即可「入閘」成參選人，最多可有十人「入閘」，參選人獲提名上限為二百四十人，預計可使一至兩名泛民主派人物「入閘」。之後便須按全國人大常委會的八三一決定，過半數提委提名，由不多於十名參選人中篩選兩至三名特首候選人「出閘」，再由全港合資格選民普選。中共可以絕對操控由一千二百人組成的提名委員會的提名作業只是表象，三位行政長官候選人由共產黨「一黨提名」才是真相。泛民主派不是希望可以「入閘」嗎？現在便讓他們「入閘」，只是不讓他們「出閘」。

早前特區政府在「2017，機不可失」的政改電視宣傳廣告，指過往的特首選舉只有選舉委員有投票權，普通選民只能作看客，但是，若政改方案獲通過，五百萬港人將「有份話事」，普選機遇不可錯失。真是公然混淆是非，誤導市民。「『袋住先』不是『袋一世』」是欺人之談，至於指就此普選假貨投反對票的立法會議員，是剝奪五百萬港人的投票權，又是另一種欺人之談。真的要問一句，香港人真是那麼可欺的嗎？此外，二〇一六年立法會地區直選與功能界別的各半比例，以及分組點票這些邪惡制度仍然不動如山，試問以民主派自居的議員，以至有基本常識的市民，又豈能支持這個偽政改方案？

......

（代理主席梁君彥議員代為主持會議）

最近大家或許察覺到學運圈子以至泛民主派陣營，開始有試圖改向本土、全民制憲，以及港人自決前途等訴求靠攏的跡象。在今年維園六四燭光晚會，有大專學生會代表撕毀及焚燒基本法，高呼「命運自主，港人修憲」，以「建設民主中國」為己任的支聯會並無阻止。

......

從現實的角度出發，泛民主派如果同意本土民權運動意見領袖的主張並非出於投機，而是因為港人面對中共的人口換血殖民政策，生活空間日漸壓縮，下一代向上流動的機會越來越渺茫，在土生土長的地方竟然沒有立錐之地，他們便會對本土前線抗爭者絕望的憤怒，有切膚之痛，感同身受。

在憲制的角度，他們有沒有揚棄以往期望北京當權者下放權力，政治體制改革水到渠成的幻想？昨天在公民廣場外的「港人修憲只是夢？——學界修憲集思會」上，香港中文大學學生會會長王澄烽明確指出：「所謂『高度自治』、『港人

治港」只不過是經濟上的兩制，而非政制上的不同……白皮書、八三一、人大釋法更是蠶食司法獨立等，無一不印證此事。故此，基本法已經失效。我們需要有自覺，挑戰此中共思維，不要殖民統治裏的階級思維，然後才可能修憲。」這些是大學生的言論。

修改基本法的訴求，不能按照第一百五十九條「全國人民代表大會代表及香港立法會全體議員三分之二多數通過」的不可能門檻，而是透過自下而上持續不斷的抗爭，迫使中共接受以「全民制憲」或「公投自決」，推倒重來。

黃碧雲議員：

代理主席，昨天律政司司長在他的發言當中提到，基本法第二十六條規定：「香港特別行政區永久性居民依法享有選舉權和被選舉權。」今次八三一框架下的方案的確是試圖嘗試令香港市民有選舉權，可以「一人一票」選特首。那麼，為何我們不支持呢？我們當然支持「一人一票」選特首。但是，問題在於在袁國強司長的發言中，他很快跳到另一方面，說：「關於提名權，根據《基本法》第四十五條的規定，是必須透過提名委員會才可以獲得提名。」可是，他卻略去了中間的數個字：那麼被選舉權又怎樣呢？他這個方案的「入閘」門檻低，十分之一，即獲得一百二十人提名便可以「入閘」，但它卻欺騙公眾，因為它的「出閘」門檻極高，高不可攀，高得需要半數以上。我們過去數屆選委會的提名門檻有沒有這麼高？因此，目的是甚麼？

中央其實——我們這次到深圳與王光亞會面時，他也說得很清楚，為何要設定高門檻？為何要由提委會壟斷提名，而且還是機構提名？——因為它要搞篩選。這個篩選是不合理的，因為這樣是侵犯了市民的被選舉權，這個方案違反了基本法。

司長或譚志源局長說，我們可以公平競爭，在「入閘」後便爭取一千二百人的支持好了，如果得不到足夠的支持，便願賭服輸吧，是你自己能力不足而已。這明顯也是一個騙局。為甚麼？因為這個提委會的一千二百人一點也沒有改變，照抄前一屆特首選舉委員會的組成。四大界別，當中三十八個界別完全不能修改，然後強迫我們參加這個遊戲。這是一個玩弄市民的遊戲。即使讓你「入閘」，

也一定不能「出閘」。大家計算一下選票，便知道中央政府可以控制多少票。是九百多票。泛民主派最多可以有多少票？最多也只能夠有二三百票，那又怎可能會得到六百票而「出閘」呢？這樣，便必須要求建制派的選委給我們選票，但即使向他們下跪和擦鞋，他們也不會給我們一票。所以，說到底，就是要搞篩選。

　　……民主黨所爭取的，從來也不是我們是否有人可以「出閘」。我們爭取的是一個「無不合理限制」的提名機制，不會剝奪不同政見人士的被選舉權。對於這些搞篩選的假普選，我們只能夠說「不」。我們的目的不是為了我們是否能夠有人參選，目的是為了有一個公平的選舉，讓不同政見的人士有機會進場，由市民選擇。……

　　（主席恢復主持會議）

胡志偉議員：

　　基本法委員會主任李飛說，普選議案的投票是支持或反對「一國兩制」的試金石，而中聯辦主任張曉明亦說，投下反對政改方案的泛民主派將要面對「票債票償」。主席，自回歸以來，民主黨堅持「一國兩制」，要求中央履行基本法的憲政責任，但今次特區政府提出的假普選方案，不僅不能為社會帶來真正的政治選擇，更不能修補社會的撕裂和改善管治，反而是逆勢而行。因此，民主黨全體六票都會反對政改方案。

　　……

　　香港特權階級為了維護既得利益，一直都希望特首選舉不能夠落實真正普選。因此，亦利用了中央憂心國家安全的敏感課題，透過扭曲香港人本質是針對「特權者聯盟」的社會矛盾，說成是針對中央的力量，最終令人大常委會在八三一決定中下了三道重閘，以維護「特權者聯盟」的既得利益，「特權者聯盟」的既得利益可以藉着假普選得以繼續維護。因為，如果假普選通過，二○二○年普選立法會將自然地繼續沿用八三一框架的政治篩選的普選定義，立法會功能界別就可以在不合理的篩選下執行所謂的「一人一票」，令功能界別實質上可以永續不死、千秋萬世；而如果不通過假普選方案，功能界別就更加可以繼續獲得保障。主席，泛民主派現在可以否決特首假普選，但如果方案獲通過後，既得利益者就

可以否決一切衝着他們的利益而來的取消功能界別議案。因此，如果香港人知道接受八三一框架下的政改方案，將會埋下功能界別千秋萬世的種子，香港人在想深一層後，又是否能接受呢？

......

其實，國家安全和政治制衡不存在必然的二元對立關係。正如中央官員一直強調，絕大多數的香港市民都擁護「一國兩制」，尊重基本法。因此，由普選產生的行政長官，由真正有選擇的普選所產生的行政長官，根本不可能亦不會與中央事事對着幹。再者，在基本法中已有中央任命的憲制保障，正如王光亞主任所說，若中央最終不接受相應的特首，便可以行使其憲制任命權。故此，由真正的民主普選產生、中央任命的行政長官，根本難以危害國家安全。將國家安全提升至零風險的位置，其實是不必要的，因此舉會令整個政制選擇趨於非常保守的處境，令我們不能為社會提供一個可以真正合理解決社會矛盾的政治平台。可以解決香港社會種種問題的方法，其實全都指向同一目標，便是行政長官及立法會選舉必須全面民主化，打破小圈子權貴壟斷政治資源的現象，解決政府政策向權貴傾斜的問題。

誠然，在政改方案被否決後，特區政府或許在盤算，未來五年、十年或者可以對政改隻字不提。我要在此提出，民主黨不會放棄爭取真普選，我甚至可以作出預告，民主黨在未來不單會要求特區政府就特首選舉重啟政改「五部曲」，我們更會要求特區政府必須同時處理立法會的普選問題。因為政治制度應以解決社會矛盾、改善管治為目標，而有效的政治制度必然存在於有效的行政和立法機關的制衡下。因此，民主黨會要求特區政府雙軌、全炮、一併討論特首和立法會的選舉制度，以全方位角度檢討香港的政治制度。此外，可以先行執行立法會普選，再執行特首普選，讓政治權貴不能再吃免費政治午餐，讓普選產生的行政長官真正回應民意，改善管治。換言之，我們的政治制度是可以一併討論的。在未來的日子裏，我們不需要仍採取「先特首選舉，後立法會選舉」的做法。因為，若然如此，在政治上互讓互諒的情況下，往往只是將整個壓力的天秤壓在泛民主派身上。因為我們不可能接受假普選，更不可能拱手相讓，將維護特權的權利交到建制派議員手中。

張國柱議員：

何謂「廣泛代表性」？相信不同立場的人會有不同的演繹，我認為最簡單和最直接的方法，便是把所有民選區議員和立法會議員納入提委會內。我知道工商界必然會反對，因為這便直接剝奪了他們的既得利益。當然，要取得提委會半數提名的規定是一個篩選過程，「一人一票」普選只不過是背書。特區政府提交這樣換湯不換藥的方案，要求立法會通過，無疑是挑戰香港人的智慧，泛民主派當然只能否決。可是，我想指出的是，親手破壞基本法普選承諾，令香港人無票可投的，不是泛民主派的立法會議員，而是支持八三一決定的建制派，以及不願如實反映民意的特區政府。說到底，無法提供一個大多數市民支持的政改方案，是政府失職。相反，泛民是在履行代表市民議政的職責，按民意投下反對票，這是我們的責任。

......

最後，我還要補充一點：人類的文明發展至今天，選擇用民主、自由，而不是專權、獨裁是有其原因的。民主就是指交由人民作主，而自由則是免受於束縛，從種種不合理的約束中解放出來，作出個人的思想和判斷。因此，人類需要社會建立制度，以保障每名公民能夠享受到根本及重要的基本自由，這些就是我們所說的民主普選制度。而政治，便是設計和運作這樣的民主制度，如果這個運作和設計沒有市民的同意和授權，沒有正當性，政治便失去了它的道德。政治不應該是權術鬥爭，不應該是區分敵我，不是人壓迫人，而是建立良好的社群，保障人的基本權利，實現人的根本利益，這些才是政府、國家存在的理由，而人民才有服從的義務。

政務司司長：

另一方面，我亦留意到多位泛民議員在他們的發言當中仍然圍繞數個議題作出批評，包括中央的權力、真假普選、專責小組沒有反映香港人的意願等。對於他們這些批評，在過去二十個月專責小組三人都在不同場合，包括昨天的開場發言作出解釋，所以我無意再詳細複述，只想扼要提出兩點，作為我對這二十個月

政改工作的體會。

首先，在處理政制發展這個重大議題時，諮詢如要有成效，討論要有建設性，先決條件是大家必須有共同的憲制和法律基礎，即基本法和全國人民代表大會常務委員會的相關解釋和決定。但很可惜，泛民議員由政改討論開始至今均漠視基本法下中央在特區政制發展中的角色，無視在基本法第四十五條中已經清楚寫明香港特區的普選行政長官制度涉及一個有廣泛代表性的提名委員會。泛民議員到今天仍然為了爭取他們所稱的「真普選」，堅持各種企圖削弱甚至剝奪提名委員會權力的方案，包括在這兩天的發言中仍然堅持的公民提名，又或堅拒中央在特區政制發展上的話語權。正如我在諮詢期間多番重申，在特區推動民主發展，如果偏離了「一國兩制」的方針政策，無視憲制的要求，任何討論將欠缺最根本的基礎，結果就是難有寸進，一事無成。

針對泛民議員重啟「五步曲」的要求，我想指出，現實是我們已經有基本法清晰的條文，亦有經過深思熟慮而制訂的八三一決定。倘若泛民議員仍然無視這些對香港政制發展有約束力的憲制性文件，仍然繼續以各種手段脅迫中央和特區政府接受不符合基本法和八三一決定的普選方案，恐怕香港市民普選行政長官的願望將無法實現，普選立法會全體議員的目標更是遙遙無期。

第二，有泛民議員批評專責小組沒有盡力做好工作，對推動民主發展沒有承擔，沒有如實向中央反映香港人的意見。有些議員用上侮辱性、貶低性的言詞，肆意無理向我們三人作出人身攻擊，我絕對不能接受，而這亦不是在立法會會議上議事論政應有的態度，更無助建立理性的溝通，以及改善行政立法關係。

主席，作為專責小組的組長，回望過去二十個月，即使專責小組的工作並非十全十美，而我們三人的表現亦非無懈可擊，但正如李卓人議員昨天所說般，我可以「昂首地」說這二十個月以來，律政司司長、政制及內地事務局局長和我一直克盡己職、依法辦事、努力在社會上尋求共識。為落實二〇一七年普選行政長官，我們一直不辭勞苦，諮詢香港社會各界就行政長官普選辦法的意見，讓行政長官如實向中央作出報告，並嚴格按照基本法及全國人大常委會的相關解釋和決定，向立法會提出行政長官普選方案。整個過程公開透明，受立法會議員和香港市民的監察。我們深信提出的方案是合憲、合法、合情、合理的，是在現時香港的實際情況下最好的方案，亦得到四成多至六成香港市民的支持。

對於二十個月的工作，我們問心無愧。方案能否通過，現在就在各位擁有憲制權力的議員手中。如果最後由於泛民議員的堅持，令全港五百萬名合資格選民喪失在二〇一七年普選行政長官的機會，我相信很多市民和我們專責小組三人一樣，都會因為選舉權被白白剝奪而感到十分可惜及沮喪。責任誰屬，我相信市民心中有數。對於三人小組的評價，我確信公道自在人心。

……

主席，在今天表決後，本屆特區政府就政改的工作將告一段落，政改諮詢專責小組亦隨即解散。經過二十個月的高度政治化和兩極化的爭論，很多市民或者已覺得厭倦，認為需要讓社會稍作喘息。

在座的各位議員、現時在立法會外集會的市民、每一位香港市民，或許你們對政改一事都有不同的立場，但今天表決後，無論結果如何，社會或許需要時間稍稍冷靜和反思，反省過去二十個月在香港發生的事，思考香港未來的方向。在今天後，我們應放下分歧、重新出發。香港是我們的家，我們仍需繼續走下去，經濟發展和社會民生問題仍需社會各界同心協力處理。

律政司司長：

主席，部分議員發言時提及一些法律問題，我希望在這裏就三方面作扼要回應。

第一方面涉及全國人民代表大會常務委員會的權力。二〇〇七年十二月二十九日，全國人大常委會作出決定，當中確定在香港特區行政長官實行普選前的適當時候，行政長官須就行政長官產生辦法的修改問題向全國人大常委會提出報告，由全國人大常委會確定。

何俊仁議員昨天發言時認為，全國人大常委會只有權確定是否可修改行政長官的產生辦法，但無權力規範如何修改。何議員因此質疑八三一決定的相關內容是否有法律效力。

我們不認同何議員的質疑。基本法附件一第七條明確訂明，二〇〇七年以後行政長官產生辦法的修改須由全國人大常委會批准。在「五步曲」的程序中，全國人大常委會負責第二步和第五步。換言之，全國人大常委會不單可以在「五步

曲」中的第二步確定行政長官產生辦法可否作修改，亦可在「五步曲」最後的第五步決定是否批准修改方案。

因此，綜觀「五步曲」和整個憲制及法律安排，二〇〇七年十二月二十九日全國人大常委會的決定中「確定」一詞，不應被過度狹窄地演繹，其正確的詮釋和理解，包含了全國人大常委會有權列出修改行政長官產生辦法時須依循的方向或條件。

香港大學法律系陳弘毅教授亦曾經在公開場合解述相同看法。全國人大常委會副秘書長李飛於去年九月一日在香港解釋八三一決定時，亦有以下的解說，（我引述）「按照香港《基本法》附件一及其有關解釋的規定，中央對行政長官產生辦法修改的決定權，由全國人大常委會行使。將來報全國人大常委會批准行政長官產生辦法修正案，要經立法會三分之二多數通過、行政長官同意，屆時全國人大常委會只能作出批准或不批准的決定，而不能對修正案草案作出修改。因此，行政長官產生辦法如何修改以落實普選，全國人大常委會只能在作決定階段予以行使，這是全國人大常委會決定必須對普選辦法核心問題作出規定的重要原因。」

換言之，全國人大常委會在政改「五步曲」的第二步，不但可確定行政長官產生辦法是否可作修改，亦可同時就相關核心問題作決定，從而令特區政府在「五步曲」第三步中提出的修正案在獲立法會通過、行政長官同意後，更有機會得到全國人大常委會的批准，令「五步曲」可以更順利地完成。

第二方面是司法獨立的問題。黃毓民議員發言時，引述有學生會會長指司法獨立受到「蠶食」，更指基本法已失效。雖然今天我們是就行政長官產生辦法的修改進行辯論，但作為律政司司長，我必須毫無含糊地指出，上述言論完全沒有法律和事實基礎。基本法是香港特區的憲制性文件，無論個別人士持任何政治意見，仍須遵從和尊重基本法。此外，香港特區的司法獨立得到充分尊重，外國的獨立評估機構以至國際商界，均對香港特區的司法獨立有極高的評價。

第三方面是立法會和行政長官落實普選的先後次序。胡志偉議員發言時提出建議，指可考慮先落實立法會議員由普選產生，不必一定先進行行政長官普選。胡志偉議員的建議違反了全國人大常委會二〇〇七年十二月二十九日的決定和去年的八三一決定。原因是在該兩個決定中，全國人大常委會明確指出，在行政長官由普選產生後，才可落實立法會全體議員由普選產生。

政制及內地事務局局長：

……我十分感謝支持議案的議員，但很可惜，從議員的發言來看，立法會今天將會否決有關議案。市民大眾多年來致力爭取「一人一票」普選行政長官的努力將會付諸流水，廣大市民熱切期盼兩年後親身到票站選出下任行政長官的願望落空。我相信大部分市民和我現在的心情都是一樣，感到非常失望和無奈。

主席，假設議案真的不幸被立法會否決，行政長官產生辦法將會原地踏步。根據全國人民代表大會常務委員會二〇〇四年的解釋，以及全國人大常委會於去年八月三十一日作出的決定，如行政長官普選的具體辦法未能經法定程序獲得通過，行政長官的選舉繼續適用上一任行政長官的產生辦法。換言之，二〇一七年行政長官選舉繼續沿用二〇一二年行政長官產生辦法。屆時，行政長官將會繼續由一千二百人的選舉委員會提名兼選出。就此，在未來二十個月左右的時間，特區政府將會努力做好二〇一六年十二月舉行的選舉委員會選舉和二〇一七年三月舉行的行政長官選舉，以及相關的準備工作。鑒於過去一段時間政改討論所引發的社會爭論、今天政改方案一旦被否決所衍生的社會情緒，以及立法工作時間表等考慮，除了必須的技術性修訂外，特區政府並不打算就現行的兩個選舉辦法（包括選舉委員會的組成）作出重大改動。

主席，我已經是第三次在特區政府中參與政改的工作，我相信這亦是最後一次。所以，我想藉此機會與大家分享我的體會。正如我曾經在一次小組委員會的會議上提及，行政長官普選的核心問題就是中央與特區的關係。我相信在不可或知的未來，要成功落實普選，我們必須處理好這個核心問題。我認為當中要重建好三個基礎。

第一，是法理基礎。基本法已清楚訂明，在「一國兩制」下，中央與特區的關係、中央的憲制權力，以及在政改工作中，立法會、行政長官和全國人大常委會分別獲賦予的授權。這個憲制秩序必須得到社會各界認同和尊重，這是國家憲法、基本法及全國人大常委會的相關解釋和決定清晰規定的。所以，任何政改方案均必須嚴格按照基本法和全國人大常委會的相關解釋和決定來制訂。有了這個共同法理基礎，才有機會凝聚共識。

第二，是溝通基礎。溝通對收窄分歧和避免誤解是十分重要的。部分泛民主

派議員於五月三十一日在深圳出席會議時，向中央官員表達了持續溝通的意願。不過，大家必須明白，成功溝通的關鍵取決於雙方的態度，而非溝通的形式。假若不能展現應有的誠意，放開胸襟，以聆聽和互相尊重的態度開展溝通，縱使有適合的安排，亦不會有任何實效。事實上，特區政府過往也安排了數次中央與泛民主派議員就政改議題直接溝通的寶貴機會，可惜部分議員沒有把握這些機會，有部分泛民議員甚至只顧利用這些場合，擺出政治姿態，作出種種不必要的舉措，結果白白浪費了這些溝通機會。

最後，是互信基礎。雙方要建立互信並非一朝一夕，是要有一個聚沙成塔、滴水成河的過程。重要的是大家要回歸法理基礎，好好利用溝通基礎，才能逐步建立彼此之間的互信。在這過程中，切勿作出一些不適當的言行，破壞彼此間的互信。

主席，特區政府已表明，如果今次普選行政長官的議案被否決，現屆政府在餘下的任期都不可能、亦不會重啟政改「五步曲」。至於下屆政府會否這樣做，當然要交由下任行政長官決定。不過，我個人認為在未來的日子，如果大家未能好好努力建立並鞏固上述三個基礎，強化中央與特區的關係，恐怕社會上未必有足夠客觀條件啟動「五步曲」，以推動落實行政長官普選。

主席，「蜀道之難，難於上青天」。政改從來亦是難度極大的議題，二〇一七年普選行政長官之路，今天「行人止步」。但是，我深信經一事、長一智，下屆或未來一屆的特區政府和立法會，一定會汲取今次政改的經驗和教訓，發揮所羅門王的大智慧，為廣大市民推動落實普選。

2016 年 2 月 18 日
恢復致謝議案辯論

梁君彥議員動議的議案如下：

「本會感謝行政長官發表施政報告。」

（主席宣布就議案及各項修正案進行合併辯論。）

（編者註：此議案在原始會議過程正式記錄中位於 2016 年 2 月 17 日本議案所有議員及獲委任官員發言之前，考慮到讀者方便及全書體例統一，特移到此處。）

梁國雄議員：

各位同事，我的結論是，既然大家如此喜歡譴責暴動，我便奉陪大家。主席，我在這裏正式表示，我認為梁振英的暴政便是暴力，亦是暴力的根源，這暴政一天存在，這個社會是不會有和諧的。八三一方案是不讓香港人選擇自己的特首，要經別人篩選候選人後，才讓市民選特首。所有指這是正常、正確，是天下無雙，是優良制度的人，就是暴力，就是孕育暴力，與戴卓爾夫人在一九八九年宣布設立「人頭稅」不遑多讓，但戴卓爾夫人當天要索取的不過是英國人的錢財，不是他們的尊嚴，不是他們的基本權利。

他們譴責我們，不感到羞恥嗎？只不過因為他們不用問責而已。看看在一九八九年發生了甚麼事，我指的不是六四事件，而是在英國發生的事，「人頭稅」如此令英國人討厭……如果他們告訴英國人，以後選英國首相，是先由一羣人挑選候選人後，才讓他們選舉，看他們會否暴動？

主席，我說完了，暴政必生暴力，沒有普選，而在沒有普選下出現梁振英這樣的人，更是暴力中的暴力。多謝主席。

陳偉業議員：

主席，很多人提到旺角事件時，會把年青人形容得甚為暴力。政府形容這是一場「騷亂」，但當我們要求成立獨立調查委員會時，政府卻正式拒絕。我自己的結論是政府害怕知道真相，政府害怕看到這份報告——如果進行調查——將來的結論是指摘政府施政失誤。年青人為何會感到憤怒和出現這樣的衝突，很多事態的發展和問題，便會在報告中，逐步顯露出來，政府沒有膽量面對事實。我感到政府很多高層人士的思維不斷改變，包括我們「好打得」的局長，我當年對她也寄予不少期望。當年她出任發展局局長時，所制訂的不少政策，是改變了過去一些不好的方向，我認為她出任發展局局長期間，有部分決策是值得讚揚。但出任現時職位後，特別是梁振英擔任特首後，我不知道她是因為身不由己，還是她思想上有所改變，以前我們期望的神奇女俠，一下子變成了魔鏡中的皇后。

主席，你看看香港社會過去多年來的發展，青年所謂的騷動或有關破壞的事件其實過去數十年來都有出現。主席，一九八一年曾發生中區騷動，十二月二十五日聖誕節三千多人，較旺角更多，推翻車輛，向車輛擲石頭和玻璃瓶，導致十一人受傷、七部車輛被破壞，當晚拘捕了十多名十五歲至二十七歲的年青人。政府其後因為這宗青年事件，大肆發展青年服務，港英政府有感於年青人的問題，因而制訂多項政策。

然而，我看不到政府就最近旺角事件有相應的思維，只有譴責，接着打壓、抹黑、濫捕，然後進行多種措施，將問題轉移視線，更聲稱要訂定法例禁止戴面罩。我再次警告政府，保安局局長也在席，如果你們要加強打壓、加強控制的話，只會將抗爭運動迫向地下。其實我在二〇一一年已曾警告，當時的曾偉雄一上場便加強警方的暴力，我指暴力只會得到更大的反抗。我的預言，也一而再、再而三證明是會出現的。禁止戴面罩，只會令抗爭走到地下，人們便會燒貨倉、燒寫字樓、燒車和製造炸彈，他們會走向地下，當他們不能發泄不滿情緒，只會走向更機密、更秘密和更粗暴的抗爭。所有歷史故事也如此告訴我們，在美國、意大利、日本也好，在民主進步國家亦會有這些行為，莫說香港在極權暴政管治之下。主席，你年青時也曾參與和領導一些抗爭運動，你也知道箇中心態。

其實，我自己過去數年也不斷思考，究竟抗爭運動要去到甚麼地步？我是

否需要走向極端抗爭運動？我是否需要辭去議員身份，將抗爭運動走向地下？其實我自己也有這些思維，是否繼續和平抗爭，便可得到成效？但我仍然堅信，走馬丁‧路德‧金的道路、走甘地的道路，才是香港的出路。然而，有時候，當我被警察打的時候，當我看到梁振英這種無恥表現的時候，當看到某些官員指鹿為馬、黑白顛倒的時候，主席，我也會產生一種憤怒。這種憤怒如果一旦失控，或這種憤怒將思想改變的話，是會導致行為的改變。

梁美芬議員：

主席，特首在去年的施政報告中批評香港大學學生會的刊物《學苑》。當時，很多泛民人士指特首故意激化社會矛盾，指他不應在施政報告中挑起爭拗。梁國雄議員剛才表示，他認為批評《學苑》散播「港獨」思潮不符合事實。我其實亦很希望他的說法是對的。

自去年我發現《學苑》原來可能散播與「港獨」有關的思潮起，我便很留意大學同學出版的刊物，甚至年青人喜歡看的電影。不過，我覺得越來越擔憂，因為我見到在年青人的圈子中 —— 當然亦有成年人 —— 他們真的在談論「港獨」的問題。我覺得我們要正視這現象，因為「港獨」不是香港的出路，不是香港的選項。

今年的施政報告比較全面，亦不再談及此事，我覺得是有意或無意間迴避這項最具爭拗的政治問題。今年的施政報告集中論述經濟和民生議題，大家可能覺得很沉悶，沒有特別之處。可能特首及政府想大家休養生息，不想再有爭拗，因為去年的政改已被拉倒。不過，「樹欲靜而風不息」。

……

我很希望泛民、反對派，以及仍然相信可以和平方式解決問題的人不要再合理化或美化由情緒，甚至只基於對真實社會的片面看法所產生的行為，不要向年青人煽風點火，不要令他們做錯事而可能要監禁十年，不要對他們說總是政府不好，惟恐他們身處懸崖邊緣也不跳下去。這是十分殘忍的。很多人自己很清醒，認為無論如何也找不到證據指證他們的行為，法律對他們起不了作用。不過，很多年青人卻衝上前，最終被判刑的便是他們。我希望大家不要繼續這樣做，要適

可而止。即使他們對現有制度有多不滿⋯⋯其實，香港是否真的如此差勁呢？我希望大家不要再散播這種負面情緒。

剛才有議員指出，今天的問題源於去年的八三一決定。我想在此指出，當中其實涉及因果問題。我早已勸他們不要採用佔中的手段，他們卻不聆聽。其實，反對派要負上很大責任，因為他們只對不熟悉香港的民主制度或沒有信心的人present⋯⋯現在暴力事件真的發生了，把民主最差勁的一面表現出來。我認為大家需要檢討為何一開始便決定採用敵對的做法。現在已發生暴力事件，情況其實很危險。我擔心我們的政改會更難走。

沒有一個社會或人是完美的。我一向信奉 Charles Lindblom 所倡議的「漸進主義」，相信漸進地改善社會，維持和平的方式一定對市民較好。相反，使用暴力或流血革命，只會長久令人民痛苦。

（代理主席梁君彥議員代為主持會議）

何俊賢議員：

代理主席，我剛才聽到張國柱議員和陳偉業議員說，特首梁振英先生只是看到別人的錯，卻看不到自己的錯，覺得自己是沒有錯的。他們大約是這意思。

但是，根據同一邏輯，其實各位泛民議員又有否看到自己的問題在哪裏呢？旺角在年初一發生的暴動，甚至是一年多前的七十九天非法佔領活動，你們對他們的鼓勵和支持，會否也是原因之一呢？今次暴動之後，有政黨向涉事者提供免費法律諮詢服務，這是否變相支持這類暴力行為呢？爭取民主沒有錯，我們也會爭取，只是我們的路線不同，而你們則選擇走這一條路，所以我覺得問題非常嚴重。

今天到了辯論的第三個環節，我本來已經預計某些議員一定會談及小販政策，並且會將旺角暴動拉入討論，把矛頭完全指向特區政府。但他們卻較我的預期更踏前一步，把香港所有問題也推在政府身上。在未來，焦點已不單是小販問題，連房屋問題，以及梁美芬議員剛才所說的醫療等問題，也會成為他們挑起暴動的其中一個藉口。

我明白大家也享有言論自由。年初二和年初三的時候，報章說小販政策出

現了問題，所以他們一定要上街。但是，我必須告訴各位香港市民，他們的目標不是為了民生，也不是為了小販，他們的目標絕對是要推翻特區政府，甚至是進行一些破壞活動，純粹就是為了爭取一些政治籌碼。我不是說每一名站出來的市民，甚至是擲磚的人也是為了這個目的，但牽頭的那些人，我相信便是持有這一種心態。他們鼓動起民眾後，竟然會離開，甚至是自己蒙着臉，也不想負責任。我是否無的放矢呢？不是的，網上有些片段，其中一段是這樣子的 —— 不是當天的全部，只是一個角落 —— 有人走出來鼓動羣眾，引起哄動後，自己則施施然走到欄杆旁邊吸煙「看戲」。他既然這麼勇猛，為何卻沒有跟大家一起衝過去呢？從中可以看到，他們的心態純粹是製造混亂。所以，全部社會議題將來也可能會被利用來挑起暴亂，特區政府必須做好心理準備。

為何會爆發所謂「魚蛋革命」呢？正因為古語有云：「名不正，言不順」，如果他們無故走出來推翻特區政府，當然不會獲得支持，但如果他們佔據一些道德高地，他們的路便比較容易走。所以，市民要十分小心，即使他們所說的道理或議題是我們認同的 —— 例如小販政策，我們也認同是有問題的 —— 但應如何爭取，我覺得我們是應該反思的。

（主席恢復主持會議）

張華峰議員：

不過，主席，如今我們談到青年的問題，相信很多人都會有點欷歔，會想到參與非法佔中的「邊緣青年」、圍堵衝擊校園的香港大學學生，乃至大年初一晚襲擊警員的青年暴徒。我們看到部分年青人錯誤理解及不瞭解基本法，對國家和民族的感情薄弱，個別人士的思想還滲入了「港獨」等分離國家的意識。我認為這是一個危險的信號。政府怎樣引導這些「邊緣青年」回歸正途最為重要，但施政報告對此隻字未提，我認為是不夠全面及細緻的。

無可否認，時下的青年人面對置業難、向上流動難等眾多問題。就我所屬的金融服務界而言，香港是國際金融中心，集資能力在世界數一數二，而且自回歸以來，國家的金融改革、香港與內地金融合作亦帶來了無限的商機；然而，由於政策傾斜等問題，絕大部分行業的利潤只集中在大型金融企業手上，本地中小企

仍然經營困難。業內人士，尤其是青年人，即使努力付出亦完全無法享受國家金融改革開放帶來的成果，他們因而心生不滿和怨氣，我們是可以理解的。

即使我理解青年人的不滿，但我絕不認同用暴力來表達訴求。我由衷希望這些激進的青年人能好好反思，是否為了表達訴求就可以肆意妄為？是否打出民主的旗號就可以凌駕法律？非理性、偏激甚至野蠻的訴求方式，除了搞亂社會，破壞法治，摧毀香港文明有禮的形象之外，又能夠達到甚麼好處呢？若為了一時衝動變成暴徒，因而負上刑責，丟掉大好前程，又是否值得呢？

主席，我認為青年人除了要有理想、有激情之外，亦應有務實的態度和冷靜的頭腦，懂得理性分析事情的是非曲直。遇到挫折，不應該只是歸咎政府，怨天尤人，亦要檢討自身的原因。同時，國家改革開放引導經濟快速發展，香港青年到內地發展事業是一種趨勢，我希望青年人能主動瞭解國情，不要人云亦云，凡事批評，甚至拒絕認識國家，忽略了國家發展為香港帶來的種種機遇。

至於政府，我認為當局應該主動、坦誠地加強與青年人的溝通，增加雙方的瞭解和互信，積極考慮增加青年人在政府諮詢架構的百分比，將青年人的聲音帶入政府，使他們不用跟隨一些激進人士走上街頭也能表達意見，以免他們被不懷好意、逢中必反、歪曲事實的政客所利用。政府亦應從學業、就業、置業和創業四方面，為青年人提供協助的平台，幫助青年人向上流動。

此外，我認為政府應該多宣傳「一帶一路」如何有利青年人的發展，讓青年人可以更有效地抓着「一帶一路」的機遇。

（代理主席梁君彥議員代為主持會議）

陳家洛議員：

在現今的香港，我們看到很多年輕人的躁動和不安。他們覺得自己的訴求從來不受重視，自己的身份越來越被扭曲和踐踏，自己的命運已不再掌握在自己的手中，而這個社會的現在以至未來也不是掌握在新一代香港人的手中。他們要求的公義、平等參與、民主和話語權——「話事」權——全部被剝奪、扭曲和凌駕。政府經常針對他們，視他們是很麻煩的人，即不是我們常說的「乖仔」和「乖女」，並把這些很麻煩的人定性為不聽話、要抗命、不認命的年輕人，然後孤

立、排擠和打壓他們，更形容他們為「搞事」者。這些手法是絕對要不得的。

在這個社會制度中，如果有一羣堅持理想、追求公義、不貪圖安逸、不甘心「被規劃」和「打份牛工」終此一生的年輕人，他們想告訴我們這些年長一代的人，他們非常不滿現狀，很想看到香港有所突破；如果他們認為現時的社會制度存在很多不公義的地方需要衝擊、打擊和打破，我們應該如何回應呢？我們有否自省、反省或積極回應？還是我們一直都是唯唯諾諾呢？

英國的青年議會是分區民選產生；歐盟二十多個國家也設有議會由年輕人自行決定討論和建議甚麼，與官員平等互動對話。香港有甚麼呢？青年事務委員會只會召開一些被扭曲得不堪的論壇，以及方便官員出席的一些「花生 show」。我們從來沒有好好正視、反省、明白、接受和疏導這些情緒。

......

在過往的民主運動抗爭歷史當中，很遺憾地，出現了很多血腥鎮壓場面，我擔心這些場面不是我用主觀意志便可以避免的，不是叫大家克制，說完便可作罷的，而是會接踵而來的。我希望在此引述波蘭一名我十分尊敬的抗爭前輩的話，他說不要胡亂地做一些打砸搶燒等行為，要建立起自己的共和國，要建立起自己的民間社會，要用這些力量、用這些資源、用這些想法和智慧，創造自己的命運 —— 這便是團結工會的起源，是一些十分寶貴的經驗。我在這有限的時間，跟所有同學分享。

2016年2月19日
恢復致謝議案辯論

涂謹申議員：

我有很大的感受，第一，我覺得就最近旺角的暴亂事件來說，如果政府將其定性為暴動，我覺得其責任是更為沉重的。政府官員在過去這段時間似乎已經統一口徑，表示事件與政府的管治完全無關。民主黨的立場十分清楚，我們不同意這種暴力衝擊行為，而我們也是最早表達立場的政黨，那天早上是我最早代表民主黨表達我們的看法的，因為這種行為無法令大多數人跟隨或明白他們在做甚麼。

當然，我知道有人說，往後從歷史看，成王敗寇；但實際上大部分香港人仍然認為應該用和平理性的方法爭取民主和推動社會進步。我知道真的越來越多市民對政府的霸氣、霸道，尤其是梁振英本人，覺得十分反感和抗拒。

我知道有一項定期進行的調查，訪問市民是否接受以暴力改變制度。其實，在一個正常的社會中，即在一個民主、成熟的社會中，有數個百分比的人贊成也不足為奇；但以我所知，這項以全部市民作樣本的調查發現，贊成的已經超過10%，其實這已經是一個警號。最近有頗資深的建制派人士告訴我，他們知道政府內部有一項調查，而我至今仍在尋找有關詳情，由於他並不是信口開河的人，所以我對此也頗為重視，如果政府真的有這些資料，也可以說一說。他說結果顯示贊成的已經超過20%。大家要記着，這是以全民作為樣本的調查。年青組別中所佔的比例更高，達到百分之三四十。我希望司長或其他官員不要又說我為暴力找藉口，甚麼美化、塗脂抹粉等。我想說的是，當政府說今次事件完全與政府管治無關——我強調是完全與政府管治無關——這政府是否還有得救呢？如果政府是這樣地思考，由特首、司長以至局長全部也這樣思考、這樣說話的時候，那真的是無可救藥了。

……

主席，我也想談「一國兩制」的實踐。中央領導人似乎聚焦於兩個主題，也就是「推進民主」和「促進和諧」。昨天梁國雄議員也提及，梁振英回港後「打斧頭」，把「促進和諧」故意收起不提，直至領導人自行發稿，才逼不得已地在今次的施政報告提出。主席，由於我們的政府，尤其是梁振英心知肚明，如果中央真的要改變政策，實踐「推進民主」和「促進和諧」，又怎會找你梁振英做特首？他根本就是好勇鬥狠的人，不是人家最不喜歡的他不做，試問又如何促進和諧呢？所以，如果真的要實踐「促進和諧」，他根本全無「招數」，性格也不合適，所有事情也無法做到。我這樣說並非指所有官員也是這樣，最低限度我知道對面的幾位官員並非不能夠促進和諧，但問題是當上面那位是這麼想的時候，那又如何促進和諧呢？他根本不相信需要和諧，他認為他自己才對，如果市民不理解他，那便是市民中毒。於是，他認為他做的每一件事也是對的。……

……

主席，最後我想談一點，我真的很想中央政府會聆聽，香港是否要促進和諧呢？是要的，但這是否等於越硬越強便能促進和諧呢？誰有能力兼性格吻合，令更多有志之士及有心促進和諧的人，願意加入政府幫助他，幫助促進社會和諧呢？這人是否梁振英呢？

田北俊議員：

多年來，我一直代表商界，也曾經出任總商會和工業總會代表，是不折不扣的建制派，但為何我現在處事好像不太像建制派呢？我只能為自己辯護說，我屬於較開明的建制派，我們自由黨中堅中立，願意聽取兩方面的意見。為何現在有這麼多議員對議會工作越來越失去興趣，好像不能為香港做到甚麼事情？我以往曾經經歷過多任港督，主席，你跟我也是同樣資深，而且經歷過數任行政長官。我從來沒有想過不同的領袖會出現這麼大的分別。我一直認為是政策問題，只要政策好，不管誰當行政長官也沒所謂，但原來事實並非如此，今屆政府正正顯示並非政策出現問題。對於不同政策，我們有支持和不支持的取向。例如，我不支持「辣招」，儘管我知道社會上很多人表示支持，這與政策有問題無關。對於「雙

非」政策，自由黨即時表示贊成這項非常好的政策。至於扶貧政策，特首甫上任即把長者津貼增至二千多元，這也是一項非常好的政策。普羅大眾理應拍手叫好，但為何行政長官今天的民望這麼低？我覺得問題與今天在席的司長和局長無關，因為不是政策有問題，而是執行過程出了問題。

身為商界一分子，我以往是廠商，現在則轉為經營地產和其他生意。我很明白一個道理，就是如果有一個經營生意的好主意，只要概念上可行，通常會賺錢，但執行過程也非常重要。生意虧本的原因，往往並非由於概念行不通，不論是經營茶餐廳或出入口生意，而是生意可否持續須視乎經營手法。也許大多數生意人較注重和諧，因為和氣生財，最重要是生意成功才有錢賺，不成功便不能賺錢。

如果把議會作比較，我認為今屆政府因為梁振英特首的看法，以致所有官員跟泛民議員水火不相容，社會或議會經常出現不和諧的情況，建制派同事更因此被「擺上檯」。特首燃點火頭，泛民火上加油但我們建制派為何要負責撲火？三十五位建制派議員被迫坐在這裏撲火，我真的感到不大服氣，我也懶得理會，所以情願不出席會議。如果出現流會的情況，政府會成為最大的受害者，為何流會令政府受傷害最深呢？因為政府奉行行政主導，香港所有事情，不論是房屋還是醫療或經濟發展，都與政府推行的政策有關。如果所有發展都被拖慢，其實會導致政府和行政長官被拖死，對嗎？

葉國謙議員：

我剛才聽到涂謹申議員就特區政府的管治發言，令我有感而發。涂謹申議員基於對特首梁振英的一些偏見，指出特區政府在措施上有很多問題，但我覺得這些指控非常蒼白無力，這是我聽完他發言後的感覺。我最近看到一篇文章，當中有些分析，我覺得可以透過這議會與香港市民分享一下。

這篇文章由香港大學教育學院副教授李輝先生所撰寫，文章相當長，不過我想引用當中題為「哲學思維的迷失」的部分，跟大家分享一下。這部分提到：「獅子山下的香港精神是一種勤奮拼搏、開拓進取、靈活應變、自強不息的精神，其背後的哲學思維就是實用主義。實用主義者認為，世界上沒有絕對的、永久的真

理,更沒有『放諸四海而皆準』的東西(例民主、普選等)。任何好的制度都有其獨特的社會歷史局限性和社會生態針對性。評價一個制度或選舉方法的好壞,應以當地獨特社會生態環境為參照系統,而不能以其他國家的價值標準去衡量。可惜,回歸以來,港人逐漸放棄這一處世哲學,而墮入了理想主義的陷阱。」

人人也有理想,亦有實際的考量,但「理想主義者篤信絕對真理和普遍價值觀,並以追求理想、尋求完美的心態去追求不斷的社會改革,為達理想而不惜一切代價。於是,在香港這一複雜而獨特的社會生態裏,理想主義哲學最終引領人們走上了拒絕妥協、『勇武抗爭』的暴亂之路」。

「而過去一個世紀,理想主義害死人的例子數不勝數。希特勒就是一個典型的理想主義者。在《我的奮鬥》一書中,他全面闡述了自己的理想及革命路線圖,包括種族主義、反猶太主義和武裝革命等。為實現這一理想,他發動了第二次世界大戰。僅歐洲和蘇聯戰場就有四千萬人為他這一理想而陪葬。由此可見,腦殘的理想主義幼稚症是會害死很多人的。」(引述完畢)我引述這文章的最主要目的是,如果泛民議員……當然,政府在施政上有很多改善空間,事實上,如果政府在工作過程中,能夠與市民有更多的分享,或多些表達政策原意,這樣會更好。儘管如此,政府一直所做的工作,大家是有目共睹的,如果泛民繼續不分青紅皂白,甚麼也反對,我相信會把香港帶入深淵,亦會為香港帶來災難。

主席,在今次的辯論中,泛民一如既往,提出很多不同的、掛單式的修正案,民建聯會表決反對,民建聯只會支持按《議事規則》提出的原議案,我們反對各項既不準確又不全面的掛單式的修正案。我謹此陳辭。

單仲偕議員:

主席,葉國謙議員剛才指涂謹申議員對梁振英或有偏見,如果涂謹申議員是有偏見的話,我相信像涂謹申議員般對他有偏見的香港人較對他沒有偏見的更多。事實上,大家從各項民調中已知道市民對梁振英不滿。特首梁振英好勇鬥狠,不斷挑起紛爭,引起社會矛盾,而建制派議員只會盲目維護政府,不分是非黑白,為了掩飾政府的過錯,他們不惜把民生議題作為政治工具。一個好勇鬥狠的特首,再加上盲目的建制派議員,政治鬥爭被推向白熱化,連帶削弱了本港的

競爭力，令民生問題一直懸而不決。長此下去，只會拖累香港經濟發展，加劇社會矛盾。

香港人普遍對中央政府的信任，在二〇〇三年之後的情況是不錯和頗高的，最高點是二〇〇八年，但往後數年，香港人對中央的信任一直下跌，更不信任一個由中央欽點的特首。「我要真普選」是香港人普遍的真願望，而基本法亦訂明香港實行「一人一票」普選行政長官，並在普選行政長官後可以普選全體立法會議員。港人所期望的普選，並不是只限於選擇由中央提供的候選人，而是讓香港人有真正的選擇，以「一人一票」選出特首，為香港繁榮安定，實行真普選。

立法會功能界別是長久以來的爭議點，為人詬病的是他們所得票數比直選議員低，但卻成為了民生議題能否通過的關鍵，導致小眾利益凌駕大眾利益。簡單來說，這種產生辦法並不公平。然而，歷屆政府（包括今屆的譚志源局長），在處理功能界別上並無寸進，更不符合所謂的「循序漸進」原則，而二〇一六年的立法會選舉也如是。即使特首普選尚未能推行，當局也應擴大功能界別的選民基礎，並逐步減少功能界別議員的數目。

另一方面，政府在委任諮詢委員會委員時，亦應考慮增加立法會各政黨的代表，或根據立法會選舉勝出的比例來委任各個諮詢委員會的委員，使政府能有效吸納不同的意見。最重要是讓議會可以反映民意，透過推進民主，減少因個人政治立場而引起的紛爭，從而令議員理性地討論民生政策，讓市民受惠。

主席，政改方案被大比數否決，政制停滯不前，普選行政長官無望；中港矛盾加劇；特首牽涉干擾院校自主、有赤化院校之嫌；中央插手香港事務，甚至跨境執法，令銅鑼灣書店五人「被失蹤」、「被認罪」；七警傷人案至今未解決。以上種種事件均衝擊香港人既有認知的普世價值觀，再加上香港人口不斷上升，生活空間越來越狹窄，種種原因造成施政失策，民怨不斷累積，終於在年初一大爆發。

我們當然譴責年初一晚的暴徒，也強烈要求追緝所有兇徒。不過，在追緝兇徒之餘，我們同時要瞭解整件事件的背景、因由，以及怎樣防止類似事件重演和發生。我認識一些年輕朋友，在年初一事件發生以前，已預計總有一天會發生類似的暴亂。在劉江華局長上任前一個月，我曾有機會與他討論，並向他提交一份關於本土情況的整合資料，希望他能仔細研究怎樣處理這個矛盾。那時候，我已

經開始有所預警,感到有關矛盾越來越大,但坦白來說,這個問題在往後十年只
會更大。佔中產生了巨大的影響,激發社會矛盾在短期選舉中對建制派有利,因
為不少像我這般年齡,即五六十歲的人,儘管過往支持民主、七一遊行,在今年
立法會選舉也可能都會轉投建制派,兩派的比例會縮窄。然而,長遠來看,建制
派亦面對很大的危機,因為很多年輕選民的想法與年長的十分不同。

我剛前往台灣觀察當地的選舉,這也是台灣第三次政黨輪替選舉。我第一次
到台灣觀察選舉是一九九六年,當時是李登輝參選總統,往後台灣每次舉行總統
選舉我也有前往觀察。我當時感慨的是,民進黨在第一、第二屆無法勝出,但在
第三屆便勝出,為甚麼?因為新增的選民都會傾向支持民進黨,是 7:3 甚至 8:
2 之比。國民黨在過去四年喪失了八十萬支持者,因為那些選民離世。香港也面
對同樣的問題,如果不好好處理根本的矛盾,特區政府往後的施政仍會舉步維
艱,並不是單靠緝拿局長所說的那七百個暴徒便可以。當局把他們全部拘捕是否
便能夠解決所有問題呢?我相信不可以,因為當中存在一個深層次的矛盾,只要
矛盾未獲解決,則不論由誰出任特首也會面對很大的問題。當然,其中一個解決
方法就是落實真普選。

梁家傑議員:

剛才葉國謙議員說,歷史上有很多為追求理想,為人類戰鬥而造成的悲劇,
並引述希特拉的例子等。主席,我不知道葉議員究竟有多相信自己的說話。香港
人只是要求現有的自由、法治、人權或制度得以維持下去。如何在一個奉行人民
民主專政的宗主國下繼續得享自由,繼續捍衛我們的法治和其他制度呢?只能依
靠一個在地建立並充分向香港七百萬人問責的政府,而產生公權力的過程必定要
面向香港人,這樣才有機會維持現時的自由、法治和我們所珍惜的制度。

我們抱持的並非甚麼不着邊際或天馬行空的〔的〕理想,其實不用說
得太遠,不如先談談我國。在一個世紀之前,孫中山先生領導革命運動,到了
一九四九年,毛澤東先生建立了新中國。以上兩人並非講求甚麼意識形態,孫中
山先生到處進行宣傳時沒有說甚麼三民主義、五權憲法,當時的中國人才不會理
睬他,大家所聽的只是如何影響民生。毛澤東則告訴大家,只要跟着他「老兄」

便有田可耕。現時香港沒有人要當希特拉，我們要的只是一個像樣的制度。

不知道司長有否留意新聞報道，在一星期前，一名女士到麥當勞以毫子和「散銀」購買魚柳飽，一名在麥當勞工作的年輕小姐看見後，便請她喝橙汁。為何香港會發生這種事情呢？主席，香港是一個以中國人為主的地方，「臨老不能過世」是很悲哀的。香港現時坐擁數以千億甚至萬億元計的盈餘，但是卻鎖起來不用，理由是索羅斯隨時會突襲香港。

主席，我們爭取的是基本法所承諾的一個制度。中英聯合聲明提出「馬照跑，舞照跳」——這些當然是說給街坊或普羅市民聽的——中英聯合聲明附件一有十四個項目，該附件把香港的價值和制度鉅細無遺地描繪出來，接着我們聽到中央政府說了甚麼呢？中央政府表示，中英聯合聲明（包括附件一）會透過基本法落實，並請大家放心。為何中央政府要叫我們放心呢？正是因為他們知道我們不能放心，但為何中央政府知道我們無法放心呢？因為他們知道我們不會相信這個實行人民民主專政的宗主國。有人指我們一如希特拉般旨在透過種族滅絕才能達到理想的意識形態，是否比擬不倫呢？由於政府抱持這種想法，以致回歸後一屆又一屆的政府越來越與民情脫節，越來越無法回應港人的想法。

主席，有時候，我認為以梁振英為首的政府一直在假裝理性——不但他自己假裝理性，他還叫香港人假裝理性——假裝這個議會仍然公道，這個議會的制度仍然公平。因此，我們聽到司長不斷叫大家不要「拉布」，應先進行表決，亦不要問那麼多問題，高鐵項目已經是「洗濕了頭」——馬時亨不是這樣說嗎？既然「洗濕了頭」，便應繼續洗下去，議員應該盡快進行表決，再不表決便不堪設想了。他的潛台詞其實是以投票作為制度的一部分，但這是制度上的暴力。在回歸以後舉行的數屆立法會選舉，民主派所得的票數均是半數以上，有時佔五成半，有時則接近六成，但由於制度的扭曲，當轉換成本會的議席時卻無法反映有關得票率。現時的問題是，政府只會「扮理性」向我們說道理，一味叫我們投票，別再多生事端。為何我們不看看如果政府真的是「扮理性」，他們就是縱容制度暴力，明白嗎？

……

主席，看到年初一在旺角發生的事件後，真正愛香港的人定必感到傷感和心痛，而在年初一後每次看到特首梁振英時——當然是鏡頭面前的他，私下我並沒

有見過他 —— 他總是那麼惡形惡相，繃緊面孔地譴責部分市民為暴徒，又說香港絕不容忍暴力行為。我剛才已經說過，那是暴力行為，大部分香港人（包括我在內）也不能接受，但梁振英有否想過，原來由他掌舵的制度暴力才是導致這次事件的主因？若他沒有進行研究便不要隨便發言了，政府不如找一位高等法院首席法官成立獨立調查委員會，如果調查報告真的如他所言，他要怎樣說也可以。不過，他當然不會這樣做，我亦料到他不會這樣做，因為他不想為自己造成尷尬局面。任何客觀的調查，其結論定必提到梁振英在過去三年半執政期間，因其囂張跋扈、橫行霸道、挑撥離間而引起的爭端，令香港撕裂和兩極化，民怨沸騰，這就是觸發年初一事件的理由。或許他已預見到這個結論，所以便決定不進行調查。

主席，這真是荒謬得很，如果他真的愛香港，當然要找出事情的原委，然後針對問題核心作出處理。以往也有一些備受香港人關注的大事，最終需要成立由法官主理的委員會進行獨立調查，例如在一九六六年由蘇守忠發起，因反對天星小輪加價而引發的暴動；一九八一年平安夜的騷動；一九九八年的亞洲金融風暴；以及南丫海難和近日仍在進行的鉛水調查。為何偏偏不對今次的事件進行調查呢？

張華峰議員：

主席，我在這個環節主要想說說法治問題，雖然這只是施政報告的一部分，但我依然想談談這個最關鍵的問題，因為我們看見當前香港的法治基礎不斷受到衝擊，已到達岌岌可危的境界，尤其是大年初一晚上旺角發生暴動事件後，暴徒無法無天的暴行幾乎摧毀了香港的法治根基，將香港推向暴力和暴動的險境。我認為，反思如何維護法治基石的問題已經迫在眉睫。

「法令者，民之命也，為治之本也。」法治是民主的基礎，更是社會穩定的基石及和諧發展的保障。過去，香港一直被視為法治之都，令香港人引以為傲。但是，自從非法佔中爆發以來，社會上充斥「違法有理」的謬論，「鳩嗚」、「光復」行動、反水貨客，乃至大年初一的旺角暴動，參與者的行為一次比一次激烈，他們根本不知道法治為何物，並認為為了爭取他們所謂的理想，便可以犧牲法治。

試問這些目無法紀的人有甚麼事做不出來？如果我們任由這些「違法有理」的謬論繼續散播，香港會變成怎樣？難道大家想香港由法治之都淪為罪惡之都嗎？

（代理主席梁君彥議員代為主持會議）

法治基礎受到衝擊，首先受害的是負責執法的警察。在佔中期間，警察不斷受到暴力衝擊，被偏激的示威者辱罵和推撞，心力交瘁之餘，還要受盡侮辱。在今年年初一的旺角暴亂，前線警員又無端被歹徒用磚頭和木棍打至頭破血流，約九十名警員受到不同程度的傷害。試問世界上有哪個地方的警察會好像香港的警察那般委屈？但是，值得我們欽敬的是，即使警員受到暴力衝擊，始終表現得專業克制，他們依然奮不顧身地保護市民生命和財產的安全。在此，我們向警員表示最高的敬意，並祝願在旺角暴動中受傷的警員早日康復。

代理主席，最可恨的是那些經常將「文明法治」掛在嘴邊的泛民政客，他們「講一套、做一套」，他們口裏說法治，但當警察受到暴徒的衝擊和法治精神被顛覆時，他們竟然站在暴力的一方。有泛民政黨在旺角暴亂發生後，迅速到警署為暴徒提供法律援助，事後又利用「官逼民反」的荒謬理由為歹徒開脫。由此可見，在他們的眼中，法律只是一個可以「搓圓撳扁」、專為他們「撈選票」的道具。更荒謬的是，如此不尊重法治的人居然經常聲稱是為港人維護法治、爭取未來，這簡直是無恥之極。

對於那些不願正視事實的議員，我不奢望他們會變得客觀持平，但我希望他們能夠撫心自問，香港能成為國際上最安全的城市之一，這是誰的功勞？警員為我們確保社會有安全和良好的秩序，難道不值得我們支持，反而經常被質疑警權過大？一旦警方的威信受到挑戰和香港的法治基石被摧毀，受害的又是誰呢？因此，如果他們是「真香港人」、真心為香港，我希望他們能用實際行動來守護文明和法治等香港核心價值，不要再做傷害香港的事情。

代理主席，雖然法治不是施政報告的重點，但我由衷希望有關部門不要輕視這個問題，而是認真反省法治基礎受衝擊的原因是甚麼，是否正如社會上有部分意見指出，因為對非法佔中人士的懲罰過輕，起不到震懾作用？今後又該如何防止法治再受衝擊？

莫乃光議員：

代理主席，剛才聽到張華峰議員竟然說，律師為一些被逮捕人士提供法律援助，是將法律「搓圓撳扁」。代理主席，這說法根本是在侮辱法律、侮辱法治，實在嚇壞人。

代理主席，我想在這段發言回應葉國謙議員剛才提到有關理想主義的問題。市民和年輕人追求理想，如果他們使用暴力手法，我們會予以批評，但他說他們追求理想就會變成好像希特拉那樣，因為他亦是追求理想，這簡直是亂說。究竟他知否何謂理想主義？理想主義是否就只是跟隨個人理想，做任何事也可以？如果他這樣理解理想主義，便非常無知及膚淺。學人家談主義，談哲學，最少也要做一些功課。

理想主義的另一個說法，就是唯心主義。換言之，心靈就是思想、觀念的根本原因。這樣說有些虛幻，許多人可能覺得難以明白，包括一些議員。如果是這樣，我們就以唯心主義的相對來說，它的相對就是唯物主義。其實，馬克思主義亦屬唯物辯證主義，這樣說的話，他們可能就會明白。唯物主義亦遭很多思想家或宗教人士批評為精神空洞，不過不要緊，我們現在不是辯論這項課題。但是，從另一個角度來看，理想主義的相對，就是現實主義。談現實，可能會較為容易明白。

葉議員談及現實主義，我相信這反映出他心中崇尚的是現實主義，而現實主義在香港的建制派心中，其實很簡單，就是跟隨強權，跟隨「阿爺」，「阿爺」說甚麼，他們便說甚麼，即是很典型，跟隨大隊走，不會思考，不知道發生甚麼事，不過仍然會跟隨大隊走。就是這樣，他們都已經這樣說出口了。現實是怎樣的呢？就是有好處、有着數，這就是現實。要跟隨別人，當然是跟隨「大佬」，跟隨「大佬」才會有着數，難道他們會跟隨弱者？高牆或雞蛋，他們當然會選擇高牆。這就是現實主義。

代理主席，香港最著名及影響力最深遠的哲學家周星馳先生有一句名言：「做人如果沒有夢想，跟鹹魚有甚麼分別？」代理主席，我相信這番話就是對他們說的。追求理想是甚麼？毛澤東也有理想，他原本追隨馬克思主義，但可能有了權力後，有些地方變了質。但是，在我心目中，而我亦相信在很多人心目中，追求

理想，其實有很多正常的榜樣。

很多人的理想榜樣並非希特拉，亦未必是毛澤東。例如馬丁‧路德‧金，他也有夢想，也有理想，他說："I have a dream that one day this nation will rise up and live out the true meaning of its creed: 'We hold these truths to be self-evident: that all men are created equal.'"（譯文：「我夢想有一天，這個國家將會奮起，實現其立國信條的真諦：『我們認為這些真理不言而喻：人人生而平等。』」）很簡單，即是人人平等，包括當時黑人追求的選舉權。我們香港人現時都正在追求這件事，就是平等的選舉權。現時香港是否已經達到這理想？是否已人人平等？

我們的國父孫中山先生並沒有空談，不過他經常遭人批評，因為他屬理想主義，理想主義至被人批評為「孫大炮」，用廣東話來說，就是說他「車大炮」。

代理主席，如果我要選擇追隨誰的理想，當然不會選擇希特拉。應該選毛澤東還是孫中山？毛澤東建國，孫中山則追求理想，甚至訴諸革命，但每次都被人欺負、被人加害，鬱鬱而終。不過，我相信我還是寧願學習 —— 不是跟隨，我無法跟隨他，我沒有他那樣優秀，沒有他那樣偉大 —— 但我們還是希望以孫中山為榜樣。

市民會看到誰只是為了自己，而誰則在追求理想，無私地追求一個理想的公平社會。他們的手法不對，我們會作出批評。然而，代理主席，我絕對不認同有些人竟然可以這樣把事情扭曲來說，指理想主義就是希特拉，這樣簡直是侮辱了所有追求理想的香港人。無論他們用了甚麼錯誤的手法，我們可以作出批評，可以辯論，但他這樣指責所有追求理想的香港人，不論他們採用甚麼方法（包括和平方式），都一律批評，這是不可接受的，亦是建制派一貫轉移視線的做法。

（主席恢復主持會議）

梁繼昌議員：

……整份施政報告共有二百六十一段，但我多次翻閱也找不到政制及管治這課題，只可在結語部分第 258 段的兩行中，找到「政府並將繼續維護人權、自由、民主、法治和廉潔等核心價值……」。這麼重要的課題，在施政報告中竟然完全欠奉，僅有寥寥三四十字提及。

主席，前任行政長官曾蔭權先生在二〇〇八年十月的施政報告中提到香港政府當時正面臨政制及管治方面的挑戰，他當時說：「香港面臨的⋯⋯挑戰，是管治能力及民眾對政府的信任。過去一年經歷了通脹衝擊、擴大政治委任制及公務員退休加入商界的爭議，市民對政府的信任出現了變化。疑問來自幾方面，包括特區政府的核心價值是否已經改變？是否誠實可靠？是否公平公正？是否能力下降？是否仍然用人唯才？決策是否以民意為依歸？」主席，這是前任行政長官的施政報告演辭，當年二〇〇八年提出的問題，主席，今天依然存在，不單沒有改善，而且越來越惡劣，社會現正彌漫着失望、無助的情緒。

農曆年初一晚在旺角發生的事件，是大家都不願見到的。雖然大家對事件起因眾說紛紜，但我仍對發生這件暴力事件感到痛心，因為在文明社會中，這種暴力事件絕對不應出現，也是不可容忍的。然而，政府把這事件定性為暴亂，試圖以起訴、判刑等來解決問題，而政府這樣做只能解決問題的表徵。

一羣十多二十歲的青年，斷不會無原無故打警察、記者和無辜的市民，難道他們是為了娛樂或是服食了毒品嗎？事實並非如此。當然，他們的行為是絕對不能接受的。不過，當局單純以判刑和高壓手段來處理，又是否長遠解決問題的方法呢？如果特首執意如此，這種態度是否太傲慢、太天真呢？

一個政府的存在非為制裁人民，政府存在的一個主要目的，就是聽取市民的聲音，解決和紓緩社會的矛盾。其實，我和莫乃光議員均建議政府成立一個獨立委員會來檢視今次騷動事件的成因。有政府官員指無此必要，因為警方已成立了一個委員會檢討事件，但警方成立委員會的目的，是對當日旺角事件整體的執勤、運作、警方的部署等進行檢討，與我們倡議成立的獨立委員會的目的截然不同。我們建議成立的獨立委員會的運作，並不會影響警方對個別個案的調查和法庭的起訴工作。該獨立委員會的目的是尋找事件的起因，並提供一些中期、長期的改善建議。該獨立委員會是一個宏觀的調查委員會，並不會就個別個案作出調查。我希望梁振英先生能虛心聆聽。事實上，社會上已有數千位學者及專業人士聯署一份聲明，要求政府成立獨立委員會。

除了社會深層次矛盾這個問題外，主席，我對於今年施政報告對政制改革完全沒有着墨深感失望及遺憾。雖然我們在去年六月否決了行政長官選舉辦法，但這並不代表我們不能在政制改革方面繼續向前走。全國人民代表大會常務委員

會在二〇〇七年提出了在行政長官由普選產生後，立法會全部議員亦可由普選產生，而基本法第六十八條亦訂明，立法會要最終達至全部議員由普選產生的目標。可是，政府在廢除和改革功能界別方面完全沒有提出任何具體辦法。我曾指出功能界別應該廢除，但應如何廢除則是一個值得思考的問題。

功能界別中有來自專業界別和商界的代表，事實上，我很希望議會內可有多一種來自不同階層的聲音，但問題在於功能界別的選舉方法。主席，我針對的是選舉方法，而不是當中的人或他們的行業或職業，因為現時採用的選舉方法十分不公平。功能界別議員來自專業界別和商界，對於施政和立法的種種問題，他們可從不同的角度來解釋和理解，這是他們的貢獻。可是，選舉制度的不公平，加上議會有三十五個功能界別席位，正正反映了議會不對稱的權力傾斜。因為在二十八個傳統功能界別中，撤除了超級議席，有十二個界別的登記選民人數是少於一千人的。當中有多個界別的選民是團體及公司。主席，在二〇一二年的立法會選舉中，有十六位同事是自動當選的，當然，這些同事告訴我他們是全票當選，是在全無競爭對手下當選的。

縱觀世界各個國會、立法機關，有多少個會有這麼多位議員可以在全無對手下當選的呢？因此，功能界別的選舉方法必須改革，主席，當然，功能界別最終必須廢除。在現時諸多掣肘下，我們可以如何改革功能界別呢？其實，兩星期前，我與一些同事擬訂了一些議案，準備擴大數個功能界別的選民基礎。這些改變是基於部分專業團體的訴求，而我們已就此與他們舉行了無數會議。就現正由法案委員會審議的《2015年選舉法例（雜項修訂）（第2號）條例草案》，我們準備提出數項擬議修正案。這數項議擬修正案旨在擴大金融服務界、金融界、保險界及資訊科技界的選民基礎。擴大選民基礎的目的，在於讓更多專業人士、與這些行業直接有關的個人及公司獲得選票，好讓他們在功能界別內投票。這項改動的另一個好處是政府無須作任何舉措或採取行政措施，因為改動牽涉的選民已經循不同方式向政府登記及註冊，所以我看不到政府可有甚麼理由反對，而這一批人士正是在保險界、金融服務界或金融界服務多年的市民。

我且舉一例子說明選民基礎的問題。我不明白為何保險界的選民只有那百多間註冊保險公司。其實，在保險界服務的朋友多的是，有保險經紀、保險界代理等，他們為何一票也沒有呢？甚至連保險界中最重要的一個專業界別精算師也

沒有票，為甚麼？在金融服務界，為何只有交易所特定位置的人才可投票，而在《證券及期貨條例》下十種須申領牌照的從業員卻不可投票呢？這些從業員跟在交易所進行交易的交易員同樣對我們的經濟、金融體系有貢獻。事實上，他們的貢獻可能更多，因為所涉及的是從事《證券及期貨條例》下十種受規管活動的人員。為甚麼他們沒有選票，理據為何？是否因為既得利益者不欲這批人有權投票呢？政府如果反對我或是我同事的修正案，是否為了保護一小撮既得利益者呢？

我重申，這些修正案並沒有要求政府作出任何舉措，亦沒有要求政府作出重大的行政改動配合這些修改。因為當局根本已有這批準選民的註冊資料，而這批選民亦已具備一定的專業資格和經驗才可以於證監會或金管局的名冊登記。因此，如果政府要反對這項建議，請政府提出一個更好的理由，而不是單單推說時間不足。我們會於下星期將整份修正建議提交法案委員會。

另一方面，我們已研究這些改動是否符合基本法，是否可以採用本地立法等問題。我們現時建議作出的改動，主席，只關乎功能界別下的選民基礎，並不涉及增加或減少功能界別的議席或各界別大致上的分布情況，亦非建議增加新的功能界別或減少現有功能界別，有關改動只涉及選民基礎。再者，政府在《2015 年選舉法例（雜項修訂）（第 2 號）條例草案》中，亦建議擴大其中一些界別的選民基礎，那些安排當然可以經由本地立法實施。因此，我認為我們今次提出的修正案亦可透過簡單的立法程序實施。

主席，本港的政制改革不能原地踏步，不能不向前看。雖然我們在行政長官選舉辦法方面未有共識，但這並不代表我們不可以在其他選舉方法中注入更多民主元素。主席，雖然這些改動都只是一些非常小、非常卑微的改動，但只要在我們能力範圍內可以朝着民主方向走前一小步，我們也會努力，我希望各位都支持我們的議案。主席，我謹此發言。

（代理主席馬逢國議員代為主持會議）

李卓人議員：

我記得我們討論政改的時候，主席或很多人（包括泛民議員）也表示，如果不處理好政制，香港社會將會是 —— 當時大家使用的字眼是 —— ungovernable

（不能管治）。這樣的情況現在已發生，已經立刻出現，根本香港社會的矛盾已到達某個水平，已經是不能管治的地步。所以，一天不解決政制的問題，香港一天也不能管治，再加上梁振英「一男子」的霸道、專橫、自以為是，再加上這「一男子」，更大大加快整個香港的沉淪速度，令香港沉淪得更深。所以，政制未能處理好，再加上梁振英的劣政，香港人正在問我們：香港還有甚麼希望呢？

……

……當然，我們不想看到衝突繼續下去，但是，如果不想這樣，梁振英便要收斂一下，第一個最好的方法就是他宣布不尋求連任，我想香港人立即會鬆一口氣。

但是，最糟糕的不單梁振英，而是建制派在縱容梁振英，大家對林鄭月娥本來有一絲好感，她「好打得」，又說「官到無求膽自大」，但「膽自大」卻不是用來推行全民退休保障，亦不是用來推行有利民生的政策，而是用來羞辱周永新教授，助紂為虐，幫助梁振英推行苛政、與民為敵。如果香港的管治是這樣子，還怎可以挽救呢？

因此，香港人的希望在自己的手裏。我們要回歸政制，把香港的政治實體重新交到香港人手裏，香港人才會有希望。如果我們不取回政治實體，交到香港人手裏，就永遠都會被人出賣，永遠被那由一千二百人組成的選舉委員會出賣，被梁振英一類的政客、「狼」出賣；所以，我們一定要取回應有的權利。

梁國雄議員：

司長現時在席，以司長你的才能，隨時可以把他擊敗，對嗎？司長為何不去參選呢？袁司長的才能也可能比梁振英好，司長說起話來，至少沒有梁振英那麼瘋瘋癲癲，說司法覆核阻礙政府施政。袁先生應該不會這樣說話，對嗎？問題癥結其實是甚麼呢？問題在於他由一千二百人揀選出來，而這是一個經他進一步透過八三一推薦給中央的制度，他更表示香港人會予以接受。

所以，司長坐在這裏便要負責，官員是要問責的。司長曾否向中央說過八三一行得通，說「我林月娥立軍令狀一定行得通」，結果導致九二八事件，司長卻形容九二八為鼓勵暴力的違法活動。追本溯源，其實是司長夥同民建聯建議

中央採用八三一，即在一千二百人中要取得六百零一票，才可以成為候選人，這就是問題癥結，對嗎？如果司長不問責，又該由誰去問責呢？他們使用的暴力不會令他們的主張變得正確，等於他們譴責那些以暴力彰顯政治主張的人，只不過他們使用的暴力在現時這個壞制度下，變成了合法暴力。

關於這一點，壞制度究竟會造成甚麼結果呢？第一，壞制度阻礙改革進程，本會保皇黨對此實在難辭其咎，因為如果二〇一七年可以進行普選的話，二〇二〇年便可以付諸實行。換句話說，今天在功能界別久〔苟〕延殘喘的議員，會因二〇一七年進行普選而失去現有的避難所，這是第一點。

第二，梁振英在未當選前不斷說香港有深層次矛盾，又說社民連成員若當選成為議員，會在議會使用暴力，很多人會慨嘆出現像台灣朱高正的事件。我們不能指他說得沒理，只是他今天倒過來說罷了。他今天大權在握，便指責別人使用暴力，對嗎？第一，梁振英在雨傘運動中，指出如果工資中位數在一萬四千元以下的人擁有普選權，必然會造成利益傾斜的局面，他究竟在說甚麼呢？他即是說，如果月入一萬四千元的人有權在沒有篩選的情況下選特首，特首便會把利益向他們傾斜。那麼，根據他的說法，當天在旺角與警察發生衝突的人是否有道理呢？因為他們無法選特首，政府的制度令他們無法選特首，這便構成了一個政治問題，對嗎？如果說這是一場暴動，為何國民黨剿滅共產黨時發生的數番暴動，現在所有人都形容為波瀾壯闊的行為呢？劉江華認同我的說法嗎？他也應該曾經讀過這些文章，計有江西南昌暴動，並因此被定為建軍節，現時每年閱兵儀式上也會演奏同一首軍歌。

所以，我們其實應該說，暴力不會令政府主張的政治變得正確，相反，政府主張政治的正確性，會令政府在關鍵時候使用暴力。很多人指出，恩格斯曾經說過「暴力是革命的助產婦」，意思是經過十月懷胎，胎兒終於成熟。所以，我也曾經指出使用過分暴力，不能令我們向着目標前進。我的意思是，如果懷胎還未夠十個月，即使助產婦也沒法為孕婦催生。所以，即使政治正確，暴力也未必能夠令政治向前走，相反更可能為人詬病。

范國威議員：

代理主席，現屆政府念茲在茲的提及法治，每每喜歡把「依法治港」掛在口邊，但對一些公民抗命，甚至年初一晚上發生的旺角騷亂卻口誅筆伐。然而，法治亦有層次之分，歷史告訴我們，法律很多時候是統治者的意志，在用以治國的法制下，任何人（包括統治者）也應受到法律的制約，因此中國古代才有「天子犯法與庶民同罪」的說法。

可是，較法制更深層次的就是「以法限權」、「以法達義」，亦即具備一套健全的限權機制，包括能夠反映民意的民主選舉，使統治者不能漠視人民的意願，而最重要的就是法律本身的內容必須包括實踐公義。

政府去年的政改方案只提出一個有篩選的特首選舉，但立法會的選舉則要任由功能界別繼續存在。以往每次舉行立法會選舉，泛民主派均取得過半票數，但功能界別的存在卻保證保皇黨、建制派成為立法會的大多數，令香港人的民意遭踐踏。梁振英政府在保皇黨的支持下顯得無所顧忌，屢次漠視程序公義，例子包括偷步展開新界東北發展區的前期工程；多次更改議程項目的次序，迫使財務委員會處理港珠澳大橋的撥款項目；面對高鐵工程這項極具爭議性的項目，政府不斷以影響民生的撥款項目作要脅，強行要求立法會匆匆通過撥款。

梁振英在特首選舉期間遭揭發涉嫌在西九龍填海區概念規劃比賽中收受利益，剛上任又被揭發僭建問題，其後更遭揭發收受澳洲公司 UGL Limited 五千萬港元的秘密酬金，但是梁振英沒有在任何事件中受到香港法律的制約。既然他本人亦不尊重法治基礎，他又有甚麼資格說依法治港，以及批評有政治理想的青年人呢？

代理主席，梁振英的施政報告沒有正視過去三年的施政失誤，亦沒有反思造成旺角騷亂的種種制度不公義的情況。因此，新民主同盟不會支持施政報告的致謝議案。

（主席恢復主持會議）

陳健波議員：

主席，今天很多議員表示和平理性不能解決問題，以致很多網民支持暴力。我非常反對這些歪理，我認為任何將暴力美化、合理化或正義化的舉動，都是旨在毒害年輕人，進一步把他們推落懸崖，以達到推動者背後的目的，可能是為了選票或完成政治任務。由於年輕人滿腔熱誠，容易被人鼓動，我們更要愛護、照顧和珍惜他們，引導他們走回正路，而不是美化暴力，令他們越陷越深。

我反對任何形式的暴力，暴力不能解決問題，世界上哪裏有人可以靠暴力取得成功？和平理性的路可能很長，但最終會取得勝利。一旦訴諸暴力，只會令暴力不斷升級，結果只會令更多人受害。年初一發生的事件，受害者可能是支持者、市民、記者和警察，但他們都有一個共同特徵 —— 他們都是香港人，也是中國人。

……

不少議員認為，今天社會出現的矛盾和衝突應完全歸咎於政治，這個觀點只會將複雜問題簡單化。事實上，世界上有很多地方實行所謂普選，但這些地方面對的問題比我們的問題還要多，不但年輕人失業率遠高於香港，而且貧窮問題更嚴重，貧富懸殊問題更嚴重，經濟問題更嚴重，失業率也更高，這些議員又怎樣解釋這些現象呢？

政改不獲通過，香港的政治體制問題短期內不會獲得解決，那麼我們現在應怎麼辦？是不是只能感到心灰意冷，把頭撞向牆壁，呼籲年輕人起來暴動？還是應該把真相和問題呈現在年輕人眼前，讓他們知道問題不是他們想像那麼簡單，而解決方法也不是他們經常被「洗腦」後只想到的方法。

我認為政府應該成立專組，專責跟進年輕人的進修、就業、家庭和置業問題，如果政府願意用心、用力、不斷為年輕人設想和做事，我相信頑石終於也會點頭，年輕人一定會感受到政府的誠意。雖然很多事情未必一定成功，但必須讓年輕人看到政府確實為他們設想和工作。如果政府連這一步也不願意走，使年輕人知道他們是政府最關心的人，這個結永遠也不會解開。

我更相信年輕人遇到的問題，並非可以用政治鬥爭解決，所以，年輕人應該瞭解造成社會問題的真相，例如本港經濟發展現已進入成熟期。外國的經濟發展也早已進入成熟期，對嗎？如果把年輕人遇到的問題歸咎於政治，只會把問題

簡單化，令年輕人想歪。我自己感受最深，因為我正正是由一個窮人向上爬的例
子，當然很多人對我說當年適逢經濟增長和移民潮，我當然可以說得漂亮。如果
我可以年輕三四十年，再次遇上一個更艱難的環境，我會怎麼辦？我會放棄還是
加倍努力？

雖然香港現時的環境比以前更為艱難，但仍然有很多機會。很多僱主對我
說，找不到年輕人願意多想一些，願意為公司設想和不斤斤計較。他們說只要遇
到這樣的年輕人，一定會把他們當寶，不斷給予晉升機會。其實，很多僱主都這
樣對我說，各行各業都希望找到這些年輕人。不過，雖然年輕人的數目多，但質
素高的年輕人卻不多，比較多人只想即時發達。我希望年輕人明白，只要他們願
意用心用力工作，為自己的前途付出，我相信他們一定會找到出路，年輕人必須
有這個信念。

陳鑑林議員：

主席，香港現時的狀況確實令人擔憂，我認為議會需要負上很大的責任。首
先，議會內的一些政黨和議員把一切事情政治化，議會內長期「拉布」、點算法
定人數及流會的局面常態化，嚴重窒礙政府施政，挑起對立，撕裂社會；其次是
反對派議員對暴力的容忍、縱容，甚至是鼓勵，使議會內外暴力事件不斷，並不
斷升級。就以今次旺角暴亂為例，反對派議員至今仍不分是非黑白，不但不譴責
暴力，更要企圖淡化、美化及合理化旺角的暴行，把責任推到政府的管治身上，
顛倒是非，混淆視聽。在星期二立法會保安事務委員會的特別會議上，議員就嚴
厲譴責暴徒的議案進行投票，結果有泛民議員投棄權票，公民黨、工黨、社民連
及人民力量等九名議員更直接投反對票，可見他們無心譴責或阻止暴力行為，反
而樂見香港成為亂局。泛民失智，社會失控，市民又怎能安居樂業，怎能對香港
前景放心呢？暴動的責任又如何能放在政府的管治身上呢？

發動暴動的本土民主前線一向宣揚「港獨」主義，推動香港自治、自主、自
決前途、勇武鬥爭、以武犯禁等。暴亂真正起因絕對不是爭取民主，維護小販的
經營權，而是想獨立。這是一羣不折不扣的「港獨」分子，不滿香港回歸，不願
意接受中央的管治，不願意接受香港特區的管治；他們自稱的本土運動，實際上

是搞獨立運動。反對派把責任推卸給政府，完全是為了包庇這羣「港獨」分子，縱容這些人以本土主義破壞「一國兩制」，可見其居心叵測。

陳克勤議員：

今次旺角暴亂的其中一個起因，其實是本土派暴徒以保護小販為藉口，最終的目的是「搞港獨」。我們在電視前聽到他們的口號是要香港建國、香港獨立，這是他們的公開立場，是很清楚的。所以，泛民議員無須為他們作任何辯駁，說成是特區政府施政或管治問題，為這些挑起暴動的暴徒平反。他們的目的很簡單，就是破壞「一國兩制」和基本法，更重要的是他們不承認香港是中國的一部分。這時候，我們最應該做的事，亦是警隊已做的事，就是維護香港的繁榮和安定。我們看到近年香港競爭力下降，從指數上看，香港在經濟方面的排名都被鄰近的地方超越，我真的無法想像，如果連安定繁榮也沒有了，香港還有甚麼優勢可以跟亞洲其他地方比併。我亦無法想像，如果沒有了安定繁榮，我們其他的核心價值將如何維持。

有泛民議員說，政府製造了一種制度暴力，所以產生旺角暴動這一幕暴力場面，然後，他們把暴徒與一些歷史偉人相提並論，例如孫中山、馬丁‧路德‧金，但我覺得這是非常可恥的行為。

主席，我們看到泛民議員既要譴責暴力，同時又將暴徒跟歷史偉人並列，很多泛民議員提到孫中山先生當年都是以革命的手法領導辛亥革命，推翻滿清政府。但是，主席，辛亥革命的先決條件，就是孫中山先生承認中國、愛中國，他沒有分裂中國。孫中山是廣東人，聽聞他的普通話也不靈光，不過，他從來沒有搞分裂。可是，今天本土派暴徒不單不滿意政府施政，正如我剛才所說，所有香港市民從電視上看到的，是他們旗幟鮮明「搞港獨」，所以他們的行為是完全否定了中國，這兩件事又豈可相提並論呢？

因此，自從年初一旺角暴亂之後，泛民議員已自亂陣腳，立場和論述自相矛盾。今天很多泛民議員發言批評政府不懂反省，其實，他們又有否自我反省呢？他們是否仍然要為這些暴徒說好話，發表謬論和歪理呢？這又是否合乎全香港市民的期望呢？

葛珮帆議員：

主席，最近我不論在街頭或會見不同團體時，也經常聽到兩個字，可能我可以用這兩個字來形容現時香港的狀況。第一個是「亂」字，第二個是「慢」字。

香港真的很亂，人人也覺得香港很亂，「亂」從哪裏開始呢？我在立法會這幾年，覺得可能真的由立法會開始。我們看到立法會內的暴力越來越升級。立法會也很亂，由擲蕉開始到擲玻璃瓶、玻璃杯，由開始叫喊數句和擺放一個牌子，到擺滿牌子，然後整羣人衝出來。每遇到不滿意的事情，便開始人身攻擊，這已經不是議事論事的地方，而是辱罵別人的地方。

然後，立法會的「亂」發展到佔中的「亂」。去年七十九天的佔中，我們看到有人打着「民主自由」的旗號，說公民抗命，然後英雄化一些違法的行為，推動羣眾不負責任地使用暴力進行衝擊。他們又宣傳香港是亂世，說要推翻這個政權。總之無論政府做甚麼，他們也只是罵。在立法會內，他們甚麼也反對。其實這只會令施政十分困難，令每一件事情也難以做到。當政府做不到，外面又罵政府，說政府沒有把工作做好。

佔中之後，市民又覺得，那些人不是說要公民抗命的嗎？他們說到自己仿如英雄般，又表示會負責任，誰料不認數。接着，檢控工作十分緩慢，判刑又十分輕微，即使被判入罪，他們走出來時也舉着「V」字手勢，原來入罪後，更會變成英雄。今時今日，衝擊警方、犯法等行為似乎並沒有代價，還可以當上英雄，違法好像十分有理般。我們一直覺得，這樣子下去，怎麼辦呢？

由佔中開始，我們已經說你們鼓吹暴力，鼓吹違法，將會一發不可收拾。縱火後可能無法收拾，無法救火。果然，在大年初一晚，旺角便發生令我們震驚和憤怒的暴亂事件。當日我們從電視新聞直播，看到很多人衝去毆打警員，向警員擲磚頭。即使警員跌倒在地上還要繼續打。我們又看到有暴徒四處縱火，試圖焚燒石油氣的士，縱火的火頭多達二十二處，又阻止消防員救火。昨天，消防處處長更表示，原來他們更用磚頭頂着消防車，令車輛不能前往救火。縱火的地點相當接近民居，位處鬧市中，如果火真的燒起來，又怎麼辦呢？今次沒有釀成大火災，只是不幸中之大幸，他們直接危害居民的生命財產和安全。當天，我們看到很多暴徒以口罩蒙面。蒙面的目的不外乎是不想被人認出，希望能夠逃避法律

責任，令警方無法作出拘捕，又或增加檢控的難度。但是，他們把自己說成是英雄，如果這麼光明正大，便不要蒙面。

事件發生後，我們十分憤怒，但泛民議員說甚麼呢？他們說是官逼民反。他們最初說是小販問題所致，說當局年初一拘捕小販，令他們想多賺數千元也不可以，這麼無良，所以官逼民反。後來證實沒有這回事，沒有說過要拘捕小販，反而是他們圍堵食物環境衞生署的人員，所以才報警求助。警員來到有否驅趕小販呢？沒有。結果是誰令小販無法做生意呢？是那些縱火的人，那些衝擊和暴亂的人。好了，這個不成理由。於是他們又說是因為政制問題。這兩天也有很多泛民議員說，這是因為政制問題所致，因為香港沒有真普選，所以才會出現旺角的暴亂事件。這是甚麼邏輯呢？

美國、法國、德國，以及很多歐美國家，甚至東南亞國家，都有這類暴亂行為，這些國家都有你們所說的真普選，但也一樣有暴亂。暴亂與政制有甚麼直接關係呢？好了，他們又說是因為梁振英，因為梁振英是行政長官，因此人們便出來暴亂。梁振英擔任行政長官便會暴亂，這又是甚麼邏輯呢？一個民望低的行政長官便會暴亂，那麼，民望高的便不會吧？德國總理默克爾的民望夠高吧，德國是否沒有暴亂？德國一樣有暴亂。暴亂或暴力與政制和民望有甚麼關係呢？

接着他們又說社會矛盾，李卓人議員說有社會矛盾，因此必然會發生這些暴亂。你們再說多一些，再找多些理由，再找多些藉口吧，看看有沒有人相信你們的說話。暴力便是暴力，暴力是沒有理由，沒有藉口的。如果說這是必然結果，那便是這些不斷縱容暴力的人，不斷合理化、英雄化暴力行為的人得出來的結果。如果有因果的話，便是這些人不斷地由在議會內擲東西開始，一直讓暴力蔓延，終於到達一發不可收拾的地步。

打人、放火，便是暴力，便是不負責任的行為，便是犯法，便會有人受傷，便是破壞香港的社會秩序安寧，便是正在損害香港的法治及整體利益。沒有理由，沒有藉口。不要再說這些歪理，不要再毒害我們的年輕人，不要當我們香港人是傻的。這些暴力的程度不斷升級，我認為政府面對這些有組織的暴徒及未來隨時可能發生的暴亂，需要有新的措施及更針對性的法例。

王國興議員：

（代理主席馬逢國議員代為主持會議）

......

我想一語道破，為何眾多發言的議員都沒有指出為何 CY 這份施政報告如此忽視勞工權益？自由黨多位議員例如方剛議員在發言的時候，公然表示在選委會擁有三百票，但勞工界又擁有多少票？CY 正正因為形格勢禁而採取這麼偏頗的處理方法。

老實說，如果在下屆立法會選舉前，行政長官可以經「一人一票」選出 ——我曾經展示過這塊標語牌 ——不是由一千二百人選，而是由全港三百多萬合資格選民投票的話，CY 便要徵詢三百多萬選民或全港七百萬市民的意見，不能忽視勞工權益，而且要向「打工仔女」問責。若然如此，退休保障、取消強積金對沖、標準工時立法、統一兩種假期、提高最低工資等建議，都會「瓜熟蒂落」或「水到渠成」。現在為何不能夠這樣做呢？皆因去年政制改革失敗，行政長官選舉「一人一票」方案不獲通過，立法會普選也無法進行。

在今次施政報告辯論中，所有發言的泛民議員都批評梁振英最愛搞事和好鬥，批評現有體制為暴政，因此談雨傘革命和肯定「魚蛋革命」及其他暴力行為，更把這些行為合理化和合法化。我想問，既然這些議員口中這位被稱為「689」和被一千二百人選出的梁振英如此差勁，而且犯了這麼多錯誤，為何還要死守一千二百人的選委會？為何基於有篩選成分便不贊成進行普選？我認為這些議員其實是假民主，正因為他們去年否決政改方案，才造成政府施政偏頗。既然他們指責現屆政府和梁振英如此差勁，為何不讓三百多萬人參與選舉而要維持這個一千二百人的選委會呢？因此，這些議員所抱的其實是雙重標準。

......

......在這種情況下，工聯會全力爭取「一人一票」選行政長官。如果能夠早日實現「一人一票」選行政長官，勞工和勞資問題便可以迎刃而解，不會出現現在拖拖磨磨的情況。其實，工黨、公民黨、民主黨和社民連都是維護既得利益者，他們最維護地產發展商的利益，最維護資產階級的利益，他們根本沒有真心

為市民和大家設想,更沒有為「打工仔女」設想。他們何必提出種種修正案,只要他們支持「一人一票」選行政長官,所有問題也可以得到解決。

政制及內地事務局局長:

首先,在政制發展方面,現屆政府已根據基本法及全國人民代表大會常務委員會的相關解釋和決定所賦予的憲制責任,就二〇一七年行政長官選舉和二〇一六年立法會選舉進行相關的諮詢和提案工作。在過去兩年多以來,香港社會就政制發展進行了非常激烈的討論,亦衍生了不少矛盾和爭議。隨着政改方案在去年年中遭立法會否決,本屆政府不會在任期內重啟政改工作。至於香港應在甚麼時候和具備甚麼客觀條件下,才再度在基本法和全國人大常委會的相關解釋和決定的基礎上開展有關政改的討論,值得社會各界汲取教訓經驗,作出反思。

正如我在去年六月十六日於立法會審議政改方案時,提出了在不可或知的未來,若要成功再度啟動政改的工作,必須做好三項基礎工作:第一,共同法理的基礎;第二,互相信任的基礎;第三,有效溝通的基礎。我相信,這三項基礎工作需要社會各界共同努力先做好,然後啟動政改才會有實效。

第二,在功能界別的選民基礎方面,政府在二〇一三年至二〇一四年已經就兩個選舉辦法進行公眾諮詢,當中包括就功能界別的組成和選民基礎諮詢公眾意見。在我們所收到的書面意見中,就功能界別的選民基礎較少有廣泛和深入的討論;有提出意見者的內容亦較為紛紜;加上現時社會就功能界別的選民基礎作重大改動亦未必取得共識。

有鑒於此,為準備今年九月所舉行的立法會換屆選舉,我們已在去年四月向立法會提交《2015 年選舉法例(雜項修訂)條例草案》,就立法會的換屆選舉作出若干必須的技術性修訂,包括更新功能界別選民登記名單。該項法案其實已在去年七月獲立法會通過。

所以,在現階段要為將於只有數個月後便舉行的立法會選舉的選民基礎作重大改變,無論在時間和程序上或政治上都是不可能的。更重要的是,我聽到單仲偕議員和梁繼昌議員有意藉着現時由法案委員會審議的《2015 年選舉法例(雜項

修訂）（第 2 號）條例草案》，就本年年底所舉行的選舉委員會選舉提出一些全體委員會審議階段修正案，以作出一些重大的改變。這並不符合我們剛才所說的技術性修訂，而從法律的觀點來看，這也絕對不符合我們現正審議的法案的詳題所訂明的修訂範圍，故此不能提出，我們亦不能接受。